Eignung für die Berufe der Kirche

Eignung für die Berufe der Kirche

Klärung – Beratung – Begleitung

Herausgegeben von Hermann Stenger

unter Mitarbeit von
Karl Berkel, Klemens Schaupp
und Friedrich Wulf

Herder Freiburg · Basel · Wien

CIP-Kurztitelaufnahme der Deutschen Bibliothek

Eignung für die Berufe der Kirche: Klärung – Beratung – Begleitung / hrsg. von Hermann Stenger. Unter Mitarb. von Karl Berkel... – Freiburg im Breisgau; Basel; Wien: Herder, 1988.
ISBN 3-451-21096-7

NE: Stenger, Hermann [Hrsg.]; Berkel, Karl [Mitverf.]

Alle Rechte vorbehalten – Printed in Germany
© Verlag Herder Freiburg im Breisgau 1988
Herstellung: Freiburger Graphische Betriebe 1988
ISBN 3-451-21096-7

Vorwort

Die Zukunftsfähigkeit der Kirche hängt wesentlich davon ab, ob die kirchlichen Institutionen und deren Beauftragte unter den Kandidaten und Bewerbern für die verschiedenen „Berufe der Kirche" diejenigen auswählen und fördern, die fähig und willens sind, eine klar umrissene menschliche, gläubige und berufliche Identität zu entwickeln. Die Gestaltung dieser Identität ist unter den derzeitigen gesellschaftlichen und kirchlichen Bedingungen um vieles schwieriger geworden, als dies in vergangenen Zeiten der Fall war, sie ist jedoch Voraussetzung für eine pastorale Kompetenz, die das Prädikat „redemptiv" verdient. Damit ist ein Stil seelsorglicher Kommunikation gemeint, welcher das erlösende und befreiende, das heilende und Leben bewirkende Handeln Jesu widerspiegelt.

Angetrieben von der gemeinsamen Sorge um die Zukunft der Kirche wollen wir, die Verfasser dieses Buches, den Verantwortlichen aller Verantwortungsgrade bei der Erfüllung ihrer Aufgaben behilflich sein. Unsere Gedankengänge stützen sich nicht nur auf Theorien, sondern auch auf eine umfangreiche Erfahrung aus der Beratungstätigkeit, was allerdings im geschriebenen, durch das Schreiben abstrakt und kompakt gewordenen Wort nicht immer genügend zum Ausdruck kommen kann. Obwohl wir bestrebt waren, allen Berufen der Kirche gerecht zu werden, ist unsere Diktion verständlicherweise in manchen Passagen an die traditionellen „geistlichen Berufe" gebunden geblieben. Durch wiederholten Erfahrungs- und Gedankenaustausch haben wir uns gegenseitig an- und manchmal auch aufgeregt und haben uns auf das vorliegende Gesamtkonzept geeinigt.

Um nicht mit der Türe ins Haus zu fallen, steht am Anfang eine geschichtliche Hinführung zur Thematik *Eignung* (F. WULF). Sie betrifft zwar unmittelbar nur die Eignung für den Priesterberuf, ist aber von analogem Wert für alle anderen Berufe der Kirche. Nach dieser Einleitung werden die einschlägigen Kernbegriffe *Kompetenz und Identität* humanwissenschaftlich und theologisch erschlossen (H. STENGER). Dies geschieht in der Absicht, den Verantwortlichen – den „Praktikern" – eine grundsätzliche Orientierung zu ermöglichen. Die beiden Beiträge über die *Eignungsdiagnostik* und die *Klärung der Berufsmotivation* (K. BERKEL und K. SCHAUPP) geben einen Einblick in die differenzierten und komplexen Denk- und Vorgehensweisen zweier Beratungsexperten, die zwar von verschiedenen Theorien ausgehen, aber das gleiche Ziel verfolgen: dazu beizutragen, die Eignung für Amt und Dienst in der Kirche festzustellen und das Ergebnis den Betreffenden beratend zu vermitteln. Zwar können sich die Verantwortlichen des psychologischen Instrumentariums der Fachleute nicht bedienen, aber die Kenntnis qualifizierter Beratungsverfahren erlaubt ihnen, die eigene Beurteilungskompetenz und deren Grenzen deutlicher zu sehen. Als wünschenswerte Wirkung der Lektüre dieser beiden Beiträge erhoffen wir uns die Weckung des Interesses an vermehrter Zusammenarbeit mit vertrauenswürdigen, fachlich geschulten Beratern und Beraterinnen, d. h. mit Psychologen, mit ärztlichen und mit nicht-ärztlichen Psychotherapeuten. Den Schluß des Bandes bilden *Berichte über kompetenz- und identitätsfördernde Initiativen*(H. STENGER). Sie zeigen, welche beachtlichen Anstrengungen bereits mancherorts gemacht werden. Davon können Anstöße ausgehen, entsprechend der jeweiligen Situation, ähnliche Unternehmungen in die Wege zu leiten. Die den Abhandlungen beigefügten *Anmerkungen* und *Literaturverzeichnisse* weisen den Weg zu einem genaueren Studium der einzelnen Themen und Probleme.

An der Entstehung dieser Veröffentlichung haben sich, abgesehen von den schreibbereiten Mitautoren, indirekt viele „Urheber" beteiligt. Ich denke zunächst an alle, die mir Material für den Bericht über die Bildungsinitiativen zur Verfügung gestellt haben. Ich denke ferner an die zahlreichen Gespräche mit Freunden und Kollegen, die um den Inhalt der Manuskripte kreisen, besonders mit und in der seit fast einem Jahrzehnt in Innsbruck bestehenden Praxisbegleitungsgruppe für „Vorstände" (d. h. Regenten, Spirituale, Novizenmeister und -meisterinnen usw.). In dieser Gruppe haben wir uns wiederholt mit der Rückübersetzung von Manuskriptteilen in den Alltag des Seminar- und Ordenslebens beschäftigt, was nicht ohne Einfluß auf die endgültige Fassung geblieben ist. Ich denke sodann an die geistige und technische Mühewaltung von Frau Evamaria HALLAUER, Studiendirektorin i. R., die zusammen mit den Sekretärinnen des Pastoraltheologischen Instituts, Frau Renate HELL und Frau Monika EBERHARTER, aus den verschiedenen Teilen das druckfertige Manuskript und die Literaturverzeichnisse erstellt hat. Ich denke auch an die Institutionen – die Stadtgemeinde Innsbruck und die Sparkasse Innsbruck –, die durch finanzielle Forschungsförderung die Verwirklichung des Projekts „Eignung" erleichterten. Schließlich weiß ich die gute Kooperation mit dem Verlag HERDER zu schätzen.

Bei all den genannten Personen und Institutionen bedanke ich mich und hoffe, daß unser gemeinsames Werk dem Aufbau der Gemeinden und dadurch der gesamten Kirche dienen wird.

Innsbruck,
am Dreifaltigkeitssonntag 1987 *Hermann Stenger*

Inhalt

Vorwort 3

Kriterien der Eignung 11
Ein geschichtlicher Überblick
Von Friedrich Wulf

Kompetenz und Identität 31
Ein pastoralanthropologischer Entwurf
Von Hermann Stenger

I. Die Architektur der pastoralen Kompetenz 32
1. Die ekklesial vermittelte Zuständigkeitskompetenz 34
1.1 Existentiell-gläubige Betrachtungsweise 34
   1.1.1 Die Ermächtigung zum Leben 35
   1.1.2 Die Erwählung zum Glauben 36
   1.1.3 Die Berufung zum pastoralen Dienst 37
   Zusammenfassung und Folgerungen (1.1.1–1.1.3) 39
1.2 Institutionell-juridische Betrachtungsweise 40
   1.2.1 Die Arten der Kompetenzverleihung 40
   1.2.2 Das Verhältnis der Kompetenzen zueinander 42
   Zusammenfassung und Folgerungen (1.2.1–1.2.2) 46

2. Die individuell zu erwerbende Fähigkeitskompetenz 47
2.1 Berufs-spezifische Elemente der pastoralen Fähigkeitskompetenz . 47
   2.1.1 Die theologische Bildung 48
   2.1.2 Die pastorale Befähigung 50
   Zusammenfassung und Folgerungen (2.1.1–2.1.2) 53
2.2 Berufs-unspezifische Varianten ganzheitlich-personaler Kompetenz 54
   2.2.1 Die Fähigkeit, personbezogen zu kommunizieren 54
   2.2.2 Die Fähigkeit, wirklichkeitsbezogen zu handeln 57
   2.2.3 Die Fähigkeit, botschaftsbezogen mit Symbolen umzugehen 60
   Zusammenfassung und Folgerungen (2.2.1–2.2.3) 64

II. Die Architektur der personalen Identität 65

1. Die individuelle Genese der personalen Identität 69

1.1 Grundlegung der Identität 71
   1.1.1 Die Fähigkeit, hoffen zu können
      Lebensthematik: Vertrauen gegen Mißtrauen 71
   1.1.2 Die Fähigkeit, wollen zu können
      Lebensthematik: Autonomie gegen Scham und Zweifel 73
   1.1.3 Die Fähigkeit, ein Ziel anstreben zu können
      Lebensthematik: Initiative gegen Schuldgefühle 75
   1.1.4 Die Fähigkeit, ein Werk zu vollbringen
      Lebensthematik: Werksinn gegen Minderwertigkeitsgefühle 77
      Zusammenfassung und Folgerungen (1.1.1–1.1.4) 80

1.2 Gestaltung der Identität. Die Fähigkeit, treu sein zu können.
    Lebensthematik: Identität gegen Identitätsdiffusion 80
   1.2.1 Identitätstheoretische Überlegungen 81
   1.2.2 Elementartheologische Überlegungen 90
   1.2.3 Pastoraltheologische Überlegungen 96
      Zusammenfassung und Folgerungen (1.2.1–1.2.3) 98

1.3 Vollendung der Identität 100
   1.3.1 Die Fähigkeit, lieben zu können
      Lebensthematik: Intimität gegen Isolierung 100
   1.3.2 Die Fähigkeit, für-sorgen zu können
      Lebensthematik: Generativität gegen Selbstabsorption 105
   1.3.3 Die Fähigkeit, besonnen leben zu können
      Lebensthematik: Integrität gegen Lebensekel und Verzweiflung . . 108
      Zusammenfassung und Folgerungen (1.3.1–1.3.3) 111

2. Die soziale Balance der Identität 112

2.1 Identitätstheoretische Überlegungen 112
2.2 Elementartheologische Überlegungen 115
2.3 Pastoraltheologische Überlegungen 120
    Zusammenfassung und Folgerungen (2.1–2.3) 122
    Anmerkungen 123 – Literatur 128

Eignungsdiagnostik ... 135
Grundlagen beratender Begleitung
Von Karl Berkel

1. Fragestellung ... 135
2. Prinzip und Struktur der Eignungsdiagnostik ... 137
2.1 Die klassische Eignungsdiagnostik ... 137
2.1.1 Annahmen ... 137
2.1.2 Der eignungsdiagnostische Prozeß ... 139
2.1.3 Kritik an der klassischen Eignungsdiagnostik ... 140
2.2 Neuere Entwicklungen ... 142
2.2.1 Orientierung an Veränderungs- und Entwicklungsmöglichkeiten ... 143
2.2.2 Beachtung von Beweggründen, Einstellungen und Werthaltungen ... 144
2.2.3 Einbeziehung konkreter Situationen ... 145
2.2.4 Ermöglichung von Beratung ... 146
2.2.5 Zusammenfassung ... 146

3. *Eignung für Berufe der Kirche* ... 146
3.1 Eignung nach den kirchenamtlichen Dokumenten ... 147
3.2 Pastorale Kompetenz als Inhalt und Ziel von Eignungsdiagnostik und beratender Begleitung ... 149

4. *Eignungsdiagnostik für pastorale Berufe* ... 152
4.1 Analyse der Anforderungen ... 152
4.1.1 Anforderungen pastoraler Aufgaben ... 152
4.1.2 Anforderungen pastoraler Berufsbilder ... 154
4.1.3 Anforderungen einer Führungsposition ... 159
4.2 Bestimmung der persönlichen Merkmale ... 164
4.2.1 Exkurs: Persönlichkeitsmodelle für pastorale Eignungsdiagnostik ... 164
4.2.2 Pragmatische Zusammenstellung von Eignungsmerkmalen ... 168
4.3 Auswahl der Verfahren ... 173
4.4 Eignungsurteil ... 180
4.4.1 Ablauf der Urteilsfindung ... 180
4.4.2 Zusammenfassende Bewertung der eignungsdiagnostischen Urteilsfindung ... 181

5. *Beratende Begleitung* ... 183
5.1 Eignungsdiagnostik als Grundlage von Beratung ... 184
5.2 Eignungsdiagnostik im Dienst der Identitätsbalance ... 185
5.3 Eignungsberatung als Reflexion von Praxis ... 186
5.4 Bedeutung beratender Begleitung ... 187
Anmerkungen 187 – Literatur 192

Eignung und Neigung 195
Hilfen zur Unterscheidung der Beweggründe
Von Klemens Schaupp

1. Die Eignungsfrage 195
   1.1 Die Dringlichkeit der Frage 195
   1.2 Psychologisch-empirische Zugänge zur Eignungsfrage 196

2. Der theoretische Hintergrund von L. RULLA 197
   2.1 Der inhaltliche Ansatz 197
   2.1.1 Werte 198
   2.1.2 Bedürfnisse 198
   2.1.3 Einstellungen 202
   2.2 Der strukturelle Ansatz 205
   2.2.1 Das Real-Ich 205
   2.2.2 Das Ideal-Ich 205
   2.2.3 Beziehungen zwischen den verschiedenen Anteilen 206

3. Stimmige und unstimmige Motivation 207
   3.1 Zentrale und periphere Stimmigkeiten oder Unstimmigkeiten . . . 208
   3.2 Erkennbarkeit einer unstimmigen Motivation 212
   3.3 Einige Untersuchungsergebnisse über Art und Häufigkeit unstimmiger Motivation 214
   3.4 Drei Umgangsformen mit der menschlichen Grundspannung zwischen Real-Ich und Ideal-Ich 217

4. Verschiedene Auswirkungen stimmiger oder unstimmiger Motivation 219
   4.1 Der Einfluß auf das Ideal-Ich 220
   4.1.1 Darstellung 220
   4.1.2 Anzeichen für entwicklungsfähige und für verwundbare Anteile des Ideal-Ichs 221
   4.2. Der Einfluß auf die Fähigkeit, sich zu ändern 223
   4.2.1 Darstellung 226
   4.2.2 Anzeichen für internalisierende und nicht-internalisierende Identifikation 226

5. **Folgerungen für die Praxis der Eignungsberatung** 228
5.1 Lernen, wertungsabstinent wahrzunehmen 229
5.1.1 Wahrnehmungen zulassen und wahr sein lassen 229
5.1.2 Wahrnehmungen ernst nehmen, ohne sie sofort zu beurteilen und einordnen zu wollen 230
5.2 Leitfragen für den Prozeß der Eignungsberatung berücksichtigen . 231
5.2.1 Am Beginn der Beratung klare Absprachen treffen 231
5.2.2 Anzeichen unstimmiger Motivation wahrnehmen und ernst nehmen . 231
5.2.3 Auf Anzeichen der Gegenübertragung achten 232
5.2.4 Mut zur Konfrontation zeigen 233
5.2.5 Den Grad der Konfliktsfähigkeit und Frustrationstoleranz abschätzen 234
5.2.6 Anzeichen von Verhaltens- und Einstellungsänderungen aufmerksam verfolgen 234
5.3 Das Umfeld das Kandidaten unterstützend beeinflussen 234
5.3.1 Auf die Bedeutung eines entwicklungsfördernden Klimas in der Gemeinschaft/Institution aufmerksam machen 235
5.3.2 Eignungs- und Anstellungsfragen voneinander trennen 236
5.3.3 Die eigene Praxis reflektieren 237
Anmerkungen 238 – Literatur 239

Kompetenz- und identitätsfördernde Initiativen .. 241

Beispiele aus der gegenwärtigen kirchlichen Praxis

Von Hermann Stenger

I. Initiativen zur pastoralen Bildung 241
1. Initiativen in einzelnen Diözesen 242

1.1 Pastoralpsychologisches Curriculum in der Diözese Trier 242
1.1.1 Die ersten sieben Curriculumselemente 243
1.1.2 Die restlichen fünf Curriculumselemente 246
1.1.3 Rahmenbedingungen 248
1.2 Pastoralpsychologische Ausbildung in der Diözese Passau 249
1.2.1 Pastoralpsychologie in der 1. Ausbildungsphase (Theologiestudium) . 249
1.2.2 Pastoralpsychologie in der 2. Ausbildungsphase (Pastoraljahr und Berufseinführung für Kapläne, Pastoralassistenten und -assistentinnen) . 252
1.2.3 Begleitende Vorgänge 254
1.3 Pastorale Fort- und Weiterbildung in der Diözese Rottenburg-Stuttgart 255
1.3.1 Überblick über die verschiedenartigen Aktivitäten 255
1.3.2 Siebter Zweijahreskurs 1987–1989 257
1.4 Pastoralpsychologische Bildungsmaßnahmen in den Erzdiözesen Freiburg und Köln 259
1.4.1 Die Situation in der Erzdiözese Freiburg 260
1.4.2 Die Situation in der Erzdiözese Köln 262

2. Initiativen kirchlicher Fortbildungseinrichtungen 263
2.1 Das Institut der Orden für missionarische Seelsorge und Spiritualität (IMS) in Frankfurt/Main 264
2.1.1 *Allgemeine Einführung in den pastoralen Dienst* 264
2.1.2 *Spezielle Einführungskurse* 264
2.2 Die Theologische Fortbildung in Freising 264
2.3 Das Theologisch-Pastorale Institut für berufsbegleitende Bildung (TPI) in Mainz 266
2.3.1 *Zusatzausbildung zum pastoralen Praxisberater* 267
2.3.2 *Hinweise auf freie Mitarbeiter des Instituts* 269

3. Initiativen an Theologischen Fakultäten und Kirchlichen Hochschulen 270
3.1 Theologische Fakultät Fulda – Staatlich anerkannte wissenschaftliche Hochschule 270
3.2 Universität Innsbruck 271
3.3 Theologische Fakultät Paderborn 271
3.4 Universität Würzburg 272

II. Initiativen zur Eignungsfeststellung und Eignungsberatung 273

1. Beraterausbildungen in Rom und Graz 274
1.1 Beraterausbildung am Institut für Psychologie, Universität Gregoriana, Rom 274
1.2 Beraterausbildung am Pastoraltheologischen Institut der Universität Graz 276

2. „Beratungsdienste für kirchliche Berufe" in München und Innsbruck 278
2.1 Aufbau und Tätigkeit der beiden Beratungsdienste 278
2.2 Fragen und Schwierigkeiten 279
2.3 Erfahrungen mit Eignungsuntersuchungen 280

3. Grundsätzliche Überlegungen zur Eignungsfeststellung . . 281
3.1 Eignungsfeststellung soll grundsätzlich nicht in einer punktuellen Beratung, sondern im Rahmen eines längeren Prozesses erfolgen . 281
3.2 Eignungsfeststellung soll grundsätzlich nicht nur „vertikal" verlaufen, sondern sich auch in „horizontalen" Vorgängen zutragen . . . 282
3.3 Eignungsfeststellung hat so zu erfolgen, daß der von ihr Betroffene sich als Subjekt ernstgenommen fühlt und sich nicht als Objekt behandelt erlebt 283
Anmerkungen 283 – Literatur 284

Herausgeber- und Autorenhinweis 286

Kriterien der Eignung

Ein geschichtlicher Überblick

Von Friedrich Wulf

Im folgenden geht es um die Zulassungsbedingungen zu kirchlichen (geistlichen) Berufen in der katholischen Kirche. Welche Voraussetzungen müssen in einem Kandidaten gegeben sein, um einen solchen Beruf anstreben zu können und vor allem, um zugelassen zu werden, sei es zum Priestertum, zum Ordensstand oder zu einem anderen der kirchlichen Dienste, insofern sie die primäre Lebensaufgabe eines Menschen darstellen und in ihrer Gänze dem Auftrag der Stiftung Christi geweiht sind (Ständiger Diakon, Pastoralassistent(in), Seelsorgehelferin)? Die Frage ist in unserer Zeit von neuem in ein akutes Stadium getreten, einmal wegen der gesellschaftlichen Wandlungen, denen diese z. T. neuen Berufe unterliegen, zum anderen, weil heutige, auch gläubige und kirchlich gesinnte junge Menschen es schwerer haben, zu sich selbst zu finden und ihre Berufsvorstellungen oft sehr subjektiv sind.[1]

In dem hier vorgelegten Überblick greife ich die *priesterliche* Berufung heraus. Was dazu gesagt wird, gilt in analoger Weise auch für die anderen kirchlichen (geistlichen) Dienste.

1. Schon *in der Alten Kirche* war man unter Hinweis auf die neutestamentlichen Mahnungen (1 Tim 5,22; Hebr 5,4f.) sehr um eine strenge Auswahl der Kleriker bemüht. Der Zeugnisse dafür gibt es viele. So schreibt Papst Leo der Große (440–461) an den Bischof von Thessalonich (444): „Ausschließlich solche dürfen zu Priestern geweiht werden, für die ihr Lebenswandel und ihre Verdienste im Klerikerstand sprechen. Keinesfalls darfst du einem persönlichen Gunsterweis, dem (ehrgeizigen) Streben nach dem Amt noch dem käuflichen Erwerb desselben deine Stimme geben. Die künftigen Weihekandidaten sollen sehr sorgfältig geprüft werden und sind längere Zeit auf ihrem Lebensweg in die kirchlichen Lehren und Anordnungen einzuweihen".[2] – „Vor allem ist daran zu erinnern", heißt es bei Papst Symmachus (498–514) in einem Brief an den Bischof Caesarius von Arles (513), „daß diejenigen, die nicht aus dem Antrieb der Gnade Gottes, sondern nach Zusage kirchlicher Pfründen zum Priestertum zu gelangen su-

chen, von der Verwirklichung solchen Verlangens abgehalten werden"[3]. Offenbar gab es dieses Unheil späterer Jahrhunderte schon in früher Zeit.[4] Darum wird in erster Linie auf eine lautere Absicht in der Berufswahl und auf geistliche Vervollkommnung der Priesterkandidaten gedrängt. Papst HORMISDAS (514–523) schreibt 517 an die Bischöfe Spaniens: „Denkt bei denen, die zum Priester geweiht werden sollen, (immer) an das, was von den Vätern vorgeschrieben und festgelegt worden ist: wie Christus das Haupt der Kirche ist, die Priester aber dessen Stellvertreter, so muß bei deren Auswahl eine offenkundige Sorgfalt obwalten. Untadelig müssen diejenigen sein, die als Vorsteher andere zurechtzuweisen haben, und nichts darf einem fehlen, dem das Höchste der Religion und der Bestand der kirchlichen Ordnung anvertraut ist. Er ermesse den Preis der Herde des Herrn, um zu wissen, welche Bedeutung dem zu bestellenden Hirten zukommt".[5]

Diesen Zeugnissen liegt bei der starken Betonung eines heiligen Lebenswandels und der großen Verantwortung, die vom Priester verlangt wird, vor allem der Gedanke zugrunde, daß die Berufung zum Priestertum Gnade sei und nicht in erster Linie auf menschlichen Vorzügen (Ansehen, Wissen, Können) beruhe und noch viel weniger durch Beziehungen (Familienbande) erlangt werden dürfe. In großer Klarheit hat das (entsprechend Hebr 5,4f.) Papst LEO der Große betont, wenn er kurz und bündig erklärt: „Die Kirche nimmt diejenigen als Leiter an, die *der Heilige Geist vorbereitet* hat".[6] Die Zulassung zum Priestertum muß *grundgelegt* sein in der *inneren Berufung durch die Führung des Hl. Geistes,* wie immer diese Berufung als gnadenhafte sich darstellt und zu erkennen ist.

2. Vor allem *seit der Karolingerzeit* (8.–9. Jh.) tritt neben der Forderung nach einem vorbildlichen Lebenswandel und der lauteren Absicht als Vorbedingung der Zulassung zum Priesteramt nachdrücklich ein weiteres Element in den Vordergrund, nämlich *der Bildungsstand der Kleriker* (in heutiger Sprache: als Ergänzung zum religiösen Moment die sachgemäße Befähigung). Die Initiative geht von KARL dem Großen (768–814) aus und erfolgt im Rahmen der Anhebung des allgemeinen Bildungsniveaus (Karolingische Renaissance). Der fränkische Herrscher wendet sich in einem Schreiben an die Metropoliten des Reiches mit dem Auftrag, an ihren Kathedralen Schulen zu gründen für die „klassischen Studien", die insbesondere die Kleriker in den Stand setzen sollten, die Bibel sowie die Kirchenväter besser zu verstehen und in lateinischer Sprache, der Sprache der Gebildeten, zu predigen. Gleichzeitig werden die großen Monasterien des Reiches aufgefordert, ähnliche Möglichkeiten für die Mönche zu schaffen (hier ging es vor allem

auch darum, die liturgischen Bücher fehlerfrei abzuschreiben)[7]. Die römische Kirche machte sich diese Initiative der fränkischen Kirche zu eigen. So überrascht es nicht, wenn seitdem ähnliche Weisungen von Päpsten und Konzilien bis ins 14. Jh. hinein nicht mehr abreißen.[8] Es ist keine Frage, daß die Kathedralschulen und die monastischen geistlichen Zentren des Frühen und Hohen Mittelalters die Kirche zur ersten Bildungsmacht ihrer Zeit werden ließen. Aus ihnen sind sogar einige der ersten Universitäten hervorgegangen. Aber diese Schulen blieben relativ wenigen Klerikern vorbehalten. Der Bildungsstand des niederen Seelsorgeklerus war seit eh und je gering und wurde nur wenig angehoben[9], was dazu führte, daß dieser in den aufkommenden Städten kaum Achtung genoß. Predigt und Unterweisung lagen, etwa vom 13. Jh. an, weitgehend in den Händen des Ordensklerus. Es ist jedoch bemerkenswert, daß die hier zutage tretende Not gesehen und immer wieder versucht wurde, ihr abzuhelfen.[10] Daß dies nur in geringem Maße gelang, hat vielerlei Gründe: Das 14. und 15. Jh. war für die Kirche eine dunkle Epoche (Exil in Avignon, vergebliche Versuche um eine Kirchenreform auf den Konzilien von Konstanz und Basel). Das Weiheamt war aufs engste mit der Pfründenwirtschaft verknüpft; es war käuflich und selbst wieder eine Quelle des Gelderwerbs. Die geistigen und moralischen Vorbedingungen für das Priestertum waren so gering, daß von einer *inneren* Berufung weithin keine Rede mehr sein konnte. Schuld daran waren zu einem guten Teil die Bischöfe, die ihre Residenzpflicht vernachlässigten und sich durch „Beamte" vertreten ließen. Von daher konnte auch der Gedanke, daß die *Berufung* zum Priesteramt letztlich und entscheidend *durch die Kirche* erfolgt, die durch den Ortsordinarius repräsentiert wird, für den Kandidaten gar nicht erlebbar werden. Wichtig aber blieb auch in dieser Zeit die wachsende Einsicht, daß die religiöse *und* die geistig-theologische Ausbildung zum Wesentlichen der priesterlichen Berufung gehöre und daß im Grunde kein Bischof einen Kandidaten weihen dürfe, der nicht eine solide Ausbildung mitbringe.

3. Diese Einsicht war auf dem *Konzil von Trient* (1545–1563) unbestritten. Und nur unter ihrem Druck sowie aus der Notwendigkeit heraus, noch in letzter Stunde zu einer effektiven Kirchenreform zu kommen, wurden die großen Hindernisse überwunden, die den oben geschilderten Mißständen in der Priesterausbildung entgegenstanden. Man beschloß im „Reformdekret" über das Sakrament des Ordo (can. 18) die Errichtung von Ausbildungs-„Seminaren" für den Priesternachwuchs[11], obwohl noch niemand eigentlich wußte, ob der Beschluß bei all den Schwierigkeiten (finanzieller und personeller Art), die man vor-

aussah, auch tatsächlich durchgeführt werden könne. Nachträglich wird man sagen müssen, daß das Dekret von Trient über die Errichtung von Priesterseminaren sich als einer der entscheidenden Beschlüsse des Konzils herausgestellt hat. Hier war man an die Wurzel der Kirchenreform gegangen. Untersucht man einmal genauer, was das Konzil in seinen Debatten und im Reformdekret *zu unserer Kernfrage,* zum Verhältnis von innerer Berufung und objektiver Eignung, erbracht hat, dann findet sich das Beste dazu, weil in Kürze und Klarheit zusammengefaßt, im Catechismus Romanus, der eine Frucht des Trienter Konzils ist und offiziellen kirchlichen Charakter hat. Dort heißt es: „Niemand ist darum die Bürde eines solchen Amtes leichtfertig aufzuerlegen, sondern nur denen, die es aufgrund eines heiligen Lebens, der (rechten) Lehre, eines (tiefen) Glaubens und der Klugheit zu tragen vermögen. Und vor allem: *Niemand nimmt sich selbst die Würde, sondern er wird von Gott berufen, so wie Aaron* (Hebr 5,4); *von Gott berufen aber heißen diejenigen, die von den rechtmäßigen Dienern der Kirche berufen werden".* [12] Hier sind innere (gnadenhafte) und äußere (kirchliche) Berufung in eins gesehen. [13] Die innere Berufung von Gott muß im Ruf des Bischofs ihre Bestätigung finden. *Er* muß entscheiden, ob der Kandidat die religiösen, moralischen und menschlichen (geistigen, bildungsmäßigen) Voraussetzungen für den Priesterberuf mitbringt. Der Kandidat selber aber, sagt der Katechismus, muß sich prüfen, ob er das priesterliche Amt in lauterer Absicht anstrebt oder aus irdischen Rücksichten (um eines besseren Einkommens oder eines höheren Ansehens willen). „Nur jene treten verdientermaßen ‚durch die Tür' (Joh 10,2) in die Kirche ein, die rechtmäßig von Gott berufen, kirchliche Ämter nur aus dem einen Grund übernehmen, um der Ehre Gottes zu dienen." [14] Das ist die Lehre des Tridentinums hinsichtlich der Kriterien für die Echtheit einer priesterlichen Berufung.

4. Der Beschluß des Konzils über die künftige Priesterausbildung in „Seminaren" sollte die Pastoralarbeit der Kirche in grundlegender Weise erneuern. Aber es hat noch lange gedauert, ehe – selbst in Europa – in allen Diözesen oder wenigstens Kirchenprovinzen Seminare eingerichtet waren. *Bis ins 18., ja 19. Jh. hinein* ergehen darum immer wieder Mahnschreiben von Rom, den Forderungen von Trient *in allen Stücken nachzukommen.* Als zu elementar hatte sich inzwischen, in den zunehmenden Auseinandersetzungen um die Erhaltung des Glaubens, die Notwendigkeit einer besseren Ausbildung des (Seelsorge-)Klerus ergeben. Und als man ungefähr so weit war, dem Ideal des Konzils entsprochen zu haben, mußte man die Feststellung machen, daß die „Aufklärung" (18. Jh.) dem inneren Geist der Seminare, dem Geist des

Offenbarungsglaubens und der persönlichen Frömmigkeit, sehr zusetzte und den Erfolg der Ausbildung junger Menschen für eine fruchtbare Seelsorge in Frage zu stellen drohte. Von dieser Sorge sind vielfach die kurialen römischen Schreiben an die Ortsbischöfe, vor allem im 19. Jh., erfüllt. Man sieht es an den vorrangigen Mahnungen und Wünschen, die etwa darin zum Ausdruck kommen: strenger zu sein in der Auswahl der Alumnen, mit besonderer Sorgfalt für deren *religiöse* Unterweisung zu sorgen, über die Rechtgläubigkeit der Lehrkräfte zu wachen, die spekulative Theologie der Scholastik – insbesondere des Thomas von AQUIN – wieder stärker in den Lehrplan aufzunehmen (LEO XIII., 1878–1903).

Interessanterweise spielt in den nachtridentinischen päpstlichen Dokumenten über die Seminare die *Frage der Berufung* zum Priestertum, die doch im Römischen Katechismus so ausdrücklich behandelt ist, *kaum eine Rolle.* Es ist zwar immer wieder – fast mit stereotyper Regelmäßigkeit – von den beiden unabdingbaren Erfordernissen der künftigen Priester die Rede: von der Frömmigkeit, den Tugenden und dem Streben nach Heiligkeit auf der einen und vom Erwerb eines gründlichen Wissens auf der anderen Seite. Aber dieser Hinweis richtet sich direkt an die Bischöfe, die an ihre Pflicht erinnert werden, um möglichst gute Seelsorger bemüht zu sein und niemandem die Hände aufzulegen, der den genannten Erfordernissen nicht genügt. Selbst dort, wo betont von der Vollmacht des Bischofs zur Spendung des Weihesakramentes gehandelt wird, ist keine Rede davon, daß mit dieser Spendung auch das letzte Wort über die „*Berufung*" eines Kandidaten gesprochen wird. – Hier einige Beispiele dafür: In einem Brief Papst SIXTUS V. (1589), also nicht lange nach der Herausgabe des „Catechismus Romanus" (1566), heißt es: „Das heilige und heilsame Sakrament der Weihe (Ordo), das von unserem Herrn und Erlöser Jesus Christus selbst eingesetzt, den seligen Aposteln und deren rechtmäßigen Nachfolgern als einzigartiges Geschenk der göttlichen Güte übergeben wurde, ist, wie es sich gehört, gewissenhaft und ehrfürchtig zur Ehre des allmächtigen Gottes und zum Heil der Seelen zu verwalten, so daß alles, was entweder nach dem Typus und Vorbild des Alten Testamentes oder aus der großen Vorsorge der heiligen Väter hinsichtlich der Herkunft (Familie), des Alters, eines sittenreinen Lebens, der Heiligkeit, der Wissenschaft und anderer für die heilige Weihe erforderten Eigenschaften der Ordinanden, wie sie durch die heiligen Canones, durch die apostolischen Konstitutionen oder die Dekrete der allgemeinen Konzilien heilsam festgesetzt wurden, unverletzt beobachtet wird".[15] Papst PIUS VI. schreibt zu dem gleichen Thema (1775): „Der künftige Priester muß sich auszeichnen durch Heiligkeit und Kenntnis in der Lehre (der Wissenschaft)".[16] Ähnlich Papst Pius IX. (1846): „Bei Eurer ausgezeichneten Weisheit, Ehrwürdige Brüder, erkennt, wie sehr es Eurer ganzen Sorge und Mühe bedarf, daß im Klerus Sittenstrenge, Lauterkeit, Heiligkeit, Gelehrsamkeit und die von den heiligen Canones vorgeschriebene Disziplin bewahrt wird ... Hütet Euch darum, jemandem vorschnell die Hände aufzulegen (1 Tim 5,22), sondern laßt nur diejenigen zu den heiligen Weihen zu und führt sie zum Umgang mit den heiligen Mysterien, die nach genauer und sorgfältiger Prüfung im Schmuck aller Tugenden und angesehen wegen eines klugen und weisen Handelns Euren Diözesen zum Nutzen und zur Zierde gereichen".[17] Lieber weniger Priester weihen (selbst wenn die Seelsorge einer Diözese an sich mehr Priester verlangt) als zu viele, lautet ein oft gehörter Grundsatz der Päpste.

All das richtet sich an die Wachsamkeit der Hirten und ist orientiert an der Würde des priesterlichen Amtes sowie seiner seelsorglichen Ausstrahlung. Sicher durchaus zu Recht! Hat man aber nicht bei solcher Einseitigkeit der päpstlichen Mahnung ein wenig den Eindruck, daß für die Heranbildung eines guten Klerus zuviel auf die Aktivitäten des Bischofs gesetzt wurde? Mußten nicht ebenso und vielleicht noch mehr der Blick und die Aufmerksamkeit auf das gelenkt werden, was Gott selbst, sein Geist und seine Gnade in den angehenden Priestern wirkte oder wirken wollte? Mit anderen Worten: Das Wachsen *in der persönlichen Berufung* des künftigen Priesters und das Hinhören auf Gottes Ruf im eigenen Herzen finden in dem Durchsetzungswillen der Trienter Beschlüsse zur Priesterausbildung, wenigstens in den offiziellen Dokumenten, kaum Beachtung. Offensichtlich ist dieser Aspekt mehr der Spiritualität und der Aszetik überlassen geblieben. Jedenfalls findet man in dieser Sparte, vor allem an der Wende vom 18. zum 19. Jh., im Zusammenhang mit der Überwindung der „Aufklärung", eine reiche Literatur. Für den deutschen Sprachraum sei nur an Johann Michael Sailer erinnert, der seine Hauptkraft auf die geistliche Ausbildung der jungen Kleriker verwandte. So schreibt er selbst: „Von dem Augenblick an, als man mir das heilige Amt anvertraut hatte, an der Bildung der künftigen Hirten der Kirche mitzuarbeiten, war mein vorzüglichstes Augenmerk und mein ganzes Streben dahin gerichtet, daß in den Kandidaten der Seelsorge mit dem Geist des Lichtes der Geist der Liebe und der Demut gepflanzt werden möchte".[18] „Es gibt Jünglinge, die mit einer schauervollen Übereilung in den Priesterstand mehr und mehr hineinfallen als hineintreten ... Glauben Sie mir, es gehört in allen Ständen, die praktischer Natur sind, mehr Mut als Geräusch von Heroismus, mehr Redlichkeit als Gelehrsamkeit, mehr Treue als Ruhm, mehr Gewissenhaftigkeit als Wortgelehrsamkeit, mehr Selbstverleugnung als Professorialgeschicklichkeit, mehr Kraft von Beredsamkeit aus Tugend als Rhetorik dazu, die Standespflicht zu erfüllen".[19]

5. Genauere Anleitungen zu einer priesterlichen Standeswahl liegen uns in zunehmendem Maße erst *ab der zweiten Hälfte des vorigen Jahrhunderts* vor. In ihnen wird der junge Mensch, der zum Priestertum hinneigt, zu einer Unterscheidung der Geister angeleitet, die ihm zumindest eine erste Orientierung, wenn nicht sogar Klarheit über seine Berufsentscheidung vermittelt. Eine ausführliche Anleitung dieser Art findet sich z. B. in dem berühmten Buch des Jesuiten Adolph von Doss „Gedanken und Ratschläge gebildeten Jünglingen zur Beherzigung", das bis 1924 insgesamt 29 Auflagen erlebte. In dem Kapitel: *„Der Beruf zum Priestertum"* heißt es: „Der Priesterstand ist fürwahr ein so erhabener Stand, daß ihn niemand ohne *klar erkannten Beruf* zu ergreifen wagen kann. Nein, ‚niemand *nimmt sich solche Ehre, nur wer berufen ist wie Aaron*' (Hebr 5, 4). Ein *negativer* oder doch nicht deutlich positiver Beruf würde wohl sicher nicht genügen: Du fühlst kein Widerstreben in dir; es scheint dir nicht unmöglich, den Hauptpflichten, der Ehelosigkeit insbesondere, nachzukommen; du wähnst dich frei von gewissen heftigen Leidenschaften; es mangelt nicht an nöthigen Talenten – und hiermit wäre abgemacht, was zum Beruf gehört? Noch weniger könnte Beruf genannt werden, was auf rein äußerlichen Gründen fußt (gutes Auskommen, Ansehen, Ehre u.s.w.)... Du frägst nach den *Kennzeichen* eines wahren Berufes zum Priesterstande? Zuerst merke auf gewisse *Vorbedingungen:* Besitzest du die nöthigen Anlagen (Begabung)... Ist dein *Lebenswandel* makellos? Eine in *Lauterkeit* verlebte Jugend ist allerdings am besten; indessen sind auch Büßer vom heiligen Priesterstand nicht ausgeschlossen... Was die Kennzeichen selber angeht, so gibt es deren gar manche; je größer ihre Anzahl, desto gewisser der Beruf. – Ist deine Absicht eine durchaus reine? Suchst du im Priesterstande Gott, dein und deines Nächsten Heil, nicht aber Zeitliches... Ists *Gott vor allem,* der dich antreibt, diesen Stand zu ergreifen? *Vernimmst du* zu wiederholten Malen *seinen Ruf? Spürst du den inneren Drang* nach diesem heiligen Stande? Beruhigt und *erquickt* dich der Gedanke an dein künftiges Priesterthum? ... Findest du *Freude an geistlichen Dingen?* Liebst du Gebet, Sakramente, fromme Lektüre? Vermagst du es, deinem künftigen Stande zu lieb *Opfer* zu bringen?... Allein – noch einmal: der Ruf muß *von oben* kommen. Dies ist das allein *rechtmäßige Thor* zur Hürde Jesu Christi, wovon es heißt: wer nicht durch die Thüre in den Schafstall tritt, der ist ein Dieb und ein Räuber (Joh 10, 1). Jawohl, *Gott* muß berufen!"[20]

Was in diesem Fragenraster zur *Unter*scheidung und als Hilfe zur *Ent*scheidung hervortritt, sind folgende Punkte:

1) Es geht hier – ganz anders als in den oben zitierten römischen Schreiben – *einzig um die Frage der persönlichen, „inneren" Berufung* eines jungen Menschen zum Priestertum, nicht um die „äußere", amtliche und endgültige Berufung durch die Kirche (den Bischof), die von Doss als selbstverständlich voraussetzt.

2) Der Verfasser sieht offenbar hinsichtlich der gnadenhaften Geschichte einer Berufung zum Priestertum *das entscheidende Moment im inneren, vernehmbaren Ruf Gottes,* der den Menschen anlockt (der junge Mensch, sagt er, kann sich in seiner Entscheidungsfindung beraten lassen, „allein die Entscheidung gibt Gott durch seinen Ruf im Herzen", 455).

3) Nach von Doss kann der Suchende und Fragende normalerweise *zu einer klaren Entscheidung* über die Echtheit seiner Berufung kommen, wenn er sich nur, entsprechend den anstehenden, vielfältigen Vorbedingungen und den Kennzeichen einer echten Berufung, gewissenhaft erforscht und prüft. Daß der Prozeß der Berufsfindung sich für gewöhnlich über längere Zeit erstreckt, versteht sich von selbst.

Hat nun der Autor, der zu seiner Zeit einen ausgezeichneten Namen hatte, Zustimmung erfahren? Durchaus. Man war offensichtlich in diesem Anliegen *in den Grundfragen einer Meinung,* wenn es auch besondere Akzentuierungen gab und Ergänzungen angebracht wurden. Da ist z. B. A. LEHMKUHL SJ (1834–1918) zu nennen, ein in der katholischen Welt dieser Zeit international angesehener Moraltheologe. Auch er geht der Frage der Berufung zum Priestertum nach[21] und kommt (entsprechend dem literarischen Genre eines lehrhaften Aufsatzes etwas nüchterner) zu einem ähnlichen Ergebnis wie A. von Doss. In Anlehnung an Hebr 5,4 und Joh 15,1 ist auch für ihn das Erste und Entscheidende einer Berufung zum Priestertum der Ruf Gottes (Christi), der dem einzelnen gilt. „Schon jeder Mensch", schreibt er, „erwählt frei seinen Stellvertreter und Bevollmächtigten: umsomehr müssen wir von Christus sagen, daß er seine Stellvertreter und Bevollmächtigten sich frei auswähle. Doch hat er dieses Amt ein- für allemal an das äußere Zeichen einer giltigen Priesterweihe geknüpft. Daher liegt die göttliche Wahl der betreffenden Männer in der göttlichen vorsorglichen Leitung der Geschicke, in der inneren Anregung der Betreffenden und in der äußeren Verwirklichung der Verhältnisse derselben, wodurch Gott die zum Priestertum Auserwählten in besonderer Weise an sich zieht und zur Übernahme jenes hehren Amtes befähigt" (19f.). Gewiß, LEHMKUHL spricht nicht von einem unmittelbaren göttlichen Ruf (obwohl auch er ihn kennt), sondern sieht ihn für gewöhnlich eingebettet in die göttliche Vorsehung, die die Geschicke eines jungen Menschen ganz persönlich leitet.[22] Aber es bleibt der im tiefsten gnadenhafte und „vernehmbare" (erkennbare) Ruf an den einzelnen, den zu verkünden und zu prüfen auch die Kirche gehalten ist, der das letzte Wort zukommt. LEHMKUHL nennt im besonderen vier Kennzeichen für die Echtheit einer Berufung:

1) *„Individuelle Zuneigung zum Priesterstande und den priesterlichen Beschäftigungen"*. Allerdings: „Die natürlichen Neigungen können zurückbeben vor den Opfern, welche mit der Ergreifung dieses Standes verbunden sind, und doch kann der Gedanke, daß die Ergreifung dieses Standes Gottes Wunsch und Wille sei, sich dem Geiste sehr lebhaft aufdrängen und gar den Verstand klar überzeugen. Eine solche auf Gründe gestützte, vom Geist Gottes geförderte Entscheidung ist ein weit sicherer Beweis für den wirklichen Beruf, als bloße Neigung und sympathischer Zug".

2) *„Die rechte Absicht"* ... „Was (der Aspirant) außer Gottes Ehre und der eigenen und fremden Heiligung im Priesterstande sucht (gutes Auskommen, Ehre und Ansehen), das ist nicht Gottes Ruf, sondern der Ruf von Fleisch und Blut".

3) *„Die Befähigung zur Erfüllung der priesterlichen Aufgaben"*. Dazu gehört nach LEHMKUHL „ein gewisser Grad intellektueller Bildung, in der Regel ein *gutes* Verständnis der heiligen Wissenschaften und eine ausreichende Kenntnis in den allgemeinen Zweigen des menschlichen Wissens" (nach v. Doss außerdem noch der Umgang mit Menschen und die Predigtgabe).

4) *„Die sittliche Befähigung"*: „Das Wichtigste ist der entschiedene Wille und das Zeugnis des eigenen Gewissens von der sittlichen Kraft, durch welche man vermöge des Gnadenbeistandes Gottes sich im Stande fühlt, ein tadelloses Leben zu führen und den Pflichten eines enthaltsamen, priesterlich thätigen Lebens nachzukommen" (Kontra-Indikation: „ein zu ängstliches Gemüth, ein unverträglicher Charakter" [22–25]).

Das Gnadenhafte priesterlicher Berufung und damit die Überzeugung, daß Gott ruft, tritt vor allem in Punkt 1 hervor.

Es lohnt sich an dieser Stelle, noch die Lexika um 1900 auf ihre Beschreibung der Berufung zum Priestertum hin zu befragen. Sie kehren stärker zurück zu der Doppelaussage des Römischen Katechismus von der Berufung durch Gott *und* der Berufung durch die Kirche, oder, wie man nun sagt, von der „subjektiven" und der „objektiven" oder von der „inneren" und der „äußeren" Berufung.

Im „Kirchenlexikon" von WETZER und WELTE (1884)[23] heißt es zum Stichwort „Clerus" (priesterliche Berufung): *„Subjektiv ist der Beruf* die Überzeugung des Einzelnen von der Berufung seitens Gottes zu seinem heiligen Dienste (Hebr 5, 4). Der Gedanke, sich in's Heiligthum nicht eingedrängt zu haben, sondern nach reiflicher Überlegung durch die Wahl des geistlichen Standes, durch die Bitte um Aufnahme in den Clerus nicht nur ein gutes, sondern ein von Gott gewolltes Werk gethan zu haben, wird für den Cleriker der Born, aus welchem Gefühle des Dankes und der Freude hervorströmen, aus welchem er auch Kraft schöpft, allen an ihn herantretenden Anfechtungen und Schwierigkeiten mit der Gnade Gottes die Stirn zu bieten. – *Objektiv besteht der Beruf* in der Erklärung der Kirche, daß im einzelnen Falle jene Vorschriften erfüllt seien, welche die Vorbildung, die Auswahl, die Aufnahme und Promotion des Candidaten des geistlichen Standes regeln." (Die Aufnahme in den Clerus geschieht „durch die sogen. Ordination, deren Wesen in der Auflegung der Hände besteht".)

Im „Kirchlichen Handlexikon" (1907)[24] ist zu lesen: „Die Erhaltung des Priestertums ist Gegenstand der *göttlichen providentia specialis,* weshalb zum Eintritt eine *vocatio specialis* nötig ist. Diese wird näher unterschieden in den *äußeren* Beruf, vocatio externa (d. i. die den Eintritt ermöglichende Gestaltung der äußeren Verhältnisse, bes. die Admission eines Kandidaten durch den Bischof nach gewissenhafter Prüfung), und den *inneren* Beruf, vocatio interna (d. i. die auf einen speziellen Akt der göttlichen Providenz zurückzuführende Auswahl einer Person zum Priestertum, Hebr 5,4); diese (besondere Berufung) ist erkennbar an der Überzeugung des Kandidaten vom Vorhandensein seiner göttlichen Berufung, an dessen Ausstattung mit den zur Übernahme der priesterlichen Würde und Bürde nötigen sittlich-geistigen und körperlichen Qualitäten (wissenschaftliche Bildung, Klugheit, Frömmigkeit; bewährte, unverletzte oder wiedergewonnene Sittenreinheit) und an der habituellen, durch übernatürliche Motive genährten Neigung zum Priestertum. Gebet, Selbstprüfung und Beratung mit geeigneten Sachverständigen vermitteln die Erkenntnis der Berufung".

Bei allen Unterschieden in einzelnen Äußerungen deutschsprachiger Autoren des letzten Jh. zur Frage der Erkenntnis einer authentischen priesterlichen Berufung und unter Berücksichtigung des verschiedenen literarischen Genres, dessen sie sich bedienen (als religiöser Schriftsteller, als Theologe, in einem Aufsatz oder einem Lexikonartikel), in den wesentlichen Punkten stimmen sie überein:

1) Sie alle gehen aus von einer individuellen Berufung durch Gott (Christus), für die man sich auf Hebr 5,4 und Joh 15,1 beruft, und dieser Ruf ist *als solcher,* wenn auch in verschiedener Weise und Ausdrücklichkeit, „vernehmbar" (erkennbar).

2) Alle Autoren betrachten die *Zuneigung* zum priesterlichen Beruf, sei es im Sinne der Freude am priesterlichen Tun oder aufgrund oftmaliger Anstöße von innen (bis zum Gedrängtwerden) als *eines* der Zei-

chen der Echtheit der Berufung, wenn auch betont wird, daß der „innere Drang" sich erst in der Auseinandersetzung mit den Schwierigkeiten und Opfern des priesterlichen Amtes und gegebenenfalls in der Überwindung des inneren Widerstandes gegen den Priesterberuf als Echtheitszeichen erweise.

3) Übereinstimmung besteht auch darin, daß man (am ehesten mit Hilfe einer Beratung) anhand der Echtheitskriterien priesterlicher Berufung (die von den Autoren aufgezählt werden) im Normalfall (d.h. bei psychischer Gesundheit) zu einer klaren Erkenntnis des eigenen Berufenseins kommen könne.

4) Alle Autoren richten in der Frage nach der Berufung zum Priestertum ihren Blick in erster Linie auf die „innere Berufung", auf den Zug der Gnade, wiewohl die Kirche das letzte und entscheidende Wort zu sprechen habe und erst die Weihe das göttliche Siegel auf die persönliche (vorläufige) Berufsfindung sei.

6. Während man Ende des 19. Jh. *im deutschen Sprachraum* hinsichtlich unserer Frage – mit gewissen Nuancen, wie sich versteht – einer Meinung war, trifft das für *Frankreich* nicht zu. Dort gab es zu dieser Zeit die heftigsten Kontroversen, die zu einer offiziellen Stellungnahme Roms führten. Vielleicht hat die politisch-religiöse Situation der französischen Kirche der damaligen Zeit mit dazu beigetragen. Es ist die Zeit radikaler Gegensätze zwischen den Antiklerikalen und der Kirche, wobei außerdem die kirchentreuen Katholiken noch untereinander gespalten waren. Der Priesternachwuchs war gering. In dieser Situation schrieb 1896 der Sulpizianer L. Branchereau sein Buch über den „Beruf zum Priestertum"[25], das dem Zweck dienen sollte, solche „Berufungen" in jungen Menschen möglichst früh zu entdecken und entsprechend zu fördern. Eine solche „Berufung" zeige sich neben anderen Eigenschaften (Frömmigkeit, sittenreines Leben, gute Begabung) *entscheidend* in einer inneren, anhaltenden „Neigung" („attrait" genannt, ein erfahrbares Hingezogensein) zum Priestertum. Darin tue sich die Stimme der Gnade, Gottes, des Geistes kund. Wo sie fehle, mangle es wohl an einer echten Berufung. Da die Sulpizianer einen großen Teil der Priestererziehung in den Seminaren Frankreichs in ihren Händen hatten, rief das Buch zunächst keine Gegenstimme hervor; es schien die übereinstimmende Meinung der Zeit wiederzugeben. Erst 1909 meldete sich der Ehrendomherr Jos. Lahitton der Diözese Aire (Dep. Landes) mit einer sehr harten und geradezu offensiven Kritik zu Wort[26]: Die „Berufung" zum Priestertum, schreibt er, komme nicht notwendig und für gewöhnlich durch unmittelbaren Gnadenanruf Gottes zustande, sondern erfolge einzig und entscheidend durch die freie Aus-

wahl der Kandidaten und ihre Aufnahme in den Klerikerstand durch die Autorität der Kirche. Darum bedürfe es auch nicht eines „attrait", einer durchhaltenden, für einen Gnadenruf Gottes gehaltenen inneren Neigung zum Priestertum; wesentlich für die Echtheit einer priesterlichen Berufung seien vielmehr „die lautere Meinung" (recta intentio) sowie die für das priesterliche Wirken notwendige „Befähigung" (idoneitas), was beides die Bevollmächtigten der Kirche zu erforschen hätten. Niemand könne die Entscheidung der Kirche vorwegnehmen und sagen, daß er einen „Beruf" zum Priestertum und damit ein Recht auf die Weihe habe. Damit wird der Beruf zum Priestertum, die vocatio sacerdotalis im strengen (theologischen) Sinn, ausschließlich in die äußere Berufung durch den Bischof gelegt. LAHITTON beruft sich dafür auf den Catechismus Romanus, wo es, wie schon früher zitiert, heißt: „Niemand nimmt sich selbst die Ehre, sondern er wird von Gott berufen wie Aaron"; und als Erklärung dazu: „,von Gott berufen' heißen aber diejenigen, die von den rechtmäßigen Dienern der Kirche berufen werden". Die „Berufung durch Gott" ist eine *mittelbare;* was im Kandidaten selbst geschieht, der sich aufrichtig auf das Priestertum vorbereitet, ist höchstens eine „Berufbarkeit" (vocabilité), aber nicht etwas, was man „Berufung" = Gerufen-sein nennen könnte.

Das Echo auf die Veröffentlichung LAHITTONS war außerordentlich stark und heftig; es gab Zustimmung, aber noch viel mehr Kritik, weil altüberkommene Überzeugungen und eine traditionelle Terminologie von ihm als irrig verworfen zu werden schienen.[27] Im Hin und Her der fast nicht mehr zählbaren Artikel mußte LAHITTON gewisse Zugeständnisse machen bzw. die eine oder andere schroffe Behauptung etwas abschwächen.[28] An der Ablehnung einer spürbaren und anhaltenden Neigung zum Priestertum als dem entscheidenden Echtheitskriterium einer Berufung und an der alleinigen Konstituierung der priesterlichen Berufung durch die Kirche, den Bischof, hielt er aber weiter fest. – Inzwischen hatte sich sein Bischof nach Rom gewandt und um ein Urteil bzw. eine Entscheidung gebeten. Papst PIUS X. gratulierte nicht nur persönlich LAHITTON zu jedem seiner beiden Bücher, sondern setzte ein Kardinalskollegium zur Begutachtung des Hauptwerkes ein. Dieses traf mit ausdrücklicher Billigung des Papstes folgende Entscheidung:

„Das Werk des hochachtbaren Herrn Joseph LAHITTON, betitelt ‚Der priesterliche Beruf', ist keineswegs zu verwerfen. Vielmehr ist es in folgenden Punkten hohen Lobes würdig, insofern es nämlich die Behauptungen vertritt:
1) Keiner habe irgendein Recht auf den Empfang der heiligen Weihe; die Zulassung sei freie Entscheidung des Bischofs.
2) Die Vorbedingung, auf die der Bischof zu achten hat und welche

man die priesterliche Berufung (vocatio sacerdotalis) nennt, bestehe keineswegs, wenigstens nicht notwendig und für gewöhnlich, in einem inneren Drang des Betreffenden oder in Einladungen des Heiligen Geistes (in interna quadam adspiratione subjecti seu invitamentis Spiritus sancti), den Priesterstand zu ergreifen.
3) Hingegen sei zur rechten Berufung von seiten des Bischofs im Weihekandidaten nichts anderes erfordert als die rechte Absicht (rectam intentionem) zusammen mit der Eignung (simul cum idoneitate), einer Eignung, die grundgelegt ist in jenen Gaben der Gnade und der Natur, die sich durch ein rechtschaffenes Leben und ein hinreichendes Wissen als echt erwiesen haben und damit die begründete Hoffnung geben, daß der Betreffende die Amtshandlungen des Priestertums in rechter Weise auszuüben verstehe und dessen Pflichten heilig zu halten wisse." [29]
Um diese Entscheidung richtig zu interpretieren, muß man genau zusehen, was im Hinblick auf die LAHITTONschen Thesen gesagt und was nicht gesagt ist:
1) *Bestätigt* wird LAHITTON darin, daß die Zulassung zum Priestertum (die kanonische Berufung) trotz bester Begabung und eines eifrigen religiösen Lebens sich *letztlich* nicht im Priesteramtskandidaten entscheidet, sondern in der freien, verantwortlichen Wahl des Bischofs, gegen die es kein Einspruchsrecht gibt. Das Priesteramt ist ein Amt der Kirche, über das nur die Kirche verfügt.
2) *Bestätigt* wird LAHITTON ebenso in seiner These, daß die Gnadenführung Gottes im Werden einer priesterlichen Berufung nicht notwendig *unmittelbar* erfahrbar zu sein braucht, etwa in einer spürbaren Neigung oder in inneren Einsprechungen, sondern für die Echtheit einer Berufung nichts anderes gefordert ist als die rechte Absicht sowie die (intellektuelle und moralische) Eignung.
3) *Nicht bestätigt* wird LAHITTON in seiner (später nicht mehr so schroffen) Ablehnung einer inneren Berufung (Gnadenführung) des Kandidaten überhaupt. Die römische Entscheidung spricht ausdrücklich von einer „vocatio sacerdotalis", einer „Berufung" auf seiten des jungen Menschen und verwirft den diesbezüglichen traditionellen Sprachgebrauch in der Kirche nicht.
4) *Nicht bestätigt* wird LAHITTON in seiner fast grundsätzlichen Skepsis gegen ein erfahrenes inneres Erfülltsein des Priesteramtskandidaten von seiner Berufung.
Kritisch bemerkt Joseph BRANDENBURGER SJ zusammenfassend, daß LAHITTON seine Thesen zu einspurig und exklusiv vorgebracht habe. Vor allem habe er den unterschiedlich, weil analog gebrauchten Begriff der „vocatio sacerdotalis" ignoriert. „Beruf", so schreibt er, „nennt

man den *Stand* des Priesters; Beruf die *Berufung durch den Bischof;* Beruf *die inneren Dispositionen des Subjektes,* irgendwie auch *den ewigen Willen Gottes.* Der logische und kausale Zusammenhang dieser vier Elemente ist zu betonen, nicht aber sind diese Elemente *exklusiv* zu nehmen. Das ‚nur' hat schon viel geschadet".[30]
Abschließend wird man mit A. LEHMKUHL sagen können: „Es dürfte dadurch schwerlich eine Umwälzung der Anschauungen stattgefunden haben, welche in den deutschen Ländern bisher als maßgebend angesehen wurden".[31] In römischen Kreisen wird das gewiß etwas anders empfunden worden sein, und es besteht kein Zweifel, daß bei der Heftigkeit, mit der so unterschiedliche Meinungen vorgetragen wurden, das Kardinalskollegium damit eine ausgewogene Entscheidung getroffen hatte. Papst PIUS X. fand in ihr offensichtlich seine eigene Meinung wieder, wie sein etwa gleichzeitig veröffentlichter „Katechismus" zeigt.[32] Darin heißt es zu unserer Frage: „Niemand kann nach Belieben in den geistlichen Stand treten, sondern muß von Gott durch den eigenen Bischof gerufen werden, d. h. er muß den Beruf dazu haben mit der entsprechenden Tugend und Eignung zum heiligen Dienst".

Was die Auswirkung des römischen Dokuments in die folgenden Jahrzehnte hinein betrifft, so ist zunächst festzustellen, daß es in offiziellen Verlautbarungen als eine Magna Charta angesehen wird, hinter die man nicht mehr zurückgeht (zurückgehen darf). Es wird darum in entsprechenden Texten mehr oder weniger wörtlich und kommentarlos zitiert. So etwa Papst PIUS XI. in seiner Enzyklika über das Priestertum „Ad catholici sacerdotii" vom Jahre 1935.[33] Dort liest man in einem Wort an die Seminarleiter und Spirituale: „Für den wachsamen und erfahrenen Blick des Seminarleiters, der die ihm anvertrauten jungen Männer und ihre Neigungen liebevoll studiert, wird es nicht schwierig sein, sich über den echten Priesterberuf eines jeden zu vergewissern. Dieser zeigt sich, wie ihr wißt, *weniger in einem Gefühl des Herzens oder einer spürbaren Neigung der Seele, die mitunter fehlen oder vergehen können, sondern vielmehr in der rechten Absicht des Priesteramtskandidaten im Verein mit all den körperlichen, geistigen und sittlichen Anlagen, die ihn für diesen Stand geeignet machen".* Ohne solche Worte, die nur die römische Entscheidung von 1912 wiederholen, einer Kritik zu unterwerfen, wurde doch in der späteren Kommentierung immer stärker vermerkt, daß in ihr die gnadenhaften Elemente der auf Gottes Vorsehung zurückgehenden priesterlichen Berufung nur verdeckt zu finden seien oder sogar nur in einer kritischen Sicht („Gefühl des Herzens", „spürbare Neigung") genannt würden. Mit diesem Vorwurf hatte sich schon der in seiner Zeit sehr angesehene Moraltheologe Franz HÜRTH SJ auseinanderzusetzen.[34] In einer ausführlichen Besprechung des Buches von J. B. Raus CSsR über die Berufslehre des hl. Alphons von Liguori[35] sagt er verteidigend im Hinblick auf die römische Entscheidung: „Die römische Kommission hat in keiner Weise in Abrede gestellt, daß eine innere Zuneigung zum Priesterberuf, eine innere Einladung des Heiligen Geistes, ein spontanes, von reinster Absicht getragenes Verlangen nach dem Priestertum vorliegen *kann* oder *tatsächlich oft vorliegt;* sonst würde sie den Tatsachen widersprechen. Gesagt wird nur, daß diese Dinge nicht notwendig und ‚de lege ordinaria' gefordert sind; es wird die Behauptung abgelehnt, daß jemand, bei dem sie sich nicht finden, sicher keinen ‚Beruf' habe und zum Priestertum nicht zugelassen werden dürfe". Das wird auch von den Kritikern nicht geleugnet. Nur weisen diese darauf hin, daß für die inhaltliche Formulierung einer so wichtigen und Allgemeingültigkeit beanspruchenden Entscheidung eine sehr einseitige, geschichtlich konkrete Situation (im französischen Katholizismus) Pate gestanden habe, die man für ihr rechtes Verständnis sozusagen immer im Hinterkopf haben müsse. Mit solchen Schwierigkeiten schlug sich u. a. A. Lehmkuhl in seinem oben genannten langen Artikel über den „Priesterberuf" herum.[36] In ähnlicher Weise bemühte sich W. Stockums (langjähriger Seminarregens und späterer Weihbischof von Köln), den in der römischen Entscheidung gelassenen Spielraum für die *göttliche* Berufung zum Priestertum auszuschöpfen und diese in langen Kapiteln seines Buches „Der Beruf zum Priestertum" darzulegen sowie theologisch-spirituell zu erläutern.[37] Zuletzt wurde dann noch einmal auf dem II. Vatikanischen Konzil, während der Verhandlung des „Dekrets über die Ausbildung der Priester", das in Artikel 2 auf die römische Entscheidung anspielt, in einer Intervention Kardinal Döpfners darum gebeten, die Gnadenhaftigkeit der priesterlichen Berufung zu unterstreichen.[38]

7. Inzwischen, so scheint es, wurde bei der Herausarbeitung der Kriterien priesterlicher Berufung eine gewisse Engführung der Fragestellung verlassen, und es wurde als verpflichtend empfunden, *alle Aspekte der Berufungsfrage:* die humanen und die christlichen, die religiösen und die moralischen, die persönlich-individuellen und die kirchlichen zu berücksichtigen. Grundgelegt wurde diese *Öffnung* vor allem durch einige Dokumente Papst Pius XII. In der Apostolischen Konstitution „Sedes Sapientiae" über die Ausbildung in den apostolischen Priesterorden vom Jahre 1956 wird ganz selbstverständlich von der Auffassung ausgegangen, die bei Lahitton noch in Frage stand, daß es angezeigt ist, auf dem Weg zum Priestertum eine göttliche – d. h. eine innere, persönliche, gnadenhafte – und eine kirchliche – d. h. eine hierarchisch-sakramentale – Berufung voneinander zu unterscheiden und daß beide

aufeinander zugeordnet, aufs engste miteinander verbunden sind.[39] Es ist Sache des Priesteramtskandidaten, die göttliche Berufung in sich zu entdecken und sich durch Gebet, das aus Glaube, Hoffnung und Liebe hervorgeht, und durch einen entsprechenden Lebenswandel für sie aufnahmebereit zu machen. Sache der Kirche, d. h. des Bischofs, seiner Vertreter und Beauftragten, ist es, die „Berufung" des Kandidaten zu prüfen: sie zu bestätigen oder für ungenügend, vielleicht sogar für nicht vorhanden zu erklären. Beide Seiten, der Kandidat und die Kirche, haben bei diesem Prüfungsvorgang die „Unterscheidung der Geister" zu üben. Beide sollen sich auf ein klärendes Gespräch einlassen und beide sollen darum beten, den Willen Gottes zu erkennen, der sich nicht in erster Linie in inneren Erleuchtungen kundtut, sondern in kontrollierbaren Fakten, deren Beurteilung für den Berater u. U. Fachkenntnisse voraussetzt, die nicht einfach durch eine noch so große Menschenkenntnis ersetzt werden können.

Ein weiterer Aspekt der Öffnung sei an dieser Stelle noch erwähnt: Papst PIUS XII. hat in seiner Aufgeschlossenheit und Hellhörigkeit für die Entwicklungen der Zeit *Türen zu einer offeneren Erziehung* in den Kleinen und Großen Seminaren aufgetan. Das Humanum wurde von ihm stärker betont. Vor allem wurde auf die mit den Lebensjahren wachsende Eigenständigkeit und Selbstverantwortung hingewiesen.[40] Eine solche notwendige und begrüßenswerte Öffnung brachte es mit sich, daß nun die Eigenart des jungen Menschen deutlicher wahrgenommen werden kann, als dies bisher der Fall war: seine Möglichkeiten und Stärken ebenso wie seine Grenzen und Schwächen. Bewußter wird von jetzt an auch die Frage gestellt, welche Kraft dem Glauben und der Frömmigkeit zukommt oder auch nicht zukommt, wenn es darum geht, den Menschen in seiner Tiefe nach dem Bilde Christi zu formen, die eigene Natur mit ihren Selbstsüchten und Widersprüchen „gefangen zu nehmen, so daß (sie) Christus gehorcht" (2 Kor 10,5). Durch diese veränderte Einstellung gegenüber den jungen Menschen wurde die Aufmerksamkeit auf Belastungen gelenkt, die eine normale, gesunde Entwicklung nicht mehr gewährleisten: Ängste, Zwänge, Minderwertigkeitsgefühle, Selbstüberschätzungen u.s.f. Symptome dieser und ähnlicher Art bedürfen der fachlichen Hilfe. Aus der Erkenntnis dieser Notwendigkeit hat der gleiche Papst, der die Erziehung der Priesteramtskandidaten offener gestaltet wissen wollte, die Verantwortlichen mehrfach gemahnt, bei Zweifeln über die gesundheitliche (körperliche und psychische) Eignung eines Kandidaten eine ärztliche Beratung zu veranlassen. Im Anhang zur Apostolischen Konstitution „Sedes Sapientiae" wird dieser „Arzt" als ein Fachmann charakterisiert, der fähig ist, sich anamnestisch und diagnostisch ein Urteil über die Person des Kandidaten zu bilden.[41]

Deshalb sind hier mit „Arzt" sicher auch die Fachpsychologen und die Psychotherapeuten verschiedener Provenienz gemeint. Mit dieser Anordnung – um eine solche handelt es sich! – hat Papst Pius XII. bewußt mehr gewollt als nur die „römische Entscheidung" von 1912, die zu den Aussagen Lahittons getroffen wurde, zu wiederholen und einzuschärfen; denn 50 Jahre nach Lahitton war die Auswahl der zur Priesterweihe oder zur Ordensprofeß zuzulassenden Kandidaten um vieles schwieriger geworden. Dieser veränderten Situation wollen die in diesem Band vorgelegten Studientexte Rechnung tragen. Die Autoren K. Berkel und K. Schaupp greifen die Anordnung des Mahnschreibens „Menti nostrae" auf und ermöglichen dem Leser einen Einblick in die differenzierte Vorgehensweise bei einer anamnestischen und diagnostischen Urteilsfindung.

8. Meines Wissens sind die Richtlinien von Papst Pius XII. zur Überprüfung der Eignung eines Kandidaten gegebenenfalls auch durch eine ärztlich-psychologische Beurteilung von seinen Nachfolgern in ihren einschlägigen Schreiben und Ansprachen nicht mehr aufgegriffen worden. Die Aspekte, die in der Frage der Berufung zum Priestertum sowie zu den anderen geistlichen Berufen unter den letzten Päpsten in den Vordergrund traten, sind *fast ausschließlich pastoraler und spiritueller Natur*. Unter dem wachsenden Druck des Priestermangels wird bei allen Gelegenheiten das ganze Kirchenvolk – Seelsorger und Erzieher, Familien und Gruppen – aufgerufen, um geistliche Berufe, vor allem um den Priesternachwuchs, *aktiv* besorgt zu sein. Wenn die Kirche unserer Tage nur vital genug wäre, argumentiert Papst Johannes Paul II. immer wieder, dann würde es unter dem „Anhauch des Geistes" auch heute genug geistliche Berufe geben. Man müsse nur von deren Größe und Schönheit überzeugt sein, um den Berufenen zugleich die Versicherung zu geben, daß Gott auch die Kraft zum Durchhalten schenke. Sei es doch Jesus selbst, der in seine Nachfolge und zur Mitarbeit an seiner missionarischen Sendung rufe. Die Frage, *warum* es für junge Menschen unserer Zeit schwerer geworden ist, sich für einen geistlichen Beruf zu entscheiden, wird nur selten gestellt.[42] Der Beitrag, den die Humanwissenschaften zur Beantwortung dieser Frage geben können, wird kaum erwähnt. Offenbar hat die Aufgeschlossenheit für die Erkenntnisse dieser Wissenschaften, wie sie bei Papst Pius XII. vorhanden war, wieder abgenommen.[43] Der Akzent liegt in den neueren Verlautbarungen eindeutig auf der *gnadenhaften Berufung* und der *göttlichen Führung*, die der Berufene, falls er nur ganz aus dem Glauben lebt, in seinem Innern zu erfahren vermag. Man kann sich des Eindrucks nicht erwehren, als sei die Gewichtung der Aspekte bei der Ana-

lyse einer Berufung umgekehrt wie seinerzeit in der Kontroverse um LAHITTON. Während man damals der *inneren Neigung* eines jungen Menschen zum Priestertum und seinem „Glauben", Gottes rufende Stimme zu vernehmen, sehr skeptisch gegenüberstand und *die Sicherheit der Entscheidung* allein der berufenden Kirche zuschrieb, liegt bei Papst PAUL VI. und ebenso bei Papst JOHANNES PAUL II. das ganze Pathos bei der Beschreibung der Geschichte einer priesterlichen Berufung *auf der inneren Gnadenführung.* Nur vereinzelt und erst an zweiter Stelle wird an die Römische Entscheidung um das Buch von LAHITTON erinnert.[44]

Wie sollen nun heute, bei der Feststellung der Eignung für einen der Berufe der Kirche, die *Akzente* gesetzt werden? In der gegenwärtigen säkularisierten Gesellschaft ist zweifellos die starke Betonung eines lebendigen Glaubens und eines spirituellen Erfülltseins, wie sie in den Ansprachen und schriftlichen Verlautbarungen der letzten Päpste immer wieder zum Ausdruck kommt, durchaus am Platz. Diese Betonung muß aber verbunden sein mit einem nüchternen und kritischen Denken über die psychische Situation heutiger junger Menschen, die oft sehr komplex und schwer durchschaubar ist. Wo dies zutrifft, ist eine klärende Beratung, wie sie Papst PIUS XII. nicht nur empfohlen, sondern verlangt hat, angezeigt. Diese verantwortungsvolle Eignungsberatung ist Sache von erfahrenen Experten, die um die gläubige und spirituelle Dimension eines geistlichen bzw. kirchlichen Berufes wissen oder wenigstens diese Dimension respektieren können.

Anmerkungen

[1] Daß sich diese Frage auch für die evangelischen Kirchen stellt, obgleich sie ein anderes Verständnis kirchlicher Berufe haben, zeigt neuerdings der Aufsatz von G. RAU (Pastoraltheologe, Heidelberg): „Abschied von der kalten Kirche. Wandel im Verständnis des Pfarramts", in: Evangelische Kommentare (1984), 676–679.
[2] Enchiridion Clericorum. Documenta ecclesiae sacrorum alumnis instituendis, Typis polyglottis Vaticanis 1938, nr. 27; (die Übersetzung der lateinischen Texte stammt vom Verfasser dieses Beitrags).   [3] Ebd. nr. 57.
[4] Vgl. ebd. nr. 67, wo GREGOR der Große 590–604 den häufigen Mißstand des käuflichen Erwerbs des Klerikerstandes im Merovingerreich beklagt.
[5] Ebd. nr. 58.
[6] „eos rectores Ecclesia accipit, quos Sanctus Spiritus praeparavit" (Serm. De ordinatione sua III, Corp.Chr., Ser.lat.138,11).
[7] Mon. Hist. Germ. I, 7 a (Epist. De litteris colendis); ebenso in: Enchiridion clericorum, nr. 73 b. – Über die Mönchsschulen vgl. J. LECLERCQ, Wissenschaft und Gottverlangen, Düsseldorf 1963, 52 ff.
[8] Concilium Romanum a. 826: „De vita communi clericorum deque scholis apud episcopia et ecclesias" (Enchiridion clericorum, nr. 76 f.); Synodus Parisiensis, a. 820: „De vigilanti cura in educandis clericis" (ebd. nr. 78); Concilium Romanum, a. 853: „De iusta cleri instructione" (ebd. nr. 79); Concilium Romanum, a. 1078: „De litterarum artibus tradendis apud ecclesias" (ebd. nr. 83); Concilium Lateranense III, a. 1179: „De scholarum cathedralium magistris, qui clericos gratis doceant" (ebd. nr. 85); Concilium Lateranense IV,

a. 1215: „De magistro in qualibet cathedrali ecclesia constituendo ... deque clericis diligenter informandis" (ebd. nr. 86). HONORIUS III., a. 1219: „De privilegiis pro magistris et discipulis" (ebd. nr. 88).
[9] Vgl. Handbuch der Kirchengeschichte, hrsg. von H. JEDIN, Freiburg i. Br. ³1973, II, 1, 282 ff.; II, 2, 227 ff. – Das „Weiheexamen" zur Zeit KARLS des Großen (vgl. Enchiridion clericorum, nr. 74) für den niederen Klerus mit seinen wenigen Fragen ist im Laufe des Mittelalters nicht überschritten worden.
[10] Vgl. etwa das Konzil von Valladolid, a. 1321, Kp. XX: „De ignorantia in clericis quam diligentissime evitanda" (Enchiridion clericorum, nr. 89), mit seinen eindringlichen Mahnungen und konkreten Vorschlägen. – H. JEDIN führt in seinem Aufsatz: „Die Bedeutung des Tridentinischen Dekrets über die Priesterseminare für das Leben der Kirche", in: Theologie u. Glaube 54 (1964), 181 ff., einige Schriften vom Ende des 15. Jh. an, die der Vorbereitung auf das Amt des Seelsorgers dienen sollen. Stärker noch sind nach der Ansicht JEDINS die Bemühungen mancher Bischöfe in vortridentinischer Zeit um die Errichtung von Lehranstalten für Priesteramtskandidaten.
[11] Konzil von Trient, Sessio XXIII, Juli 1563: Enchiridion clericorum, nrr. 97–103.
[12] Cat.Rom., pars II, cap. 7, § 3; Enchiridion clericorum, nr. 104.
[13] Die „innere" (gnadenhafte) Berufung zum Priestertum geschieht durch den Hl. Geist, wie Papst LEO der Große sagt, vgl. Anm. 6. – Ähnlich heißt es bei Thomas v. AQUIN: „Diejenigen, die Gott zu etwas auserwählt, bereitet er vor (praeparat) und setzt sie instand (disponit), so daß sie im Hinblick auf das, wozu sie auserwählt sind, geeignet (idonei) erfunden werden" (S. Th. III q. 27, a. 4c). Ebenso im Kommentar zu 1 Cor 3, 6 (Opera omnia, Editio Parmensis, Vol. XIII, p. 315). Mit Recht werden die Eigenschaften, die als Vorbedingung für die Berufung eines Priesteramtskandidaten vom weihenden Bischof gefordert werden, eine „innere", göttliche Berufung" genannt, auch wenn es sich nicht um außergewöhnliche und als solche erkennbare Gnaden handelt.
[14] Cat. Rom., a.a.O., § 4; Enchiridion clericorum, nr. 105.
[15] Enchiridion clericorum, nr. 109.
[16] Ebd. nr. 254: „Sanctitate praecellat oportet et doctrina, qui sacerdos est futurus".
[17] Ebd. nr. 307.
[18] J. M. SAILER, Vorlesungen aus der Pastoraltheologie, Bd. I, München ³1812, Widmung.
[19] H. SCHIEL, Johann Michael SAILER, Briefe, Regensburg 1952, 66 f.: An einen Ungenannten über geistliche Standeswahl, 10. Januar 1789.
[20] Zitiert nach der 4. Auflage, Freiburg i. Br. 1883, 454 ff.
[21] A. LEHMKUHL, Der Beruf zum Priesterthum, in: Theol.-praktische Quartalschrift (Linz) 49 (1896), 18–30.
[22] LEHMKUHL stimmt hier gänzlich überein mit der Definition der priesterlichen Berufung, wie Joseph SCHNEIDER SJ sie formuliert (Manuale Clericorum, Regensburg 1898, 9): „Nomine vocationis ad statum clericorum intelligitur dispositio divinae providentiae, qua Deus pro suo beneplacito quosdam homines seligit et segregat ad opus ministerii sui, ipsisque qualitates et gratias ad id necessarias elargitur, ut fiant digni ministri novi Testamenti".
[23] WETZER und WELTES Kirchenlexikon, Freiburg i. Br. 1884, Bd. III, 544. – Der Autor des Artikels, Rudolf v. SCHERER, war Kirchen-(Rechts-)Historiker in Graz und Wien.
[24] Kirchliches Handlexikon, hrsg. v. Michael BUCHBERGER, Freiburg i. Br. 1907, Bd. I, 602. – Der Autor des Artikels, Heinrich REUTER, war Dozent in Freiburg i. Br.
[25] L. BRANCHEREAU, „De la vocation sacerdotale", Paris 1896.
[26] J. LAHITTON, „La vocation sacerdotale", Paris 1909.
[27] Darüber berichten im deutschen Sprachbereich vor allem folgende Autoren: J. BRANDENBURGER: Vocatio sacerdotalis. Eine Kontroverse, in: ZKTh 38 (1914), 63–74; A. LEHMKUHL, Priesterberuf, in: Theol.-prakt. Quartalschrift (Linz) 67 (1914), 262–297; ders. in: Stimmen der Zeit, 86 (1914), 93-95; W. STOCKUMS, Der theologische Beruf für den neuesten kirchlichen Bestimmungen, in: Theologie und Glaube 14 (1922), 193–212.
[28] Zum größten Teil entwickelte sich die Kontroverse zu einem weiteren Werk LAHITTONS, worin er nochmals seine von der allgemeinen Ansicht abweichende Meinung klarzulegen suchte: Deux conceptions divergentes de la vocation sacerdotale. Exposé-Controverse-Conséquences pratiques, Paris 1910. – In der 2. Auflage seines Hauptwerkes (vgl. Anm. 26) sind einige Korrekturen angebracht. [29] AAS IV, 1912, 485.

29

[30] J. BRANDENBURGER, a.a.O. 72.
[31] Vgl. A. LEHMKUHL „Priesterberuf", in: Theol.-prakt. Quartalschrift (Linz), 67 (1914), 264.
[32] Catechismo pubblicato per ordine di S.S.Pio Papa X, Roma 1912: „Nessuno puo intrare a suo arbitrio negli Ordine, ma deve essere chiamato da Dio per mezzo del proprio Vescovo, civè deve avere la vocatione, con le virtù e con le abitudini al sacro ministero, da essa richieste".
[33] AAS XXVIII (1936), 40; zitiert nach dem deutschen Text der Ausgabe Herder, Freiburg i. Br. 1936, 67.
[34] F. HÜRTH, Zur Frage nach dem Wesen des Berufes, in: Scholastik 3 (1928), 94–102.
[35] J. B. RAUS CSsR, La doctrine de S. Alphonse sur la vocation et la grâce en regard de l'enseignement des S. Thomas et les prescriptions du Code, Paris 1926.
[36] Siehe Anm. 31.
[37] W. STOCKUMS, Der Beruf zum Priestertum, Freiburg i. Br. 1934, vor allem in den Kapiteln: „Göttliche und kirchliche Berufung"; „Eigenschaften der göttlichen Berufung"; „Theologische Berufstypen"; „Die innere Neigung zum Priestertum".
[38] Vgl. LThK, Das zweite Vatikanische Konzil, Bd. II, 318. Kommentar (H. NEUNER SJ).
[39] AAS XLVIII (1956), 357.
[40] Vgl. das Apostolische Mahnschreiben „Menti Nostrae" über die Heiligung des priesterlichen Lebens, AAS XLII (1950), 685 f. – Ebenso die oben schon genannte Apostol. Konstitution „Sedes Sapientiae", AAS XLVIII (1956), 359 f.
[41] Z. B. in dem Mahnschreiben „Menti Nostrae", AAS XLII (1950), 684, „Hi igitur candidati accurate hac de causa inspiciantur, adhibito etiam, si oportet, probati medici iudicio"; ebenso in den „Statuta Generalia", Anhang zur Apostol. Konstitution „Sedes Sapientiae"; Sonderdruck der Religiosenkongregation, Rom 1957, Artikel 33 „adhibito quoque probati medici anamnestico et diagnostico diligenti iudicio".
[42] Hin und wieder bei Papst PAUL VI. (vgl. Wort und Weisung 1974; 1. Libreria ed. Vaticana, 212–214; ebenso: Wort und Weisung 1975; 2. Libreria ed. Vaticana, 243 f.), kaum oder gar nicht bei Papst JOHANNES PAUL II., der auch hier Optimismus ausstrahlt.
[43] In der Apostol. Konstitution „Sedes Sapientiae" wird ausdrücklich das Studium der Psychologie und der Sozialwissenschaften empfohlen.
[44] So Papst PAUL VI., etwa in seiner Botschaft zum „Welttag der geistl. Berufe" vom 27.4.1975, in: Wort und Weisung 1975; 2. Libreria ed. Vaticana, 242 ff.; deutlicher zum „Welttag der Priester- und Ordensberufe", Ansprache vom 15.2.1974, in: Wort und Weisung 1974; 1. Libreria ed. Vaticana, 212, wo die Römische Entscheidung von 1912 (LAHITTON) direkt genannt wird. – Bei Papst JOHANNES PAUL II. findet sich zu LAHITTON keine Stelle. – Wie sehr bei ihm die Gnadenführung den ersten Rang einnimmt, erhellt aus dem Appell an die Gläubigen anläßlich seiner Pastoralreise in Belgien, daß die geistlichen Berufungen „schon im Kindesalter entdeckt und gefördert werden könnten" (Herderkorrespondenz 39 (1985), 263). Dieser Satz wäre 1912 sicher von LAHITTON beanstandet worden.

Veröffentlichungen von Friedrich Wulf:

WULF, F., Dekret über die zeitgemäße Erneuerung des Ordenslebens (Decretum de accommodata renovatione vitae religiosae „Perfectae caritatis"), Einführung und Kommentar, in: Lexikon für Theologie und Kirche. Das zweite Vatikanische Konzil, Teil II, 250–307.

Ders., Die Orden auf der Suche nach ihrem Ort in der Welt und Kirche von heute, in: WULF, F. u.a. (Hg.), Nachfolge als Zeichen. Kommentarbeiträge zum Beschluß der Gemeinsamen Synode der Bistümer in der Bundesrepublik Deutschland über die Orden und andere geistliche Gemeinschaften, Würzburg 1978, 324–339.

Ders., Die Orden auf der Suche nach ihrem Ort in Welt und Kirche von heute, in: WULF, F. (Hg.), Mitten unter den Menschen. Spiritualität, Aufgaben und Probleme der Priester und Ordensleute, Düsseldorf 1979, 43–77.

Kompetenz und Identität

Ein pastoralanthropologischer Entwurf

Von Hermann Stenger

Die folgenden Gedanken beschäftigen sich mit der Kompetenz und Identität der Männer und Frauen, die in der Kirche eine pastorale Tätigkeit haupt- oder nebenberuflich ausüben. Der angesprochene Personenkreis ist identisch mit den Trägern derjenigen Berufe, die in den vom Sekretariat der Deutschen Bischofskonferenz herausgegebenen Texten vorgestellt werden: die Priester, die Diakone und die Laien (Männer und Frauen) im pastoralen Dienst.[1] Die spezielle pastorale Kompetenz und die Eigenart der Identität der Priester wird nicht isoliert behandelt, sondern im Zusammenhang und in der Zusammenschau mit der Kompetenz und Identität anderer hauptberuflicher Mitarbeiter und Mitarbeiterinnen am Aufbau der Kirche und ihrer Gemeinden. Dieses Vorgehen soll der Förderung der Solidarität all jener dienen, die in gemeinsamer Sache pastoral tätig sind.

In zwei Hauptabschnitten wird erstens von der pastoralen Kompetenz (I) und zweitens von der personalen Identität (II) die Rede sein. Diese theoretisch bedingte Aufteilung ist sinnvoll, obwohl die beiden Begriffe ihrem Inhalt nach teilweise deckungsgleich und deshalb praktisch untrennbar sind. In den Überschriften der beiden großen Abschnitte verwende ich das Bildwort „Architektur". Ich möchte dadurch sowohl auf die Statik als auch auf die unscheinbare Dynamik aufmerksam machen, die jeder lebendigen Architektur, auch der Architektur von Kompetenz und Identität, innewohnt. Außerdem soll der Vergleich mit der Architektur darauf hinweisen, daß der „Stil" von Kompetenz und Identität zeit- und gesellschaftsgebunden ist, daß er also das Merkmal des Vorübergehenden an sich trägt. Dadurch wird von vornehrein jeder idealtypischen Übertreibung und Perfektionsideologie vorgebeugt.

Der Untertitel der Abhandlung, „ein pastoralanthropologischer Entwurf", soll anzeigen, daß in den Gedankengängen eine Begegnung von Theologie und Humanwissenschaften angestrebt wird. Das Adjektiv „pastoralpsychologisch" schien mir zur Charakterisierung des Vorhabens zu wenig weitreichend; geht es doch um ein umfassenderes, wenn auch kein philosophisch und theologisch abgeschlossenes Menschenbild.

I. Die Architektur der pastoralen Kompetenz

Im Beschluß der Gemeinsamen Synode der deutschen Bischöfe über „die pastoralen Dienste in der Gemeinde" wird folgendes grundsätzliche Ziel für das pastorale Handeln angegeben: „Aus einer Gemeinde, die sich pastoral versorgen läßt, muß eine Gemeinde werden, die ihr Leben im gemeinsamen Dienst aller und in unübertragbarer Eigenverantwortung jedes einzelnen gestaltet"[2]. An der Erreichung dieses Zieles arbeiten Bischöfe, Priester, Diakone und Laien (Männer und Frauen) haupt- bzw. nebenberuflich mit. Um dies tun zu können, brauchen sie notwendigerweise eine ihnen zugewiesene Position und eine entsprechende Handlungskompetenz. Allgemein von „pastoraler Kompetenz" zu reden, wie es in dem folgenden Text geschieht, hat den Vorteil, daß das ganze Spektrum pastoralen Handelns ins Blickfeld gerückt wird; es hat zugleich den Nachteil, daß die einzelnen Kompetenzen, wie z. B. die Kompetenz, auf angemessene Weise Sakramente zu spenden, zu predigen, Religionsunterricht zu erteilen, Kranken seelsorglich beizustehen, nicht ausführlich zur Sprache kommen. Es wird nur soviel über spezielle pastorale Kompetenzen gesagt wie notwendig ist, um sich eine genügende Vorstellung von der Eignung für diese oder jene pastorale Tätigkeit machen zu können.

Was nun den Begriff „Kompetenz" betrifft, so gibt die Umgangssprache eine hilfreiche Auskunft. In ihr bedeutet „kompetent sein" sowohl „für etwas zuständig sein" als auch „zu etwas fähig sein". Machen wir uns den Sachverhalt an einem *Beispiel* aus dem Alltag klar. Eine Sekretärin wird von einer Behörde angestellt und bekommt von ihr bestimmte Aufgaben zugewiesen. Dadurch erhält sie eine „Zuständigkeitskompetenz". Von der Institution wird erwartet, daß die Sekretärin fähig ist, diesen Posten auszufüllen. Sie sollte also eine ihren Aufgaben entsprechende „Fähigkeitskompetenz" mitbringen. Ist dies der Fall, so liegt glücklicherweise eine Übereinstimmung von Zuständigkeits- und Fähigkeitskompetenz vor, auf eine kurze Formel gebracht, eine „Kompetenz der Kompetenz" (1. Konstellation). Beide, die Sekretärin und die Behörde, können zufrieden sein. Problematisch wird die Situation dann, wenn diese Übereinstimmung nicht vorhanden ist. Stellt sich z. B. im Laufe der Zeit heraus, daß die Sekretärin ihren Aufgaben, aus welchen Gründen auch immer, nicht gewachsen ist und bleibt das Angestelltenverhältnis weiterhin bestehen, so kommt es zu einem Zustand, der als „Kompetenz der Inkompetenz" (2. Konstellation) bezeichnet werden muß: die Sekretärin bleibt zuständig für eine Aufgabe, obwohl ihre Fähigkeiten dafür nicht ausreichen. Anderseits gibt es heutzutage sehr gute Sekretärinnen, die keinen Arbeitsplatz finden. Ihre „Fähigkeitskompetenz" kommt nicht zum Zuge. Diese Menschen erleiden das Schicksal einer „Inkompetenz der Kompetenz" (3. Konstellation): ihnen wird keine Zuständigkeit für das übertragen, wozu sie befähigt sind. Schließlich gibt es hinsichtlich der Kompetenz noch eine weitere Situation: Eine Sekretärin hat sich um einen neuen Arbeitsplatz beworben. Auf Grund des Vorstellungsgesprächs kommt sie jedoch zu der Einsicht, daß die Aufgaben, die sie übernehmen soll, ihren Fähigkeiten und Begabungen nicht entsprechen. In einer wohlüberlegten Entscheidung zieht sie ihre Bewerbung zurück und sucht weiter nach einer ihren Fähigkeiten und Grenzen angemessenen beruflichen Tätigkeit. Wir haben es hier mit einer „Inkompetenz der Inkompetenz" (4. Konstellation) zu tun. Diese doppelte Verneinung bringt eine auf Selbsterkenntnis beruhende reife menschliche Leistung zum Ausdruck.

Die Beispiele aus dem Alltag zeigen, daß es vier Konstellationen von Zuständigkeits- und Fähigkeitskompetenz gibt. In einem Überblick zusammengefaßt sehen die Verhältnisse so aus:

	ZUSTÄNDIGKEITS-KOMPETENZ	⟵⟶	FÄHIGKEITS-KOMPETENZ
1.	Kompetenz	der	Kompetenz
2.	Kompetenz	der	Inkompetenz
3.	Inkompetenz	der	Kompetenz
4.	Inkompetenz	der	Inkompetenz

Die Konstellation 1 ist unproblematisch, während die Konstellationen 2 und 3 Probleme bezeichnen, die sich sowohl für die von dieser Konstellation betroffenen Personen als auch für die Gesellschaft und die Kirche insgesamt negativ auswirken. Die Konstellation 4 kann sowohl problemlos als auch problematisch sein, was einige Zeilen später erklärt wird.

Das Interesse, das zur Abfassung der vorliegenden Studientexte geführt hat, geht aus der Sorge um die „Kompetenz der pastoralen Kompetenz" (1. Konstellation) hervor und aus dem Bestreben, dazu beizutragen, die „Kompetenz der pastoralen Inkompetenz" (2. Konstellation) zu verringern. Ferner ist daran zu denken, daß es in der Kirche aus strukturellen, d.h. aus kirchenpolitischen Gründen auch das Phänomen der „Inkompetenz der pastoralen Kompetenz" (3. Konstellation) gibt. Werden nicht manche Verantwortliche von der Tendenz geleitet, bei der Zulassung von Priesteramtskandidaten allzu großzügig bei der Beurteilung der pastoralen Fähigkeiten vorzugehen, während

Laien trotz guter Qualifikation nicht so leicht mit einer entsprechenden Zuständigkeitskompetenz ausgestattet werden? – Die Konstellation 4 ist dann problemlos, wenn der Kompetenzverzicht auf persönlicher Einsicht und Entscheidung beruht. Schwierig wird die Sache allerdings dann, wenn bei einem Bewerber oder einer Bewerberin eine solche Einsicht nicht zustandekommt und er bzw. sie auf dem angeblichen Vorhandensein ihrer Fähigkeitskompetenz beharrt. Es handelt sich dabei oft um psychopathische oder ideologisch festgelegte Persönlichkeiten. Am bedauerlichsten ist es, wenn Bischöfe oder höhere Ordensobere meinen, solchen Personen dennoch eine pastorale Kompetenz zuweisen zu können.

Die Autoren dieses Bandes beabsichtigen, die hier angedeuteten Problembereiche zum Bewußtsein zu bringen und die Fragen, die sich daraus ergeben, wenigstens teilweise zu beantworten. Zunächst dient jedoch die buchstäbliche Zweideutigkeit des Begriffes „Kompetenz" zur Gliederung der Gedanken über die *Architektur der pastoralen Kompetenz*. An erster Stelle wird die ekklesial vermittelte pastorale Zuständigkeitskompetenz behandelt (1.) und anschließend die individuell zu erwerbende pastorale Fähigkeitskompetenz (2.).

1. Die ekklesial vermittelte Zuständigkeitskompetenz

Die pastorale Zuständigkeitskompetenz von Bischöfen, Priestern, Diakonen und Laien, die in der Realität des kirchlichen Alltags in Erscheinung tritt, erhält – gegenüber allen im gesellschaftlichen Bereich üblichen Zuständigkeitskompetenzen – ihre unverwechselbare Eigentümlichkeit durch ihre vielschichtigen theologischen Begründungszusammenhänge. Um diesen gerecht zu werden, wird eine existentiellgläubige Betrachtung der pastoralen Zuständigkeitskompetenz (1.1) der institutionell-juridischen (1.2) vorangestellt.

1.1 Existentiell-gläubige Betrachtungsweise

Wenn jemandem von einer kirchlichen Institution eine pastorale Kompetenz übertragen werden soll, so ist zuvor zu bedenken, daß dieser ekklesialen Zuständigkeitserklärung eine dreifache „Zuständigkeitserklärung durch Gott" zugrundeliegt. Ohne das wache Wissen um dieses dreifache Handeln Gottes verflacht pastorale Zuständigkeit zu einem Beruf ohne Berufung. Worin besteht nun dieses Handeln Gottes? Es besteht in der Ermächtigung zum Leben (1.1.1), in der Erwählung zum Glauben (1.1.2) und in der Berufung zum pastoralen Dienst (1.1.3).

Aus der Perspektive des Glaubens betrachtet, sind diese drei Dimensionen *verschiedene Weisen des Berufungsereignisses*. Schon die Ermächtigung zum Leben schließt die grundsätzliche Berufung zum Heil in sich. Statt Erwählung zum Glauben ließe sich ebenso gut von Berufung zum Glauben sprechen. Schließlich gibt es noch die spezielle Berufung zum pastoralen Dienst, die sich auffächert in die Berufung zum Dienst als Bischof, als Priester, als Diakon oder als Laie. Jedem Christen soll ein ihm entsprechendes Berufungsbewußtsein ermöglicht werden. Immer verhält es sich so, daß die Gewährung von Ermächtigung, Erwählung und Berufung zum pastoralen Dienst aufeinander aufbaut. Keine der „Stufen" darf ignoriert werden. Ein Bewußtsein spezieller Berufung, das die Ermächtigung zum Leben und die Erwählung zum Christsein zu überspringen versucht, bewirkt ein Zerrbild von Berufung und ist mit pastoraler Kompetenz unvereinbar. Für jede Art von Berufung – zum Leben, zum Christsein, zum pastoralen Dienst – trifft zu, daß sie nicht verloren gehen kann, weil sie kein Ding ist, das man wie einen Geldbeutel oder einen Ohrring verliert. Der Gerufene kann aber gegenüber dem Anruf Gottes taub sein, er kann die Antwort verweigern oder nur halbherzig auf sie reagieren. Wenn Gott mich für zuständig erklärt, dann ist es an mir, meine Werdescheu zu überwinden und mich aufzumachen, seine Zuständigkeitserklärung in Treue zu erwidern.

Nach diesen allgemeinen Vorbemerkungen sollen nun die „Zuständigkeitserklärungen Gottes" etwas eingehender beschrieben werden.

1.1.1 Die Ermächtigung zum Leben

Wer noch nie über sein *Geschaffensein* erschrocken ist und noch nie über die Tatsache, daß Gott ihn beim Namen gerufen hat, ins Staunen geriet, der weiß noch nicht, was Ermächtigung zum Leben heißt. Diese Ermächtigung kann Freude und Stolz hervorrufen, wie dies im 8. Psalm zum Ausdruck kommt: „Du hast ihn nur wenig geringer gemacht als Gott", bisweilen aber auch Resignation oder sogar Empörung darüber auslösen, ungefragt leben zu müssen.[3] Wie die Zustimmung zur Lebensermächtigung auch getönt sein mag, sie enthält den Anruf, das Leben nach Kräften zu gestalten, um dadurch dem persönlichen Schöpfungsauftrag gerecht zu werden. Der Gestaltungswille wird von dem Glauben an die „creatio continua" gespeist, dem Glauben an das fortgesetzte Wirken Gottes in der Geschichte bis hin zur Geschichte jedes einzelnen Menschen.

Die Ermächtigung zum Leben ist zugleich die Ermächtigung (Berufung) zum Heil, gemäß dem allgemeinen Heilswillen Gottes, wie er u. a. im Buch der Weisheit beschrieben wird: „Du aber erbarmst dich aller, weil du alles vermagst, und siehst über die Sünden der Menschen hinweg, damit sie Buße tun. Denn du liebst alles, was ist, und verabscheust nichts von dem, was du geschaffen; denn hättest du etwas gehaßt, dann hättest du es nicht erschaffen" (11,23 f.). Es gibt eine unverbrüchliche, grundlegende Berufung, eine vocatio continua zum Heil, die von der creatio continua nicht zu trennen ist.[4]

Der Glaube an die Lebensermächtigung durch Gott kann eine Versuchung zu Größenphantasien werden, wenn vergessen wird, daß es sich um die Ermächtigung zu einem Leben als Mensch unter Menschen handelt. Alle Menschen sind Ermächtigte! Wer dieses Glaubenswissen realisiert, gewinnt daraus ein Ethos der Ehrfurcht, der absoluten Wertschätzung, der *kreatürlichen Ebenbürtigkeit;* ein Ethos des unverbrüchlichen Zueinander-Stehens in Solidarität und Liebe.

Ermächtigung zum Leben heißt schließlich auch Übernahme von *Verantwortung für die Welt und für die Erde* als Lebensraum aller zum Leben ermächtigten Geschöpfe.

1.1.2 Die Erwählung zum Glauben

Ähnlich verhält es sich mit dem Wissen um das *Erlöstsein*. Es ist für die meisten der heute lebenden Christen ein weiter Weg zurückzulegen, auf dem in ihnen ein Erwählungsbewußtsein heranreift, wie es PAULUS und den Mitgliedern seiner Gemeinden zu eigen war. Was sagt es mir, daß ich aus Gnade und Schicksal in das wandernde Gottesvolk, das sich „Kirche" nennt, aufgenommen wurde und seither mit ihm und in ihm unterwegs bin? Einst wurde mir durch die Initiationssakramente Taufe und Firmung eine Zuständigkeitskompetenz verliehen, deren Aktualisierung mein ganzes Leben beherrschen sollte. Allmählich lerne ich, was es heißt, zu den „Heiligen" gerechnet zu werden, ohne im moralischen oder gar im „prozeßfähigen" Sinn ein Heiliger zu sein. Ich versuche nachzusprechen, was PAULUS unbefangen und ohne Scheu sagen konnte: „Durch die Gnade Gottes bin ich, was ich bin" (1 Kor 15,10).

Erwählung zum Glauben heißt: von Gott ins Vertrauen gezogen zu sein, Gottes Priesterschaft und seinem königlichen Rat anzugehören.[5] Die grundsätzliche Berufung zum Heil (Vgl. 1.1.1) deckt sich beim Christen mit seiner Berufung, Kirche zu sein. Gott bringt in seinem erwählenden Handeln zum Ausdruck: Ich bin für dich da, damit du für die anderen da sein kannst. Solches Denken, Reden und Erahnen ist nicht möglich ohne das Wissen um die „redemptio continua", um die fortwirkende Kraft des Todes und der Auferstehung Jesu Christi. Durch die Kraft des Geistes wirkt der Erhöhte Herr in der Geschichte, auch in der Geschichte meines eigenen Lebens.

Das Erwählungsbewußtsein birgt in sich die Gefahr, den Erwählten zu geistlichem Hochmut zu verleiten, wenn er nicht gleichzeitig wahrnimmt, daß ihm nicht ein privates Privileg verliehen wurde, sondern eine Erwählung zum Glauben als Christ unter Christen zugunsten der Welt. Erwählung, Sendung und missionarischer Elan gehören zusammen.[6] An die Stelle „Rette deine Seele!" ist seit Charles PEGUY der Aufruf „Wir müssen zusammen gerettet werden!" getreten. Zur kreatürlichen Ebenbürtigkeit kommt also die *redemptive Ebenbürtigkeit* hinzu, aus der das Ethos der Bundessolidarität und Christenliebe hervorgeht.

Erwählung zum Glauben bedeutet zugleich Übernahme von *Verantwortung in der Kirche für die Kirche,* weil jeder Christ ein geistlich Berufener ist und eine primäre geistlich-pastorale Kompetenz besitzt. Ihm ist die Sorge um den Lebensraum aller zum Glauben Berufenen anvertraut; er ist mitverantwortlich „für eine Kirche, die sich sehen lassen kann".[7]

1.1.3 Die Berufung zum pastoralen Dienst

Der Ermächtigung zum Leben und der Erwählung zum Glauben fügt Gott nach seinem Ermessen eine Berufung zum pastoralen Dienst hinzu. Bei den traditionellen „Geistlichen Berufen" wird von jeher mit einer inspirierenden und motivierenden besonderen Berufung gerechnet. Aus spirituellen und psychologischen Gründen ist es wichtig, daß auch Laien, die einen der „Berufe der Kirche" mit pastoraler Kompetenz haupt- oder nebenberuflich ausüben, das Bewußtsein, in besonderer Weise von Gott zum pastoralen Dienst gerufen zu sein, haben. Dieses Berufungsprofil ergibt sich aus dem Wissen um die besondere Beanspruchung durch Gott, aus der die pastorale Tätigkeit hervorgeht. Es ist legitim, daß sich nicht nur Bischöfe, Priester und Diakone, sondern auch Laien in ihrem pastoralen Dienst an den großen Berufungen der Bundes- und Kirchengeschichte orientieren, z. B. an Samuel, von dem es heißt, „Er soll für sein ganzes Leben ein vom Herrn Zurückgeforderter sein" (1 Sam 1,28) oder an dem Propheten Jesaja. Mit Recht schickt Rolf ZERFASS seiner sozialwissenschaftlichen Reflexion über die kerygmatische Kompetenz eine bibeltheologische Betrachtung über Jes 50,4–7 voraus.[8] Alle Christen, die eine pastorale Kompetenz beruflich aktualisieren, angefangen bei den Bischöfen über die Priester und Diakone bis hin zu den Religionslehrern und -lehrerinnen, den Gemeindereferenten und -referentinnen, sollten sich durch ein gemeinsames pastorales Berufs- und Berufungsbewußtsein solidarisch verbunden wissen. Das Verbindende ist die Vision der permanenten Ekklesiogenese, der alle in gleicher Weise verpflichtet sind. Schon Johann Baptist HIRSCHER schwebte vor fast 160 Jahren eine solidarische „Pastoral-Gemeinschaft" vor Augen, die, wie die Geschichte und die Gegenwart zeigen, ein schwer zu erreichendes Ziel ist. Er schreibt in der

Sprache seiner Zeit: „Die große Idee der christlichen Liebe und Gemeinschaft, welche alle Anstalten des Christentums durchdringt, muß sich in dem Kreise der Seelsorger auf eine ausgezeichnete Weise hervorheben. Männer, die diesem angehören, werden allezeit eine besondere Aufforderung haben, den Geist der Gemeinschaft nicht nur in sich zu tragen, sondern auch geflissentlich zu unterhalten, und auf eine zweckmäßige Weise unter sich darzustellen. Die ganze katholische Kirche selbst in ihrer Verfassung ist das Produkt und die Offenbarung dieses Geistes."[9] Wie die Ermächtigung zum Leben und die Erwählung zum Glauben ist auch die Berufung zum pastoralen Dienst in der Gefahr, mißverstanden zu werden. Es gibt Menschen, die sich so auf ihre spezielle Berufung versteifen, daß sie sich von niemandem, auch nicht von einem Bischof, einem Regens oder, im Falle einer Ordenskandidatin, von einer Novizenmeisterin in Frage stellen lassen. – Ferner kann sich bei Trägern pastoraler Kompetenz eine bedenkliche Expertenmentalität entwickeln, die den „Experten" insgeheim bestrebt sein läßt, die Rolle des Überlegenen beizubehalten und den „Objekten" der Seelsorge keine oder nur eine geringe Kompetenz zuzubilligen. Diese Haltung kann nicht anders überwunden werden als durch ein Ethos, das einzig und allein der Aktualisierung des Lebens der zum Leben Ermächtigten und des Glaubens der zum Glauben Erwählten dient. Ein wirklich kompetenter Experte achtet darauf, daß aus „Objekten" „Subjekte" werden. Dazu bedarf es einer Selbstverleugnung, die nicht leicht zu erbringen ist. Die entscheidende Gebärde jeden pastoralen Handelns ist die Fußwaschung. Ohne die Tugend der Selbstentäußerung verfällt professionelle Pastoral unausweichlich in expertokratische Attitüden.[10]

Berufung zum pastoralen Dienst schließt bei allen Berufenen die *Verantwortung* dafür ein, daß die Berufenen ihre Kraft nicht in Rivalitätskämpfen vergeuden, sondern sie in die gemeinsame Sache investieren, um derentwillen sie berufen sind. Die Frage, „wer der Größte unter ihnen sei" (Vgl. die Stellen über den Rangstreit der Jünger: Mt 18,1–5; Mk 9,33–37; Lk 9,46–48), kann nur dort entstehen, wo der Tod und die Auferstehung des Herrn in Vergessenheit geraten sind und wo nicht mehr bedacht wird, daß jeder Berufene ein zum Leben Ermächtigter unter Ermächtigten und ein zum Glauben Erwählter unter Erwählten ist.

Zusammenfassung und Folgerungen (1.1.1–1.1.3)
Alle drei von Gott getroffenen Bestimmungen treten zur gegebenen Zeit an die Öffentlichkeit und werden institutionell-juridisch „aktenkundig": der Eintritt in das Leben durch die amtliche Registrierung der Geburt, die Aufnahme in die Kirche durch die Taufe, die Verleihung pastoraler Kompetenz durch die verschiedenen Modi der Bestellung. Der auf diese Weise dokumentierte Anruf Gottes verpflichtet den Angerufenen, seiner dreifachen Bestimmung gerecht zu werden. Gott selbst appelliert an den Werdewillen des Menschen, das Seine dazu beizutragen, seine potentiellen Zuständigkeitskompetenzen in aktualisierte Fähigkeitskompetenzen zu überführen. Ermächtigung, Erwählung und Berufung sind die drei entscheidenden Aspekte für die *Gestaltung der personalen Identität,* von der im II. Hauptabschnitt die Rede sein wird.

Wer sich die hier dargestellte existentiell-gläubige Betrachtungsweise zu eigen macht, wird in ihr in erster Linie eine *volle Würdigung der „Zuständigkeit"* aller Glaubenden finden, eine Würdigung ihrer „primären pastoralen Kompetenz", deren Anerkennung notwendig ist, um das „pastorale Grundschisma" zwischen dem Volk Gottes und seinen „Pastoralexperten" zu beseitigen.[11] Das Ziel ist die Beendigung der Spaltung zwischen „Erwählten" und „Berufenen" im Sinne des hier verwendeten Sprachgebrauchs. Nicht weniger bedeutsam ist *der fundamentale Respekt vor der Lebensermächtigung,* der zur Folge hat, daß pastorales Handeln immer „biophiles" (E. FROMM), lebensbejahendes Handeln sein muß. Was nun *die verschiedenen Berufungen* zu einem pastoralen Amt oder einem pastoralen Dienst angeht, wird ihre Vielfalt uneingeschränkt bejaht. Dabei werden die Laienberufe mit pastoraler Kompetenz „heraufgewürdigt", ohne daß in irgendeiner Weise die durch sakramentale Weihe vermittelten pastoralen Berufe „herabgewürdigt" werden. Die Pluralität der Berufe und Berufungen ist eine vitale Äußerung kirchlichen Lebens. Die vorgetragene Betrachtungsweise möchte im Blick auf die Träger pastoraler Laienberufe verhindern, daß diese die kirchliche Institution nur als Arbeitgeber sehen – obwohl sie das natürlich *auch* ist – und daß sich die pastoral Tätigen nur als Arbeitnehmer verstehen – was sie selbstverständlich *auch* sind. Ein Überhandnehmen einer Arbeitgeber-Arbeitnehmer-Mentalität schadet dem Wachstum der Kirche und dem Kommen des Reiches Gottes und beeinträchtigt die pastorale Kompetenz.

Grundgelegt durch eine existentiell-gläubige Betrachtungsweise kann die nun folgende institutionell-juridische Betrachtungsweise nicht mehr als eine bloß kirchen- und gesellschaftspolitische bzw. als eine bloß sozialwissenschaftliche mißverstanden werden.

1.2 Institutionell-juridische Betrachtungsweise

Sozialwissenschaftlich kann die Kirche als ein „System" verstanden werden, d. h. als ein „strukturiertes Handlungsgefüge", das im Dienst von Funktionen steht, durch welche die Ziele dieses Systems erreicht werden sollen.[12] Beim Aufbau kirchlicher Strukturen spielt die Verleihung pastoraler Zuständigkeitskompetenz eine nicht zu unterschätzende Rolle. Die sehr verschiedene Zuweisung pastoraler Kompetenz z. B. in Nigerien, in Brasilien und in der Deutschen Demokratischen Republik führt zu ganz anderen kirchlichen Strukturen als die Zuweisung, wie sie in der Bundesrepublik Deutschland, in Österreich, in der Schweiz erfolgt. Entscheidend ist, daß die jeweilige Struktur tatsächlich den Funktionen dient, durch welche die Gemeinden und die gesamte Kirche eines Landes aufgebaut werden. Zwei Überlegungen ergeben sich aus der Frage nach den funktionsgerechten Strukturen. Die eine befaßt sich mit den Arten der Kompetenzverleihung (1.2.1), die andere mit dem Verhältnis der pastoralen Kompetenzen zueinander (1.2.2).

1.2.1 Die Arten der Kompetenzverleihung

Pastorale Zuständigkeitskompetenz wird auf verschiedene Weise übertragen. Die prägnanteste Form ist die sakramentale Weihe des Bischofs, des Priesters und des Diakons. Seit dem Aufkommen der pastoralen Laienberufe haben sich daneben verschieden gestaltete Beauftragungs- und Sendungsrituale für diese Berufe entwickelt. Rechtswirksam sind sie alle, soweit es sich nicht nur um eine „ehrenamtliche" Tätigkeit handelt. Sie sind aber auch kirchenpolitisch und gesellschaftlich wirksam, denn sie verleihen einen sozialen Status und weisen dem Betreffenden eine Rolle zu, die er von jetzt an in seine Persönlichkeit integrieren soll. Was wenig oder nicht bedacht wird, ist die „glaubensästhetische Wirkung"[13], die von der Gestalt der verschiedenen Zuweisungsformen ausgeht. Ich meine damit die Wirkung der symbolischen Ausstattung dieser Vorgänge auf die Wahrnehmung durch die der Kirche nahe- oder fernstehenden Menschen. Welche Botschaft vernehmen sie, wenn sie mit diesen Vorgängen der Verleihung pastoraler Kompetenz in Berührung kommen?

(1) Die Berechtigung einer „glaubensästhetischen Besorgnis" wird durch die *Gegenüberstellung von Taufe und Priesterweihe* offenkundig. Bei beiden Sakramenten handelt es sich um den Vorgang einer Kompetenzzuweisung, bei der Taufe um die Zuweisung der „primären Kompetenz" des gemeinsamen Priestertums, bei der Priesterweihe um die Zuweisung der „sekundären Kompetenz" des speziellen Amtspriestertums. Lenken wir unsere Aufmerksamkeit auf die jeweilige „Dramatur-

gie" der Spendung dieser Sakramente, so wird uns das beträchtliche Gefälle bewußt, das zwischen beiden Ereignissen besteht. Von Ausnahmen abgesehen ist das Taufritual ein unansehnlicher Ablauf mit meist nur familiärer Beteiligung, während der rituelle Aufwand bei einer Priesterweihe sehr groß ist und – nimmt man die Feier der Primiz hinzu – die Teilnahme des Volkes immens. Der theologisch nicht geschulte Wahrnehmende muß sich sagen, daß bei der Taufe etwas Unwichtiges, Peripheres geschieht, während es sich bei der Priesterweihe und bei der Primiz um ein wichtiges, zentrales kirchliches Ereignis handelt. Wer den Einwand erhebt, daß es bei der Primiz ja um die „prima missa" geht, also um die Eucharistie, der hat zwar theologisch recht, aber „ästhetisch" betrachtet steht doch mehr der Zelebrierende mit seiner besonderen Aura im Mittelpunkt des Geschehens als die kultische Memoria der Geheimnisse des Glaubens.[14] Deutet man diese ästhetische Symptomatik im Blick auf die Einschätzung und Wertschätzung primärer christlicher Kompetenz, so spiegelt sich darin exakt die Situation unserer kirchlichen Gemeinden und der gesamtkirchlichen Mentalität.[15] Es hätte nun keinen Sinn, eine rasche Symptombehandlung dergestalt in die Wege zu leiten, daß man versuchte, den Taufvorgang feierlicher zu gestalten und die Priesterweihe und Primiz zu entdramatisieren. Worauf es ankommt, ist vielmehr die *ständige Weiterentwicklung des Tauf- und Firmbewußtseins* und als Folgerung daraus das Sich-zuständig-Wissen des einzelnen Christen für seine Kirche und seine Gemeinde. Ich betone noch einmal, um Mißverständnissen vorzubeugen, daß dies nichts zu tun hat mit einer Geringschätzung des Amtspriestertums, sondern daß es um die Förderung der Hochschätzung von Taufe und Firmung geht. Diese neue Einschätzung wird dann eines Tages ihren angemessenen symbolischen Ausdruck finden. Es ist hier nicht von einem kurzfristig durchzuführenden pastoralen Programm die Rede, sondern von einem weiten, mühsamen Weg, der über Generationen hin zurückzulegen ist. Wenn das Bewußtsein von der Bedeutung der „primären Kompetenz", die durch Taufe und Firmung zugewiesen wird, in den Gemeinden wächst, dann wird – zu dieser Hoffnung sind wir durch unseren Glauben an den Herrn der Kirche berechtigt – auch die Bereitschaft bei jungen Menschen zunehmen, als Priester diesen Gemeinden zu dienen.

(2) Glaubensästhetisch ist auch die *symbolische Gestaltung der Kompetenzzuweisung an die verschiedenen pastoralen Berufe,* die von Laien ausgeübt werden, zu reflektieren. Es wäre wichtig, genauer zu wissen, was auf diesem Gebiet in den Diözesen anläßlich einer Sendungsfeier und in den Gemeinden anläßlich der Begrüßung eines neuen pastora-

len Mitarbeiters oder einer Mitarbeiterin geschieht. Zu wünschen ist auf jeden Fall, daß keiner der Berufenen leer ausgeht, wenn er seine Ausbildung beendet hat und nun seine erste Stelle antritt. Die kirchliche Institution ist es den Berufenen und deren Spiritualität schuldig, ihnen in gebührender liturgischer Weise ihre Kompetenz zu übertragen und ihren Berufsbeginn mit Gebet und Segen zu begleiten.

Ich will nicht verschweigen, daß mit der Erfüllung dieses Desiderates ein derzeit vorhandenes Problem auch vergrößert werden könnte. Denn solange das Bewußtsein der „primären Kompetenz" beim christlichen Volk nur minimal vorhanden ist, kann eine liturgisch-symbolische Ausgestaltung der Zuweisung pastoraler Kompetenz unbeabsichtigt die Kluft zwischen den bereits mehrmals zitierten „Experten" und den „Laien" noch vergrößern, statt sie zu schließen. Die Lösung dieses Dilemmas sehe ich darin, daß vorrangig die Kompetenz aller Glaubenden gefördert wird; denn die pastorale Kompetenz steht ja unabdingbar im Dienst der primären Kompetenz.

1.2.2 Das Verhältnis der Kompetenzen zueinander

Viele Konflikte in gesellschaftlichen und kirchlichen Institutionen entstehen dadurch, daß Kompetenzen nicht klar festgelegt und voneinander abgegrenzt werden bzw. abgegrenzt werden können. In kirchenamtlichen Verlautbarungen[16] wurden zwar in den Jahren nach dem II. Vatikanischen Konzil die Befugnisse der verschiedenen pastoralen Berufe beschrieben und deren Grenzen gezogen. Das war notwendig und wird weiterhin notwendig sein. Was jedoch theoretisch möglich ist, sieht in der Praxis oft anders aus. Im pastoralen Alltag wird es immer wieder zu Kompetenzkollisionen und -überschneidungen kommen, und es bleibt nichts anderes übrig, will man die Konflikte nicht ständig kraftraubend schwelen lassen, im Einzelfall fair auszuhandeln, wer was tut. Sowohl aus praktischen als auch aus grundsätzlichen Erwägungen ist es von großer Bedeutung, daß die Zusammenarbeit zwischen den Vertretern der verschiedenen pastoralen Berufe möglichst ungestört verläuft. Es ist notwendig, das Spannungspotential zu kennen, um mit ihm bewußter umgehen zu können. Die folgende Analyse ist sozialpsychologischer Art, d. h. sie läßt die individuellen Konfliktanteile außer acht und beschränkt sich auf die Problematik, die sich aus den verschiedenen beruflichen Rollen ergibt. Eine der Ursachen für Spannungen zwischen Trägern verschiedener pastoraler Berufe liegt in der *Rollenunsicherheit aller Beteiligten*. Diese Unsicherheit hängt mit der gegenwärtigen kirchlichen und gesellschaftlichen Situation zusammen und erschwert sowohl die „Identitätsbalance"[17] des einzelnen als auch die Kommunikation untereinander. Die Konfliktanfälligkeit wird durch

Vorbehalte und Vorurteile erhöht. Einige Hinweise sollen die bestehende Unsicherheit veranschaulichen.

(1) Es steht außer Frage, daß die *gesellschaftliche und kirchliche Rolle der Bischöfe,* die in Mitteleuropa zum Teil Fürstbischöfe waren oder wenigstens nach ihrer Ernennung in den Adelsstand erhoben wurden, inzwischen eine völlig andere geworden ist, obwohl sich da und dort noch die Anrede „Eminenz" und „Exzellenz" erhalten hat. Der enorme gesellschaftliche Wandel brachte und bringt für die Bischöfe *Unklarheiten und Unsicherheiten* im praktischen Verständnis ihrer Verpflichtungen und in der Art und Weise ihrer Amtsführung mit sich. Sie mußten sich z. B. an neue synodale Strukturen gewöhnen und damit an Gepflogenheiten der Zusammenarbeit, die früher nicht üblich waren und die in der Kirche noch wenig effizient gehandhabt werden. Von der Verunsicherung, die der heutige Priester generell erfährt – man beachte Punkt (2)! – sind die Bischöfe nicht ausgenommen. Dazu kommen die verunsichernden Belastungen, welche die vielen schwerwiegenden Entscheidungen personeller und struktureller Art und vor allem die Mängel eines pastoralen Gesamtkonzepts mit sich bringen. Wie weit diese vielen Elemente nicht nur zu einer „amtlichen", sondern auch persönlichen Unsicherheit führen, hängt von der Spannungstoleranz der einzelnen Bischofspersönlichkeit ab. Die Zeitschrift „Diakonia" hat 1986 der Situation der Bischöfe das Heft 3 gewidmet.

(2) Angesichts der *Verunsicherung, die bei den Priestern und den Priesteramtskandidaten* in unserer Zeit entstanden ist, wird in den letzten Jahren vermehrt versucht, durch dogmatische Verdeutlichung und spirituelle Vertiefung[18] das Verständnis für die priesterliche Berufung und den Priesterberuf zu fördern. Diese Stabilisierungsbemühungen sind unerläßlich, entbinden aber nicht von der Verpflichtung, den gesamten kirchlichen und gesellschaftlichen Wandel ernst zu nehmen, von dem der Priesterberuf mitbetroffen ist. Es gab eine Zeit, da war ein Ritter ein Ritter, ein Bauer ein Bauer und ein Pfarrer ein Pfarrer. Auch wenn er ein unfähiger oder sogar ein schlechter Pfarrer war, war er dennoch unbestritten für andere und vor sich selbst ein Pfarrer. Inzwischen haben sich die Zeiten grundlegend geändert. Die Ritter sind verschwunden, die Bauern sind dabei, Techniker und Ingenieure zu werden, und die Pfarrer fragen sich, wer sie eigentlich sind. Das II. Vatikanische Konzil war bereit, die Situation der Priester realistisch zu sehen, und brachte den Befund in dem „Dekret über Dienst und Leben der Priester" offiziell zum Ausdruck: „Die Freuden des priesterlichen Lebens vor Augen, kann diese Heilige Synode auch an den Schwierigkeiten nicht vorübergehen, unter denen in den heutigen Zeitumständen die Priester leiden. Sie weiß, wie sehr sich die wirtschaftlichen und sozialen Ver-

hältnisse und sogar die Sitten der Menschen in einer Wandlung befinden, wie sehr die Ordnung der Werte in der Einschätzung der Menschen sich ändert. Von daher haben die Priester und bisweilen sogar die Gläubigen in der heutigen Welt das Empfinden, als gehörten sie nicht mehr zu ihr, und fragen sich angstvoll, wie sie mit ihr auf geeignete Weise, im Handeln und in der Sprache, noch Gemeinschaft haben können. Denn die dem Glauben neu erstandenen Hindernisse, die scheinbare Vergeblichkeit ihres seelsorglichen Wirkens und die oft schmerzlich erfahrene Einsamkeit können sie zur Mutlosigkeit verleiten" (Art. 22).

Es ist nicht von ungefähr, daß die Schilderung der Situation der Priester, die Rolf ZERFASS 20 Jahre nach dem Konzil geschrieben hat, ein so großes Echo fand.[19] Wieweit der einzelne Priester von einer Berufskrise persönlich betroffen ist, hängt einerseits von den nicht beruflichen Komponenten seiner Identität ab, von seiner affektiven Reife wie auch vom Fundus seiner Glaubenserfahrung und vom Niveau seiner Glaubensgestalt und seines Berufungsbewußtseins; anderseits ist das Ausmaß einer Krise mitbestimmt durch die konkrete berufliche Situation, die persönlich befriedigend oder unbefriedigend sein kann. Abgesehen von den genannten individuellen Aspekten läßt sich abschließend sagen, daß sich die Priester als Berufsgruppe in ihrer Identität oder zumindest in ihrer Rolle verunsichert fühlen.

(3) Während die Priester im Raum der römisch-katholischen Kirche auf eine ungebrochene Tradition zurückblicken können, sind die *Diakone auf der Suche nach einer beruflichen Identität.* Ihr Berufsbild ist undeutlich, sowohl was die Tradition ihres Berufes betrifft als auch in seiner Abgrenzung vom Priesteramt. Die Erwartungen, welche die kirchliche und gesellschaftliche Umgebung an sie richten, sind diffus. Dazu kommen die Bildungsunterschiede innerhalb der Berufsgruppe der Diakone und das Bildungsgefälle gegenüber anderen Trägern pastoraler Kompetenz. Alle diese Gegebenheiten komplizieren die Beziehung der Diakone zu den Priestern einerseits und zu den Laien im pastoralen Dienst anderseits.[20]

(4) Die *Rollen- und Identitätsproblematik der Laien* (Männer und Frauen) mit pastoralen Berufen ist zu komplex, als daß sie im Rahmen dieses Überblicks differenziert genug behandelt werden könnte. Ich beschränke mich darauf, die gegenwärtige Lage mit einigen Bemerkungen zu charakterisieren. – Ein erstes kleines Detail in der Szene ist die Diskussion um die Berufsbezeichnung „Seelsorger" bzw. „Seelsorgerin" und die disziplinäre Regelung einiger Diözesen, daß sich nur Priester „Seelsorger" nennen dürfen.[21] – Wesentlich schwerwiegender ist die Tatsache, daß mehr und mehr Laientheologen, also Männer und

Frauen mit vollem akademischen Studium, am Schicksal der Arbeitslosigkeit teilnehmen.[22] Ihnen ist es verwehrt, eine pastoralberufliche Identität aufbauen zu können. Sie müssen sich mit der Inkompetenz ihrer theologischen und pastoralen Fähigkeitskompetenz auseinandersetzen und versuchen, anderweitig eine befriedigende berufliche Identität zu finden. Diejenigen unter den Laientheologen, welche das Ziel einer kirchlichen Kompetenzzuweisung erreicht haben, werden in ihrer beruflichen Identität durch das Wissen um die Kolleginnen und Kollegen mitgeprägt, die keinen Arbeitsplatz in der Kirche finden. – Als ein weiteres Problem ist der Trend zu nennen, Absolventen von Fachhochschulen oder gar von Fachakademien, die auf das Abitur als Voraussetzung für den Ausbildungsgang verzichten, für den pastoralen Dienst zu bevorzugen.[23] Gewiß darf pastorale Kompetenz kein Monopol für Diplomtheologen und -theologinnen sein, aber ob es in unserer europäischen Situation sinnvoll ist, die beruflichen Anforderungen an sog. Fachakademien noch unter das Niveau von Fachhochschulen zu senken, bezweifle ich. Die zahlreichen Varianten pastoraler Ausbildung, die es gegenwärtig im deutschen Sprachraum gibt, sind ein Zeichen für die Suche nach der Identität pastoraler Laienberufe. – Zuletzt sei noch die nach wie vor schwierige Lage der Frauen mit pastoralen Berufen erwähnt, soweit sie zu solchen überhaupt zugelassen werden. Häufig wird es ihnen von männlicher („geistlicher") Seite schwer gemacht, ihre berufliche Identität als Religionslehrerin, Pastoral- oder Gemeindereferentin zu finden. Sie sind von der allgemeinen Problematik der „Frau in der Kirche" in spezieller Weise betroffen. Ich mache diese Aussagen aufgrund von Einblicken in die Praxisbegleitung von Frauen, die in der Kirche hauptamtlich pastoral tätig sind.

Die soeben beschriebene Rollen- bzw. Identitätsunsicherheit bei Bischöfen, Priestern, Diakonen und Laien mit pastoraler Kompetenz verstärkt Konflikte, die bereits durch die beruflichen Rollen als solche hervorgerufen werden können, denn die *Statusähnlichkeit und die Statusverschiedenheit* sind von vorneherein konfliktsträchtige Faktoren. Die sozialpsychologische Qualität der möglichen Konflikte hängt von ihrer jeweiligen Konstellation ab. Gleiche fachliche Qualifikation, wie sie bei Priestern und sog. Laientheologen besteht, legt ein konkurrierendes Verhalten nahe. Bei unterschiedlichen beruflichen Qualifikationen entstehen leicht Gefühle der Überlegenheit und des Unterlegenseins, was rivalisierendem Verhalten eine je eigene Färbung gibt. Die besondere Stellung des Bischofs und des Priesters, bedingt durch ihre Amtsvollmacht, wirkt sich nicht nur kirchenrechtlich, sondern auch psychologisch aus. Macht und Einfluß sind jedoch mit jedem pastoralberuflichen Status gegeben, nicht nur mit dem Bischofs- und Priesteramt. Es ist außerordentlich wichtig, daß in einem gemeinsamen Prozeß aller an der Pastoral Beteiligten von allen gelernt wird, ihre spezifischen Einfluß- und Wirkungsmöglichkeiten positiv zu gestalten und gegenüber einer eventuellen persönlichen Neigung zum Machtmißbrauch wachsam zu sein. Ein diesbezüglicher Merksatz kann lauten: „Von Gott ermächtigt (= berufen) machtvoll handeln, ohne sich zu bemächtigen", oder noch kürzer: „Ermächtigung ohne Bemächtigung".

Der angemessene Umgang mit der Macht ist ein unverzichtbares Element pastoraler Fähigkeitskompetenz und ist zugleich Voraussetzung für das Gelingen der Zusammenarbeit in einer effizienten „Pastoral-Gemeinschaft".

Zusammenfassung und Folgerungen (1.2.1–1.2.2)
Die Arten der Kompetenzverleihung sind nicht nur juridisch und gesellschaftlich, sondern, durch ihre Gestaltung, auch „glaubensästhetisch" wirksam. Auf die Bedeutung der Kompetenzübertragungsvorgänge wurde durch die Gegenüberstellung von Taufe und Priesterweihe und durch einen Hinweis auf unterschiedliche Zuweisungsrituale bei der Zulassung zu den pastoralen Berufen aufmerksam gemacht. Das ästhetische Gefälle zwischen den Ritualen läßt auf eine teils bewußte, teils unbewußte Wertung der Kompetenzen, die verliehen werden, schließen. Diese faktische Wertung kann im Widerspruch zur theologischen Wertung stehen (Vgl. Taufe – Priesterweihe).

Bei der Beschreibung des Verhältnisses der Träger pastoraler Kompetenzen zueinander wurden einige sozialpsychologische Ursachen für Konflikte zwischen ihnen genannt. Unberücksichtigt blieb die Frage, nach welchen Kriterien die pastoralen Kompetenzen von der kirchlichen Institution zugewiesen werden. Gewiß sind dabei nicht nur pastorale, sondern auch kirchenpolitische Erwägungen im Spiel, was in jüngster Zeit bei der Ernennung von Bischöfen der Öffentlichkeit deutlicher bewußt wurde. Eine wichtige Rolle spielt ferner die disziplinäre Entscheidung, daß die Verleihung des Priesteramtes von der Bereitschaft zur Lebensform der Ehelosigkeit abhängt, und die strukturelle Festlegung des prozentualen Verhältnisses zwischen Priestern und Laien mit pastoraler Kompetenz und unter diesen wieder zwischen Männern und Frauen. Indirekt beeinflußt auch die pastorale Planung mit ihrem mehr oder weniger reflektierten Konzept die Auswahl. In erster Linie sollte jedoch das Interesse der Institution – sozialwissenschaftlich ausgedrückt – auf die „Funktionstüchtigkeit" der Kompetenzbewerber gerichtet sein, das heißt auf die *Entsprechung zwischen Zuständigkeitskompetenz und Fähigkeitskompetenz.* Diese zentrale Frage und deren Beantwortung ist Gegenstand aller weiteren Überlegungen dieses Bandes. Als Hinführung dazu bietet der nun folgende Abschnitt einen Überblick über die zu erwerbende Fähigkeitskompetenz.

2. *Die individuell zu erwerbende Fähigkeitskompetenz*

Wenn soeben der Begriff „Funktionstüchtigkeit" verwendet wurde, muß sofort hinzugefügt werden, daß es sich bei der pastoralen Fähigkeitskompetenz um mehr als um ein bloßes „Funktionieren" handelt. Dem Wort „Funktionieren" haftet der Beigeschmack von personfremdem und beziehungslosem Agieren an, während die pastorale Kompetenz zu einem ganzheitlich-personalen und relationalen, d.h. beziehungsgesättigten Handeln führt. Theologisch betrachtet sind pastorale Fähigkeiten *Charismen* zum Aufbau von Kirche und Gemeinde. Der gnadenhafte Charakter dieser Fähigkeiten wird nicht durch die Tatsache aufgehoben, daß sie erworben werden müssen. „Erwerben" besagt ja nicht, daß pastorale Kompetenz schnell und billig eingekauft werden kann. Sie ist nicht „machbar" und wird nur demjenigen zuteil, der bereit ist zu lernen, zu wachsen und zu reifen, um fähig zu werden, den pastoralen Dienst zu erfüllen. Und dieses Lernen, Wachsen und Reifen ist Gnade, Gnade der Ermächtigung, Erwählung und Berufung. Das Beiwort „individuell" weist auf die unverwechselbare Einmaligkeit des Trägers pastoraler Kompetenz hin und auf die je eigene Wirkweise dieser Kompetenz.

Im folgenden Gedankengang, der Überlegungen von R. ZERFASS zur pastoralen Kompetenz aufgreift und weiterführt [24], werden an erster Stelle berufs-spezifische Elemente der pastoralen Fähigkeitskompetenz (2.1) beschrieben, an zweiter Stelle berufs-unspezifische Varianten ganzheitlich-personaler Kompetenz (2.2), die generell für die Verwirklichung des menschlichen, erst recht des christlichen Lebens von großer Bedeutung sind und die zugleich die Qualität der spezifisch pastoralen Kompetenz in ihrer Fülle und Begrenztheit bestimmen.

2.1 Berufs-spezifische Elemente der pastoralen Fähigkeitskompetenz

Dem Sprachgebrauch der von der Deutschen Bischofskonferenz für die Priesterbildung erstellten Rahmenordnung[25] folgend, wird hier zwischen „theologischer Bildung" (2.1.1) und „pastoraler Befähigung" (2.1.2) unterschieden.

2.1.1 Die theologische Bildung

An der Notwendigkeit theologischer Bildung als Bestandteil pastoraler Kompetenz zweifelt niemand. Fragen und eventuell auch Zweifel gibt es jedoch hinsichtlich des tatsächlichen kompetenzfördernden Ertrags der verschiedenen Ausbildungsvorgänge. Ich greife einige Gesichtspunkte des Bildungsgeschehens heraus, die allenthalben für die Entstehung pastoraler Kompetenz von Bedeutung sind.

(1) Ein *bildungstheoretischer Gesichtspunkt* bezieht sich auf die von Max SCHELER stammende Gegenüberstellung von „Leistungs- und Herrschaftswissen" einerseits und „Bildungswissen" anderseits.[26] Wer eine neuere Beschreibung von diesen Arten des Wissens sucht, kann sie bei Erich FROMM dort finden, wo er von den Modi des Habens und des Seins spricht.[27] Beim „Haben" bleiben Lerninhalt und Lernender einander fremd. Der Studierende macht sich zum Eigentümer bestimmter, von anderen getroffenen Feststellungen, ohne kreativ bis zu dem eigentlichen Bildungsgehalt vorzudringen. Gewiß, auch das Leistungs- und Herrschaftswissen ist für die pastorale Kompetenz nicht bedeutungslos, aber der eigentliche kompetenzerzeugende Wissensfundus geht aus der Betroffenheit durch kleine und große Bildungsereignisse hervor. In zeitbedingter Sprache wird die vollkommene Form von theologischem Bildungswissen durch Vinzenz von PAUL (1581–1660) folgendermaßen charakterisiert: „Man muß sich derart den Studien widmen, daß die Liebe der Erkenntnis entspricht. Das gilt im besonderen für die Theologie-Studierenden. Man muß nach der Art des Herrn Kardinals de Bérulle studieren. Sobald er nämlich eine Wahrheit erfaßt hatte, weihte er sie Gott, entweder um sie zu verwirklichen oder um in entsprechende Gemütshaltungen einzutreten oder um daraus Akte hervorzurufen. Durch dieses Mittel erwarb er sich eine Heiligkeit und eine Wissenschaft, daß man kaum etwas ähnlich Zuverlässiges finden kann"[28]. – Ein Blick auf die Wirklichkeit läßt erkennen, daß sich dem Entstehen von Bildungswissen beträchtliche Hindernisse in den Weg stellen. Die Begabung und die Disposition der Studierenden für derartige Lern- und Aneignungsprozesse ist oft relativ gering. Es liegt eine große Verantwortung bei den kirchlichen Institutionen, die Begabungsgrenze bei den Interessenten für pastorale Berufe nicht zu niedrig festzulegen. Die Lösung des Problems kann nicht darin bestehen, das Anforderungsniveau so weit herabzusetzen, daß auch geringe Begabungen damit zurechtkommen. Dies geschähe auf Kosten der pastoralen Kompetenz. Hindernisse für das Entstehen von Bildungswissen liegen jedoch nicht nur in der Person des Studierenden, sondern im Bildungssystem selbst, wie es heute für die Theologischen Fakultäten und entsprechenden Hochschulen bestimmend ist. Einige gestalttheoreti-

sche und symboltheoretische Überlegungen machen auf diese Mängel aufmerksam.

(2) Ein *gestalttheoretischer Gesichtspunkt* weist auf die „Überdifferenzierung" hin, von der die Effizienz des heutigen universitären „Bildungsbetriebs" bedroht wird. Unter „Überdifferenzierung" versteht W. BECK die Tatsache, „daß jedes Objektivationssystem ... sich zunehmend aufgliedert und ausweitet, zusätzliche Stoffgebiete erschließt oder annektiert, Dogmen und Theorien ineinanderschachtelt und aufeinanderstapelt, Begriffe und Erkenntnisse spaltet und neu zusammensetzt und schlichte Ideengebilde in weitläufige und unübersehbare rationale Konstruktionen verwandelt"[29]. Das durch die Überdifferenzierung gesenkte Gestaltniveau wirkt sich negativ auf die Gestalttiefe aus: Das Zu-viel führt notwendig zu einem Zu-seicht. Eine zu große Breite rächt sich an der Tiefe. Die Versuchung, mit einem Leistungswissen zufrieden zu sein, nimmt zu, die Energie, bis zum eigentlichen Bildungswissen vorzudringen, nimmt ab. Die Qualität der Bildungsgestalt verringert sich und ist nicht mehr „transpositionsecht", d. h. diese „Bildung" läßt sich nur schwer oder gar nicht in pastorale Praxis überführen.

(3) Ein *symboltheoretischer Gesichtspunkt* geht von dem Bildungsdefizit aus, das entsteht, wenn sich die theologische Ausbildung fast nur diskursiver Symbole und nicht auch präsentativer Symbole bedient. Mit anderen Worten heißt das, daß sie Begriffssysteme einseitig bevorzugt und Bildern kaum eine Bedeutung beimißt. Bilder gelten vielmehr als „unwissenschaftlich" und werden der privaten Meditation und Frömmigkeit überlassen. Hier haben wir es mit einem negativen Aspekt der abendländischen Geistesgeschichte zu tun, mit einem Phänomen, das dringend einer Revision bedarf. In den Lehr- und Lernvorgängen universitärer Ausbildung wird die „Wirklichkeit der Bilder" (L. KLAGES) kaum je erfahren und wird die Symbolfähigkeit, die für die pastorale Kompetenz von entscheidender Bedeutung ist, für den Studierenden nicht entwickelt. Hugo RAHNER hat seinerzeit in einem Beitrag zur „Verkündigungstheologie" die semantische Spannung zwischen Systematischer Theologie und Verkündigung in einem Vergleich zusammengefaßt: „Wie ich nicht sage, daß der entzückende Morgentau, der nach einer Sommernacht auf den Blumen liegt, H_2O sei (obwohl das durchaus richtig ist), so kann ich auch nicht die Menschenherzen mit der Tatsache hinreißen, daß die heiligmachende Gnade ein accidens physicum sei".[30] Bedenkenswert für jeden, der an theologischen Bildungsfragen interessiert ist, sind in diesem Zusammenhang einige Aussagen des Psychotherapeuten G.R.HEYER über den „Umgang mit dem Symbol": „Die rationale Belehrung, Erklärung und Aufklärung dient lediglich

dazu, mit dem mentalen Denken denjenigen Bezug aufzunehmen, den der heutige Abendländer braucht; man macht dadurch das Oberbewußtsein geneigt. Aber von dort aus geht der Weg unbedingt in die tieferen prärationalen Schichten, in denen das Bild die Sprache der Seele ist. Es kommt also nicht darauf an, das Sinnbild 'verständlich' zu machen, indem man es in die Begriffssprache übersetzt, sondern umgekehrt den Verstand zu bewegen, an dem ihm vorerst Unverständlichen, Neuen und Fremden: Dehnung, Weitung, Tiefe und Wachstum zu erfahren; nicht um in nebulose Tiefen oder unklare Gefühle zu versinken, sondern damit der Geist, derart geweitet, in größerer Klarheit arbeiten kann".[31]

2.1.2 Die pastorale Befähigung
Das Bemühen um die pastorale Befähigung hat, angeregt durch das II. Vatikanische Konzil, seit 1965 ständig zugenommen. Im letzten Teil dieses Buches werden kompetenz- und identitätsfördernde Initiativen vorgestellt, so daß es im Rahmen dieses Überblicks genügt, das offizielle Interesse an der pastoralen Befähigung zu dokumentieren und zu zeigen, wie sehr diese Befähigung die Person in ihrer Ganzheit, d.h. in ihrer Identität betrifft.

(1) Die soeben angedeuteten Initiativen beruhen außer auf theologischen auch auf *humanwissenschaftlichen Erkenntnissen* und bedienen sich einiger Methoden, die von empirischen Wissenschaften entwickelt wurden. Es gibt Strömungen in der Kirche, die solchen Initiativen zur Einübung pastoraler Fähigkeiten grundsätzlich mißtrauen, ihnen nicht nur mit berechtigten Vorbehalten, sondern auch mit unüberprüften Vorurteilen begegnen. Deshalb ist es angebracht, hier Zitate wiederzugeben, die solche Initiativen legitimieren.

In dem Konzilsdekret „Optatam totius" über die Priesterbildung werden u.a. folgende Forderungen aufgestellt: „Überhaupt sollen die Eigenschaften der Alumnen ausgebildet werden, die am meisten dem Dialog mit den Menschen dienen, wie die Fähigkeit, anderen zuzuhören und im Geist der Liebe sich seelisch den verschiedenen menschlichen Situationen zu öffnen" (aus Art. 19). – „Im Gebrauch der pädagogischen, psychologischen und soziologischen Hilfsmittel sollen sie methodisch richtig und den Richtlinien der kirchlichen Autorität entsprechend unterrichtet werden, das apostolische Wirken der Laien anzuregen und zu fördern sowie die verschiedenen und wirkungsvolleren Formen des Apostolats zu pflegen" (aus Art. 20). – „Da die Alumnen die Ausübung des Apostolats nicht nur theoretisch, sondern auch praktisch erlernen und imstande sein sollen, aus eigener Verantwortung und in Gemeinschaftsarbeit zu handeln, sollen sie schon im Verlauf des Studiums und auch während der Ferien mit der pastoralen Praxis durch geeignete Übungen vertraut werden. Diese müssen je nach dem Alter der Alumnen und den örtlichen Umständen gemäß dem einsichtigen Urteil der Bischöfe methodisch und unter der Führung pastoral erfahrener Männer abgehalten werden. Die entscheidende Kraft der übernatürlichen Hilfen werde dabei immer bedacht" (Art. 21). – „Die priesterliche Bildung muß gerade wegen der Bedürfnisse der heutigen Gesellschaft auch nach abgeschlossenem Seminarstudium noch fortgesetzt und vervollständigt werden" (aus Art. 22).[32]

Ein weiteres Zitat ist der Rahmenordnung „Studium Katholische Theologie" entnommen, die am 21. Juni 1975 von der Kommission „Curricula in Theologie" des Westdeutschen Fakultätentages verabschiedet wurde: „Sobald theologische Theorie und Praxis sich auf das Gelingen der Vollzüge des Glaubens besinnt, kommen spezifische Fähigkeiten didaktisch-methodischer Art in den Blick, die man im Sinne einer ‚ästhetischen' Kompetenz verstehen könnte. Solche Fähigkeiten werden beispielsweise im Beratungsgespräch, in der Predigt, im Unterricht, in der gemeinsamen Feier verlangt. Jede Form von sprachlicher Erschließung und Bezeugung in der Lebensführung ist von solchem Gewicht, daß theologische Berufsausübung auf allen Stufen, besonders aber in den Vollzügen der Ortskirche (Pfarrgemeinde) eine eigene Erforschung und eine vorbereitende wie berufsbegleitende Schulung spezifischer Fähigkeiten erforderlich machen: etwa die Fähigkeit, sich angenehm (diskret) und doch eindrucksvoll zu äußern; die Fähigkeit zu musischer Gestaltung; die Fähigkeit zum Dabei-Sein bei fröhlichen und traurigen Ereignissen; die Fähigkeit zur Sympathie wie zur Kritik; die Leichtigkeit dessen, der schenkt, ohne anzulasten; die zwanglose Fröhlichkeit des ‚Erlösten', der Feier, Lob, Dank und Preis initiiert und gestaltet; vor allem die Fähigkeit, aus einzelnen wie aus (divergierenden) Gruppen Gemeinde (Kirche) täglich neu zu integrieren. Die kognitiven, affektiven und verhaltenspraktischen Elemente solcher Berufspraxis sind in einer praxisbezogenen Theorie zu entfalten, zu kontrollieren und zu vermitteln. Hierfür sind eigene Lehrveranstaltungen/ Praktika anzubieten."[33]

Diese Texte bringen eine wahrhaft „nächstenzentrierte" pastorale Grundhaltung zum Ausdruck, die eine redemptive Atmosphäre hervorzurufen vermag. Deutlich tritt der hohe Anspruch zutage, der an die Person derjenigen gerichtet wird, die sich als zu pastoralem Handeln befugt und befähigt erachten. Von diesem Anspruch soll jetzt die Rede sein.

(2) Die pastorale Befähigung enthält Komponenten, von denen man die einen mehr als am Rand der Person liegend, andere mehr als zur

Personmitte gehörend bezeichnen kann. Dieser raumsymbolische Vergleich ist mit Vorsicht zu gebrauchen, er kann jedoch heuristisch dazu verhelfen, den „Ort" der *methodisch-didaktischen Dimension* und den „Ort" der *personal-sozialen Dimension* pastoraler Kompetenz zu erkennen. Im Bereich pastoralen Handelns gibt es durchaus „Berufstechniken", ein berufliches Können, das erlernt und eingeübt werden kann. Es gibt Regeln für den Aufbau des Religionsunterrichts oder einer Predigt, für ein geordnetes Vorgehen beim Abhalten einer Gruppenstunde; es gibt Regeln der Gesprächsführung und des Treffens von Entscheidungen in Gremien. Es ist gut, wenn all das gelernt wird und wenn diesbezüglich die diplomierten Theologen und Theologinnen nicht gegenüber den Absolventen von Fachhochschulen benachteiligt sind. Daß diese Techniken und Methoden aber am Rand der Person liegen, erweist sich darin, daß sie, um positiv eingesetzt werden zu können, auf die Beziehungsfähigkeit der Person angewiesen sind, eine Fähigkeit, die aus dem Zentrum der Person hervorgeht. Ist doch die menschliche Person, philosophisch und theologisch gesehen, ihrem Wesen nach Beziehung, eine „relatio subsistens finita"[34]. Deshalb kann auf diesem Niveau auch nicht mehr zwischen Kompetenz und Identität unterschieden werden. Eine Störung der sozial-kommunikativen Fähigkeit ist immer zugleich eine Beeinträchtigung der personalen Identität, während z. B. eine mangelnde Sachkompetenz mit einer geglückten Identitätsbildung durchaus vereinbar ist. Berufstechniken führen, wenn sie beziehungswidrig angewendet werden, zu einem pastoral inkompetenten Handeln. Rolf ZERFASS, der sich eingehend mit der kerygmatischen bzw. homiletischen Kompetenz befaßt hat, sieht die Gefahr der Abspaltung der methodisch-didaktischen Kompetenz und deren Auswirkung so: „Die Beziehungsfähigkeit bestimmt und überformt auch die methodische Dimension; wo Methode sich von der Beziehung ablöst, verkommt sie zu Tricks und manipulativen Manövern. Und schließlich besteht auch der Sinn des institutionellen Rahmens nur darin, auf Dauer ein angemessenes Beziehungsgefüge zu sichern; wo diese Rahmenbedingungen sich verselbständigen und (etwa als autoritäre Struktur) authentische Beziehungen schwer belasten oder gar verhindern, können auch bestimmte Inhalte nicht mehr vermittelt werden."[35]

Schauen wir auf die Zitate zurück, so ist deutlich aus ihnen ablesbar, mit welch starkem Akzent pastorale Kompetenz als sozial-kommunikative Kompetenz verstanden wird: 1965 wurde in einem der Konzilsdokumente die pastorale Befähigung als personal-kommunikative Kompetenz beschrieben; 1975 hat der Westdeutsche Fakultätentag das gleiche noch einmal getan, und 1985 ruft R. ZERFASS, ein Pastoraltheologe, gleichsam im Namen aller seiner Kollegen, die Bedeutung der personal-sozialen Kompetenz – nicht ohne Grund – erneut ins Gedächtnis. Er charakterisiert diese als „die Dimension der Erfahrung des Glaubens, der eigenen Versuche, den Alltag am Evangelium zu orientieren, die eigenen Ängste von dorther anzugehen, sich selber betreffen zu lassen und solche Erfahrungen mit anderen zu teilen. Hierhin gehört die Fähigkeit zu schweigen, zu hören, fremde Erfahrungen gelten zu lassen, die Frage hinter einer Frage wahrzunehmen, aber auch einen Konflikt zu riskieren, um die eigene Erfahrung nicht zu verraten. Es ist älteste Überzeugung der Kirche, daß die institutionelle Kompetenz von der personalen lebt, ohne sie ausdorrt, ihre Glaubwürdigkeit verliert, zur Karikatur wird."[36]

Der mehrfach wiederholte Appell (1965–1975–1985) ist unüberhörbar. In der Förderung dieser Kompetenz und der dadurch bewirkten Verbesserung der pastoralen Handlungsfähigkeit liegt eine der großen Chancen der Kirche in unserer Zeit.

Zusammenfassung und Folgerungen (2.1.1–2.1.2)
Die kritische Betrachtung der *theologischen Bildung* (2.1.1) betrifft vor allem die Wissensvermittlung an den Universitäten und den entsprechenden Hochschulen. Etwas anders mögen die Probleme an den Fachhochschulen und Fachakademien für die Heranbildung pastoraler Berufe gelagert sein. Die drei skizzierten Gesichtspunkte sind jedoch so allgemeingültig, daß sie mehr oder weniger für alle Bildungsgänge zutreffen. Die Notwendigkeit der Reform theologischer Studien wird heute ebenso anerkannt wie die Notwendigkeit der theologischen Bildung selbst. Daß die Reform dennoch nur schleppend vorankommt, hängt mit den schwerfälligen bürokratischen Strukturen unserer Bildungseinrichtungen zusammen, aber auch mit der begrenzten Umstellungsfähigkeit mancher Mitglieder der Lehrkörper.

Die *pastorale Befähigung* (2.1.2) ist seit dem II. Vatikanischen Konzil zu einem zentralen Anliegen der Ausbildung für pastorale Berufe und der Fortbildung der in diesen Berufen tätigen Männer und Frauen geworden. Dadurch hat sich zugleich der Anspruch an die Person derer erhöht, die solche Berufe anstreben oder sie bereits ausüben. Die *ganze Person* ist mehr denn je gefragt und dies nicht nur in ihrer theologischen Sachkompetenz und in ihrer Spiritualität, sondern auch in ihrer humanen Qualität, in ihrer gesamten personalen Identität.

2.2 Berufs-unspezifische Varianten ganzheitlich-personaler Kompetenz

Ausgehend von der Definition des Menschen als „relatio subsistens finita", kommen nun Kompetenzaspekte zur Sprache, die es mit den *Bezogenheiten* (Relationen) des Menschen zu tun haben. Ohne diese Fähigkeiten kann weder menschliches Zusammenleben noch die Aktualisierung der „primären Kompetenz" der Mitglieder des Gottesvolkes gelingen. Insofern sind sie „berufs-unspezifisch". Sie sind jedoch am Aufbau der spezifischen pastoralen Kompetenz ausschlaggebend beteiligt, weswegen sie bei der Beantwortung der Frage nach der Eignung für einen der Berufe der Kirche eine große Rolle spielen. Die drei Varianten der ganzheitlich-personalen Kompetenz, die ich besonders hervorheben und beschreiben möchte, sind: die Fähigkeit, *personbezogen* zu kommunizieren (2.2.1), die Fähigkeit, *wirklichkeitsbezogen* zu handeln (2.2.2) und die Fähigkeit, *botschaftsbezogen* mit Symbolen umzugehen (2.2.3). Die Qualität pastoraler Praxis hängt davon ab, wieweit diese Fähigkeiten entwickelt wurden.

2.2.1 Die Fähigkeit, personbezogen zu kommunizieren

„Man kann nicht nicht *kommunizieren*". Diese Feststellung von Paul WATZLAWICK[37] frappiert, weil sie erschreckend plausibel ist und kein Ausweichen zuläßt. Sobald Menschen auf irgendeine Weise miteinander in Berührung kommen, entsteht unweigerlich Beziehung, welcher Art sie auch sei. Ob wir wollen oder nicht, es wird von uns auf jeden Fall kommuniziert, mit Worten und ohne Worte, verbal und non-verbal. Dies wird aber erst dann zu einer Fähigkeit im Rahmen pastoraler Kompetenz, wenn sich die ganze Kraft der Aufmerksamkeit auf den Menschen als individuelle Person richtet. Es handelt sich dabei um eine möglichst reine „attentio", um eine Aufmerksamkeit, die sich fernhält von jedem auch noch so subtilen „Attentat", wie es z. B. durch Indoktrinieren und Ideologisieren verübt wird.

(1) Eine *Theologie der Kommunikation* kann sich auf den Bundesgott berufen, auf den Gott des Alten und des Neuen Bundes, der ein beziehungswilliger Gott ist. Er hat unsere Aufmerksamkeit auf sich gelenkt und zwar dadurch, daß er in der Geschichte gehandelt hat und immer noch handelt. Zugleich hat er seine Aufmerksamkeit uns zugewandt, indem er uns durch Ermächtigung, Erwählung und Berufung beim Namen genannt hat. Weil Gott auf diese Weise mit den Menschen kommuniziert, ist beziehungsgerechte und identitätsbezogene herrschaftsfreie Kommunikation eine Spiegelung des Handelns Gottes. Die Real-Utopie „herrschaftsfreie Kommunikation" sollte nicht schon deswegen in Verruf gebracht werden, weil die Formulierung aus der

Frankfurter Schule stammt.[38] Ich teile die Auffassung von ZERFASS, daß „herrschaftsfreie Kommunikation" kein Hirngespinst ist, „sondern etwas, wonach wir – das ist entscheidend –, so oft wir überhaupt in der Hoffnung auf Verständnis miteinander reden, in einer Art Vorgriff auslangen ..."[39]. Für den Glaubenden ist es jedoch unerläßlich hinzuzufügen: „... unter der Herrschaft Gottes". Denn wo Gott herrscht, da herrscht kein Mensch mehr, „da entsteht ein herrschaftsfreier Raum, in dem man einander vergibt, in dem einer des anderen Last trägt, in dem man miteinander Feste feiert und sich freut, ein Raum also, in dem all das möglich wird, was sich im Umkreis Jesu selbst bereits ereignet hat"[40]. Dieses redemptive Milieu hat den Namen KOINONIA. Der jetzige Bischof der Diözese Bozen-Brixen, Wilhelm EGGER, nahm sich bei seiner Ernennung und Weihe ein einziges griechisches Wort zum „Wahlspruch": „syn", das heißt „mit". Kürzer, präziser und theologischer läßt sich kommunikative Kompetenz nicht zum Ausdruck bringen.

(2) Eine *Anthropologie der Kommunikation* beginnt bei der Beschaffenheit des kommunizierenden Ichs. Außerdem achtet sie besonders auf die beziehungsgerechte und identitätsfördernde Qualität des kommunikativen Geschehens. Diese beiden Gesichtspunkte sollen hier zur Geltung kommen.

Optimale Kommunikation setzt die *ganzheitliche Präsenz des Kommunizierenden* voraus.[41] Wirklich anwesend sein kann jemand nur, wenn er in Beziehung zu seinem eigenen Ich steht; wenn er gelernt hat, bei sich zu sein.[42] Bei-sich-Sein heißt, mit einem Maß an unbewußter Verdrängung und bewußter Verleugnung innerseelischer Konflikte auszukommen, das ihm und seiner pastoralen Kompetenz nicht schadet. Klemens SCHAUPP geht in diesem Band der Frage nach, welche Rolle bei den Trägern kirchlicher Berufe unbewußte Motivationen in Gestalt von nicht wahrgenommenen Bedürfnissen spielen. Seitdem Wolfgang SCHMIDBAUER die „Hilflosigkeit der Helfer" psychoanalytisch beschrieben hat[43], wissen wir mehr über die „blinden Passagiere", die sich auch unter der Oberfläche unserer pastoralen Interaktionen verstecken. Wer sich im Laufe seines Lebens selbst auf die Spur kommt, wird neben dem Liebsamen auch viel Unliebsames entdecken, und er wird sich fragen, wie er da noch zu sich selber stehen kann. Der Arzt und Psychotherapeut Carl Gustav JUNG, der sehr wohl um das Böse und Abgründige im Menschen wußte und gerade deswegen die Bedeutung der Annahme seiner selbst erkannte, gab auf diese Frage die Antwort, „daß ich selber des Almosens meiner Güte bedarf, daß ich mir selber der zu liebende Feind bin"[44].

Dieses Ja zu sich selbst ist die Voraussetzung für das Gelingen seelsorglicher Kommunikation, die nach Carl R. ROGERS, dem Begründer der Gesprächspsychotherapie, drei Merkmale hat: die Bejahung des anderen, das einfühlende Verstehen und die Echtheit.[45] Wer fähig ist, bei sich selbst zu sein, wird fähig, beim anderen zu sein und ihn *voraussetzungslos zu bejahen.* Diese prinzipielle Einstellung, die allerdings ständig durch die menschliche Begrenztheit beeinträchtigt wird, muß jeder Art von Gesprächstechnik vorausgehen und ihr zugrundeliegen. ROGERS sagt über diese Haltung der Wertschätzung: „Für mich heißt das, die andere Person zu achten, – ihre Meinung, ihre Gefühle, ihre Person. Es bedeutet eine nicht-besitz-ergreifende Anteilnahme. Es bedeutet ein Akzeptieren des anderen Individuums als eine eigenständige Person, eine Hochachtung vor ihm, dem Wert aus eigenem Recht zukommt".[46]

Ebenso gilt, daß die Fähigkeit, sich in sich selbst einzufühlen, eng verbunden ist mit der Fähigkeit, *sich empathisch auf andere einzulassen.* Ich denke dabei nicht nur an das seelsorgliche Gespräch, sondern auch an die vielfältigen missionarischen Situationen, die in aller Welt außerordentlich hohe Anforderungen an das Einfühlungsvermögen stellen.[47] Zu seiner Charakterisierung zitiere ich den Hebräerbrief, weil in diesem Brief wiederholt betont wird, daß hinter dem Vermögen des „sympathein" und des „metriopathein", kurz des Sich-Einfühlens, das ganze Ich samt seiner Belastung steht: „Wir haben ja nicht einen Hohenpriester, der nicht mit uns leiden könnte (sympathein) in unseren Schwächen, sondern einen, der in allem versucht worden ist ..." (Hebr 4,15) und „Er kann mit den Unwissenden und Irrenden leiden (metriopathein), da auch er der Schwachheit unterworfen ist ..." (Hebr 5,2). Hier wird auf etwas hingewiesen, was zur Lehre von den Charismen gehört: daß ein Charisma eine dunkle Kehrseite haben kann.

Schließlich wird eine Person, die zu sich selbst gekommen und deshalb zu voller Präsens fähig ist, als „echt" wahrgenommen. Die *Echtheit* – fachsprachlich ausgedrückt: die „Selbstkongruenz" – macht die kommunizierende Person *transparent.* Auf die Frage, was denn „echt sein" eigentlich heißt, antwortet ROGERS: „Ich glaube, das bedeutet, in der Beziehung eine Person sein, nicht ein Aushängeschild oder eine Fassade. Es bedeutet, daß der helfende Mensch" – ich verallgemeinere und füge ein: der kommunizierende Mensch – „Zugang zu seinen Gefühlen hat, daß er fähig ist, diese Gefühle auszudrücken und zu leben und zu sein – und sie mitzuteilen. Ganz sicher bedeutet es, daß er sich gegenüber der anderen Person voll einbringt! Und je mehr diese Eigenschaft des Wirklichseins oder der Echtheit vorhanden ist, um so wirkungsvoller wird die Beziehung werden".[48]

Jetzt können wir verstehen, was mit dem sozialpsychologischen

Axiom gemeint ist: „Die Qualität des menschlichen Zusammenlebens bemißt sich an der wechselseitigen Transparenz".[49] Transparenz ist *die* große vertrauenstiftende und identitätsfördernde Wohltat, die sich Menschen gegenseitig erweisen können. Zur „Transparenz" gehört „Offenheit", jedoch nicht Offenheit um jeden Preis, sondern diskrete Offenheit, die den Wert des berechtigten Selbstschutzes und der Intimscham kennt. Offenheit setzt auf beiden Seiten Ich-Stärke voraus und vermehrt diese; auf der Seite dessen, der offen ist und offen spricht, wie auf der Seite dessen, der das entgegennimmt, was ihm anvertraut oder auch zugemutet wird.

Wer nicht bei sich sein kann und auf ein zu hohes Maß an Abwehr- und Schutzmechanismen angewiesen ist, der kann nicht personbezogen kommunizieren; er kann aber auch nicht wirklichkeitsbezogen handeln, was nun zu zeigen sein wird.

2.2.2 Die Fähigkeit, wirklichkeitsbezogen zu handeln

Handeln ist nur dann eine Aktualisierung kommunikativer Kompetenz, wenn es wirklichkeitsbezogen ist. Ein solches Handeln ist für den Menschen keine Selbstverständlichkeit. Während das Tier immer instinkthaft auf seine Umgebung bezogen bleibt, ist es dem Menschen vorbehalten, seine ihn umgebende Wirklichkeit leugnen, vergessen oder verzerrt wahrnehmen zu können. Wo dies der Fall ist, muß von ideologischen Charakterzügen des Handelnden gesprochen werden. Ideologien sind „Gebilde der Entwirklichung".

Wirklichkeit begegnet uns als differenzierte Vielfalt, als Pluralität. Deshalb befassen sich die folgenden Überlegungen mit der *Pluralitätstoleranz* als einer Vorbedingung kommunikativer Kompetenz und mit der *Pluralitätsintoleranz* als schwerwiegender Beeinträchtigung dieser Kompetenz, durch die u.U. die Eignung für einen pastoralen Beruf in Frage gestellt wird.

(1) Mit *Pluralitätstoleranz* ist in unserem Zusammenhang die Fähigkeit gemeint, die Vielfalt in der Kirche nicht nur relativ angstfrei ertragen, sondern in ihr auch das Wirken des Geistes sehen zu können.[50] Pluralitätstoleranz ist gleichweit entfernt von ich-schwacher Standpunktlosigkeit und ideologischer Erstarrung der Person. Die Fähigkeit zu souveräner Toleranz setzt voraus, daß ein Mensch aufgrund einer geglückten Ich-Bildung die innerseelischen und die äußeren Gegensätzlichkeiten zu überbrücken vermag. Der Schicksalsanalytiker Leopold Szondi nennt dieses stark und zugleich elastisch gewordene Ich einen „Pontifex oppositorum", ein „Brückenbauer-Ich".[51] Nur Menschen mit einem genügend belastbaren Pontifex-Ich sind – politisch gesehen – imstande, mit einer demokratischen Einstellung in einer

demokratisch verfaßten Gesellschaft zu leben. Kirchlich gesehen sind sie diejenigen, die zu tatsächlicher, das heißt zu nicht nur ideologisch verkündeter, sondern zu praktisch gelebter Koinonia fähig sind und damit zur Anerkennung sämtlicher Charismen, auch der prophetisch-kritischen, welche den einzelnen Gemeinden und der gesamten Kirche zu ihrem Aufbau von Gott verliehen werden. Konnte dieses Pontifex-Ich in der individuellen Lebens- und Lerngeschichte nur mangelhaft ausgebildet werden, dann ist die Pluralitätstoleranz und damit die kommunikative bzw. pastorale Kompetenz gemindert oder sie fehlt ganz. Werner HUTH hat überzeugend dargestellt, daß dieses Defizit auch eine Störung der Glaubensfähigkeit in sich schließt.[52] Mit „Glaubensfähigkeit" meint er eine anthropologische Größe. Diese ist aber auch die Grundlage einer reifen Glaubensgestalt im theologischen Sinn des Wortes. Ferner ist zu bedenken, daß ein Toleranzdefizit eine tiefgreifende Beeinträchtigung des Lebens in einer Gemeinschaft mit sich bringt, sei es im Staat, im Großraum der Kirche oder im kleinen Bereich einer kirchlichen Gemeinde.

(2) Die *Pluralitätsintoleranz* gehört zur Symptomatik einer ideologischen Persönlichkeitsstruktur. Es hat den Anschein, als ob gegenwärtig unter den Interessenten für pastorale Berufe, besonders unter den Kandidaten für das Priesteramt und den Diakonat, Persönlichkeiten mit ideologischen Tendenzen zunehmen. Zum besseren Verständnis solcher Tendenzen ist es erforderlich, die Psychodynamik, die hinter ideologischen Haltungen steht, kennenzulernen und aus dieser Kenntnis Folgerungen für die Auswahl der Personen zu ziehen, denen eine pastorale Kompetenz zugewiesen werden soll.

(a) So verschiedenartig *ideologische Äußerungsformen* auch sein mögen, haben sie doch *gemeinsame Merkmale*.[53] Der Schlüssel für das Verständnis einer ideologischen Einstellung liegt in ihrer Funktion als unbewußte Schutzmaßnahme gegen die Angst vor einem Überschwemmtwerden durch Triebimpulse. Angstabwehr und das Bedürfnis nach einer Stabilisierung des schwachen Ichs sind immer im Spiel. Die subjektive Ehrlichkeit einer ideologischen Überzeugung, die bis zum Fanatismus gehen kann, ist voll intakt, sie ist aber mit einer oft extremen Verdrängung gekoppelt, deren Inhalt z. B. sexuelle Impulse, Macht- und Geltungswünsche oder destruktive Aggressionen sein können. Es wird ein wirklichkeitsfremdes Ichbild und Weltbild aufgebaut; die eigentlichen handlungsbestimmenden Interessen bleiben dem Betreffenden unbekannt. So kommt es zu einer eigenartigen Entsprechung: Genau so, wie der Blick auf die volle Realität des Ichs nicht gewagt wird, so wird auch die „äußere" Wirklichkeit nicht wahrgenommen. Einige Teilaspekte dieser Wirklichkeit werden ausgeklammert, andere werden aufgebläht und absolut gesetzt. Die Denkfiguren erstarren. Die Fähigkeit, Kompromisse zu schließen, eine ganzheitliche Sichtweise zu entwickeln, sich auf Prozesse des Lernens, des Entscheidens, des emotionalen Reifens einzulassen, ist reduziert; das eigene Denk- und Erfahrungssystem wird fremder Kritik entzogen. Da die Egozentrik des Verhaltens nicht durchschaut wird, muß sie auf den Gegner projiziert werden: er wird schlecht gemacht. Kommunikationsstörende Auswirkungen sind u.a.: die Unfähigkeit zu personaler Nah-Liebe, die Bevorzugung von Prinzipien vor der Realität des Lebens, die starre Haltung des Gewissens und die Neigung zu aggressivem Verurteilen Andersdenkender. – Das Gegenbild zur ideologischen Persönlichkeit ist der Mensch, der glauben und vertrauen kann. Dieses Können enthält die Fähigkeit zur mitmenschlichen Teilhabe und Teilnahme, zum Wirklichkeitsverständnis, zur Spannungstoleranz, zum Suchen nach Antworten und Lösungen, zu Empfindungen der Ebenbürtigkeit und Solidarität.

Der vertrauend Glaubende fühlt sich mit seinem Glaubensgegner immer durch eine letzte Basis – das gemeinsame Menschsein – verbunden. Der nicht ideologische Christ weiß, daß durch die Sünde die Ur-Sympathie Gottes nicht aufgehoben wurde; er weiß, daß es nicht nur eine Erbschuld, sondern auch ein „Erbheil" gibt und ist deshalb davon überzeugt, „daß Gott seinen ‚Glaubensgegner' liebt und annimmt"[54].

(b) Bei der *Auswahl von Personen für den kirchlichen Dienst*, vor allem für eine pastorale Tätigkeit, ist es also unerläßlich, sich zu fragen, „in welchem Umfang beim Betreffenden die Fähigkeiten zum Liebhaben, Für-wertvoll-Halten, Vertrauen usw. entwickelt sind und wie es mit seiner Fähigkeit zum Partizipieren, mit seiner Wirklichkeitssicht und mit seiner Fähigkeit bestellt ist, Spannungen auszuhalten"[55]. Für den Berater liegt jedoch eine besondere Schwierigkeit darin, daß die Ausbildungszeit für pastorale Berufe gewöhnlich mit der Adoleszenz zusammenfällt. In diesem Alter treten aber ideologische Tendenzen phasenspezifisch mehr auf als jemals sonst im Leben. Da besteht nun die Gefahr, daß Studierende für problematischer gehalten werden, als sie tatsächlich sind; denn häufig handelt es sich um idealistische Einstellungen, die mit zunehmender Reife bzw. zunehmender Wirklichkeitserfahrung korrigiert werden. Im Einzelfall ist es schwierig zu beurteilen, ob es sich um einen altersgemäßen und damit vorübergehenden Entwicklichungsanteil handelt oder um eine umfangreichere Problematik. Eine solche muß bei Studierenden vor allem dann vermutet werden, „wenn ihre Ideologie für sie eine Art Glaubensfunktion hat, die sie weitgehend vor typischen Schwierigkeiten der Adoleszenz bewahrt, denen viele andere junge Leute zwangsläufig ausgesetzt sind, die aber später wie von selbst aufhören. Solche Menschen werden häufig als besonders geeignet für den von ihnen angestrebten Beruf angesehen, während in Wirklichkeit das Gegenteil der Fall ist".[56]

2.2.3 Die Fähigkeit, botschaftsbezogen mit Symbolen umzugehen

Ernst CASSIRER hat den Menschen als ein „animal symbolicum", als ein symbolfähiges Lebewesen bezeichnet.[57] Symbole sind ausgesprochen menschengemäße Gebilde, während das Tier sich mit Signalen begnügt.[58] Als Definition des Begriffes „Symbol" übernehme ich die von Alfred LORENZER formulierte, weil sie weit gefaßt ist und deshalb den pastoralen Gegebenheiten am besten entspricht. Sie lautet: „Symbole sind uns alle, in Laut, Schrift, Bild oder anderer Form zugänglichen *Objektivationen menschlicher Praxis*, die als *Bedeutungsträger* fungieren, also ‚sinn-voll' sind".[59] Es braucht eine gewisse Übung, bis man gelernt hat, alles Ekklesiale in seiner symbolischen Funktion ernst zu nehmen: das geschriebene und gesprochene Wort, den Gesang und die Musik, die Schöpfungen der Bildenden Kunst und Architektur, Gewänder und Gebärden. Selbst das Auto des Bischofs und der Hund des Pfarrers sind symbolisch nicht belanglos. Leicht wird vergessen, daß auch einzelne Personen, Gruppen und Institutionen Symbole sind. Die Bereicherung der pastoralen Kompetenz durch die Symbolfähigkeit besteht sowohl in der Feinfühligkeit für die Qualität von Symbolen als auch in dem Gespür für die Transparenz von Symbolen. Diese doppelte Sensibilität kann, je nach Begabung in verschiedenem Maß, durch Einübung und Übung erhöht werden.

(1) *Die Feinfühligkeit für die Qualität der Symbole* ist leider nur ausnahmsweise ein Thema des konventionellen theologischen Ausbildungs- und Fortbildungsgeschehens. Die Sorge für die Symbolsysteme der Sprache, der Bilder und anderer Objektivationen wird in der gegenwärtigen kirchlichen Atmosphäre eher als ein Luxus eintaxiert und wird in ihrer Bedeutung für die Verkündigung des Glaubens und die Feier der Glaubensmysterien kaum erkannt. Wenn es hoch kommt, lassen offizielle Bildungsinstitutionen gerade noch eine Einführung in die Kunstgeschichte zu, aber die reguläre Übung der Sinne und der Geistsinnlichkeit ist Sache privater Initiativen, wie z. B. der Veranstaltung von Meditationskursen, Eutoniekursen, Fastenübungen, Kursen für die Sinneswahrnehmung bis hin zu der bewußt geübten Wahrnehmung der Qualität sakraler Räume und ihrer Ausstattung.

Pastorale Berufe haben es täglich professionell mit der *Sprache* zu tun. Es wird zwar heute wissenschaftlich viel über die Bedeutung von Semiotik und Semantik im Rahmen mehrerer theologischer Disziplinen nachgedacht. Dieses Nachdenken wird sich aber erst dann in der

Praxis auswirken, wenn auf breiter Basis ein *Bemühen um das Wiedergewinnen einer Sprachkultur* einsetzt. Ein solches Bemühen könnte z. B. schon bei der Anfertigung von Seminar- und Diplomarbeiten beginnen und, im Sinne von Lernmodellen – früher sagte man „von guten Beispielen" – beim Abfassen aller Arten pastoraler Publikationen wie Hirtenbriefen, Zeitschriftenbeiträgen, liturgischen Texten und anderen schriftlichen Äußerungen. Die Autoren sollten sich nicht durch den modernen Produktionsdruck zu mangelhafter Sorgfalt verleiten lassen. Wir brauchen wieder ein ausgeprägtes „Sprachgewissen". Der Umgang mit dem Wort ist nicht nur eine Sache der Begabung, sondern auch eines bewußt durchgehaltenen Lernprozesses, den auf uns zu nehmen wir den Lesern und Hörern schuldig sind. – Was für die Sprache im allgemeinen gilt, das gilt für die Texte und Melodien der kirchlichen Gesänge im besonderen. Hier sollte bei den Verantwortlichen ein Qualitätsempfinden wachsen, das sich erst dann auch in der betenden und singenden Gemeinde wecken läßt.

Bei den Ausführungen zur theologischen Bildung (2.1.1) wurde bereits auf das Defizit hingewiesen, das entsteht, wenn die Verkündigung einseitig Begriffe bevorzugt und *Bilder* vernachlässigt. Dieses Problem ist in der Katechetik und Homiletik zur Genüge bekannt. In diesen Disziplinen wie auch in der Praxis ist das Interesse gewachsen, die symbolische Bedeutung der Bilder zu erschließen. Die audiovisuellen Medien sind teilweise bereits zu einer Versuchung geworden, in Bilder zu flüchten. Aufgabe des ästhetischen Empfindens ist es, dafür zu sorgen, daß es in der pastoralen Praxis nicht zu einer quantitativen Inflation von Bildern kommt und daß bei der Auswahl dieser „präsentativen Symbole" auf deren Qualität geachtet wird, denn die Qualität ist nicht belanglos für die Funktion als Träger der Glaubensbotschaft.

(2) Das Gespür für die Transparenz der Symbole fügt dem ästhetischen Empfinden eine neue Dimension hinzu: Ästhetik wird zur *Glaubensästhetik.*[60] Ihr geht es um das wache Empfinden für die Bedingungen, die erfüllt sein müssen, damit Symbole transparent für die Botschaft des Glaubens werden können. Kirchliche Symbole sind Bedeutungsträger besonderer Art. Sie sind per definitionem Träger der *christlichen* Botschaft. Es gehört zur Tragik der kirchlichen Praxis, daß sie einerseits diese Botschaft verkündet, anderseits ihr auch im Wege steht. Ein „Symbol" kann zu einem „Diabol" werden, wenn es Verwirrung stiftet, indem es die Botschaft entstellt und das Mysterium verdeckt. Der Zugang zur glaubensästhetischen Betrachtungsweise soll durch einige Beispiele erschlossen werden.

(a) Wie oben gesagt wurde, daß man nicht nicht kommunizieren kann, so muß jetzt gesagt werden, daß *kein Ding, das zu einer kirchli-*

chen Institution gehört, ohne symbolische Wirkung ist. „Kirche" wird in unseren Landen – nicht überall auf der Welt! – architektonisch und atmosphärisch von vielen Nah- und Fernstehenden als bürokratische Einrichtung erlebt. Sie kann das Entstehen negativer Gefühle, wie sie allgemein durch Behörden hervorgerufen werden, nicht verhindern. Gewiß muß man dafür sorgen, daß das Klima in einem Ordinariat oder in einer Theologischen Fakultät einigermaßen menschlich ist, aber viele Emotionen sind strukturbedingt und bleiben als Hypothek bestehen, wenn sich nicht die Strukturen ändern. Dies ist jedoch außerordentlich schwierig.[61] – Nicht so schwierig zu lösen wären einige „kleinere" Symbol-Probleme, wenn die institutionell Verantwortlichen pastoral aufmerksamer wären. An welche Bedürfnisse und damit an welche verdeckten Motive appelliert z. B. werbeästhetisch der Prospekt einer Fachakademie für Gemeindereferenten und -referentinnen, wenn Fotos eines stolzen Schlosses, eines Schwimmbads und eines Barockaltars als Blickfang verwendet werden? Oder welche Aussage wird durch die dunkle Priesterkleidung und das Kollar gemacht? Welche Botschaft wird tatsächlich und nicht nur institutionell erhofft vermittelt? Wie ist es bei diesen und ähnlichen Dingen mit dem „bonus odor Christi" (2 Kor 2,15) bestellt, der von der Kirche ausgehen soll?

(b) Während die bisher genannten Beispiele nur einen mittelbaren, wenn auch bedeutsamen Bezug zur Glaubensbotschaft haben, stehen die folgenden Beispiele *in unmittelbarer Beziehung zur Glaubenssubstanz*. Aus der didaktischen Verlegenheit, einen sehr komplexen und subtilen Inhalt nun in kürzester Form erklären zu wollen, helfe ich mir durch einen Hinweis auf bereits Geschriebenes. Mein Aufsatzband „Verwirklichung unter den Augen Gottes"[62] enthält u. a. Abhandlungen über die Beziehung von Botschaft und Symbol und über die Entstellung von Symbolen zu „Diabolen". Der Ausgangspunkt der Überlegungen ist die Unterscheidung zwischen der subjektbezogenen Selbsterfahrung, der naturhaft-religiösen Daseinserfahrung und der offenbarungsgebundenen Glaubenserfahrung. Den drei Erfahrungsebenen entspricht jeweils eine hermeneutische Dimension: die *therapeutische* – therapeutisch im weitesten Sinn des Wortes verstanden – die *religiöse* und die christlich-*gläubige*. Ekklesiale Symbole können grundsätzlich auf allen drei Ebenen gedeutet werden.

Da ist z. B. *eine Szene aus der Heiligen Schrift: der Kampf Jakobs am Jabbok*. Mit Hilfe des tiefenpsychologischen Instrumentariums läßt sich aus dem Kampf der beiden Männer und aus dem Durchzug durch die Furt vieles ablesen, was für die persönliche Selbstfindung und Selbstwerdung bedeutsam ist: die hermeneutische Ebene ist dann die *therapeutisch-humane*. Darüber hinaus erwecken der faszinierende und schreckenerregende Verlauf des Kampfes und das Durchqueren der Furt beim Sonnenaufgang im Leser den Eindruck, an einem die Person überschreitenden Ereignis beteiligt zu werden: die *religiös-numinose* Dimension wird spürbar. Der Verfasser der Erzählung hatte jedoch die, wie wir es heute ausdrücken, bewußte kerygmatische Intention, im Rahmen der Bundes- bzw. der Patriarchengeschichte das Handeln Gottes aufleuchten zu lassen: wer sich auf die Botschaft dieser Erzählung einläßt, partizipiert an der *Glaubenserfahrung*, die durch sie vermittelt werden soll. Die gleichen Deutungsdimensionen gelten auch für andere kirchliche Symbole. So ist es berechtigt, das *Bild von Maria als Jungfrau und Mutter* zunächst auf der *menschlich-therapeutischen* Ebene zu deuten. Hier bringt es den Verehrenden mit dem Mütterlich-Zärtlichen in Berührung und vermittelt Geborgenheit; oder es trägt, wie in einer empirischen Untersuchung über Süditalien festgestellt wurde, zur Sozialisation der männlichen Jugend bei; oder es hat als Wallfahrtsbild politisch-solidarisierende Kraft, wie z. B. in Tschenstochau. Darüber hinaus wird das Bild von Maria archetypisch erlebt, als Repräsentanz des alle Zeiten und Kulturen übergreifenden „ewig Weiblichen", das eine tief im Unbewußten wirkende *religiös-numinose* Resonanz hervorruft. Wer schließlich durch hermeneutische Anstrengung zu einer bibeltheologisch und gesamttheologisch soliden Deutung der Berufung Marias zum besonderen Ort des Handelns Gottes vorgedrungen ist, der erreicht in seiner Verehrung die der Botschaft entsprechende Dimension *gläubiger Erfahrung.*

Wählen wir als letztes Beispiel noch die *Eucharistie.* Nach vorausgehender hermeneutischer Anstrengung, d. h. nach sorgfältiger katechetisch-mystagogischer Hinführung, kann die Eucharistie als memoria des Todes und der Auferstehung des Herrn gefeiert werden, als vergegenwärtigtes *Handeln Gottes* mit dem adorativen Widerhall der versammelten Gemeinde. Es besteht aber auch die Möglichkeit, und das wird volkskirchlich häufig der Fall sein, daß die Worte, die Gebärden und das Tun in der Heiligen Messe vorwiegend *naturhaft-religiös und numinos* erlebt werden, daß also die an sich christlich gemeinten Symbole eher religiös als gläubig gedeutet und erfahren werden. Ich hoffe, daß es nicht ehrfurchtslos klingt, wenn ich sage, daß für manche, z. B. als ständig wiederholter Vorgang zum Beginn des Tages, die Meßliturgie auch als wohltuendes Ritual mit *therapeutischer* Wirkung vollzogen wird.

Ekklesiale Symbole können also, wie gezeigt wurde, auf der therapeutischen, der religiösen und der gläubigen Ebene gedeutet und entsprechend erfahren werden. Es wäre sinnlos, im Namen des Glaubens gegen die therapeutische und religiöse Erfahrung, die sich im Umgang mit christlichen Symbolen einstellt, zu polemisieren. Aber es ist Sache der glaubensästhetischen Wahrnehmung, die genannten Dimensionen zu unterscheiden, und es ist Sache des pastoralen Bestrebens, deren *Rangordnung* zu wahren. Dies geschieht durch fortgesetzte „Evangelisation", d. h. durch katechumenale bzw. mystagogische Vorgänge, durch die sich der eigentlich gläubige Sinn der Symbole und Symbolsysteme erschließt. Wird diese Bemühung unterlassen, bekommen die therapeutische und die religiöse Dimension das Übergewicht. Wenn außerdem die Auffassung entsteht, die Erfahrung auf diesen Ebenen wäre bereits das genuin Christliche, dann ist die Verwirrung perfekt: Es hat eine Enteignung der Symbole stattgefunden. Sie sind nicht mehr botschaftsbezogen.

Zusammenfassung und Folgerungen (2.2.1–2.2.3)
Diese Zusammenfassung und die sich daraus ergebenden Folgerungen sind zugleich der Abschluß des ersten Hauptteils mit dem Titel „Architektur der pastoralen Kompetenz".

Die drei unspezifischen Varianten ganzheitlich-personaler Kompetenz entfalten sich in der beruflichen Praxis zu einem differenzierten Spektrum von Komponenten, z. B. der kerygmatischen, der katechetischen, der liturgischen Kompetenz. Ebenso sind sie an der Fähigkeit, Gruppen und Gremien zu leiten, organisatorische Initiativen durchzuführen und Menschen seelsorglich zu beraten, maßgeblich beteiligt. Überall, wo pastorale Zuständigkeit mit der Fähigkeit verbunden ist, personbezogen (2.2.1), wirklichkeitsbezogen (2.2.2) und botschaftsbezogen (2.2.3) zu kommunizieren, entsteht eine Atmosphäre, die theologisch als „redemptives Milieu" bezeichnet werden kann. Die berufsspezifischen Elemente der pastoralen Kompetenz (2.1.1 und 2.1.2) für sich genommen, haben diese milieubildende Wirkung nicht. Daraus ergibt sich die Verpflichtung, bei der Auswahl des Personenkreises, der mit pastoraler Kompetenz ausgestattet werden soll, auf das Vorhandensein kommunikativer Fähigkeiten besonders zu achten. Es kann zwar nicht erwartet werden, daß diese von Anfang an schon voll entwickelt sind, aber es muß gewährleistet sein, daß bei den Berufsbewerbern die Bereitschaft besteht, die sozial-kommunikative Kompetenz weiter zu entfalten.

Angesichts dieser grundsätzlichen Forderung stellt sich die Frage, ob es innerhalb sämtlicher Komponenten pastoraler Fähigkeitskompetenz (2.1–2.2) einen *Kompensationsspielraum* gibt. Können Kompetenzbeeinträchtigungen ausgeglichen werden? Odo MARQUARD hat in seiner skeptisch-ironischen Art für den Bereich der Philosophie das Wortmonstrum „Inkompetenzkompensationskompetenz" erfunden.[63] So etwas gibt es auch im Bereich der pastoralen Kompetenz. Das weiß jeder aus eigener Erfahrung, wenn er seine Möglichkeiten und Stärken gegenüber seinen Grenzen und Schwächen abwägt und die Bilanz daraus zieht. Ich möchte jedoch darauf hinweisen, daß der Kompensationsspielraum pastoraler Kompetenz zwischen den berufsspezifischen Elementen (2.1) einerseits und den berufsunspezifischen Varianten (2.2) anderseits sehr begrenzt ist. Eine durch das Studium erworbene berufstheoretische Kompetenz und gut gelernte Berufstechniken können ein größeres Defizit an ganzheitlich-personaler Kompetenz in der Regel nicht ausgleichen. Dagegen ist es eher denkbar, gewisse berufstheoretische und berufspraktische Mängel in Kauf zu nehmen, wenn ein überdurchschnittliches Maß an personaler Kompetenz vorhanden ist. Aus diesen Überlegungen ergibt sich die Notwendigkeit, während der Zeit der Ausbildung und im Rahmen der Fortbildung nicht nur die berufsspezifischen Elemente der pastoralen Kompetenz zu fördern, sondern in gleicher Weise auch die ganzheitlich-personalen Varianten.

Richten wir nun den Blick nach „vorne", d. h. auf die Identität derjenigen, die pastorale Zuständigkeit übernehmen und pastorale Fähigkeiten erwerben wollen. Die Beschreibung der ganzheitlichen Fähigkeitsvarianten (2.2.1–2.2.3) macht es verständlich, daß diese eine *geglückte Identitätsbildung zur Voraussetzung* haben. J.WERBICK geht sogar so weit, daß er von „Identität als kommunikativer Kompetenz" spricht und diese Gleichsetzung ausführlich rechtfertigt.[64] Er beruft sich u. a. auf den Interaktionstheoretiker Lothar KRAPPMANN, der „Identität" als die „vom Individuum für die Beteiligung an Kommunikation und gemeinsamem Handeln zu erbringende Leistung" bezeichnet.[65] Diese Betonung des relationalen Aspekts ist auch deswegen notwendig, weil dadurch einem allzu binnenhaften, individualistischen Mißverstehen von „Identität" von vorneherein vorgebeugt wird. Alle egozentrischen Phantasien sind von dem Wort „Identität" fernzuhalten, damit nicht Vorbehalte und Vorurteile gegenüber einem auch für die christliche Anthropologie bedeutsamen Begriff entstehen.

II. Die Architektur der personalen Identität

Die „Figur" der individuell ausgeprägten pastoralen Fähigkeitskompetenz hebt sich von dem „Hintergrund" der personalen Identität des Trägers dieser Kompetenz ab. Wenn es auch derzeit keine abgeschlossene Identitätstheorie gibt, ist der Begriff „Identität" dennoch ein brauchbarer heuristischer Begriff, der bei der Beantwortung der Frage nach der Eignung von Personen für Berufe der Kirche gute Dienste leisten kann.

Wie das Wort „Kompetenz" hat auch das Wort „Identität" in die Alltagssprache Eingang gefunden. Ein Personalausweis z. B. wird als „Carte d'Identité" oder als „Identity Card" bezeichnet. „Identität" wird in unserem Zusammenhang durch das Adjektiv „personal" in die Nähe des Personbegriffes gerückt, der in der christlichen Tradition tiefer verwurzelt ist als der Begriff „Identität", welcher aus der Philosophie des Deutschen Idealismus hervorging und erst in jüngster Zeit in das Vokabular der Theologie aufgenommen wurde.[66]

Um die Architektur der Identität angemessen beschreiben zu können, brauchen wir zunächst eine *Definition des Begriffes Identität*. Aus den vielen Definitionen wähle ich eine aus, die so allgemein abgefaßt ist, daß sie allen erfahrungswissenschaftlich, d. h. psychologisch oder soziologisch orientierten Identitätstheorien gerecht wird. Diese Definition kennzeichnet „Identität" als „eine im Verlauf der *Sozialisation* erworbene *Struktur oder Kompetenz*, die das Individuum befähigt, sich *als es selbst* in seiner (sozialen) Lebenswelt zu lokalisieren".[67]

Diese Definition enthält drei Aussagen über „Identität":

Erstens wird gesagt, daß Identität durch *Sozialisation* entsteht. Sie geht also nicht unbeeinflußt aus Erbe und Anlage hervor, sondern ist (auch) das Ergebnis einer „Lerngeschichte". Der Soziologe Peter L. BERGER sieht Identität und Gesellschaft in einer dialektischen Wechselbeziehung zueinander: „Gesellschaft hat Geschichte, in deren Verlauf eine spezifische Identität entsteht. Diese Geschichte jedoch machen Menschen mit spezifischer Identität"[68]. Beachten wir von vornherein die Bedeutung dieses Satzes für unseren Zusammenhang und erinnern uns während der Beschreibung der Identitätsarchitektur immer wieder an sie. Denn hier wird indirekt festgestellt, daß, analog zur Gesellschaft, die *Kirche*, mit allem, was zu ihr gehört, in ihrer und durch ihre Geschichte *identitätsbildend* oder *identitätsbehindernd* wirkt, daß aber auch die Geschichte dieser Kirche, die Geschichte ihrer Diözesen und Gemeinden von „Menschen mit spezifischen Identitäten" gemacht wird. Die Auswahl der Personen, die pastorale Zuständigkeit erhalten, hat eine historische Dimension. Es sind zwar alle Christen aufgrund ihrer primären ekklesialen Kompetenz dazu bestimmt, Kirchengeschichte zu machen, aber für die Träger hauptberuflicher pastoraler Kompetenz trifft dies in besonderer Weise zu. In einer Zeit, in der die sozialisierende Wirkung der Familie, vor allem hinsichtlich des religiösen Glaubens, immer mehr schwindet, wird die Frage zunehmend dringlicher, ob die Kirche imstande ist, ein Milieu zu schaffen, in dem sich die identitätsstiftende Wirkung des Glaubens bewährt. Das Entstehen eines solchen Milieus setzt aber voraus, daß in der Kirche genügend Christen mit einer ausgeprägten menschlichen und gläubigen und schließlich auch mit einer pastoral-beruflichen Identität vorhanden sind.

Zweitens wird gesagt, daß das Ziel der Sozialisation der Erwerb einer *Struktur,* einer *Kompetenz,* einer *Befähigung* ist. Die Begriffe „Struktur" und „Kompetenz" werden hier synonym gebraucht und verweisen auf die „Persönlichkeitsstruktur", die abgekürzt oft als das „Ich" bezeichnet wird. Der Verlauf des Ichbildungsprozesses läßt sich anhand der Theorie von Erik H. ERIKSON anschaulich nachvollziehen. Das Ergebnis eines günstigen Verlaufs dieses Prozesses ist ein „starkes Ich", eine tragfähige Struktur, aus der die Identität einer Person hervorgeht. Im Zusammenhang mit der Fähigkeit zur Pluralitätstoleranz war vom „Pontifex-Ich" die Rede. Dieser schicksalsanalytische bildhafte Begriff ist ebenfalls eine Bezeichnung für die „Struktur", die zur Gestaltung der Identität befähigt.[69]

In der *Eignungsberatung* spielt die Feststellung der Ich-Struktur eine wichtige Rolle. Dabei wird auf Fragen wie die folgenden mit Hilfe anamnestischer und diagnostischer Methoden eine Antwort gesucht: Wie ist bisher die Entwicklung der Ichbildung verlaufen? Welche positiven Strukturelemente sind erkennbar? Welche Beeinträchtigungen der Entwicklung liegen vor? Welche Entfaltungschancen bestehen und unter welchen Bedingungen? – Die Gleichsetzung von Struktur und Kompetenz ist dann berechtigt, wenn darunter die Kraft des Ichs verstanden wird, die Identität auszuformen. Sie ist gleichsam die „Innenseite" der ganzheitlich-personalen Kompetenz, die nach außen als kommunikative Kompetenz in Erscheinung tritt.

Drittens wird in der Definition das Wozu der Befähigung genannt. Das Individuum wird befähigt, *„sich als es selbst* in seiner (sozialen) Lebenswelt zu lokalisieren". Für E.H. ERIKSON ist die Ich-Identität die zentrale Thematik der Adoleszenz. In dieser Altersphase besteht die Aussicht, daß der junge Erwachsene aus der Identitätskrise der vorausgehenden Jahre zu einem positiven Selbst- und Lebensgefühl findet, zu einem Gefühl des Ganzseins, der Übereinstimmung mit sich selbst und mit der Umwelt, fähig und bereit, die Aufgaben des Lebens und des Berufes zu übernehmen.[70] So etwa sieht die Grundstimmung eines Menschen aus, der dabei ist, seinen Ort im Leben zu finden. Die Identitätsproblematik ist zwar nicht an ein bestimmtes Lebensalter gebunden, aber sie ist in der Adoleszenz besonders aktuell. Die Phase der Adoleszenz fällt, wenigstens in der Regel, mit der Zeit der Vorbereitung auf die Übernahme eines kirchlichen Berufes zusammen. Dieses Faktum *erschwert die Eignungsfeststellung,* da die Identität (die „Persönlichkeit") noch allzu sehr im Werden begriffen ist.

Wenn es nun darum geht, ein klares und farbiges Bild von der *Archi-*

tektur der personalen Identität zu entwerfen, empfiehlt es sich, zuerst *die individuelle Genese der Identität* (1.) darzustellen. Dieser „Längsschnitt" wird durch einen „Querschnitt", d. h. durch Gedanken über *die soziale Balance der Identität* (2.) ergänzt. In diesen beiden Kapiteln werden nicht nur *humanwissenschaftliche*, näherhin identitätstheoretische Erkenntnisse mitgeteilt, sondern es werden auch *theologische* Aussagen über die Identität gemacht, entsprechend den drei Dimensionen einer existentiell-gläubigen Betrachtungsweise, die bereits bei der Begründung der pastoralen Zuständigkeitskompetenz geltend gemacht wurden.

Mit der Dimension *Ermächtigung zum Leben* korrespondieren die *humanwissenschaftlichen Erkenntnisse* über die Identität. Die Erfahrungswissenschaften erforschen und beschreiben menschliches Leben und wollen dem Gelingen dieses Lebens nützen. Es ist an der Zeit, *die implizite Schöpfungs-Theologie* der Humanwissenschaften ernst zu nehmen und nicht wegen der Ambivalenz dieser Wissenschaften oder aufgrund von unkontrollierten Vorurteilen diese Deutungsmöglichkeit zu versäumen.

Die Dimension *Erwählung zum Glauben* versucht, *Aspekte einer elementaren Theologie* im Sinne von Jürgen WERBICK zu berücksichtigen. Diese hat keine Berührungsängste gegenüber den Erfahrungswissenschaften. Sie sucht bewußt den Kontakt mit ihnen und reflektiert die „Zusammengehörigkeit von Glaube, Freiheit und Ich-Identität". Ihr geht es um die menschlichen „Grunderfahrungen, in denen der Glaube seine befreiende Wirkung entfaltet"[71]. Die überraschende Nähe theologischer Befunde zu humanwissenschaftlichen Erkenntnissen ist eine Bereicherung der Identitätstheorie; auf diese Bereicherung darf in unserem Zusammenhang nicht verzichtet werden.

Der Dimension *Berufung zum pastoralen Dienst* entsprechen vielfältige *pastoraltheologische Hinweise*, die immer dort gegeben werden, wo der Gedankengang es erlaubt. Sie wollen die Aufmerksamkeit auf Einstellungen und Verhaltensweisen der zum pastoralen Dienst Berufenen lenken, die eine identitätsfördernde Wirkung haben. Sie sind Ausdruck ihres identitätsstiftenden Glaubenszeugnisses, das zum Entstehen und zur Erhaltung eines redemptiven Milieus beiträgt, eines Milieus, in dem sich ekklesiale Sozialisation ereignen kann.

1. Die individuelle Genese der personalen Identität

Die individuelle Genese der personalen Identität hat zweifellos einen hervorragenden Interpreten in dem Psychoanalytiker Erik H. ERIKSON gefunden.[72] Sein Konzept ist auch für unsere Frage nach der „Eignung für die Berufe der Kirche" und nach den Merkmalen pastoraler Fähigkeitskompetenz besonders aufschlußreich. Ich beschränke mich jedoch auf ein Minimum an Informationen über diese sehr differenzierte und komplexe Theorie, damit genügend Raum für die theologischen Assoziationen zu den einzelnen Gesichtspunkten bleibt.[73]

Eine Übersicht über den Werdegang der Identität soll die Darstellung der einzelnen Stadien bzw. Themen der Identitätsgenese vorbereiten, die sich in Grundlegung (1.1), Gestaltung (1.2) und Vollendung (1.3) der Identität gliedern läßt (vgl. die folgende Seite).

Anhand der Übersicht lassen sich *drei theoriebegründende Annahmen* erklären, deren Kenntnis notwendig ist, um die Denkweise von ERIKSON verstehen zu können.

Die erste Annahme ist das *epigenetische Prinzip*. Damit ist das biologische Wachstumsprinzip des Nacheinander gemeint. Die Identitätsbildung durchläuft nach ERIKSON von der frühen Kindheit bis zum reifen Erwachsenenalter acht Stadien. Für jedes Stadium ist ein bestimmtes Lebensthema charakteristisch. In der Übersicht sind die Stadien graphisch so wiedergegeben, daß der Eindruck von Stufen entsteht. Dadurch soll angezeigt werden, daß die Identitätsgenese schrittweise vor sich geht. Keiner der „Schritte" – sie werden von Krisen und Konflikten erschwert – darf unterbleiben. So kann sich z. B. der WILLE (die Autonomie) nicht entwickeln, wenn vorher nicht genügend Vertrauen erfahren und die HOFFNUNG (Zuversichtlichkeit) nicht erlernt werden konnte. Ebenso setzt LIEBE (Hingabefähigkeit) eine bereits genügend gefestigte und zur TREUE (Verbindlichkeit) fähige Identität voraus. Obwohl es sich um eine chronologische Abfolge von Stadien handelt, darf das Nacheinander der Lebensthemen nicht starr aufgefaßt werden. Die im Säuglingsalter besonders aktuelle Thematik „Vertrauen" behält das ganze Leben hindurch ihre identitätsbestimmende Wirkung. Das gleiche gilt von den anderen sieben Lebensthemen, die potentiell immer schon vorhanden sind und bis ans Lebensende wirksam bleiben. In der *Eignungsberatung* spielt das Wissen um die epigenetische Gesetzmäßigkeit der Identitätsentwicklung eine wichtige Rolle.

Die zweite Grundannahme betrifft die *psychosozialen Voraussetzungen für das Gelingen der Ichbildung.*[74] Diese können günstig oder ungünstig sein, je nach der Beschaffenheit des familiären und des

VIII Reifes Erwachsenen- alter		WEISHEIT Integrität gegen Lebensekel und Verzweiflung
VII Mittleres Erwachsenen- alter	VOLLENDUNG der Identität	FÜRSORGE Generativität gegen Selbstabsorption
VI Frühes Erwachsenen- alter		LIEBE Intimität und Solidarität gegen Isolierung
V Adoleszenz	GESTALTUNG der Identität	TREUE Identität und Selbstabgrenzung gegen Identitätsdiffusion
IV Schulalter		TÜCHTIGKEIT Werksinn gegen Minderwertigkeits- gefühle
III Spielalter	GRUNDLEGUNG der Identität	ZIELSTREBIGKEIT Initiative gegen Schuldgefühle
II Kleinkind- alter		WILLE Autonomie gegen Scham und Zweifel
I Säuglings- alter		HOFFNUNG Vertrauen gegen Mißtrauen

Überblick über die Genese der Identität[75]

gesellschaftlichen Milieus, in dem das Kind bzw. der junge Mensch aufwächst. Sind sie günstig, so kann „Ich-Stärke" entstehen, sind sie ungünstig, kommt es zu einer „Ich-Schwäche". Stärken und Schwächen werden in der Übersicht bei jeder Thematik einander gegenübergestellt: z. B. „Initiative gegen Schuldgefühle". So hat in der Lebensmelodie jede Stärke möglicherweise eine Schwäche als dunklen Kontrapunkt. In der eingangs erklärten Definition von Identität hieß es, daß im Laufe der Sozialisation eine „Struktur" oder „Kompetenz" erworben wird. Nun wird anschaulich, wie es um diese Struktur oder Lebenskompetenz bestellt sein kann, ob die lichte und kraftvolle Seite überwiegt oder ob die Identität „schwach" bleibt und sich nicht angemessen entfalten kann. In der *Eignungsberatung* sind Stärken und Schwächen abzuwägen und mit der epigenetischen Betrachtungsweise in Verbindung zu bringen.

Das dritte Theorieelement ist die Fortführung des zweiten und besteht in einer *Tugendlehre*. Entsprechend der achtfachen Lebensthematik hat ERIKSON acht „basic virtues" hervorgehoben, die in der Übersicht – in Großbuchstaben gedruckt – den Stärke-Schwäche-Paaren vorangestellt sind. „Basic virtues" sind nicht „Tugenden" im traditionell christlichen Sinn, sondern grundlegende „menschliche Qualitäten der Stärke"[76]. Man könnte auch von Kräften oder Tauglichkeiten oder von Basis-Kompetenzen sprechen, die den „berufsunspezifischen Varianten ganzheitlich-personaler Kompetenz" (Vgl. „Architektur der pastoralen Kompetenz", Abschnitt 2.2) zugrunde liegen. Immer wieder hat man versucht, einen Katalog jener Eigenschaften aufzustellen, die Priester oder Ordensangehörige haben sollten, um pastoral wirkungsvoll tätig sein zu können. Hier ist nun ein neuer „Katalog", der hilfreicher zu sein scheint als die herkömmlichen, weil er Bestandteil einer bewährten Identitätstheorie ist, auf die nun näher eingegangen wird.

1.1 Grundlegung der Identität

Auf dem Weg zur Identität, der sich vom Säuglingsalter bis zur Adoleszenz erstreckt, soll dem Kind die Aneignung von *vier Basis-Kompetenzen* ermöglicht werden, die – zur Ich-Synthese vereint – seine Identität konstituieren. Um welche Kompetenzen handelt es sich?

1.1.1 Die Fähigkeit, hoffen zu können
Lebensthematik: Vertrauen gegen Mißtrauen

„Die Hoffnung ist sowohl die früheste wie die unentbehrlichste Tugend, die im Zustand des Lebendigseins inhärent ist."[77] Diese allererste und im wörtlichen Sinn fundamentale Lebensqualität ist nicht völlig synonym, aber doch nahe verwandt mit der Fähigkeit, zuversichtlich sein und glauben zu können.[78] Voraussetzung für die Fähigkeit, hoffen und glauben zu können, ist die genügende Erfahrung von Vertrauen an Stelle von zu vielen Erfahrungen, die Mißtrauen hervorrufen.

Identitätstheoretische Aspekte:
„Das Erleben des Konstanten, Kontinuierlichen und Gleichartigen der Erscheinung liefert dem Kinde ein rudimentäres Gefühl von Ich-Iden-

tität".⁷⁹ Im Raum dieses Erlebens *kann Vertrauen gelernt werden,* Vertrauen als „ein Gefühl des Sich-Verlassen-Dürfens... und zwar in bezug auf die Glaubwürdigkeit anderer wie die Zuverlässigkeit seiner selbst"⁸⁰. Angesichts der heutzutage oft gestörten Beziehung zwischen Kind und Mutter, Kind und Eltern, Kind und Familie, bekommt die folgende These einen tragischen Unterton: „Das Ur-Vertrauen ist der Eckstein der gesunden Persönlichkeit"⁸¹. Bemerkenswert ist, daß Horst E. RICHTER noch einen Schritt hinter das Urvertrauen zurückgeht. Für ihn steht am Anfang des Anfangs das „Urphänomen der Sympathie"⁸², ein positives „Miteinander-Fühlen, das nicht erst durch die gut funktionierende orale Versorgungsverbindung sekundär hergestellt wird"⁸³. Das Wissen um das menschliche Urphänomen der Sympathie ist wichtig, wenn elementar-theologisch weitergedacht wird.

Elementartheologische Aspekte:
Die Erfahrungsanalogie zwischen der *Bundesbeziehung Jahwes* zu seinem Volk und der Mutter-Kind-Beziehung ist unübersehbar. Beide Erfahrungen haben es mit einem Phänomen der Ur-Sympathie zu tun: Mit begleitendem Nahesein, mit Übereinstimmung und Kontinuität. Wenn man sich an das epigenetische Prinzip von ERIKSON hält, haben die „mütterlichen Züge" im Gottesbild einen hohen Wert für das gesunde Wachstum der Glaubensgestalt und für eine identitätsbezogene Wirkung des Glaubens. Urvertrauen statt Mißtrauen ist für das Gelingen einer intimen dialogischen Gottesbeziehung ausschlaggebend. Jesus selbst weiß um diese Ursympathie, wenn er Gott als „Abba", als „lieber, guter Vater" mit verhaltener Zärtlichkeit anspricht.⁸⁴

Pastoraltheologische Aspekte:
Die Verkündigung hat die Aufgabe, ein offenbarungsgerechtes Gottesbild zu vermitteln, das weder sentimental-rührselig überzeichnet wird noch die vertrauenstiftenden Züge Gottes unterschlägt. Geschieht letzteres, entsteht Mißtrauen gegenüber Gott, und an die Stelle der Lebensermutigung durch den Glauben an Gott tritt Mißtrauen gegenüber dem Leben. Es ist wahrhaftig eine Kunst, eine Gottesvorstellung zu ermöglichen, die einerseits eine vertrauensvolle Beziehung fördert und dadurch zu einer Verlockung zur Selbständigkeit wird und die anderseits keine Versuchung zur Unverbindlichkeit ist und kein Anlaß für infantile Geborgenheitsphantasien. Aber nicht nur die rechte Verkündigung der Heilsbotschaft ermöglicht Hoffnung. Der Verkündende selbst ist ein *personales Medium der Hoffnung*; durch seine Einstellungen und Verhaltensweisen wird Vertrauen geweckt oder Vertrauen zerstört. Das gilt in gleicher Weise von allen Trägern pastoraler Kompetenz. Sie sol-

len durch ihre Person in der Gesamtkirche, in der Diözese, in der Gemeinde vertrauenstiftend wirken. In der Praxis ist ihre Wirkung jedoch häufig ambivalent, so daß man nicht recht weiß, ob durch sie Vertrauen oder Mißtrauen begünstigt wird.

1.1.2 Die Fähigkeit, wollen zu können

Lebensthematik: Autonomie gegen Scham und Zweifel

„Zu *wollen* heißt nicht, eigenwillig zu sein, sondern vielmehr, allmählich die Macht zu weitergehendem Urteil und zur Entscheidung bei der Verwendung der Triebe zu erringen. Der Mensch muß lernen, das zu wollen, was sein kann, auf das, was nicht sein kann, als nicht wollenswert zu verzichten ..."[85]. Der zweite Satz des Zitats erinnert an das Gebet von Friedrich Christoph OETINGER (1702-1782), das so lautet: „Gott gebe mir die Gelassenheit, Dinge hinzunehmen, die ich nicht ändern kann; den Mut, Dinge zu ändern, die ich ändern kann, und die Weisheit, das eine vom anderen zu unterscheiden". Diese Kraft, diese „Freiheit", kann sich im Kind dann allmählich entwickeln, wenn es in seinem autonomen Handeln bestärkt wird und wenn die unvermeidliche Erfahrung von Scham und Zweifel nicht ein entmutigendes Ausmaß erreicht.

Identitätstheoretische Aspekte:
Das gewonnene Vertrauen ermöglicht es dem Kind, bald einen großen Schritt zu machen: nämlich die Mutter mehr und mehr aus dem Blickfeld zu entlassen und *sich auf eigene Füße zu stellen*, was symbolisch auch im Stehen- und Laufenlernen zum Ausdruck kommt. Es sei an die epigenetische Formel erinnert: „Selbständigkeit setzt Vertrauen voraus". Für die weitere Entwicklung der Identität ist es entscheidend, daß die Erwachsenen das Selbständigwerden des Kindes zulassen und in der rechten Weise fördern. Wenn sie dies nicht tun, das Kind unablässig gängeln und seine Autonomieversuche verurteilen, entsteht im Kind ein dauerndes Gefühl von Geltungsscham und Zweifel an sich selbst. Es wird ihm verwehrt, zu sich zu sagen „ich kann". Dafür muß es lernen zu denken, „ich tauge zu nichts". Es schämt sich seiner selbst und zweifelt an seinem Wert. Bei vielen Menschen bleibt dieses dumpfe Gefühl lebenslang erhalten.

Elementartheologische Aspekte:
In dieser frühen Autonomieproblematik klingt bereits die Kernfrage des *Verhältnisses von Glaube und Gesetz* an. Die ursprüngliche Erfahrung des „Beurteiltwerdens" kehrt im Vollzug des Glaubens wieder. Die Qualität der Glaubensgestalt des erwachsenen Christen hängt davon ab, „ob der Glaube den eigenen Willen des Menschen mit jener

‚Empfindung' verknüpft, ‚die zuerst erlebt wird, wenn das Kind sich durch Forderungen, deren Gründe es nicht versteht, vereinzelt und ausgestoßen fühlt', oder ob er den Glaubenden instandsetzt, die grundlegende Ambivalenz seines Eigenwillens wahrzunehmen und vor dem verzeihenden Gott auszusprechen"[86]. Christliche Autonomie gipfelt in der *Freiheit vom Gesetz*[87], wie PAULUS sie verkündet und vorgelebt hat; trotz dieser Freiheit tut der Christ, was die Gebote fordern: Aber an die Stelle der Bindung durch das Gesetz, das den Menschen nur von außen stößt – du sollst, du mußt, du darfst nicht! – tritt bei ihm die freie Bindung an Christus. Durch die Gabe des Geistes hat es der Christ „in sich", Gott aus ganzem Herzen zu lieben, die Stimme des Hirten zu vernehmen und ihm zu folgen, wohin immer er geht. Der Christ ist ermächtigt, „von Herzen" (vgl. Röm 6,17) zu tun, was den Juden ehrfurchtgebietendes Gesetz und den Heiden bloße Pflicht und Schuldigkeit ist. Dies meint PAULUS, wenn er von der „neuen Schöpfung" spricht oder von der Gotteskindschaft, die uns „Abba, Vater" rufen läßt (vgl. Röm 8,15). Der Gegensatz von menschlicher Autonomie und Glaubensgehorsam ist für PAULUS aufgehoben, wenn er auch nie vergißt, wie weit der einzelne hinter dieser „coincidentia oppositorum" zurückbleibt.

Pastoraltheologische Aspekte:
Die „Freiheit vom Gesetz" ist ein unabdingbares Ziel kirchlichen Handelns. In ihr besteht die wahre *Mündigkeit des Christen.* Der Glanz, den das Wort „mündig" nach dem II. Vatikanischen Konzil besaß, ist inzwischen verblaßt, sei es aus Resignation angesichts des schwer zu erreichenden Zieles, sei es aus Angst der Kirche als Institution, daß Christen, vor allem Laien, ihre Autonomie falsch verstehen könnten. Pastoraltheologen sprechen derzeit mehr von der „Subjektwerdung" als von der „Mündigkeit". Sie stehen unter dem Eindruck der Entfremdungserscheinungen in der modernen Gesellschaft, die auch im Raum der Kirche zu finden sind. Sie halten es für autonomie- und identitätswidrig, wenn in der Seelsorge Christen wie „Objekte" behandelt werden. Zugleich sind sie darauf bedacht, das Berufungsbewußtsein im Sinne der „Erwählung zum Glauben" zu fördern, um einem falschen Autonomiebewußtsein vorzubeugen[88]. Sie lassen sehr wohl das Gerichtetwerden durch Gott und Jesus Christus gelten, wollen aber überprüft wissen, wie die Verkündigung und wie der Glaubende mit der Erfahrung des Gerichtetwerdens umgeht „und ob dieser Umgang – wie vielfach behauptet wird – die Ich-Stärke beeinträchtigt, oder ob er sie fördert"[89]. Betont wird ferner, daß *Autonomie und Interdependenz* zusammengehören, genau so wie Subjektwerdung und Gemeindeent-

wicklung untrennbar miteinander verbunden sind. Träger pastoraler Kompetenz, die wünschen, daß diese Auffassung von „Autonomie" unter den Gläubigen zunimmt, müssen selbst auf dem Weg zu einem autonomen Glaubensgehorsam sein, der sich in der Beziehung zu Kirche und Gemeinde positiv auswirkt.

1.1.3 Die Fähigkeit, ein Ziel anstreben zu können
Lebensthematik: Initiative gegen Schuldgefühle
Während das Wollen gewissermaßen eine „formale" Kraft ist, bezieht sich das Streben auf einen Inhalt, ein Ziel. „*Wille* bedeutet ... die ungebrochene Entschlossenheit, sowohl Wahl wie Selbstbeschränkung frei auszuüben ..."[90]; „*Zielstrebigkeit* bedeutet den Mut, als wertvoll erkannte Ziele ins Auge zu fassen und zu verfolgen, unbehindert durch die Niederlagen der kindlichen Phantasie, durch Schuldgefühle und die lähmende Angst vor Strafe"[91]. Die exzessive Form des Strebens verkörpert der „Streber", der penetrant und rücksichtslos auf seinen Erfolg erpicht ist.

Identitätstheoretische Aspekte:
Sobald sich das Kind als autonom erfahren darf, weiß es, daß es ein Ich ist. Aber was für eine Art von Person es werden will und soll, muß es erst noch ausfindig machen. Dazu braucht es den *Mut zur Initiative*. Im Spiel experimentiert es mit verschiedenen Rollen und ermittelt durch diese Probe-Identifikationen, was zu seiner Person paßt und was nicht. In dieser Zeit geht es auch um die Bewältigung der sogenannten *ödipalen Problematik*, vereinfacht ausgedrückt, um die Auseinandersetzung mit der Autorität und mit der Gleichgeschlechtlichkeit bzw. Gegengeschlechtlichkeit der Eltern. Leichter faßlich als diese weithin unbewußt verlaufende Konfrontation sind die vielfachen Alltagsinitiativen des neugierigen Erkundens, des Machens und Probierens, des Bauens und Niederreißens und jetzt auch schon der Unternehmungen mit Gleichaltrigen. – Die Initiative wird von *neuartigen Regungen des Gewissens* begleitet, die das Kind noch nicht kannte. Bisher hat es ich geschämt, wenn es auf frischer Tat ertappt wurde; jetzt beginnt es, sich bloßer Gedanken wegen schuldig zu fühlen und für Taten, die niemand gesehen hat. Die Fachausdrücke für dieses Novum sind „Über-Ich-Bildung" und „Internalisierung". – Es hängt vom Verhalten der Umgebung ab, ob in diesen Jahren die Initiativen des Kindes unnötig gebremst und die unvermeidlichen Schuldgefühle unangemessen verstärkt werden. Die Folgen davon zeigen sich oft erst später: Die Fähigkeit zu kraft- und phantasievollen Initiativen kann für lange Zeit gehemmt werden oder dies für immer bleiben und Schuldgefühle, die keiner Schuld entsprechen, können wie ein Schatten das Leben begleiten.

Elementartheologische Aspekte:
Angesichts der geschilderten ambivalenten Situation stellen sich viele Fragen, von denen ich nur einige herausgreife.[92] An das Thema „Initiative" schließt sich die *Theologie der Gnade* an. Gnade bezeichnet die schöpferische Initiative Gottes. Ihr Wesen besteht darin, „daß sie nicht als adäquate (äquivalente) Reaktion auf das Verdienst bzw. Vergehen des Menschen verstanden werden kann;..."[93], sondern als eine Überfülle, die den Menschen zur vertrauensvollen Initiative befreit. Sie ermöglicht ihm eine Beschwingtheit und Unbefangenheit seines Handelns, die nichts mit Fahrlässigkeit und Willkür zu tun hat. Das Wissen um Erlösung und Vergebung erlaubt es dem Christen, von lähmenden Schuldgefühlen Abschied zu nehmen und die Aufgaben des Lebens zügig zu erfüllen. Es liegt nahe, hier etwas zum *Verantwortungsgewissen* zu sagen. Die Rede von der „Stimme des Gewissens" hat ihre Berechtigung, wenn darunter nicht ein infantil gebliebenes Über-Ich-Gewissen verstanden wird, das nur zu einer „Folgsamkeit" und nicht zu einem reifen Gehorsam führt. Besonders bewährt sich das Verantwortungsgewissen in der Tugend der *Epikie*, die Bernhard HÄRING folgendermaßen definiert: „Die Tugend der Epikie läßt den Christen über den Gesetzesbuchstaben des notwendig unvollkommenen und oft allzu unzulänglichen Menschengesetzes hinausschauen nach dem eigentlichen sittlichen Sinn des Gesetzes, den ihm der lebendige Anschluß an Christus eröffnet"[94]. Aus dieser Beschreibung von „Epikie" ist ersichtlich, daß für den Christen das Verantwortungsgewissen immer zugleich ein *Beziehungsgewissen* ist, von dem er sich fragen läßt, wie es um seinen „Anschluß an Christus" bestellt ist.

Pastoraltheologische Aspekte:
Aufgabe der kirchlichen Praxis ist es, den Christen solche Lebens- und Glaubensinitiativen zu ermöglichen, wie sie soeben angedeutet wurden. Das setzt voraus, daß die Träger pastoraler Kompetenz selbst zu Initiativen fähig sind. Zu fragen ist hier, woher es kommt, daß in der Seelsorge zwar viel Arbeit treu und eifrig geleistet wird, daß aber nur selten schöpferische Impulse zum Tragen kommen. Liegt es an einer kirchlichen Atmosphäre, die innovatorische Initiativen nicht aufkommen läßt? Liegt es an der mangelnden Macht des einzelnen, daß neue Ideen sich gegenüber der Schwerfälligkeit der Institutionen nicht durchsetzen können? Zur Thematik „Initiative" gehört auch die Frage nach der *Einstellung zu jeder Art von Autorität*. Pastorale Kompetenz setzt voraus, daß die Beziehung zur Autorität Gottes, zur Autorität der kirchlichen Institution und zur Autorität ihrer Repräsentanten geklärt wurde und immer von neuem geklärt wird. Eine nicht genügend bewäl-

tigte ödipale Problematik, d.h. eine nicht abgeschlossene Auseinandersetzung mit der elterlichen Autorität kann sich auf analoge Situationen auswirken. Das sieht dann so aus, daß „normale" Konflikte durch einen wiederbelebten Konfliktstoff aus Kindheit und Jugend ungewöhnlich verschärft werden. Die Bildworte „Vater-Gott", „Heiliger Vater", „Vater-Bischof" und „Mutter-Kirche" legen es nahe, daß auch diesen „Vätern" und dieser „Mutter" gegenüber eine Art „Ablösung" stattfinden muß, die zu einer neuen, erwachsenen Beziehung führt. Davon wird nochmals im Zusammenhang mit der Gestaltung der Identität und mit der Identitätsbalance die Rede sein. Wie soll ein „Pastoralexperte", der für sich selbst diese Fragen nicht beantwortet hat und dessen Gewissen sich nicht zum Verantwortungsgewissen weiterentwickeln konnte, andere auf ihrem Weg der Klärung und Auseinandersetzung begleiten?

1.1.4 Die Fähigkeit, ein Werk zu vollbringen
Lebensthematik: Werksinn gegen Minderwertigkeitsgefühle
Will man verstehen, um welche Fähigkeit es sich hier handelt, soll man sich nicht gleich das Erbauen des Kölner Doms vorstellen. Vielmehr ist zunächst an Dinge zu denken, die in der Zeit der ersten Schuljahre produziert werden: an die schön geschriebene Heftseite, an den sorgfältig gehäkelten Topflappen und an das selbstgeschnitzte Rindenschiffchen. Das Entstehen dieser „Werke" ist von dem Gefühl des Könnens begleitet, vom Erleben der Leistungsfähigkeit. ERIKSON spricht von „Tüchtigkeit", die er folgendermaßen charakterisiert: „*Tüchtigkeit* ist... der freie Gebrauch von Geschicklichkeit und Intelligenz bei der Erfüllung von Aufgaben, unbehindert durch infantile Minderwertigkeitsgefühle"[95]. Die Aufgaben können sehr verschieden sein, aber in jedem Fall sind zu ihrer Erfüllung anhaltende Aufmerksamkeit und ausdauernder Fleiß erforderlich. Vertrauen, Selbständigkeit und Initiative sind die Voraussetzungen dafür, daß der „Werksinn" sich entfalten kann.

Identitätstheoretische Aspekte:
Es ist unerläßlich, daß das Kind im Schulalter seinen *Werksinn* entwickelt, um den Aufgaben des Lebens gewachsen zu sein; denn Initiativen allein führen zu nichts, es muß gelernt werden, auf welche Weise ein Ziel zu erreichen ist. Vielleicht gibt es auch heute noch einen Eskimojungen, dessen ganze „Schule" darin besteht, daß er bei seinem Vater oder älteren Bruder das Jagen des Bären, das Abziehen des Fells und das Zerlegen der Beute lernt. Demgegenüber ist in unserer Zivilisation in den letzten zwei Jahrhunderten der Weg zu den verschiedenen Berufen immer länger geworden, was seine Vorteile und Nachteile hat. Eine

lange Ausbildungszeit dient zwar einer besseren beruflichen Spezialisierung und hat eine höhere Qualifikation zum Ziel, aber sie vermehrt zugleich die Ursachen für *Minderwertigkeitsgefühle,* die ERIKSON dem Werksinn als Kontrapunkt gegenüberstellt.

Elementartheologische Aspekte:
Bringt man den Werksinn mit der gegenwärtigen Lebenswirklichkeit in Verbindung, wird man unweigerlich mit der *Aporie der Forderungen christlicher Sozialethik* konfrontiert. Welche kaum lösbaren riesigen Probleme stehen hinter den Begriffen „Leistungsprinzip", „Marktordnung", „Lohn", „freier Wettbewerb" usw.! Durch den rücksichtslosen Konkurrenzkampf wird eine menschenwürdige Identitätsbildung außerordentlich erschwert. „Identität wird gleichbedeutend mit *kämpferischer Selbstbehauptung gegen die anderen,* ... mit dem Sieg im Kampf um die Zugehörigkeit zu den ‚Auserwählten' "[96]. Während diese Auserwählung ganz und gar „von dieser Welt" ist, ist die Erwählung zum Glauben „nicht von dieser Welt". Sie hat zwar ebenfalls eine Beziehung zum Werksinn, jedoch in ganz anderer Weise. „Erwählung zum Glauben" schließt die Berufung, am „Aufbau der Gemeinde" – unter der Bauherrschaft Gottes – mitzuwirken, in sich (vgl. 1 Kor 12,1–11). Theologisch ist in dieser Perspektive der Begriff „Werksinn" mit *Charisma* zu übersetzen. Das charismatische Bewußtsein der Christen ist in unseren (europäischen) Gemeinden höchst mangelhaft vorhanden, weil das Erwählungsbewußtsein gering ist und weil das Wissen um die „primäre Kompetenz" bei den „einfachen Gläubigen" weithin fehlt. Solange „der geistliche Rang des Gewöhnlichen"[97] nicht wahrgenommen wird, bleiben die Charismen im Bewußtsein des Volkes Privilegien geistlicher Stände oder Sondergut emotionsfreudiger Gruppierungen. Die Frau, die den Pfarrsaal und die Kirche putzt, die Pfarrsekretärin und der Mesner, der Organist und der Leiter des Dritte-Welt-Kreises, alle sollten wissen, daß ihre Tätigkeit charismatischen Charakter hat, und dieses Bewußtsein sollte für ihre Identität bedeutsam sein. An den Charismen, den unscheinbaren alltäglichen und den augenfälligen außergewöhnlichen, sind menschliche Begabungen, Fähigkeiten und Fertigkeiten beteiligt, aber der eigene Beitrag wird als Gabe des Geistes verstanden. Dadurch relativiert sich die Kategorie „Leistung": „Niemand kann sich selbst zurechnen, was durch ihn zum Wohl der Gemeinde geschieht, auch wenn es ohne seine Anstrengung vielleicht nicht geschähe; niemand kann deshalb von dem, was ihm gelang, einen Machtanspruch ableiten. Im Gelingen hat sich die Macht des Geistes ‚durchgesetzt', eine Macht, die aus sich selbst und nicht aus der Ohnmacht der anderen mächtig ist und deren Vermögen darauf abzielt, alle

Menschen mit ihrem Bemühen in ein umfassendes Gelingen einzubeziehen"[98]. Was wäre das für ein eschatologisches Ereignis, wenn das soeben skizzierte charismatische Ethos auf das Ethos der Arbeitswelt abfärben würde! – Ein letzter Gedanke gilt der *frommen Leistung*: Der Mensch versucht immer wieder, Gott dem Prinzip des „Do-Ut-Des" (gib, damit dir gegeben werde) zu unterwerfen, obwohl Jahwe sich schon im Buche Exodus (33,19) zu seiner Freiheit bekannte: „Ich begnade, wen ich begnade, und ich bin gnädig, wem ich gnädig bin". Das Prinzip der Verteilungsgerechtigkeit ist „zu klein, zu brüchig, vordergründig, menschlich-allzumenschlich, als daß Gott, der Ganz-Andere, daran gemessen, gar von Menschen in das nahtlose Gefüge von Transaktionen, Leistungen und Gegenleistungen als *ein* Faktor, und sei es der wichtigste Faktor, eingeschlossen werden könnte. Gott ist außerhalb dieses Systems"[99].

Pastoraltheologische Aspekte:
Voraussetzung dafür, daß die „Tüchtigkeiten", d.h. die Charismen möglichst vieler Christen, zum Zuge kommen, ist die Überwindung des *pastoralen Grundschismas*. Paul M. ZULEHNER kennzeichnet mit diesem Begriff die kirchliche Situation in weiten Teilen Europas: die Spaltung zwischen dem „Volk der Kirche" einerseits und den „kirchlichen Experten", den Priestern und den hauptberuflich in der Pastoral tätigen Männern und Frauen, anderseits.[100] Auf diese Problematik wird im Zusammenhang mit Fragen der Identitätsgestaltung (II., 1.2.2) ausführlich eingegangen. Hier sei nur darauf aufmerksam gemacht, daß die intendierte veränderte Einstellung den Seelsorger vor völlig neue Aufgaben stellt; denn Seelsorge besteht nun nicht mehr hauptsächlich in geistlichen Versorgungsvorgängen, sondern in erster Linie darin, ein neues Glaubensbewußtsein bei möglichst vielen Christen zu wecken und sie zu einem ihren Charismen entsprechenden Handeln zu befähigen. Dazu brauchen die Seelsorger ihren eigenen Werksinn, ihr persönliches Können, ihre *pastorale Kompetenz*. Die Kompetenzanforderung ist zweifellos größer, wenn dieses neue Ziel angestrebt wird, als wenn sich die Seelsorge mit der bloßen Versorgung der Gläubigen begnügt. Diese erhöhte Anforderung führt leichter zu Minderwertigkeitsgefühlen als die traditionell übliche. Der Kompetenzträger kann auf die Verunsicherung verschieden reagieren, z.B. mit einer Schwäche der Führungs- und Durchsetzungskraft oder mit autoritären, subjektwidrigen Verhaltensweisen. Gut ist es, wenn mit Hilfe eines Praxisbegleiters und durch Fort- und Weiterbildung die Kompetenz ständig überprüft und verbessert wird.

Zusammenfassung und Folgerungen (1.1.1–1.1.4)
Durch die Beschreibung der vierfachen Lebensthematik ist anschaulich geworden, welche Schritte auf dem Weg zur Identität zurückgelegt werden müssen und wie – analog dazu – ein identitätsbezogenes Glaubenswissen und eine entsprechende ekklesiale Atmosphäre entstehen können. Daraus ergeben sich pastorale Aufgaben, die nur von Personen mit einer entsprechenden Kompetenz erfüllt werden können. Der HERR will, daß in seiner Kirche *Hoffnung* und *Glaube* wachsen, das freie *Wollen* geübt, *Ziele* angestrebt und kleine und große *Werke* vollbracht werden und daß Menschen, die, lebens- und lerngeschichtlich bedingt, an einem Defizit dieser Basis-Kompetenzen leiden, dennoch in der Kirche eine Stätte finden, an der der glimmende Docht ihrer Zuversicht und ihres Glaubens nicht ausgelöscht wird.

1.2 Gestaltung der Identität

In der Adoleszenz ist die Grundlegung der Identität so weit vorangeschritten, daß jetzt ihre Ausgestaltung vor sich gehen kann. Somit wird die Identität als solche zur zentralen Thematik. Ihr entspricht die fünfte Basis-Kompetenz: die nun sich bildende Fähigkeit zur Treue. Analog zu den bisherigen vier Grundfähigkeiten und Lebensthemen lautet die Überschrift:

Die Fähigkeit, treu sein zu können
Lebensthematik: Identität gegen Identitätsdiffusion
ERIKSON gibt auf die Frage, *was Treue ist*, folgende Antwort: „*Treue* ist die Fähigkeit, freiwillig eingegangene Verpflichtungen trotz der unvermeidlichen Widersprüche von Wertsystemen aufrechtzuerhalten. Sie ist der Eckstein der Identität und erhält ihre Inspiration aus bestätigenden Ideologien und von gleichgesinnten Gefährten"[101]. Ein anderes Wort für Treue ist Verbindlichkeit[102]. Treue zu einem Partner bzw. zu einer Lebensform (zur Ehe oder zur Ehelosigkeit), Treue zu einem Ideal bzw. zu einer Glaubensform (zu einer Religion oder Konfession), alle diese Treueverhältnisse setzen voraus, daß ein Mensch fähig geworden ist, *zu sich selbst treu zu sein* und das heißt, mit sich selbst identisch zu sein. Beachtenswert ist, daß für ERIKSON die Inspiration zur Treue von bestätigenden Ideologien und gleichgesinnten Gefährten ausgeht. Ein lebendiges, identitätsbezogenes Glaubensbewußtsein und Glaubenswissen ist eine solche Ideologie, welche zur Treue motiviert und ermutigt. ERIKSON versteht also unter „Ideologien" positive Ideen- und Wertsysteme, die sich identitätsfördernd auswirken. Der Hinweis auf die Inspiration zur Treue durch eine Gefährtenschaft ist in unserem

Zusammenhang ebenfalls von großem Interesse, besagt er doch, daß der verbindliche Glaube des einzelnen auf die Inspiration durch eine glaubende Gemeinschaft (KOINONIA, Gemeinde) angewiesen ist und daß die Treue zu einem pastoralen Auftrag der Stützung durch Weggenossen (Pastoralgemeinschaft) bedarf.

Die *Lebensthematik „Identität"* mit ihrem Kontrapunkt „Identitätsdiffusion" spielt sich in den drei schon bekannten Dimensionen ab: in der Dimension der Ermächtigung zum Leben als Mann oder Frau – ihr entsprechen identitätstheoretische Überlegungen – in der Dimension der Erwählung zum Glauben – ihr entsprechen elementartheologische Überlegungen – und in der Dimension der Berufung zum pastoralen Dienst – ihr entsprechen pastoraltheologische Überlegungen.

1.2.1 Identitätstheoretische Überlegungen

Es gibt Überlegungen zur Identität, die allgemeiner Art sind und es gibt solche, die speziell die geschlechtlichen Aspekte zum Inhalt haben.

(1) Allgemein betrachtet gibt das Gegensatzpaar *Identität gegen Identitätsdiffusion* die Situation des jungen Menschen in der Pubertät und Adoleszenz treffend wieder. Er ist auf der Suche nach Übereinstimmung mit sich selbst und nach Anerkennung durch die Mitwelt. Günstigenfalls kommt er zu der Überzeugung: Ich gehe auf eine sinnvolle Zukunft zu und ich entwickle mich zu einem brauchbaren Mitglied der menschlichen Gesellschaft. Zunächst ist aber dieses tragende Selbstgefühl noch nicht vorhanden. Vielmehr herrscht eine ausgesprochene Unsicherheit aufgrund der noch unklaren Gestalt des Lebens. An der Wand einer Cowboy-Bar im Westen Amerikas hat ERIKSON einen Spruch entdeckt, der diese Unsicherheit exakt zum Ausdruck bringt:

„Ich bin nicht, was ich sein sollte,
ich bin nicht, was ich sein werde,
aber ich bin nicht mehr, was ich war"[103].

Unter widrigen Umständen kann die Identität lange Zeit oder für immer diffus bleiben oder sogar zu einer negativen Identität werden, wie sie bei sog. Kriminellen anzutreffen ist, die nie das Glück einer identitätsfördernden Sozialisation erfahren haben.

Auch wenn die Identitätsbildung gelingt, ist das Ergebnis nicht der unerschütterliche Besitz eines immer gleich bleibenden Zustandes, sondern eine nur relativ stabile Ich-Synthese, die weiterhin in Krisen geraten, jedoch – nach deren Verarbeitung – neu gestaltet werden kann.

Probleme der Identitätsfindung sind nicht nur individuell bedingte Schwierigkeiten in der Zeit der Pubertät und der Adoleszenz, sondern –

in unserer Zeit – weitverbreitete gesellschaftlich bedingte Phänomene; denn die Gesellschaft vermittelt wenig oder kein identitätsbezogenes Lebenswissen. Sie erwartet von den „Bürgern" nicht mehr als ein reibungsloses Funktionieren in den verschiedenen Rollen, z. B. als Schüler, als Student, als Angestellter, als Verkehrsteilnehmer. Es genügt, wenn Rollenerwartungen erfüllt werden, mit anderen Worten, wenn Normen von geringer Reichweite ihre Beachtung finden. In den Schulen werden kaum noch allgemein verbindliche Werte vermittelt, und es mangelt weithin daran, daß ein übergreifender Sinnhorizont aufgezeigt wird.[104]

Unersetzlich für das Gelingen der Identitätsbildung sind nach wie vor Persönlichkeiten, an denen sich der junge Mensch orientieren kann. Wenn die junge Generation nicht zynisch oder apathisch werden soll, muß sie sich auf der Suche nach ihrer Identität überzeugen können, daß diejenigen, die emporgekommen sind und „Positionen" in Wirtschaft und Politik, an den Schulen und Hochschulen und vor allem auch in der Kirche innehaben, über die entsprechenden Qualitäten gewachsener Identität verfügen[105]; ein Grund mehr, bei der Auswahl der kirchlichen Führungskräfte auf das Vorhandensein von Kompetenz und Identität zu achten. – Nochmals sei darauf hingewiesen, daß sowohl die Priesteramtskandidaten als auch die Bewerber für die anderen pastoralen Berufe in der Zeit ihrer Ausbildung an der Identitätsproblematik der heutigen jungen Generation teilnehmen.

(2) Im Blick auf den geschlechtlichen Aspekt der Identität lautet das Gegensatzpaar: *Geschlechtliche Identität gegen geschlechtliche Desorientierung.* Der kirchliche Sprachgebrauch verwendet zur Bezeichnung dieser Identität den Begriff „menschliche Reife" bzw. „maturitas affectiva"[106]. Gedacht wird dabei an Männer und Frauen, die mit ihrem Geschlecht und ihrer Sexualität zu leben gelernt haben, so daß sie Menschen des anderen Geschlechts mit angemessenen, bewußt wahrgenommenen und akzeptierten Gefühlen und Empfindungen begegnen können. Dazu gehört auch, im Sinne des Individuationsprozesses, wie ihn C. G. JUNG und seine Schule verstehen, beim Mann das Gespür für die eigene weibliche Seite („anima") und bei der Frau das Gespür für das Männliche in ihr („animus")[107]. Es wäre jedoch abwegig, sich unter einem Menschen mit geschlechtlicher Identität eine Persönlichkeit vorzustellen, die sich triebhaft und affektiv ständig in einer idealen Homöostase befindet. Auch der sogenannte reife Mensch erlebt turbulente Zeiten. Er hat ein „Recht" auf vorübergehende Unausgeglichenheit. Es kommt nicht darauf an, unerschütterlich zu sein, sondern darauf, ein „Pontifex-Ich" zu haben, das die Spannungen auszuhalten und zu verarbeiten vermag.

(a) Ein wesentliches Merkmal geschlechtlicher Identität ist das Gelingen der *Integration sexueller Triebimpulse* in die Ganzheit der Person. Es handelt sich dabei um Lebens- und Lernprozesse, die man auch als Reifungsprozesse bezeichnen kann. Ihr Gegenteil, die Desintegration, gehört zu den großen, schwer zu lösenden Menschheitsproblemen. Im Blick auf die Lebensform der Ehe und der Ehelosigkeit und andere denkbare Lebensformen [108] lautet die grundsätzliche Frage: Wie werden sexuelle Triebimpulse zu humanisierten, d.h. beziehungsgerechten Komponenten der Begegnung zwischen Menschen verschiedenen Geschlechts? Ich nenne zwei Fähigkeiten, die eine personale Begegnung gewährleisten; beide haben ein genügendes Maß an Ichstärke, deren Genese in dem Abschnitt über die Grundlegung der Identität geschildert wurde, zur Voraussetzung. Es sind dies die *Fähigkeit zur Kommunikation* und die *Fähigkeit zur Beherrschung der Triebimpulse*. Die sozial-kommunikative Kompetenz, von der früher schon die Rede war, ist mit all ihren verbalen und nonverbalen Ausdrucksmöglichkeiten wesentlich an der Gestaltung der Sexualität beteiligt. Der Konnex zwischen Sexualität und Kommunikation darf nie außer acht gelassen werden. Ein stark gewordenes Ich ist nicht nur die Basis für die Fähigkeit zu kommunizieren, sondern zugleich für die Fähigkeit, die Triebimpulse zu beherrschen, d.h. ihre Befriedigung auch aufschieben oder auf ihre Befriedigung auf Dauer verzichten zu können. Diese Fähigkeit kommt allen Lebensformen zugute. Sie spielt jedoch in der spirituell-motivierten Ehelosigkeit eine besondere Rolle. Deshalb wird an dieser Stelle näher auf die Fähigkeit zum Verzicht eingegangen. Hilfreich ist die Unterscheidung zwischen der *Verzichtsmotivation* und der *Verzichtsleistung*. Mit den Berufsmotivationen hat sich Klemens SCHAUPP in diesem Buch ausführlich befaßt und kommt dabei auch auf die bewußten und unbewußten Beweggründe für die Zustimmung zur Ehelosigkeit und zu dem mit ihr gegebenen Verzicht zu sprechen. Ich mache deshalb hier nur auf die Analogie zwischen Treue und Verzicht aufmerksam: beide brauchen die Inspiration, man könnte dafür auch sagen Motivation, durch eine positive Ideologie im Sinne von ERIKSON und durch eine Gefährtenschaft, welche diese Lebensform bejaht und stützt. Die Verzichtsleistung als solche kann eine identitätsbehindernde oder eine identitätsfördernde Gestalt haben. Nur wenn durch die Verzichtsleistung die personale Identität gefördert wird, erfüllt die Ehelosigkeit ihren theologischen und existentiellen Sinn und nur dann erhöht sie die pastorale Kompetenz, während sie diese sonst beeinträchtigt.

Vier Umgangsweisen mit der Sexualität stehen zur Diskussion. Was hier nacheinander aufgeführt wird, ist im Leben ineinander verflochten, mit jeweiliger Vorherrschaft des einen oder anderen Modus.[109]

Verdrängung
Walter J. SCHRAML beschreibt in seiner „Einführung in die Tiefenpsychologie" die Verdrängung in der Sprache der Psychoanalyse S. FREUDS folgendermaßen: „Die im Bedürfnis drängende Triebenergie kommt nicht zum Ziel und findet auch kein Objekt, sondern wird vorher abgewehrt, verdrängt. Der Triebwunsch ist durch die Verdrängung wieder ins Unbewußte, und zwar ins Dynamisch-Unbewußte zurückgewiesen."[110] – Bis zu einem gewissen Grad ist die Verdrängung ein „normaler" Vorgang. Unsere Triebstruktur kommt uns nie voll zum Bewußtsein. Die psychotherapeutische Erfahrung zeigt jedoch, daß dort, wo Verdrängung in erhöhtem Maße stattfindet, seelisch krankmachende Wirkungen entstehen. „Die endgültige Störung ist dann gegeben, wenn das System der Abwehr- oder Anpassungsmechanismen nicht mehr ausreicht, um mit den jeweiligen konflikterregenden unbewußten Triebkräften fertig zu werden."[111] – Verdrängung ist also nicht nur negativ zu beurteilen; von einem nicht zu definierenden Ausmaß an verhindert sie aber die „affektive Reife". Da es sich in der Verdrängung um eine Abwehr handelt – das geht aus dem Zitat von W. J. SCHRAML klar hervor –, können ideologische Haltungen entstehen. Diese vermindern die pastorale Kompetenz. Wenn bei einem Menschen Merkmale eines ideologischen Charakters festzustellen sind, kann man daraus, ohne fahrlässig zu diagnostizieren, den Schluß ziehen, daß es ihm nicht gelungen ist, die verschiedenartigen unbewußten Impulse, z. B. den Trieb, sich sexuell (genital) zu befriedigen, den Trieb, aggressiv zu sein oder Macht auszuüben, in seine Identität zu integrieren.

Unterdrückung
Im Unterschied zur Verdrängung, die ein unbewußter „Mechanismus" ist, ist die Unterdrückung ein bewußter Vorgang. Mit großem Energieaufwand wird ein harter Kampf geführt, um die „marschbereite Sexualität" – dieser Ausdruck stammt von dem Schicksalsanalytiker L. SZONDI – in Schach halten zu können. Menschen, deren Verzicht so geartet ist, wirken verkrampft oder auch gehemmt. Ihr Leben gleicht einem Auto, das mit angezogener Bremse gefahren wird. Insofern sie das Ideal der Ehelosigkeit idealistisch verteidigen und ängstlich darauf bedacht sind, ihm gerecht zu werden, neigen auch sie wenigstens zu partieller Ideologiebildung, was ihrer seelsorglichen Kompetenz schadet oder sie zunichte macht. Wenn solche Menschen nicht daran arbeiten,

ihre Unfreiheit zu verringern, hat ihre Ehelosigkeit nicht die Leuchtkraft des Symbols, um derentwillen sie gelebt wird.

Sublimation
Sublimation kann, im Anschluß an W. J. SCHRAML, definiert werden als „eine Veränderung des Triebzieles oder Triebobjektes entsprechend den Forderungen und Erwartungen der Gesellschaft oder des Gewissens"[112]. Sigmund FREUD sprach von der „Ablenkung vom Sexuellen und Hinlenkung zum Sozialen"[113]. Trotz der Vorbehalte, die in kirchlichen Kreisen gegenüber der psychoanalytischen Theorie FREUDS bestehen, wurden die Begriffe „Sublimation" und „Sublimierung" bereitwillig zur Bezeichnung der Gestaltungsmöglichkeit der zölibatären Lebensform aufgegriffen. Stephan ANDREAE hat in seiner einschlägigen Studie gezeigt, wie problematisch es ist, diese Begriffe unkritisch zu gebrauchen, zumal ihre wissenschaftliche Reichweite erst noch überprüft werden muß.[114] Jedenfalls ist die Vorstellung naiv, daß „Triebobjekte" ohne weiteres austauschbar sind. Gottes- und Nächstenliebe sind nicht einfach eine Umleitung sexuell-libidinöser Energien auf andere Objekte. Dennoch kann wohl mit Recht gesagt werden, daß ein hochgradiges Engagement für Menschen und Ideen, ein voller Einsatz der Kräfte für den Aufbau der Kirche, ein tatkräftiger und zugleich gelassener Eifer für das „Kommen des Reiches" den Verzicht auf geschlechtliche Partnerschaft und auf sexuelle Befriedigung in ihr, auf weite Lebensstrecken hin, wenigstens erleichtert. Es kann angenommen werden, daß die gleiche „sublimierende Wirkung" von Erfahrungen ausgeht, wie sie dem einzelnen durch geistliche Übungen verschiedener Art und die Feier der Liturgie zuteil werden.[115] Für FREUD war FRANZISKUS von Assisi das Paradebeispiel für einen Menschen mit besonderer Fähigkeit zur Sublimation. Es ist Sache der wissenschaftlichen Forschung, vielleicht eines Tages ausfindig zu machen, ob es sich bei der sogenannten Sublimation um eine Umorientierung von libidinösen Triebenergien handelt oder eher um eine Verzichtserleichterung durch einen Zuwachs an wirksamer Motivation. Für unseren Zusammenhang ist es ausreichend zu wissen, daß es in der Christenheit immer Menschen mit einer ausgeprägten Identität gegeben hat und auch in Zukunft geben wird, die erlebt und gelebt haben, was heute mit der Chiffre „Sublimation" bezeichnet wird. Der Abschnitt über die Vollendung der Identität (1.3) kann zugleich auch als „indirekte Rede" über Möglichkeiten der Sublimation gelesen werden.

Integration
Die Vollendung der Identität bahnt sich dann an, wenn ein Mensch beginnt, „weise" zu werden. Die Weisheit, um die es hier geht, ist die *Annahme seiner selbst.* „Wirklich sich annehmen kann man aber nur", schreibt Romano GUARDINI, „wenn man rein um sich weiß".[116] Anders ausgedrückt heißt das: Ich muß mich mit mir selber auskennen, mit dem Erleben meiner Männlichkeit bzw. meiner Weiblichkeit, mit meinen sexuellen Regungen und Empfindungen, mit meinen Gefühlen und Reaktionen, mit der Qualität meines Verzichts und mit dem Verlauf meiner Krisen. Erst wenn ich mich wahrgenommen habe, kann ich mich annehmen, und erst wenn ich mich angenommen habe, kann ich eventuell etwas ändern. Manchmal wird die Integration in der Annahme der teilweisen Desintegration bestehen, so wie meine menschliche Reife auch in der Annahme unreifer Anteile meines Lebens bestehen kann. Es ist mehr als wünschenswert, daß alle, die sich auf einen pastoralen Beruf vorbereiten, also nicht nur die künftigen Zölibatäre, Menschen finden, mit denen sie „über alles reden können" und die weise und kompetent genug sind, sie auf dem Weg zu ihrer persönlichen geschlechtlichen Identität zu beraten und zu begleiten. Wenigstens aufmerksam machen möchte ich in diesem Zusammenhang auf die vielfältigen Verwirklichungsmöglichkeiten einer *Lebens- und Glaubenskultur.* Ihre Bedeutung für die personale Identität und die pastorale Kompetenz, speziell für die „Psychohygiene" und „Glaubenshygiene" sowohl der zölibatären als auch der ehelichen Lebensform sollte man nicht unterschätzen.[117]

(b) Wer von geschlechtlicher Identität spricht, kann über das weit verbreitete *Phänomen der Homotropie* nicht schweigen.

Der unzulässig vereinfachende und meist diffamierend gebrauchte Begriff „Homosexualität" sollte durch den *Begriff Homotropie* ersetzt bzw. nur dort gebraucht werden, wo er tatsächlich am Platze ist. Unter Homotropie[118] wird die Zuneigung von Männern (Androtropie) und Frauen (Gynäkotropie) zu Personen des gleichen Geschlechts verstanden. Der analoge Begriff dazu ist die „Heterotropie", die Zuneigung zu Personen des anderen Geschlechts. Näherhin wird innerhalb des Phänomenbereiches Homotropie unterschieden zwischen:

Homophilie: insofern der Schwerpunkt der Zuneigung im Personalen, im Ganzheitlich-Menschlichen liegt;
Homoerotik: insofern der Schwerpunkt der Zuneigung im Affektiv-Sinnenhaften liegt;
Homosexualität: insofern der Schwerpunkt der Zuneigung im Körperlich-Sexuellen liegt.

Im Phänomenbereich „Heterotropie" ist diese Differenzierung von jeher üblich. Ob es sich bei der Neigung zum gleichen Geschlecht um eine *dauernde Grundhaltung* oder um eine *vorübergehende Phase* handelt, läßt sich nach Herman van de Spijker anhand von drei Kriterien feststellen, die bei jeder Person verschieden ausgeprägt sind:
- „Der Zustand eines Menschen, der sich dauerhaft von Partnern des gleichen Geschlechts angezogen und ständig zu gleichgeschlechtlichen Partnern hingezogen fühlt" (1. Merkmal);
- „die auf gleichgeschlechtliche Personen ausgerichteten Phantasieinhalte beim Onanieren" (2. Merkmal);
- gleichgeschlechtliche „Trauminhalte bei nächtlichen Orgasmen" (3. Merkmal).[119]

Die Beachtung dieser Kriterien verhindert kurzschlüssige Folgerungen aus vorübergehenden homoerotischen und homosexuellen Verhaltensweisen. Aus solchen kann nicht ohne weiteres auf eine bleibende homotrope Ausrichtung geschlossen werden. Ferner ist zu beachten, daß heterosexuell und heteroerotisch gefärbte Kontakte eine dauernde homotrope Orientierung nicht ausschließen. Rechnet man zudem noch mit einer „latenten Homosexualität", wie dies die psychoanalytische Schule tut, so sieht man, wie komplex die Problematik ist, um die es sich in der Homotropie handelt.

Über die *Entstehung der Homotropie* enthalten die Untersuchungen von Alfred C. Kinsey (ab 1948) bemerkenswerte, jedoch wissenschaftlich ungenügend interpretierte Aussagen.[120] So liegt ein Mangel der Untersuchung darin, daß nur pauschal von „Homosexualität" die Rede ist und die differenzierten Phänomene der Homotropie nicht erfaßt werden. Nach Kinsey scheint es so zu sein, daß es unter dem Einfluß gewisser Dispositionen während der embryonalen Phase eine homosexuelle Prägung gibt; doch kann sie auch erst nach der Geburt erfolgen. Solange die Forschung nicht weiter fortgeschritten ist, kann man sich der Auffassung anschließen: „Ob einer homosexuell wird, ist in der Regel nicht allein eine Folge der Umwelt und auch nicht eine Frage der biologischen Vororientierung, sondern in der Regel müssen beide Faktoren zusammenkommen."[121]

Walter Bräutigam hat 1963 versucht, *Formen der Homosexualität* aufzuzeigen.[122] Er unterscheidet
- die *Entwicklungshomosexualität*, die vor allem während und nach der Adoleszenz auftritt und vorübergehenden Charakter hat;
- die *Pseudohomosexualität*, die man auch Not-Homosexualität nennen kann, weil sie situationsbedingt ist[123];

- die *Hemmungshomosexualität*, die durch neurotische Ängste vor dem anderen Geschlecht hervorgerufen wird;
- die *Neigungshomosexualität*, die bei Menschen vorkommt, die unabänderlich auf homosexuelle Beziehungen festgelegt sind.

BRÄUTIGAM spricht wie KINSEY allgemein von „Homosexualität". Auch für ihn ist der Maßstab für die Therapiefähigkeit von der Normvorstellung der Heterotropie bestimmt.

In den letzten 20 Jahren hat sich eine *Wende in der Sexualitätsforschung* angebahnt. Während es bislang in der Medizin, der Psychologie und weithin auch in der Soziologie üblich war, alles, was mit Homotropie zu tun hatte, unter die Rubrik „geschlechtliche Desorientierung" einzuordnen, geht heute die Tendenz dahin, in der homotropen Orientierung eine mögliche, wenn auch nicht problemlose Alternative zu sehen. Das Therapieziel wird nicht mehr ausschließlich in einer Umorientierung im Sinne der Heterotropie gesehen – es zeigte sich in der Praxis, daß eine solche häufig nicht möglich ist –, sondern mehr in einer Beseitigung von Ich-Störungen oder, positiv formuliert, in der Förderung einer der individuellen Person entsprechenden geschlechtlichen Identität. Es können hypothetisch zwei Ursachen für die Ich-Störungen angenommen werden, die alternativ oder kumulativ wirksam sind:
- Primär ist die *verständnislose Umwelt* die pathogene Ursache, weil sie dem Homosexuellen das Gelingen der Identitätsbalance verwehrt;[124]
- primär ist es die *neurotische Ich-Störung als solche*, die dann in der Homosexualität zum Ausdruck kommt und häufig auch noch andere Symptome hervorbringt.

Im ersten Fall wird durch den Druck der Gesellschaft die Ich-Störung hervorgerufen; im zweiten Fall verstärkt der gesellschaftliche Druck die bereits vorhandene Ich-Störung. Solange es keine hinreichend abgesicherten Feldstudien gibt – und solche liegen meines Wissens derzeit noch nicht vor –, kann die Frage nach der Ursachenpriorität nicht beantwortet werden.

Falls man nicht die Vorentscheidung trifft, daß geschlechtliche Identität nur bei heterotroper Orientierung möglich ist, sondern der Ansicht zustimmt, daß diese unter bestimmten Bedingungen auch bei homotroper Orientierung zu erreichen ist, ergibt sich als Konsequenz, daß nicht nur eine heterotrop-zölibatäre, sondern auch eine homotrop-zölibatäre Lebensform prinzipiell möglich ist. Es gilt dann alles, was bereits über die Integration der Sexualität gesagt wurde, auch hier. Der Unterschied bei der Gestaltung einer homotrop-zölibatären Lebensform gegenüber der Gestaltung einer heterotrop-zölibatären Lebensform liegt vor allem in den gesellschaftlichen und kirchentümlichen Belastungen, denen eine homotrope Identität ausgesetzt ist, außerdem in den häufig vorhandenen Ich-Störungen. Es ergibt sich die Folgerung, daß bei der Bildung einer solchen Identität eine besonders intensive geistliche und psychologische Beratung, häufig wohl auch eine therapeutische Begleitung notwendig sind.[125]

c) Schließlich ist im Zusammenhang mit geschlechtlicher Identität das *Problem der sexuellen Selbstbefriedigung* zu erwähnen. Ich zitiere eine gute Zusammenfassung des Moraltheologen Günter VIRT, die er mit einigen moralpädagogischen bzw. ethischen Bemerkungen versehen hat: „Die modernen Humanwissenschaften unterscheiden im allgemeinen vier verschiedene Formen, je nachdem wofür diese Handlungsweise ein Symptom ist. Nämlich die entwicklungsbedingte (Entdeckung des neuerwachenden Triebes in der Pubertät), die kompensatorische (Ersatzbefriedigung, weil der geliebte Partner, aus welchem Grund auch immer, nicht zu erreichen ist oder Reaktionsbildung auf Streßfaktoren usw.), die pathologische (sei es aufgrund organbedingter Geisteskrankheiten, autistischer oder auch neurotischer Psychodynamik) und die sogenannte hedonistische Selbstbefriedigung, in der ein Mensch bewußt und frei die Reifung verweigert und sich auf sich selbst zentriert ... Der in der Moralpädagogik Tätige sollte ... alle Formen ins Auge fassen und es dürfte deutlich sein, daß diese vier verschiedenen Formen auch einer unterschiedlichen ethischen Bewertung unterliegen. Die pathologischen Formen entziehen sich zumindest teilweise der sittlichen Beurteilung und gehören in die Kompetenz des Arztes. Entwicklungsbedingte und kompensatorische Selbstbefriedigung können nicht isoliert in sich als einzelner Akt beurteilt werden, sondern nur auf dem Hintergrund der gesamten Persönlichkeitsdynamik. Nicht Symptombekämpfung, sondern Auseinandersetzung mit den Ursachen ist daher die sittliche Aufgabe des Betreffenden und derer, die ihn begleiten. Ethisch relevant ist die bewußte und freie Verweigerung der Reifung und der liebenden Hinordnung auf den Mitmenschen."[126]

Zu Beginn des Gedankenganges über die Integration sexueller Triebimpulse wurde bemerkt, daß die Desintegration dieser Impulse zu den schwer zu lösenden Menschheitsproblemen gehört. Außerdem steht nicht fest, ob jeder Mensch, dem vorübergehend sexuelle Enthaltsamkeit gelingt, zu einem dauernden Verzicht auf sexuell-genitale Betätigung imstande ist. An diesem sexuellen Notstand der Menschheit nehmen auch Priester und Diakone, Ordensleute und Laien im kirchlichen Dienst teil.[127] Durch eine rechtzeitige eingehende Beratung des einzelnen und durch fachlich begleitete Gruppengespräche über Sexualität und Geschlechtlichkeit während der Zeit der Vorbereitung auf den künftigen Beruf könnte dieses Elend verringert werden.

1.2.2 Elementartheologische Überlegungen

Parallel zu den identitätstheoretischen Überlegungen kommen auch hier wieder allgemeine und spezielle Gesichtspunkte zur Sprache. Die allgemeinen betreffen die Grunderfahrung gläubiger Identität; die speziellen beziehen sich auf die Glaubensgestalt.

(1) Allgemein betrachtet lautet die Variation des Gegensatzpaares „Identität gegen Identitätsdiffusion" im Blick auf die Erwählung zum Glauben *offenbarungsgläubige Identität gegen religiöse Diffusion*. Ich zitiere dazu J. WERBICK: „Gott schenkt dem Glaubenden Identität, indem ER zur differenzierenden und integrierenden, zur aufschließenden Mitte seines Lebens wird ..."[128]. Damit diese dogmatische Aussage nicht im negativen Sinn des Wortes ideologisch wird, muß die Theologie imstande sein aufzuzeigen, „wie Gott zur Mitte des menschlichen Lebens werden kann, ohne es zu entfremden; wie er auch den Ambivalenzen und Zwiespältigkeiten des menschlichen Lebens gerecht wird, so daß der Mensch nicht mehr gezwungen ist, sie zu verleugnen oder gewaltsam aufzulösen"[129]. Sie muß überzeugend – nicht nur auf abstraktem spekulativem Niveau – kundtun, „daß es dem Menschen zutiefst entspricht, seine Mitte nicht in sich selbst, sondern jenseits seiner selbst in Gott zu finden; daß der Mensch zur Identität mit sich selbst nur gelangen kann, wenn er zur göttlichen Mitte hin ‚exzentrisch' wird und sich auf diese Mitte hin *verläßt*"[130]. WERBICK betont in diesem Zusammenhang die große Bedeutung des Gebets, denn „im Gebet versammelt sich der Mensch auf eine Mitte hin, die jenseits seiner selbst liegt, im Gebet wird er ‚exzentrisch'. Zugleich erfährt er, daß Gott selbst es ist, der ihn sammelt und sich ihm als versammelnde, aus der Zerstreuung rettende Mitte schenkt ..."[131]. Zur Verdeutlichung des Gesagten gebe ich einige Sätze aus einem Gebet des Nikolaus von KUES wieder, die das aussprechen, worum es hier geht:

> „Niemand kann sich dir nahen, da du unnahbar bist.
> Daher erfaßt dich niemand, es sei denn, du schenkst dich ihm ...
> Wie wirst du dich mir geben, wenn du nicht erst mich selbst mir gibst? –
> Und wie ich im Schweigen der Betrachtung ruhe, antwortest du mir, Herr, in der Tiefe meines Herzens.
> Und du sagst: Sei du dein, so werde ich dein sein!
> O Herr, du Beglückung in aller Wonne, du hast es zur Sache meiner Freiheit gemacht, daß ich mein sein kann, wenn ich so gewollt habe.

Gehöre ich nicht mir selbst, so gehörst auch du nicht mir. Insofern nämlich nötigst du meine Freiheit, da du nicht mein Besitztum sein kannst, wenn ich mich nicht selbst besitze. Da du dieses aber in meine Freiheit gestellt hast, nötigst du mich nicht, sondern erwartest, daß ich selbst erwähle, mir zu gehören. Dies steht also bei mir, nicht bei dir, Herr, der du deine grenzenlose Güte nicht einschränkst, sondern in alle dafür Empfänglichen freigebigst ausgießest; denn du, Herr, bist deine Güte."[132]

Wo diese identitätsstiftende Beziehung zu Gott nicht gelebt wird und nicht den Glauben an Jesus, den Messias, und an die Kraft des Geistes miteinbezieht, entsteht ein *diffuses Verhältnis zu Gott*, wenn nicht sogar eine Verhältnislosigkeit. Das Du als Ursymbol des Bundesgottes verliert seine Kontur, deistische oder pantheistische Vorstellungen nehmen überhand, naturhaft-religiöse Erfahrungen des „Göttlichen" treten an die Stelle des Offenbarungsglaubens und verstellen den Blick auf das Handeln Gottes in der Geschichte Israels, der Kirche und der Welt.[133]

Was bisher über die Identität aus dem Glauben gesagt wurde, ist – um nicht individualistisch mißverstanden zu werden – zu ergänzen durch den *intersubjektiven Aspekt*; denn Identität ist in ihrem Werden und in ihrem Wandel auf Interaktion angewiesen. Die Inspiration durch ein bestätigendes Milieu und durch eine gleichgesinnte Gefährtenschaft ist unerläßlich. Dieser Gedanke ist bei den identitätstheoretischen Überlegungen schon hervorgerufen worden und kehrt nun, auf die gläubige Identität bezogen, wieder. Was muß geschehen, daß diese Inspiration zunimmt, d. h. daß es wieder mehr wahrhaft Mit-Glaubende gibt? Ich sehe die Lösung in der Überwindung des „Pastoralen Grundschismas" und in der mystagogischen Entfaltung des Berufungsbewußtseins bei möglichst vielen Mitgliedern der Kirche. P. M. ZULEHNER charakterisiert dieses „Schisma" als Spaltung zwischen dem „Volk" der Kirche einerseits und den kirchlichen „Experten" andererseits.[134] Viele Experten sind in einer Versorgungsmentalität befangen und viele Alltagschristen nehmen eine dieser Mentalität entsprechende Erwartungshaltung des Versorgtwerdens ein. Der Weg zu einer Einstellungs- und Verhaltensänderung ist weit und anstrengend, sowohl für die Seelsorger als auch für die von ihnen „Versorgten". Das Ziel – ein lebendiges Tauf- und Firmbewußtsein möglichst vieler Christen und das damit gegebene Sich-zuständig-Fühlen für das Werden und Wachsen von Kirche und Gemeinde – kann unter zwei Bedingungen erreicht werden: Die eine Bedingung ist die existentielle Übernahme der geistlichen Berufung, die *allen* Glaubenden zuteil wird. Das Volk Gottes kommt dadurch zustande, daß jene, die Gott zu seinem Volk beruft, ihre Berufung erkennen und annehmen und daß sie bereit und fähig sind, die „Ekklesiogenese" mitzugestalten und mitzuverantworten. Die andere Bedingung ist die Realisierung der kirchlich-institutionell verbrieften Ebenbürtigkeit aller Gläubigen, wie sie im Canon 208 des CIC rechtsgültig aufgezeichnet ist: „Unter allen Gläubigen besteht, und zwar aufgrund ihrer Wiedergeburt in Christus, eine wahre Gleichheit in ihrer Würde und Tätigkeit, kraft der alle je nach ihrer eigenen Stellung und Aufgabe am Aufbau des Leibes Christi mitwirken". Es gibt in der Kirche, vor allem in der europäischen Kirche, ein eigenartiges Zögern bei der Verwirklichung dieser bereits rechtlich erfolgten Kompetenzzuweisung. Besonders der „Frau in der Kirche" gegenüber herrscht nach wie vor eine theoretisch nicht zu rechtfertigende Zurückhaltung. Der Begriff „Laie" wird nicht nur seines männlichen Artikels wegen mit dem deutlichen Akzent „männlich" gebraucht. Die Gleichrangigkeit der Frauen als Subjekte der Kirche erfordert, daß sie „als Trägerinnen der Glaubensvermittlung, vielfältiger diakonaler Dienste, als aktive Mitglieder der Gemeinde und des kirchlichen Lebens in der Kirche ausdrücklich anerkannt werden"[135]. Die Koinzidenz der beiden ekklesialen Vollzüge – der existentiellen Übernahme der geistlichen Berufung durch den einzelnen und der Anerkennung der Ebenbürtigkeit aller Gläubigen durch die kirchliche Institution – gehört wesentlich zur Vision einer künftigen Kirche. Eine solche Kirche ist der Ort subjektbezogener und intersubjektiv bestärkender Glaubenserfahrung, wie sie für die Entfaltung einer gläubigen Identität erforderlich ist.

(2) Die Grunderfahrung einer aus dem Offenbarungsglauben erwachsenden Identität, von der soeben die Rede war, prägt sich in *verschiedenen Glaubensgestalten* aus, welche diese Identität fördern oder beeinträchtigen. Führt man, angeregt durch das transaktionsanalytische Konzept von Erik BERNE[136], eine Strukturanalyse der Glaubensgestalt durch, so lassen sich drei *Strukturelemente* unterscheiden, die – je nach ihrer Akzentuierung – einen verschiedenen Einfluß auf die Entwicklung gläubiger und ganzheitlich-personaler Identität haben.

Überlieferter Glaube
„Überlieferung" war schon im Alten Bund ein ambivalentes Phänomen, das zwischen authentischer Weitergabe des Glaubens und einer in Gesetzen erstarrten Orthodoxie schwankte. Im Laufe der Kirchengeschichte wiederholt sich das gleiche Phänomen immer wieder: Die staunenswert authentische Tradierung des Glaubens wird von ihrem Gegenspieler, einem fragwürdigen Traditionalismus, begleitet. Für die

Identitätsbildung ist es bedeutsam, wie das Strukturelement „Überlieferung" in die individuelle Glaubensgestalt integriert wird.

Ein Christ mit einer *identitätsbezogenen* Glaubensgestalt erkennt den hohen Wert der Überlieferung an. Er weiß, daß es ohne sie zu einer Verwahrlosung der Glaubensinhalte und zu einem Zerfall der Glaubensgestalt kommt. Aber er übernimmt das tradierte Glaubens- und Frömmigkeitsgut nicht unüberprüft, da sich sein Gewissen von einem bloßen Folgsamkeitsgewissen zu einem Verantwortungsgewissen entwickelt hat. Er hat die identitätsfördernde Kraft erfahren, die von der Partizipation an einer großen Geschichte ausgehen kann, wenn deren Licht- und Schattenseiten wahrgenommen und kritisch akzeptiert werden. Die gläubige Identität des einzelnen ist überfordert, wenn sie nicht auch durch gewohnte Interpretationen der Glaubenswirklichkeit gestützt wird. Sie braucht die Wohltat des Bleibenden, z. B. ritualisierte Verhaltensmuster in Kult und Liturgie, zur Ruhe gekommene gleichbleibende Texte und Lieder, und sie braucht sinnvolle Wiederholungen. Es geht also darum, authentische Tradition in den großen Zeiträumen der Geschichte der Kirche und in den kleinen Zeiträumen des gemeindlichen Geschehens anzuerkennen und zu leben, ohne sich den Extremen von Erstarrung und Gegenabhängigkeit auszuliefern.

Identitätsfremd ist demnach eine Glaubensgestalt, in der das Element der Tradition, traditionalistisch eingeengt, vorherrscht. Eine solche, auf Abwehr beruhende Verengung läßt auf einen ideologischen Charakter schließen. Ebenso identitätswidrig ist eine „gegenabhängige" Einstellung, die nahezu alles Althergebrachte ablehnt, und die jeder Berufung auf die Tradition mit Opposition begegnet. Menschen mit dieser Haltung haben wahrscheinlich ihre Autonomie- und Initiativprobleme in der Kindheit nicht lösen können, so daß sie teilweise auf dieses Entwicklungsstadium fixiert sind.

Reflektierter Glaube
„Reflexion" verband sich von Anfang an mit den Glaubenserfahrungen, die den frühen Christen in ihren Gemeinden zuteil wurden: „fides quaerens intellectum". Erfahrungen brauchen Kategorien und Begriffe, um artikuliert und kommuniziert werden zu können. Das notwendige Be-denken steht aber in der Gefahr, zu einem Zer-denken zu werden. Der Gegenspieler zur Reflexion ist ein theologisierender Intellektualismus. In unserer Zeit ist die Denkverpflichtung für den Glaubenden größer geworden, weil die Zustimmung zum Glauben nicht mehr eine gesellschaftskonforme Minimalleistung ist, sondern eine Entscheidung, die im Widerspruch zu weithin gängigen Normen und Werten steht. Es muß also mehr nachgedacht werden, bevor bewußt ge-

glaubt werden kann. Das Strukturelement „Reflexion" gehört wesentlich zur Glaubensgestalt eines mündig gewordenen Christen. Ein erwachsener Christ unserer Tage, dessen Glaube eine *identitätsbezogene* Gestalt angenommen hat, ist imstande, angstfrei über den Werdegang und über das inhaltliche („dogmatische") Profil seines Glaubens und auch über seine Zweifel und Unsicherheiten nachzudenken. Er legt Wert auf eine unbehinderte Denkerlaubnis, um zu eigenen Entscheidungen im Angesicht Gottes zu kommen. Er wird nicht durch das Erschrecken über die göttlichen Interventionen gelähmt, sondern erhält von ebendiesem Gott die Erlaubnis zu überlegen (vgl. Lk 1,29) und zu fragen, „wie soll das geschehen?" (vgl. Lk 1,34). Er will – wie Maria – *glauben dürfen* und *nicht glauben müssen*. Er braucht einen Sinn für das Handeln Gottes in der Geschichte, die bis in sein eigenes Leben hineinreicht, damit er sein persönliches Magnifikat beten und singen kann. Reflektieren heißt, die Dinge (des Lebens, des Glaubens, der Kirche) aus einer gewissen Distanz zu betrachten, ohne sich zu „distanzieren".

Identitätsfremd ist demnach eine Glaubensgestalt, in der das Denken nicht die ihm gebührende Funktion ausübt. So kann es z. B. durch die Übermacht von Tradition außer Kraft gesetzt werden – „es war immer schon so und soll auch so bleiben" – oder durch den Überschwang unkontrollierter Gefühle affektiv gehemmt werden. Es kann aber auch seine Befugnisse überschreiten und zu einer penetranten Dauerreflexion werden, die den Menschen davon abhält, sich loszulassen und Erfahrungen in Empfang zu nehmen, die ihm Gott gewähren möchte. Eine gesunde sekundäre Glaubensnaivität kann unter solchen Umständen nicht wachsen. – Die angedeuteten Störungen der Glaubensgestalt beruhen auf Störungen im Ich-Bildungs-Prozeß, z. B. auf einer Störung der Fähigkeit, hoffen und vertrauen oder selbständig eine Entscheidung treffen zu können.

Erlebter Glaube

„Erleben" ist ein Aspekt jener Erfahrungen, die ein vitaler Glaubensvollzug für den Glaubenden bereithält. Während Erfahrung den Menschen existentiell-ganzheitlich betrifft, ist Erleben nur der affektiv-sinnenhafte Anteil an der Erfahrung. Alfred LORENZER hat der katholischen Kirche nicht ganz zu Unrecht „die Zerstörung der Sinnlichkeit" vorgeworfen.[137] Jede Religionslehrerin und jeder Religionslehrer weiß, daß bei der Glaubensvermittlung die emotionale Seite ebenso wichtig ist wie die kognitive. Das paulinische Wort vom Glauben, der aus dem Hören hervorgeht, kann auch dahingehend verstanden werden, daß der Glaube seinen Weg über die Sinne nimmt. Eine Gefahr liegt allerdings darin, daß das Strukturelement „Erleben" zu wuchern beginnt, so daß die „nüchternen" Elemente Überlieferung und Reflexion zu kurz kommen oder völlig weggeschwemmt werden. Es kommt also darauf an, daß das Erleben in der Glaubensgestalt seinen ihm zustehenden Platz erhält.

Ein Christ, der den Wunsch Gottes kennt, vom Menschen mit all seinen Kräften geliebt zu werden, weiß, daß seine Glaubensgestalt nur dann in vollem Ausmaß *identitätsbezogen* ist, wenn er das Element des emotional-affektiven Erlebens bejaht. Er erwartet, z. B. von einer kultivierten „Sinnlichkeit", die in Form und Ausstattung der Kirchenräume und im Auftreten und Gebaren der Priesterschaft und der anderen Träger pastoraler Kompetenz zum Ausdruck kommt, affiziert zu werden. Er möchte, daß seine sinnenhafte Wahrnehmung durch die verschiedenartige Gestaltung der Gottesdienste und durch lebendige, bildreiche Verkündigungsvorgänge angesprochen wird und daß von der ganzen glaubensvermittelnden Sphäre keine aversiven Reize ausgehen, die ihm den Zugang zur eigentlichen Botschaft all dieser Symbole erschweren. Er läßt religiöse Gefühle gelten, wenn sie Ausdruck der Betroffenheit durch die Erlösungsbotschaft und das Handeln Gottes sind. Für ihn ist die Gemeinschaft der Glaubenden, die Koinonia, nicht eine bloß ideelle und abstrakte Angelegenheit, sondern Anreiz zu vertrauensvollen Beziehungen, wohl wissend, daß die Koinonia ein pneumatisches und nicht nur ein zwischenmenschliches Ereignis ist. Er hat an Spontaneität – wenn sie echt und nicht künstlich inszeniert ist – seine Freude, und menschlich-geistliche Nähe ist ihm willkommen, wenn sie von nicht vereinnahmender Wärme begleitet wird. Er schätzt die emotional durchstimmte Weggenossenschaft anderer zum Glauben Berufener, jedoch ohne die Tendenz, aus Ichschwäche oder Machtbedürfnis die Vielfalt der Glaubensgestalten, der Sichtweisen und Auffassungen nivellieren zu wollen.

Identitätsfremd wird das Strukturelement „Erleben" in der Glaubensgestalt dann, wenn der Bereich der Gefühle, der Sinnlichkeit, der Affekte verdrängt wird. Ein solcher Glaube wird karg, intellektuell überanstrengt und beziehungsarm. „Glaube als intime Zustimmung des Herzens" ist dann kaum möglich.[138] Das entgegengesetzte Extrem ist eine Überbewertung des Erlebens. Religiöse Gefühle können mit Glaubenserfahrungen verwechselt werden. Eine hochgradig emotionalisierte Gruppe verleitet ihre Mitglieder dazu, aus dem Wir-Gefühl eine Identitätsanleihe zu machen, statt daß sie die Subjektwerdung des einzelnen fördert.[139] Außerdem werden durch den Wunsch nach Überintimität unrealistische Erwartungen geweckt, die zu Enttäuschungen führen. Das pneumatische Proprium der Koinonia wird verraten, wenn der Wunsch nach Befriedigung emotionaler Bedürfnisse überhand nimmt.[140]

Rückblickend auf die Erörterung der Strukturelemente der Glaubensgestalt sieht man, daß Glaubensidentität dann gewährleistet ist, wenn die drei Elemente in einem ausgewogenen Verhältnis zueinander stehen, wobei die Akzente durchaus verschieden gesetzt werden können. Identitätsstörend wirkt es sich dagegen aus, wenn eines der drei Elemente derart dominiert, daß die anderen beiden bedeutungslos werden.

1.2.3 Pastoraltheologische Überlegungen

Der folgende Gedankengang beginnt mit allgemeinen Bemerkungen zur pastoral-beruflichen Identität. Daraus ergeben sich dann spezielle Fragen zum Verhältnis von Identität und pastoraler Kompetenz.

(1) Die Thematik „Identität gegen Identitätsdiffusion" erhält ihren besonderen Akzent, wenn man sie mit dem Adjektiv „beruflich" verbindet. Sie lautet dann *berufliche Identität gegen berufliche Rollenunsicherheit*. Es ist eine allgemein menschliche Tatsache, daß sich die berufliche Rolle auf die Identität des Berufsträgers auswirkt. Voraussetzung dafür, daß diese Wirkung positiv, d. h. identitätsfördernd sein kann, ist das Vorhandensein eines deutlich erkennbaren *Berufsbildes*. – Wie sieht nun das Bild des Priesterberufes aus? Was wird bewußt vermittelt, welche kirchlichen und gesellschaftlichen „atmosphärischen" Einflüsse sind mitbestimmend, welche persönlichen – bewußten und unbewußten – Phantasien tragen gestaltend dazu bei? Da gibt es zunächst die Darstellung des priesterlichen Amtsverständnisses in den kirchenamtlichen Verlautbarungen und die theologische Diskussion über dieses Verständnis, die von GRESHAKE bis zu SCHILLEBEECKX reicht[141], sodann die zahlreichen spirituellen Interpretationen, von denen ich als Beispiel nur die jüngste mir bekannte nenne, das Buch von Bischof Klaus HEMMERLE mit dem Titel „Gerufen und verschenkt". In Wort und Schrift wird vor den Augen des Priesteramtskandidaten ein reiches „Bildmaterial" ausgebreitet, das ihm zunächst einmal Probe-Identifikationen erlaubt, bis er schließlich diese und jene Züge in seine eigene im Entstehen begriffene berufliche Identität übernimmt. Zur Auseinandersetzung wird dem Kandidaten ferner das „Image" des Priesters angeboten, das gesellschaftlich und volkskirchlich virulent ist. Es ist dies ein ambivalentes, diffuses Bild mit Zügen, die vom Vater der Gemeinde bis zum verhaßten Pfaffen reichen. Dieses facettenreiche Bild beschäftigt den Kandidaten lange Zeit und ist an seiner Ortsbestimmung beteiligt. Es sind aber auch noch „Bildermacher" an der Arbeit, die ihr Werk weithin im Unbewußten verrichten. Wird beispiels-

weise das „ungeliebte Anderssein"[142] theologisch überbetont, kann diese Theologie narzißtische Größenvorstellungen nähren. Es ist durchaus psycho-logisch, daß mit dem Gefühl, etwas Besonderes zu sein, Minderwertigkeitsgefühle korrespondieren angesichts des Riesenwerkes, das der ausgesonderte Priester künftig vollbringen soll (vgl. die Thematik „Werksinn gegen Minderwertigkeitsgefühle"). Im Unbewußten sowohl des Kirchenvolkes als auch des Kandidaten ist noch ein weiterer „Priesterbildner" zu finden: das naturhaft-religiöse, archaische Verlangen nach dem „heiligen Außenseiter", nach dem Repräsentanten des Göttlichen. Die Schule von C. G. JUNG sieht im „Priester-Archetypus"[143] eine psychische Realität, die einerseits vom volksreligiösen Empfinden auf den Seelsorger – nicht nur auf den Priester! – projiziert wird, die anderseits aber auch im Priesteramtskandidaten selbst unbewußt wirksam ist. Der althergebrachte gläubige Respekt vor dem Priester verbindet sich dort, wo er noch vorhanden ist, vermutlich mit dem Mischgefühl von Scheu und Faszination, wie es dem Erleben des „Heiligen", des Numinosen entspricht.[144] Für den Kandidaten selbst besteht die Aufgabe darin, die naturhaft-religiösen Implikationen des Priestertums nicht in Abrede zu stellen, sie jedoch zu läutern und sie von der eigenen affektiven Betroffenheit durch die spezielle Berufung zum Amtspriestertum zu unterscheiden. Es handelt sich hier um einen besonders subtilen Fall der Unterscheidung des Christlichen bzw. des Katholischen vom naturhaft Religiösen.[145]

Das „Priesterbild" wurde als Beispiel ausgewählt, weil der Priesterberuf der klassische pastorale Beruf ist, der in der katholischen Kirche eine ungebrochene Tradition hat. Alle anderen pastoralen Berufe haben schwächere Bildkonturen und blassere Farben. Das hat Vor- und Nachteile. Der Vorteil ist die geringere geschichtliche Belastung im Vergleich zum Priesterberuf, von dem nicht nur ein Bild, sondern auch ein Feindbild entstanden ist; der Nachteil ist die diffuse Berufsrolle, unter der Diakone und pastorale Laienberufe leiden. Die angedeutete Problematik ist zu umfangreich, als daß sie hier ausführlicher besprochen werden könnte. Die beim „Priesterbild" genannten Gesichtspunkte gelten für alle pastoralen Berufe und sollten weiter reflektiert werden.

(2) Das Verhältnis von *personaler Identität und pastoraler Kompetenz* hängt davon ab, wie die Identitätsbildung verlaufen ist. Die Beziehung der beiden Größen zueinander hat eine andere Qualität, wenn aus der Lebens- und Lerngeschichte eines Menschen im frühen Erwachsenenalter eine relativ stabile Identität hervorgeht, als wenn diese Geschichte ein beträchtliches Identitätsdefizit zur Folge hat. Je mehr die drei Dimensionen der Identität entfaltet werden konnten, um so tragfähiger ist diese Identität für die pastorale Kompetenz. Unter dieser wird

hier vereinfachend der gesamte Komplex aus Zuständigkeits- und Fähigkeiskompetenz verstanden unter Vernachlässigung der Differenzierungen (vgl. I. Hauptteil).
Ich unterscheide zwei *Grundtypen* des Verhältnisses von Identität und Kompetenz. Beim Leser werden durch diese Andeutungen sicher aus der Erinnerung Beispiele dazu auftauchen.

Identität bestärkende pastorale Kompetenz
Das optimale Verhältnis ist dann erreicht, wenn die pastorale Kompetenz in die geglückte personale Identität voll integriert werden konnte. Die beiden Größen, Identität und Kompetenz, wirken dann in harmonischer Wechselbeziehung bekräftigend aufeinander ein. Begegnet man solchen Menschen, so wird ihre Gegenwart als „erlösend", als „redemptiv" erlebt. Ihnen war es vergönnt – was auch als Gnade bezeichnet werden kann – ihre Identität zu vollenden (vgl. 1.3).

Identität ersetzende pastorale Kompetenz
Pastorale Kompetenz kann aber auch mit einer nicht geglückten Identitätsbildung zusammentreffen. Sie dient dann zwar den Lebens- bzw. Überlebensbedürfnissen der betreffenden Person, verliert dabei jedoch – ganz oder teilweise – ihre pastorale Qualität. Im Extremfall steht sie nicht mehr im Dienst am Menschen, sondern nur noch im Dienst notdürftiger Aufrechterhaltung der eigenen Identität.
Je nach gefestigter oder labiler Identität reicht die *Skala* der Rolle der pastoralen Kompetenz von identitätsfördernder Bereicherung über eine hauptsächlich identitätsstützende oder identitätskompensierende Funktion bis hin zur Rolle eines Identitätsersatzes.[146]

Zusammenfassung und Folgerungen (1.2.1–1.2.3)
Da von der „Gestaltung der Identität" die Rede war, traten ihre positiven Möglichkeiten in den Vordergrund, vielleicht so stark, daß die mehr zwischen als in den Zeilen stehenden Hinweise auf die *Gefährdung der Identitätsbildung* nicht deutlich genug wahrgenommen werden konnten. Wer diesbezüglich mehr wissen will, lese z. B. Klaus D. Hoppes Berichte über die Therapien von Priestern und Ordensangehörigen.[147] Sie sind Dokumente des Ringens um die Identität, wie man sie nur selten zu Gesicht bekommt.
Grundsätzlich gilt die Feststellung des evangelischen Theologen und Psychoanalytikers Joachim Scharfenberg, daß *Ich-Identität ein eschatologischer Begriff* ist, „der etwas bezeichnet, was sich mit empirischen Mitteln niemals bestimmen läßt, weil es der menschlichen Erfahrung stets voraus ist"[148]. Der christliche Glaube weist die Vorstellung zu-

rück, daß eine endgültige Identität eigenmächtig herbeigezwungen werden kann. „Er besteht auf dem *Zusammenhang von Identität und (geschenkter) Erlösung*: Nicht der Mensch, sondern Gott selbst ermöglicht die wahrhafte, eschatologische Identität, und er ermöglicht sie, indem er an der menschlichen Geschichte Anteil nimmt und sich schließlich zu ihrer versöhnenden Mitte macht."[149]

Nach diesen prinzipiellen Aussagen sollen nun nochmals rückblickend die drei Dimensionen der Identität (1.2.1 bis 1.2.3) ins Auge gefaßt werden, diesmal unter dem *Aspekt ihrer gegenseitigen Zuordnung*. Es gibt so etwas wie eine Epigenese von Dimension zu Dimension, eine prinzipiell irreversible Abfolge ihrer Entfaltung. Es wird nicht verneint, daß es wechselseitige Einflüsse der Dimensionen aufeinander gibt, aber der Wachstumsprozeß, generell betrachtet, verläuft von der Ermächtigung zum Leben (humane Ich-Identität) über die Erwählung zum Glauben (durch die Taufe initiierte Identität) zur Berufung in ein spezielles Amt oder einen Dienst (pastoral-berufliche Identität). Die Folgerung, die aus diesem Befund für die kirchliche Praxis zu ziehen ist, lautet: Bei der Heranbildung von Priestern, Diakonen und Ordensangehörigen – und analog bei den zum pastoralen Dienst berufenen Laien – hat die Sorge nicht nur der speziellen Berufung zu gelten, sondern zunächst der Entwicklung einer gefestigten Identität als Mann oder Frau und als getaufte und gefirmte Christen. Manchmal entsteht der Eindruck, daß der „geistliche Beruf" für wichtiger gehalten wird als die menschliche und gläubige Reife, die doch Voraussetzungen für diesen Beruf sind. Öfter, als für wahr gehalten wird, werden pastorale Berufe – wie auch Ordensberufe ohne pastoralen Auftrag – auf den Sand mangelnder humaner und mangelnder gläubiger Identität gebaut. Wenn dies der Fall ist, dann ist das „Pontifex-Ich" wenig belastbar, so daß Probleme im Bereich der beruflichen Identität nur schwer bearbeitet und bewältigt werden können. Berufliche Konflikte zwischen den verschiedenen Trägern pastoraler Kompetenz, z. B. zwischen dem Bischof und einem seiner Dekane oder zwischen dem Pfarrer und einer Gemeindereferentin, werden durch ein Defizit an menschlicher und christlicher Identität verschärft.

Ein letzter Gesichtspunkt stellt die *Verbindung zu dem nun folgenden Abschnitt* über die Vollendung der Identität her. Manchmal fiel es mir beim Schreiben über die Gestaltung der Identität schwer, nichts von dem vorwegzunehmen, was auf den nächsten Seiten dargestellt wird. Es ist zwar richtig zu sagen, die Fähigkeit zu lieben setzt Identität voraus, aber ebenso zutreffend ist es, daß die Hingabefähigkeit, die Generativität und die Integrität ihrerseits der Identität in ihrer Entfaltung zugute kommen. Die Basis-Kompetenzen, zur Treue fähig (1.2) und liebend, sorgend und weise geworden in der Welt zu sein (1.3), verstärken sich gegenseitig, sobald sich – epigenetisch betrachtet – eine genügende, wenn auch noch im Wachsen begriffene Identität bilden konnte.

1.3 Vollendung der Identität

ERIKSON beendet seine Identitätstheorie nicht mit dem Höhepunkt der Identitätsbildung in der Adoleszenz. Er führt sie über dieses Stadium hinaus weiter bis zum Ende des empirisch beschreibbaren Lebensweges. Zeitlich handelt es sich um das frühe, mittlere und reife Erwachsenenalter, also um die Zeit der Berufsausübung und des an sie anschließenden Lebensausklangs. Der Ertrag dieser Jahre besteht in der Errungenschaft von weiteren drei Fähigkeiten, die jeweils mit einer spezifischen Lebensthematik korrespondieren. In der Überschrift zu diesem Abschnitt steht das Wort „Vollendung", das nur dann gebraucht werden darf, wenn darunter ein Ziel verstanden wird, das bestenfalls annähernd erreicht werden kann.

1.3.1 Die Fähigkeit, lieben zu können
Lebensthematik: Intimität gegen Isolierung
Das Wort Liebe ist zu einem Gemeinplatz geworden, dessen Banalität der Liebesunfähigkeit vieler Menschen entspricht. Es bedarf also einer Aktion zur Rehabilitierung des eigentlichen Sinnes von Liebe, den ERIKSON in der „Gegenseitigkeit der Hingabe" sieht.[150] Er weist auf das menschliche Privileg hin, über die Sexualität hinaus Liebe im Sinn von Intimität entwickeln zu können. Thomas C. ODEN betont in seiner Reflexion über die beiden Begriffe Intimität und Sexualität ebenfalls: „Gewiß hat Sexualität häufig intimen Charakter. Aber ein Orgasmus kann auch ohne Intimität zustandekommen, ja sie sogar verletzen. Während Intimität innerhalb der Geschlechtlichkeit auftreten kann, wird sie doch niemals durch Sexualität hinreichend definiert. Die öffentliche Meinung begeht einen besonders argen Fehler, wenn sie Intimität nur als einen Aspekt der Sexualität betrachtet".[151]

Identitätstheoretische Aspekte:
Identität erweist sich dort am stärksten, „wo sie mit sich selbst Risiken eingehen kann. Aus diesem Grund setzt Liebe in ihrem wahrsten Sinne sowohl Identität wie Treue voraus"[152]. Es gibt viele Vorformen der Liebe im Laufe der psychosozialen Entwicklung des Menschen, aber erst die erreichte Identität am Ende der Adoleszenz erlaubt jene Intimität, „jene Selbstlosigkeit gemeinsamer liebender Zuwendung, die die Liebe in wechselseitiger Hingabe verankert"[153]. Diese Hingabefähigkeit bewährt sich in erster Linie in der geschlechtlichen Vereinigung

und wird dann zur eigentlichen „Genitalität", die mehr als sexuelle Funktionstüchtigkeit ist. Intime Hingabefähigkeit bewährt sich aber auch in der Form von Freundschaft, im gesunden Wettstreit, im Engagement für Menschen und Ideen, im Erleben von Inspiration und Intuition, wie auch in meditativen bzw. kontemplativen und in kultisch-liturgischen Erfahrungen.

Zur Intimitätsfähigkeit gehört nach ERIKSON auch die *Fähigkeit zur Distanz*. Sie besteht in der Bereitschaft und in der Kraft, sich von Einflüssen fernzuhalten, die dem eigenen Intimbereich schaden und dem Wesen von Liebe und Treue widersprechen. Es handelt sich um eine reife Art von Zurückweisung, die nicht aus Vorurteilen oder aus der Furcht vor Ich-Verlust, sondern aus Ich-Stärke hervorgeht.

Der Gegensatz zum Erleben intimer und engagierter Hingabe ist das Gefühl der *Isolierung*, der inneren – und vielleicht auch äußeren – Vereinsamung. Mitwelt und Umwelt verblassen. Es kommt zu einer narzißtischen Selbstbezogenheit und Entfremdung. Die menschlichen Beziehungen werden stereotyp und formal, ohne Unmittelbarkeit und Wärme, von Rollen statt von lebendigen Kontakten bestimmt.

Elementartheologische Aspekte:
Das ganze *Alte Testament* ist voll von Zeugnissen der unverbrüchlichen Liebestreue Gottes und seiner „intimen" Beziehung zu seinem Volk, das er wie seinen Augapfel liebt und schützt. „Der Herr und Mose" – der Repräsentant des Volkes – „redeten miteinander Auge in Auge, wie Menschen miteinander reden" (Ex 33,11), und Gott erfüllte Mose den Wunsch, ihn seine Schönheit in einer für Menschen erträglichen Weise schauen zu lassen. Immer wieder verwendet die Schrift den Vergleich mit einer intimen erotischen Beziehung zwischen Mann und Frau, um das Verhältnis Jahwes zu seinem Volk zu veranschaulichen. Der über Jahrhunderte hin wiederholte Refrain „Ich werde ihr Gott sein und sie werden mein Volk sein" (Jer 31,33) findet schließlich in dem durch Jesus, den Messias, begründeten Neuen Bund seine Erfüllung. Die Bundesgeschichte ist eine Liebesgeschichte. Intimität ohne Geschichte ist keine wahre Intimität. Ich bedaure, an dieser Stelle nicht die ganze Phänomenologie der Intimität wiedergeben zu können, die ODEN entworfen hat.[154] Ich nenne nur einen Aspekt, der elementartheologisch besondere Beachtung verdient. Ein wesentliches Merkmal von Intimität kommt in dem Begriffspaar „Dauerhaftigkeit und Ekstase" zum Ausdruck. Die Beziehung zwischen Jahwe und seinem Bundesvolk ist gekennzeichnet einerseits durch eine konfliktreiche, langwährende Geschichte, anderseits durch die Erfahrung von Theophanie und das Erleben der „Großtaten Gottes". Analog trifft dies auch auf die Geschichte

des einzelnen Glaubenden mit seinem Gott zu, wenn Gott für ihn nicht zu einem unverbindlichen, ungeschichtlichen „Göttlichen" geworden ist.[155]
Im *Neuen Bund* ist die spirituelle Gestaltung der *Nachfolge-Intimität* von großer Bedeutung. Die Beziehungsform der Nachfolge bewegt sich in der Dialektik von *Nähe und Distanz.* Wenn PAULUS sagt: „Nicht mehr ich lebe, sondern Christus lebt in mir" (Gal 2,20), spricht er unübertrefflich von Nähe. Aber er redet nicht einer konturlosen transpersonalen Verschmelzung das Wort. Er redet von einer intimen Beziehung, in der das jeweilige „Ich" und das „Du", also die personalen Identitäten erhalten bleiben. Intime Beziehung heißt immer auch Wahrung von Distanz. Wie könnte sonst von Nachfolge die Rede sein!
Die *pneumatologische Dimension* der Kirche tritt seit dem II. Vatikanischen Konzil wieder deutlicher hervor. Der Heilige Geist ist Ausdruck der intimen Beziehungswilligkeit Gottes. Die Kraft des Geistes treibt die Kirche von *innen* her – weder von oben noch von unten! – auf das Reich Gottes zu. Sie bewirkt „Brüderlichkeit" oder, wie man neuerdings sagt, „Geschwisterlichkeit" im Sinne von Solidarität und Liebe unter den zum Glauben Erwählten und darüber hinaus unter den zum Leben Ermächtigten. Solidarität, die sich in einem bloßen Zweckbündnis zur Bekämpfung eines Gegners erschöpft, ist keine christliche Solidarität. Letztere ist immer „intim", d.h. von der „Gegenseitigkeit der Hingabe" inspiriert, was nach ERIKSON eine Definition von Liebe ist.
Beim Thema „Hingabe" kann die Erwähnung der *Eucharistie* als erinnernde Vergegenwärtigung des Todes und der Auferstehung Jesu nicht unterbleiben. Werden Intimität, Liebe und Hingabe so verstanden, wie es in den vorausgehenden Gedanken zu zeigen versucht wurde, ist die Eucharistie das große intime und zugleich identitätsbestärkende Ereignis des Neuen Bundes; denn christliche Existenz besteht darin, „in die Kenose Christi, in seine Entäußerung einzugehen. Gott schenkt dem Menschen dafür seinen eigenen, unverwechselbaren Namen: er schenkt ihm die Identität mit sich selbst"[156].

Pastoraltheologische Aspekte:
Johann Michael SAILER hat seiner dreibändigen Pastoraltheologie von der dritten Auflage (1812) an eine Einleitung vorangestellt, in der er unter dem *Kennwort „Einigung"* ein Konzept entwirft, das heute so gut wie damals Leitidee jeder pastoralen Tätigkeit sein kann.[157] SAILER geht von der leidvollen Tatsache aus, daß das ursprüngliche Einssein der Menschheit mit Gott durch Sünde zerbrochen ist. Er fährt fort: „Diese Entzweyung zwischen Gott und der Menschheit hat nothwendig die Entzweyung zwischen Menschen und Menschen zur Folge". Aber diese

„doppelte Entzweyung" soll, weil Gott die Liebe ist, die nicht sterben kann, und der Geist Gottes der „Geist der Einigung" ist, in Jesus Christus wieder aufgehoben werden. SAILER sieht in diesem Einigungsprozeß, der die Menschheit durch Christus mit Gott und die Menschen untereinander wieder verbindet, die zentrale und universale Aufgabe der Menschheit. Die Kirche ist für ihn die „Vereinigung der Menschen zur Lösung dieser Aufgabe". Diesem weiten und offenen Verständnis von Kirche entspricht die Definition von Pastoraltheologie, die SAILER im 25. Punkt seiner „Idee einer Pastoraltheologie" formuliert:

> „Die Pastoraltheologie ist also die Wissenschaft,
> die Menschen,
> die von Gott getrennt und entfernt,
> und unter sich uneins sind,
> in Annäherung unter sich und zu Gott,
> und in Einigung unter sich und mit Gott zu bringen,
> und zwar im Geiste Christi
> und im Geiste seiner Kirche;
> *im Geiste Christi*, der auf Erde erschienen ist,
> um die Menschheit an sich anzuschließen
> und durch sich mit Gott zu vereinigen;
> *im Geiste seiner Kirche*,
> die, Eins mit Christus, nichts wollen darf,
> als alle Trennungen zwischen Gott
> und den Menschen aufzuheben,
> und die Vereinigung mit Gott herzustellen" [158].

Unter dem Eindruck dieser einzigartigen Leitidee für pastorales Handeln ist es angebracht, sich über die Qualität dieses Handelns Gedanken zu machen, nämlich, ob sie der Basis-Kompetenz der einigenden Liebe entspricht oder ihr zuwiderläuft.

Theologische *Kriterien für die Güte des pastoralen Handelns* entnehme ich dem Zweiten Brief an Timotheus. Dort heißt es im siebten Vers des 1. Kapitels: „Gott hat uns nicht einen Geist der Verzagtheit gegeben, sondern den Geist der Kraft, der Liebe und der Besonnenheit".

Dem *Geist der Verzagtheit* entspringen die Zerrformen des Handelns, die mit Agieren, bloßem Funktionieren und Betriebsamkeit bezeichnet werden. „Verzagtheit" ist identitätstheoretisch zu übersetzen mit Mangel an Lebens- und Glaubenszuversicht (1. Kontrapunkt: Mißtrauen), mit Mangel an Lebens- und Glaubensorientierung (5. Kontrapunkt: Identitätsdiffusion) und mit Mangel an Lebens- und Glaubensintegrität (8. Kontrapunkt: Lebensekel und Verzweiflung). Vor allem Priester befinden sich heute in einer besonders schwierigen Lage, da sie infolge ihrer geringen Zahl und der ständig steigenden Anforderungen in Gefahr sind, sich nicht aufgrund ruhiger Überlegungen auswählend zu entscheiden, sondern der Versuchung zu hektischem Aktivismus zu erliegen. Es ist keine Übertreibung, wenn R. ZERFASS feststellt: „Bereits nach wenigen Berufsjahren ist jener unruhige, laute, veräußerlichte Kirchenfunktionär entstanden", der Christen und Nichtchristen und vor allem potentielle Priesteramtskandidaten abstößt, „weil er der lebendige Beweis dafür ist, wie sehr auch die Religion den Menschen zu entfremden vermag, wie wenig der Glaube erlöst und heilt" [159]. Durch vermehrte Spiritualität allein läßt sich dieses desolate Problem nicht lösen. Appelle an ein intensiveres geistliches Leben und an eine größere Opferbereitschaft werden vielmehr zur Ironie, wenn in der Kirche nicht zugleich die Bereitschaft zu strukturellen Veränderungen vorhanden ist, d. h. sowohl zu Änderungen in der Personalpolitik als auch von seelsorglichen Konzepten. Eine Zuweisung pastoraler Kompetenz an geeignete Laien wird jedoch nichts nützen, solange nicht konsequent der Weg der Gemeindeweiterentwicklung „von der Versorgung zur Mystagogie" [160] beschritten wird. Es hat keinen Sinn, den Kampf gegen die Resignation, gegen den „Geist der Verzagtheit", mit Ermahnungen zu führen, statt durch das Engagement für eine Idee, für eine Vision von Kirche, in der Gott *und* die Menschen ernstgenommen werden.

Aus dem *Geist der Kraft, der Liebe und der Besonnenheit* geht ein machtvolles Handeln hervor, das sich der Menschen nicht bemächtigt, ihnen aber ein Zeugnis gibt, das bereits Verkündigung des Glaubens ist, bevor auch nur ein Wort gesprochen wurde. Der theologische Begriff „Kraft" findet seine identitätstheoretische Entsprechung in „Ich-Stärke" bzw. „Identität" (5. Thematik), der Begriff „Liebe" entspricht der „Intimität" (6. Thematik) und die „Besonnenheit" der „Lebensweisheit", wie sie uns noch (8. Thematik) begegnen wird.

Wo liegt nun die *Quelle dieses Handelns?* Johann Michael SAILER hat gewußt, was er tat, als er ein Drittel seiner dreibändigen Pastoraltheologie – 289 Seiten – der „praktischen Schriftforschung" widmete und diese unter die doppelte Devise stellte:

„Der Geist ist es, der lebendig macht,
das Fleisch tauget nichts.   Christus.

Der Buchstabe tödtet, der Geist belebet.   Paulus." [161]

SAILER erweist allen gelehrten Schriftforschern seine ehrliche Reverenz, indem er beteuert: „Sie, die praktische Schriftforschung, weiset zwar keinen Fund der Gelehrten zurück, wenn er den müden Pilger auf dem Wege zu Gott vorwärts bringen kann, ja sie nimmt von ihm alle Arbeiten, die sie zur klaren Anschauung Gottes in Christus führen können, dankbar an; aber ihr Beruf ist doch nur der: den Menschen von ihm selbst los, und mit Gott Eins zu machen. Ehre allen gelehrten Schriftforschern – Heil dem *Praktischen!*"[162] Das praktische Schriftforschen unterscheidet sich vom gelehrten „vorzüglich wie *Lichtstrahlen*, die, in Brennpuncte vereinigt, wirklich zünden, von den Strahlen, die bloß leuchten oder etwa mit schönem Farbenspiel das Aug unterhalten. Die gelehrte Schriftforschung geht auf Untersuchung aus, und endet mit Untersuchung; die praktische geht auf Umwandlung des *ganzen, innern Menschen aus*, und nur im Blicke auf die Umwandlung des ganzen, innern Menschen geht sie auch auf *Erleuchtung* aus"[163]. Der biblische Fundus des pastoralen Wirkens kann durch nichts ersetzt werden: „So viel, denke ich, wird dem Kenner *einleuchten*, daß alle nähere Bemühungen, künftige Seelsorger zu bilden, den Zweck verfehlen müssen, wenn sie nicht darauf ausgehen, denselben den Selbstgebrauch der heiligen Schrift zur eignen und fremden Erbauung, so viel möglich, zu empfehlen und zu erleichtern".[164]

1.3.2 Die Fähigkeit, für-sorgen zu können
Lebensthematik: Generativität gegen Selbstabsorption
Die Assoziationen zu dem Wort „Fürsorge" sind ambivalent. Viele denken gleich an eine herablassende, den notleidenden Menschen entwürdigende Umgangsweise. Mittlerweile ist aus der „Fürsorgerin" eine „Sozialarbeiterin" geworden, was dem Bild, das man sich von diesem Beruf macht, nicht unbedingt zum Vorteil gereichte. Es ist also eine Läuterung notwendig, bevor der Begriff „Fürsorge" wieder eindeutig positiv gebraucht werden kann. Der gute Sinn des Wortes wird zurückgewonnen, wenn man der Deutung von ERIKSON zustimmt: „Fürsorge ist die sich immer erweiternde Sorge für das, was durch Liebe, Notwendigkeit oder Zufall erzeugt wurde"[165]. Es handelt sich um nichts Geringeres als um die Kunst der Lebensweitergabe. „Haben wir erst einmal dies Ineinandergreifen der menschlichen Lebensstadien erfaßt, dann verstehen wir, daß der erwachsene Mensch so konstituiert ist, daß er *es nötig hat, benötigt zu werden*, um nicht der seelischen Deformierung der Selbst-Absorption zu verfallen, in der er zu seinem eigenen Kind und Schoßtier wird"[166]. Fürsorge ist also ein elementarer, lebensbejahender Vorgang, der, ethologisch-instinkthaft fundiert, alle Dimensionen des Menschseins, auch seine geistigen und geistlichen, umfaßt.

Identitätstheoretische Aspekte:
Die Lebensthematik „Intimität" ist eng verbunden mit einem weiteren Kriterium seelischer Gesundheit, mit der *Fähigkeit zur Elternschaft* im wörtlichen und im übertragenen Sinn. „Elternschaft" ist weit mehr als

zeugendes und gebärendes Hervorbringen menschlichen Lebens. Gerade die Divergenz zwischen dem bloßen Hervorbringen und eigentlicher Elternschaft ist ein menschliches Elendspotential sondergleichen. Der qualifizierten Elternschaft geht es um „Stiftung und Erziehung der neuen Generation". Der Mensch ist *die* lehrende und fürsorgende Spezies der Schöpfung. Er hat, wenn er seelisch gesund ist, die Leidenschaft, andere das Leben zu lehren, andern die Kunst zu leben weiterzugeben. Ohne generative Bereicherung verarmt das Leben, es *stagniert.* Die Folge davon ist eine Degeneration der Gefühlswelt. An die Stelle echter intimer Gefühle tritt eine Pseudo-Intimität sowohl im Bereich menschlicher Beziehungen als auch religiöser Bindungen. Der Kontrapunkt *Selbstabsorption* ist die sekundär-narzißtische Selbstbezogenheit, die bis zu einer malignen Regression fortschreiten kann. Zusammenfassend definiert ERIKSON: Generativität ist „in erster Linie das Interesse an der Erzeugung und Erziehung der nächsten Generation, wenn es auch Menschen gibt, die wegen unglücklicher Umstände oder aufgrund besonderer Gaben diesen Trieb nicht auf ein Kind, sondern auf eine andere schöpferische Leistung richten, die ihren Teil an elterlicher Verantwortung absorbieren kann"[167].

Elementartheologische Aspekte:
Elternschaft im wörtlichen Sinn ist Teilnahme am schöpferischen Handeln Gottes. Ich habe den Eindruck, daß in der kirchlichen Diskussion über das Problem der Geburtenregelung die Genitalität im umfassenden Sinn des Begriffes weithin aus dem Blickfeld geraten ist. ERIKSON hebt ausdrücklich hervor, daß die „Utopie der Genitalität" nur dann ihre dauernde soziale Bedeutung hat, wenn sie in reife Generativität einmündet, d. h. in die Fähigkeit und in den Willen, „der Nachkommenschaft ... alle Stadien einer befriedigenden Entwicklung zu sichern"[168]. Eine der Bedingungen für diese Sicherung besteht darin, daß die Eltern selbst den epigenetischen Weg bis zur Generativität zurücklegen konnten. Sie werden, soweit es an ihnen liegt, bemüht sein, ihre Werdescheu zu überwinden, wenn ihnen ihr Glaube ermöglicht hat, das Leben als Gnadengabe[169] Gottes zu verstehen: „Als ich geformt wurde im Dunkeln, kunstvoll gewirkt in den Tiefen der Erde, waren meine Glieder dir nicht verborgen. Deine Augen sahen, wie ich entstand; in deinem Buch war schon alles verzeichnet; meine Tage waren schon gebildet, als noch keiner von ihnen da war" (Ps 139,15f.).

Zur Elternschaft fähig geworden, erschließen sich dem Menschen noch andere Möglichkeiten, diese zu verwirklichen, als nur die „Erzeugung und Erziehung der nächsten Generation". Teilnahme an der Ekklesiogenese durch die verschiedenen Charismen zum Aufbau der Gemeinde ist *Elternschaft im übertragenen Sinn.* Ich hoffe, daß es viele Christen gibt, die aufgrund ihrer primären Kompetenz die generative Freude kennen, die alles diakonische Handeln und alle erzählende Weitergabe des Glaubens mit sich bringt. Sämtliche Charismen, auch die unscheinbaren und wortlosen, sind generativ und absorbieren einen Teil an elterlicher Verantwortung für die Kirche, die im Werden begriffen ist.

Elternschaft im wörtlichen wie im übertragenen Sinn ist nahe verwandt mit *Kreativität.* In der Psychologie ist viel von ihr die Rede.[170] Ich plädiere dafür, daß diesem Begriff seine ursprüngliche theologische Bedeutung zurückerstattet wird. Das kann aber nur geschehen, wenn der Glaube an die „creatio continua" sich mit der unmittelbaren Lebenswirklichkeit verbindet. Ermächtigung zum Leben und Beauftragung zur Lebensweitergabe werden dann zu existentiellen Impulsen, das Leben so kreativ zu gestalten, wie es der von der Vorsehung Gottes entworfenen Entelechie entspricht.

Der theologische Begriff „kreativ" schließt bereits den anderen, nicht weniger bedeutsamen in sich, nämlich den Begriff „redemptiv". Ohne die redemptio continua gibt es keine „neue Schöpfung". Der Akzent auf „neu" setzt Erlösung voraus.

Pastoraltheologische Aspekte:
Hauptberufliche pastorale Tätigkeit kann als *professionell-ekklesiale Elternschaft* gedeutet werden. Ich nenne zwei Probleme, die mit dieser „elterlichen" Rolle gegeben sind. Erstens: Für den Berufsanfänger im pastoralen Amt und Dienst ist es nicht einfach, sich in die generative berufliche Rolle einzuleben, weil sie *einen gewissen Abstand* zu denjenigen verlangt, denen die Für-Sorge gilt. Das richtige Verhältnis von Nähe und Distanz in den jeweiligen seelsorglichen Situationen zu finden, ist ein signifikantes Kriterium pastoraler Kompetenz. Zweitens: Für pastorale Elternschaft gilt das gleiche wie für die familiale Elternschaft: In beiden Situationen geht es um die *Sorge für das Selbständig- und Lebenstüchtig-Werden* der nachwachsenden Generation. Kinder und Jugendliche brauchen die Erlaubnis der Eltern, sich von ihnen lösen und auf eigene Füße stellen zu dürfen. Auf ähnliche Weise muß auch den Christen ein Ablösungsprozeß ermöglicht werden, aus dem sie mit einer neuen erwachsenen Beziehung zur Kirche als Institution hervorgehen. Wenn dieser Prozeß verhindert wird, kann es kein kräftiges Wachstum der Kirche in die Zukunft hinein geben.

In der Definition von Generativität, die ERIKSON formuliert hat – sie wurde auf der vorigen Seite wiedergegeben – klingt die bekannte Stelle aus dem Matthäusevangelium über die Ehelosigkeit an (Mt 19,10-12). Als Psychoanalytiker und Identitätstheoretiker vertritt ERIKSON die Meinung, daß es qualifizierte Elternschaft auch für Menschen, die kinderlos leben, gibt. Eines steht fest: je generativer eine „Ehelosigkeit um des Himmelreiches willen" gelebt wird, um so erfüllter ist diese Lebensform und um so eher gelingt wohl auch die Integration der Sexualität in die Geschlechtlichkeit ehelos lebender Menschen.

1.3.3 Die Fähigkeit, besonnen leben zu können
Lebensthematik: Integrität gegen Lebensekel und Verzweiflung
Gott hat uns den Geist der Besonnenheit gegeben (vgl. 2 Tim 1,7). Diese Gnadengabe korrespondiert mit der letzten Basis-Kompetenz, der Weisheit: Sie „ist distanziertes Befaßtsein mit dem Leben selbst, angesichts des Todes selbst. Sie erhält und vermittelt die Integrität der Erfahrung, trotz des Niedergangs der körperlichen und geistigen Funktionen. Sie hält für das Bedürfnis der nachfolgenden Generationen nach einer integrierten Erbschaft Antworten bereit und bleibt sich doch der Relativität alles Wissens bewußt[171]. Ältere Menschen stellen mit Freude und Erschrecken fest, daß junge Menschen an dem Lebens- und Glaubenswissen teilnehmen wollen, das sich im Laufe einer langen Lebenszeit angesammelt hat. Lebensbesonnenheit bahnt sich von langer Hand an. Spuren von Weisheit können schon in der Kindheit gefunden werden. Es handelt sich also nicht um ein epigenetisch starres Privileg des Alters, sondern um Früchte von Lebenskrisen und -erfahrungen, die oft schon früh geerntet werden dürfen oder geerntet werden müssen, die aber im „reifen Erwachsenenalter" (ERIKSON) zahlreicher sind und bewußter entgegengenommen werden.

Identitätstheoretische Aspekte:
Wer in seinem Leben die generative Sorge für Menschen, Ideen und Werte auf sich genommen hat, wer sich an Erfolgen freuen und Enttäuschungen verarbeiten konnte, nur der tritt in das Stadium der *Integrität* ein. Wer dahin gelangt ist, weiß zwar um die unvollkommene Gestalt seines Lebens, aber er steht zu seiner persönlichen Geschichte und zu dem Gelingen und Mißlingen, das ihm zuteil geworden ist. In dieser Perspektive wird auch die Furcht vor dem Tode abgemildert, denn je erfüllter das Leben war, um so eher ist zu hoffen, „leichter" von ihm Abschied nehmen zu können.

ERIKSON nennt einige Merkmale für den seelischen Zustand, den er als Integrität bezeichnet:

(1) „Er bedeutet die Annahme seines einen und einzigen Lebenszyklus und der Menschen, die in ihm notwendig da sein mußten und durch keine anderen ersetzt werden können."
(2) „Er bedeutet eine neue, andere Liebe zu den Eltern, frei von dem Wunsch, sie möchten anders gewesen sein als sie waren; und die Bejahung der Tatsache, daß man für das eigene Leben allein verantwortlich ist."
(3) „Er enthält ein Gefühl der Gefährtenschaft mit den Männern und Frauen ferner Zeiten und Lebensformen, die Ordnungen und Dinge und Lehren schufen, welche die menschliche Würde und Liebe vermehrt haben."[172]

Bei mangelnder Ich-Integrität machen sich *Lebensekel und Verzweiflung* und oft auch ein überdurchschnittliches Maß an *Todesfurcht* geltend. Der eigene Lebensweg kann nicht bejaht werden. Die Zeit ist zu kurz, ein neues Leben zu beginnen. Hinter einer demonstrativen Verachtung bestimmter Personen und Institutionen steckt oft die Verzweiflung. Chronische Kritiksucht, die keine konstruktiven Ideen und keine Bereitschaft zur Beteiligung an Problemlösungen zuläßt, ist nicht selten ein Symptom der Selbstverachtung.

Es besteht ein bemerkenswerter Zusammenhang zwischen der Integrität der Erwachsenen und dem Lebensmut der Kinder, den ERIKSON dahingehend charakterisiert, „daß gesunde Kinder das Leben nicht fürchten, wenn ihre Eltern genug Integrität besitzen, den Tod nicht zu fürchten"[173]. Auf der Suche nach einer Kurzformel für den Zustand der Integrität bin ich vor etwa 40 Jahren in den Laudes am Fest des hl. Martin von TOURS auf eine Antiphon gestoßen: „nec mori timuit, nec vivere recusavit", „er fürchtete sich nicht zu sterben und weigerte sich nicht zu leben". Dem ist nichts hinzuzufügen.

Elementartheologische Aspekte:
Die implizite elementare Theologie in ERIKSONS Beschreibung der Integrität ist so reichhaltig, daß ich nur einige der Inhalte zur weiteren Betrachtung hervorheben kann.

Da ist die *Rede von der Annahme* seiner selbst und seines einmaligen Lebensweges, die dem Christen nur möglich ist, wenn ihm Erlösung und Versöhnung mit Gott, mit den Menschen und mit sich selbst zur Glaubensgewißheit geworden sind.[174]

Da ist die *Rede von den Menschen*, die als lebendige Markierungen die Richtung des Weges bestimmten. Ihrer gedenkt der Christ, je nach ihrer Bedeutung, dankbar oder vergebend, das Glück und das Unglück akzeptierend, das durch sie hervorgerufen wurde, darüber staunend, daß Gott auch auf krummen Zeilen gerade schreiben kann.

Da ist die *Rede von der neuen Liebe zu den Eltern* als dem Ergebnis eines langen Reifungs- und oft auch Aussöhnungsprozesses. Diese Liebe hat die Gestalt nachträglicher Solidarität aufgrund der Erfahrung gemeinsamer kreatürlicher Kontingenz und schicksalhafter Verflochtenheit, die nur Gott entflechten kann. Analog dazu entsteht eine *neue Liebe zur Kirche*, die nicht mehr als institutionelles, manchmal bedrohliches Gegenüber empfunden wird, sondern als solidarische Gemeinschaft von Gerechtfertigten, die ihr Sündersein nicht verleugnen; eine Liebe, die sich durch keinen ekklesialen Atheismus[175] irritieren läßt, weil der Schatz immer noch im Acker steckt.

Da ist die *Rede von der Verantwortung für das eigene Leben*. Die Vorwürfe gegenüber den Eltern, daß sie mein Leben nicht nur gefördert, sondern auch behindert und vielleicht sogar schwer belastet haben, sind verstummt. Die Ermächtigung zum Leben wird nun endgültig durch Lebensübernahme und Lebensübergabe ratifiziert. Die beiden existentiellen Gebärden des Nehmens und Gebens sind im Stadium der Integrität keine Gegensätze mehr.

Schließlich ist die *Rede von einer Gefährtenschaft* mit verehrungswürdigen Menschen, die – historisch betrachtet – nicht mehr am Leben sind und dennoch unter uns weilen. Für den Christen ist Jesus Christus *die* signifikante Person, der die Nachfolge gilt; er kennt aber auch andere Garanten seiner Identität, denen er sich in intimer Fernnähe verbunden weiß. Zu ihnen spürt er eine Art Wahlverwandtschaft, sei es, daß sie der kleinen Zahl der „offiziellen" Heiligen angehören, sei es, daß sie aus der großen „Gemeinschaft der Heiligen" stammen. Von ihnen weiß er sich inspiriert und begleitet bis an die Schwelle zwischen Leben und Tod.

Pastoraltheologische Aspekte:
Alle soeben angedeuteten elementartheologischen Gesichtspunkte sind zugleich pastoraltheologische Aspekte; denn Träger pastoraler Kompetenz, die den Zustand der Integrität annähernd erreicht haben, sind exemplarisch kompetent, selbst dann, wenn – aufgrund der Abnahme ihrer körperlichen und geistigen Kräfte – ihre berufstheoretischen und berufspraktischen Fähigkeiten nachlassen. Dem widerspricht nicht, daß es ein Indiz für erreichte Integrität gibt, wenn jemand auf die Ausübung seiner Zuständigkeitskompetenz verzichtet, sobald ihm bewußt wird, daß seine Fähigkeitskompetenz nicht mehr seiner Zuständigkeitskompetenz entspricht. Es ist eine fragwürdige Auffassung von Verantwortung und Verpflichtung zu meinen, auch dann noch im Amt bleiben

zu müssen, wenn ein demütiges Loslassen an der Zeit wäre. Manches Festhalten entspringt einem Geist der Verzagtheit, einem mangelnden Vertrauen in die von Gott verliehene humane und gläubige Identität, die auch ohne pastorale Kompetenz ihren Halt nicht verliert, und einem mangelnden Vertrauen darauf, daß Gott auch „ohne mich" seine Kirche weiter bauen wird.

Zusammenfassung und Folgerungen (1.3.1–1.3.3)
Die biblische *Metapher* von dem Gerechten, der *wie die Palme gedeiht* (Vgl. Ps 92,13), läßt sich auf den vertikalen Aspekt der individuellen Identitätsgenese übertragen. Die Wurzeln der Identität sind mit dem Humus der Ur-Sympathie und des Ur-Vertrauens fest verbunden, und die Krone ragt in den „Himmel" der Weisheit hinein. Die Weisheitsliteratur des Alten Testaments ist Ausdruck für das Verlangen des Menschen nach identitätstranszendierender Integrität. Humus und Humor haben etymologisch den gleichen Stamm. Humor und Weisheit sind zwar nicht etymologisch, aber phänomenologisch verwandt. Weisheit ohne Humor ist undenkbar. Hier offenbart sich die „zyklische" Verbindung zwischen dem Humus des Lebensmutes und dem Humor der Weisheit, oder, vom Kontrapunkt her ausgesagt, die Verbindung zwischen der Furcht vor dem Leben und der Furcht vor dem Tode, was nicht das gleiche ist, wie die natürliche, kaum je überwindbare Furcht vor der letzten Lebensleistung des Sterbens.

Aus dem Rückblick auf die Genese der Identität ergeben sich einige *Hinweise für die Eignungsberatung.* Es wurde bereits bemerkt, daß die Zuweisung pastoraler Kompetenz zu einer Zeit erfolgt, in der sich die Identität des künftigen Kompetenzträgers häufig noch nicht genügend stabilisiert hat, so daß auch die Bindungsfähigkeit noch nicht voll ausgeprägt ist. Wenn sich in der Eignungsberatung, wie sie aus zwei verschiedenen Blickrichtungen von Karl BERKEL und Klemens SCHAUPP in diesem Buch dargestellt wird, zeigt, daß der Ichbildungsprozeß von der frühen Kindheit bis zur Adoleszenz – vgl. den Abschnitt über die Grundlegung der Identität! – einigermaßen „normal" verlaufen ist, kann erwartet werden, daß auch die Ausgestaltung und die Vollendung der Identität hinreichend gelingen werden, soweit überhaupt Voraussagen gemacht werden können. Jedoch ist die Ichbildung oft nicht problemlos verlaufen. Was kann dann geschehen? Man muß jedenfalls darüber nachdenken, wie zu verhindern ist, daß die Kompetenzverleihung zu früh erfolgt, vor allem dann, wenn sie mit der Übernahme der Verpflichtung zur Ehelosigkeit gekoppelt ist. Was seinerzeit Bischof Josef Maria REUSS aus seiner umfangreichen seelsorglichen Kenntnis heraus diesbezüglich vorgeschlagen hat[176], sollte nicht in Vergessenheit geraten. Bei der Durchführung von kompetenz- und identitätsfördernden Initiativen während der Ausbildungszeit darf die Frage nicht außer acht gelassen werden, inwieweit eine gestufte Kompetenzübertragung sinnvoll oder im Interesse der Identitätsbildung sogar notwendig ist.

2. Die soziale Balance der Identität

Die Rechtfertigung dafür, dem ersten Kapitel über die „Genese der Identität" ein zweites über die „Balance der Identität" hinzuzufügen – trotz des wesentlich geringeren Stoffumfangs – liegt in der Bedeutung, die diesem Ansatz zukommt. Die Gegenüberstellung von *individueller Genese* und *sozialer Balance* macht den Wechsel der Blickrichtung deutlich. ERIKSON berücksichtigt zwar den psychosozialen Aspekt beim Aufbau der Identität, aber sein Konzept ist grundsätzlich psychoanalytisch bzw. ichtheoretisch orientiert und damit ichzentriert. George H. MEAD dagegen und auch andere Autoren gehen von sozialpsychologischen bzw. soziologischen Überlegungen aus. Die Interaktion, die „relatio" zwischen dem Ich und seiner Mit- und Umwelt steht im Mittelpunkt ihrer Theorien. An die Stelle des *Vergleiches mit der Palme*, die allmählich heranwächst, tritt das *Bild von der Waage*, deren Schalen durch gleich schwere Gegenstände in der Balance gehalten werden. Diese Betrachtungsweise hebt Gesichtspunkte hervor, die bei der Darstellung der individuellen Genese nicht in dieser Deutlichkeit wahrgenommen werden konnten. Die Gliederungslogik bleibt die gleiche wie bisher: Die Probleme der Identitätsbalance werden der Reihe nach identitätstheoretisch (2.1), elementartheologisch (2.2) und pastoraltheologisch (2.3) erörtert.

2.1 Identitätstheoretische Überlegungen

George H. MEAD unterscheidet zwischen dem ICH im Verhältnis zu sich selbst, das heißt zu seinen individuellen Bedürfnissen, Wertvorstellungen und Idealen und dem ICH im Verhältnis zu seiner Mit- und Umwelt, d. h. zu den von außen herangetragenen Erwartungen. Das individuelle ICH nennt er „I", das soziale ICH nennt er „ME".[177] Erving GOFFMANN verwendet für den gleichen Sachverhalt die Begriffe „persönliche Identität" und „soziale Identität".[178] Für den einzelnen besteht die Aufgabe nun darin, zwischen dem „I" und dem „ME" die Balance zu halten. Dies gelingt nicht, wenn entweder die soziale Komponente der Identität, das „ME", ein übergroßes Gewicht bekommt, oder wenn das gleiche mit der individuellen Komponente, dem „I", geschieht.

(1) Die *soziale Komponente der Identität* ist an die verschiedenen *Rollen und Positionen* gebunden, die der einzelne in der Gesellschaft und in ihren Gruppierungen einnimmt. Zu denken ist z. B. an die Vater-, Mutter- und Kindesrolle in der Familie; an die Rolle eines dezidierten Christen in der modernen Gesellschaft und innerhalb der kirchlichen Institution; an die Rollen, die mit den verschiedenen pastoralen Berufen verbunden sind. Den Trägern von Rollen wird von „außen" eine Menge an *Erwartungen* entgegengebracht, die auf bestimmte Einstellungen und Verhaltensweisen abzielen. Werden diese Erwartungen erfüllt, dann gibt die Gesellschaft, die „Kirche", die Gruppe ihre Zustimmung; werden sie nicht erfüllt, kommt es zu Sanktionen, zu „Strafen" verschiedener Art.

Rollen- und Erwartungszumutungen können zu beträchtlichen äußeren und inneren Spannungen und Konflikten führen, die nur mit einer ichstarken Konfliktstoleranz durchgehalten und ausgetragen werden können. Es liegt nahe, daß manchmal Kompromisse eingegangen werden, welche die Identitätsbalance zugunsten des „ME" verschieben.

Einen ähnlichen Sinn wie der Begriff „Rolle" hat der von C. G. JUNG verwendete Begriff *Persona*, der nicht mit „Person" gleichzusetzen ist.[179] Die „Persona" ist ein notwendiger *elastischer Schutzwall*, der dem einzelnen eine relativ natürliche, ausgeglichene Verkehrsform mit der Außenwelt sichert. Aber sie kann zu einer Maske erstarren, hinter der das Individuum verkümmert. Bei der Thematik „Intimität gegen Isolierung" wurde auf stereotype, formale Beziehungen von Mensch zu Mensch hingewiesen, die dann entstehen, wenn die Fähigkeit zur Intimität nicht entwickelt werden konnte. Um solche starre Beziehungen handelt es sich, wenn die Persona zur Maske wird. C. G. JUNG sieht in der Überbewertung von gesellschaftlichen Rollen und Positionen, von Rang und Status, eine Kompensation für mangelnde Identität: „Die Identifikation mit Amt und Titel hat etwas Verführerisches, weshalb viele Männer nichts anderes sind als ihre von der Gesellschaft ihnen zugebilligte Würde. Es wäre vergeblich, hinter dieser Schale eine Persönlichkeit zu suchen, man fände bloß ein erbärmliches Menschlein"[180]. Was hier mit unbarmherziger Schärfe festgestellt wird, ist eine „Identitätsanleihe", die es auch, wie schon gezeigt wurde, bei Menschen mit pastoralen Berufen gibt.

Um die Identitätsbalance halten zu können, braucht das Ich die *Fähigkeit zur Selbstabgrenzung und Rollendistanz.* Es sei nochmals an das „Pontifex-Ich" erinnert, das die Spannung zwischen Erwartung und Erfüllung aushält. Die Fähigkeit zur Selbstabgrenzung hilft, eine Identitätsdiffusion zu verhindern. ERIKSON erwähnt sie auch bei der Fähigkeit zur Hingabe, die ohne die Fähigkeit, sich zu distanzieren, undenkbar ist. Die Rollendistanz verhindert, daß eine Rolle das Ich beschlagnahmt und entfremdet. Sie ermöglicht es, mit Rollenerwartungen flexibel und einfallsreich umzugehen und gegebenenfalls auch Erwartungszumutungen zurückzuweisen, ohne von eventuellen Sanktionen übermäßig geängstigt zu werden.

(2) Die *individuelle Komponente der Identität* wird in ihrer Eigenart vom Verlauf der *Ich-Bildung* bestimmt. Die Gefahr, daß die Identitätsbalance nicht gelingt, ist um so größer, je schwächer das Ich geblieben ist. Ein schwaches Ich fühlt sich leicht von einem „Ich-Verlust" bedroht und hat deshalb Angst davor, sich auf Erwartungen von außen einzulassen. So kommt es dazu, daß durchaus berechtigte Rollenerwartungen nicht erfüllt und die notwendigen Normen einer Gemeinschaft faktisch nicht anerkannt werden. Dem plausiblen sozialpsychologischen Axiom „Keine Gruppe ohne Normen" wird vielleicht theoretisch zugestimmt, praktisch aber widersprochen. Es ist verständlich, daß Jugendliche, die noch auf der Suche nach ihrer Identität sind, die Autonomie überbetonen und die Interdependenz ausblenden. „Anpassung" ist für sie ein Reizwort, auf das sie allergisch reagieren, weil eine gesunde, identitätsfreundliche Anpassung für sie noch nicht denkbar ist. Die Einstellung, die sich aus dieser Unsicherheit ergibt, bleibt bei manchen Menschen auch noch im Erwachsenenalter bestehen. Verursacht ist sie dann häufig durch den sog. *sekundären Narzißmus*, wie er z. B. von Erich FROMM charakterisiert wird: „Narzißmus kann man ... als einen Zustand der Erfahrung beschreiben, bei dem ein Mensch nur sich selbst, seinen Körper, seine Bedürfnisse, seine Gedanken, sein Eigentum, alles und jedes, was zu ihm gehört, als wirklich real erlebt, während jedes und alles, was nicht Teil seiner Person oder Gegenstand seiner Bedürfnisse ist, uninteressant ist, nicht wirklich real ist und nur intellektuell wahrgenommen wird, während es vom Affektiven her ohne Gewicht und Farbe bleibt"[181]. Der Narzißmus verleiht dem Ich ein Scheingewicht, das ein bleibendes Hindernis für die Identitätsbalance darstellt. Dieses Schein-Ich wird zum „Identitätsersatz", zu dessen Auswirkungen Isolierung statt lebendige Beziehung und Stagnation an Stelle von generativer Beteiligung am Leben von Kirche und Gesellschaft gehören.

Parallel zur Fähigkeit der Rollendistanz gibt es die *Fähigkeit der Ichdistanz*, die wesentlich zum Gelingen der Identitätsbalance beiträgt. Die Distanzierungsfähigkeit erlaubt es dem Menschen, eigene Bedürfnisse zugunsten des Gemeinwohls zurückzustellen, Affekte zugunsten eines klaren Urteils zu kontrollieren, Projektionen zugunsten einer möglichst objektiven Wahrnehmung und Einfühlung in die Mitwelt zurückzunehmen.

2.2 Elementartheologische Überlegungen

In die Darstellung der individuellen Genese der Identität wurden zahlreiche elementartheologische Gedanken eingeflochten. Diese bezogen sich, in die Diktion von G. H. MEAD übersetzt, auf das „I", oder, wie E. GOFFMAN sagt, auf die „persönliche Identität". Was jetzt noch hinzuzufügen ist, sind Überlegungen, die das „ME", die „soziale Identität", betreffen. Der Christ, der sich seiner primären Kompetenz bewußt geworden ist, setzt sich mit den *vielfältigen Erwartungen* auseinander, die ihn herausfordern oder auch bedrängen, je nachdem, ob die Erfüllung dieser Erwartungen seinem Leben Sinn und Fülle gibt oder ihn von sich selbst zu entfremden droht. Die ausgewählten Überlegungen beziehen sich auf die Erwartungen von seiten Gottes, von seiten der Kirche und von seiten der Gesellschaft. Zusammen konstituieren sie das „ME" und sind so an der Gestaltung der Identität beteiligt. Sie liegen den Anforderungen zugrunde, die im Beziehungsgeflecht des alltäglichen Lebens zu bewältigen sind.

(1) Die *Erwartung von seiten Gottes* hat die absolute Übereinstimmung des Christen mit dem göttlichen Willen zum Ziel: „Dein Wille geschehe wie im Himmel so auf Erden". Woher kommt es, daß dieser Anspruch Gottes bei vielen Christen zunächst einmal ein Unbehagen auslöst? Kommt dieser Vorbehalt gegenüber dem Zugriff Gottes nur aus der Sündhaftigkeit des Menschen oder kommt er, zum Teil wenigstens, aus einer ungeläuterten Vorstellung von der Allmacht und Herrschaft Gottes?

Die Rede von der Allmacht und Herrschaft Gottes sollte für den Christen Anlaß zur Lobpreisung sein, in der er des befreienden und erlösenden Handelns Gottes gedenkt. Phantasien und Gefühle, die jede Form menschlicher Herrschaft hervorruft, werden – wenn keine Reflexion dazwischentritt – unweigerlich auf die Herrschaft Gottes und auf den Gehorsam gegen ihn und seine Gebote übertragen. Es besteht jedoch ein grundlegender Unterschied zwischen Gottesherrschaft und Menschenherrschaft. Die Herrschaft irdischer Machthaber „bestimmt die ‚äußeren' Verhältnisse und versucht, von dort aus auf das ‚Innere' des Menschen überzugreifen. Die Form der Herrschaft macht die Beherrschten notwendig zum *Objekt*, dessen man sich über verfügbare, direkt kontrollierbare Verhältnisse – durch Zwangsmaßnahmen – zu bemächtigen sucht. Die Grenzen menschlicher Herrschaft und menschlicher Machtausübung liegen dabei offen zutage: menschliche Herrschaft kann die Beherrschten womöglich veranlassen, auf die gewünschte Weise zu *reagieren*, indem sie ihnen das Gesetz ihres Handelns vorschreibt; sie kann die Menschen aber niemals dazu ermächtigen, als *Subjekte* – frei und schöpferisch – zu handeln. Menschliche Herrschaft kann *freie Intersubjektivität* verhindern, und sie wird dies in aller Regel auch tun; aber sie kann die freie Subjektivität und damit die Ich-Identität der schöpferisch Interagierenden niemals – gleichsam ‚von oben' – herbeiführen"[182]. Gottes Herrschaft sieht demgegenüber anders aus: „Diese Präsenz Gottes gleicht in keiner Hinsicht der belastenden und unterdrückenden Präsenz menschlicher Herrscher; sie ist für die Menschen unendlich heilsam, weil sie ihnen zutiefst gerecht wird und sie so zum *Subjektsein* herausfordert bzw. ermächtigt"[183]. Nach Sören A. KIERKEGAARD gehört es zum Wesen der Allmacht Gottes, „daß gerade in ihr die Bestimmung liegen muß, sich selbst wieder so zurücknehmen zu können in der Äußerung der Allmacht, daß gerade deshalb das durch die Allmacht Gewordene unabhängig sein kann.... Nur die Allmacht kann sich selbst zurücknehmen, während sie hingibt, und dieses Verhältnis ist gerade die Unabhängigkeit des Empfängers. Gottes Allmacht ist darum seine Güte. Denn Güte ist, ganz hinzugeben, aber so, daß man dadurch, daß man allmählich sich selbst zurücknimmt, den Empfänger unabhängig macht"[184].

In der Gottesanrede „Abba" interpretiert Jesus die Allmacht und Herrschaft des Vaters, wie er sie erfahren hat. In dieser Anrede „liegen die Momente des Vertraulichen, Familiären, dann weiter des Vertrauens, der Unbefangenheit, des Einvernehmens mit dem Vater und der Hingabe an seinen Willen. ... Dieser Gott ist nicht mehr der oberste Garant eines absoluten Gesetzes, dessen Ordnung man sich fraglos zu unterwerfen hat, oder den der Mensch dann auch mit Hilfe des Gesetzes manipulieren kann, sondern der Gott, der dem Menschen als rettende Liebe begegnen will"[185].

Werden Allmacht und Herrschaft Gottes so verstanden, verringert sich die Angst des Christen vor dem Willen Gottes und vermehrt sich seine Bereitschaft, Jesus nachzufolgen, der in absoluter Übereinstimmung mit dem Willen des Vaters lebte und starb. Dieses Verständnis ist zugleich bleibender Impuls zu „herrschaftsfreier" Intersubjektivität unter den zum Leben Ermächtigten und zum Glauben Erwählten. „Die Gottesherrschaft ist der Spielraum jenes kommunikativen Handelns, das ... von Gottes Gerechtigkeit und Solidarität, von seinem erlösenden Befreiungshandeln lebt. Gottes Herrschaft ist der Spielraum, in dem Ich-Identität als Identität aus Glauben sich einspielen kann; in ihr realisiert sich die ‚ideale Kommunikationsgemeinschaft'"[186].

(2) Die *Erwartung von seiten der Kirche* hat ein hohes Maß an ver-

bindlicher Beziehung zur Gemeinde, zur gesamten Kirche und zu deren hierarchischer Leitung zum Ziel: „sentire cum ecclesia" (Ignatius von LOYOLA). Ähnlich wie dem Anspruch Gottes gegenüber empfinden viele Christen dem Anspruch der „Kirche" gegenüber eher Mißbehagen als Glücksgefühle, weil sie bei dem Wort Kirche mehr an Institution und Verwaltung, an Autorität und Macht, an Lehre und Gesetz denken als an identitätsfördernde Glaubenserfahrungen, die ihnen im Raum der Kirche ermöglicht werden.

Es stellt sich also die Frage, auf welche Weise die Übereinstimmung der Kirchenmitglieder mit ihrer Kirche erreicht werden kann, ohne daß dabei die Identität des einzelnen Schaden leidet. Was muß geschehen, daß für den Christen das „sentire cum ecclesia", die Identifikation mit der Kirche, eine Quelle tatsächlicher Glaubensfreude ist? Meine These lautet: Weder eine „Kirche von unten" noch eine „Kirche von oben", sondern nur eine „Kirche von innen" wird imstande sein, Zustimmung und Übereinstimmung hervorzurufen. An der Bewegung „Kirche von unten", die sich in den letzten Jahren formiert hat, sind kompetenzbewußte Christen mit einem ernsten Interesse an der Kirche beteiligt. Was mir Schwierigkeiten bereitet, ist nicht die Bewegung als solche, sondern die Bewegungsrichtung, die durch die Raumsymbolik „unten" und „oben" angezeigt wird. Ich fürchte, daß ungewollt einer defizienten Ekklesiologie Vorschub geleistet wird: Das Pochen auf eine „Kirche von unten" verstärkt das Pochen auf eine „Kirche von oben". Die Positionen verfestigen sich wechselseitig. Es werden auf beiden Seiten Feindbilder produziert, die einen konstruktiven Veränderungsprozeß im Sinne der „ecclesia semper reformanda" behindern. Es besteht die Gefahr, daß das Fundament des Vertrauens brüchig wird und gegenseitiges Mißtrauen überhand nimmt. Deshalb plädiere ich für eine „Kirche von innen", die zugleich eine „Kirche nach außen" ist.

Die Devise *Kirche von innen* ist nicht ein Aufruf zu abgeschirmter spiritueller Innerlichkeit, sondern ein Appell, den Geist nicht zu löschen (Vgl. 1 Thess 5,19), welcher der Kirche als innere einigende und vorantreibende Kraft verliehen ist. „Kirche von innen" ist eine Bezeichnung für die Kirche als Ort geistgewirkter Ebenbürtigkeit aller zum Glauben Erwählten. Diese Ebenbürtigkeit erleichtert es dem einzelnen, seine Identitätsbalance in der Kirche zu finden, vorhandene Konflikte im Milieu der Kirche fair auszutragen, Rollenfixierungen und Egoismen auf die Spur zu kommen und sich am Aufbau der Gemeinde (der Kirche) nach Kräften zu beteiligen. Zur recht verstandenen Ebenbürtigkeit gehört auch die Anerkennung von Amtsautorität; sie ist jedoch mit der Erwartung verbunden, daß Macht und Einfluß in einer Weise ausgeübt werden, die der Überzeugung entspricht, daß der

Geist Gottes auf dem ganzen priesterlichen und königlichen Geschlecht des wandernden Gottesvolkes ruht. Beachtenswert ist in diesem Zusammenhang die theologische Analyse von Hermann J. POTTMEYER mit dem Titel: „Der eine Geist als Prinzip der Einheit in Vielfalt. Auswege aus einer christomonistischen Ekklesiologie". Er macht darin deutlich, daß nur eine zugleich christologisch und pneumatologisch orientierte Ekklesiologie den Weg für Strukturen freigibt, in denen Hierarchie und Brüderlichkeit (Geschwisterlichkeit) keine Gegensätze sind.

Der „Kirche von innen" entspricht die *Kirche nach außen*. Diese zweite Devise ist nicht eine Ermunterung zu erhöhter Präsenz der Kirche in den Massenmedien[187], sondern eine Aufforderung an alle, die sich zu ihr rechnen, dafür zu sorgen, daß Kirche als das wahrnehmbar wird, was sie ihrem Wesen nach ist: „in Christus gleichsam das Sakrament, das heißt Zeichen und Werkzeug für die innigste Vereinigung mit Gott wie für die Einheit der ganzen Menschheit"[188]. Alle Glieder der Kirche tragen gemeinsam die Verantwortung „für eine Kirche, die sich sehen lassen kann"[189]. Bei den Erwartungen von seiten der Gesellschaft (3) wird das Thema „Kirche nach außen" erneut aufgegriffen im Sinne einer vorgelebten Alternative zu dem, was sonst in der Gesellschaft geschieht.

Eine besondere Art von „sentire cum ecclesia" entsteht dann, wenn *Zustimmung* zur Kirche *und Übereinstimmung* mit ihr *nicht zusammenfallen*. Es können sich nämlich in verschiedenen Bereichen der Kirche Normen entwickeln, die den Werten, deren Repräsentanten sie sind, nicht entsprechen. Ich denke z. B. an den weitverbreiteten innerkirchlichen Kommunikationsnotstand, der im Widerspruch zur fundamentalen Brüderlichkeit (Geschwisterlichkeit) steht. Kritik an derartigen Normen – der Begriff „Norm" wird hier sozialpsychologisch und nicht moraltheologisch verstanden – ist Ausdruck eines hohen Grades an Verbindlichkeit gegenüber der Kirche, die dadurch auf ihre ursprüngliche Identität aufmerksam gemacht wird. Die Kunst, aufbauwillig kritisieren zu können, ist für den Kritisierenden selbst ein belastendes und für die Kritisierten ein unbequemes Charisma.

(3) Die *Erwartung von seiten der Gesellschaft* intendiert, systemtheoretisch betrachtet[190], die reibungslose Übernahme der in einer Gesellschaft geltenden Rollenvorschriften und Wertvorstellungen. Die Internalisierung der jeweils gültigen Normen und Rollenerwartungen dient, so wird angenommen, der Stabilität sowohl des sozialen Systems als auch der persönlichen Identität. Von der Nähe besehen ist diese Auffassung sehr problematisch, weil sie zu einem Konformismus verleitet, welcher der Würde des Menschen widerspricht.

Die Zeiten sind endgültig vorbei, in denen die Gesellschaft die Religion und die Religion die Gesellschaft stützte. Die Kirche hat ihre Monopolstellung verloren. Sie ist eine Institution unter anderen Institutionen geworden und steht in Konkurrenz zu anderen gesellschaftlichen Kräften. Im Zeitalter einer Vielfalt von Wertvorstellungen, Ideologien und Mentalitäten muß den Christen ihre immer schon bestehende Verpflichtung zu einer *gesellschaftskritischen Einstellung* neu zum Bewußtsein kommen. Vor 20 Jahren schrieb dazu Johann Baptist METZ: „Die neutestamentliche Gemeinde weiß sich von Anfang an aufgerufen, die kommende Verheißung schon unter den Bedingungen des Jetzt zu leben und *so* die Welt zu überwinden. Die Orientierung an den Verheißungen des Friedens und der Gerechtigkeit verändert je neu unser gegenwärtiges geschichtliches Dasein. Sie bringt und zwingt uns immer wieder in eine neue kritisch-befreiende Position gegenüber den bestehenden und uns umgebenden gesellschaftlichen Verhältnissen"[191].

Die kritische Position von Christen wird aber nur dann für die Gesellschaft überzeugend sein, wenn in der Kirche und ihren Gemeinden *Alternativen vorgelebt* und nicht nur vorgesprochen werden. In einer Gesellschaft, die den Menschen zahlreiche Entfremdungserfahrungen zumutet, wird das erlösende Handeln Gottes am ehesten dann kundgetan, wenn Kirche als Ort der Subjektwerdung erlebbar ist. Eine solche Kirche nimmt die Mahnung ernst, die am Anfang der Augustinerregel steht: „Lebt eines Sinnes und eines Herzens miteinander, und ehrt in euch gegenseitig Gott, dessen Tempel ihr geworden seid". Alternativ zu den gesellschaftsüblichen Umgangsweisen ist sie um einen redemptiven Umgangsstil zwischen Leitung und Volk, zwischen Männern und Frauen, Erwachsenen und Kindern, Gesunden und Kranken, zwischen „normalen Bürgern" und Menschen am Rand der Gesellschaft bemüht. Die Sozialwissenschaft kann mit der Rede von der Kirche als „Kontrastgesellschaft"[192] kaum etwas anfangen, aber theologisch ist das Wort sinnvoll, wenn es richtig verstanden wird. Ohne eine Kontrastwirkung kann die Kirche nicht Stadt auf dem Berg und nicht Licht auf dem Leuchter – „Lumen gentium!" – sein.

Der moderne demokratische Staat ermöglicht zwar dem einzelnen die freie Religionsausübung – ein Faktum, das in seinem Wert nicht unterschätzt werden darf – aber die Gesellschaft trägt nichts mehr zur Stabilisierung einer christlichen Identität bei. Eine solche ist nur im ekklesialen Milieu zu finden und auch dort nur dann, wenn in diesem ein identitätsbegünstigendes Klima herrscht.

2.3 Pastoraltheologische Überlegungen

Träger pastoraler Kompetenz, angefangen bei den Bischöfen bis hin zu den Religionslehrern und -lehrerinnen, erleben sich als Schnittpunkt mannigfacher Erwartungen: von unten und von oben, von links und von rechts, von allen Seiten und aus allen Lagern. Da braucht es eine starke menschliche und geistliche Mitte, um alle diese Ansprüche ausbalancieren zu können.

Zwei *Beispiele* sollen veranschaulichen, in welchem *Spannungsfeld* sich ein „gewöhnlicher" Seelsorger befindet und wie er versuchen muß, die Balance zu halten, um seine pastorale, kirchliche und menschlich-persönliche Identität nicht einzubüßen.

(1) Das Phänomen, daß es gegenwärtig so viele *distanzierte Christen* gibt, ist für den Seelsorger eine Herausforderung sondergleichen. Wie soll er sich diesen Menschen gegenüber verhalten, wenn er es nicht vorzieht, ihnen einfach auszuweichen? Wenn ein Seelsorger vom Leben und Glauben etwas versteht und nicht ideologisch festgelegt ist, wird er es sich zutrauen, relativ angstfrei in die Welt des anderen einzutreten und sich dort zurechtzufinden. Rolf ZERFASS macht darauf aufmerksam, daß derjenige, der sich auf die sog. Fernstehenden einläßt, sich mit seiner eigenen Kirchlichkeit auseinandersetzen muß. Eine Konfrontation mit seiner beruflichen Rolle ist unvermeidlich: „Seine Amtsautorität als kirchlicher Rollenträger entlastet ihn durchaus nicht – wie das an sich der Sinn institutioneller Rollen ist – zu einem freieren Umgang mit den Menschen, sondern er muß die Anerkennung seines Amtes immer erst durch seinen persönlichen Einsatz erarbeiten; das Amt trägt ihn nicht mehr, sondern er sieht sich zusätzlich mit der Aufgabe belastet, dem Amt Ansehen zu verschaffen und die Ärgernisse zu zerstreuen, die das Gebaren der offiziellen Kirche im Fernstehenden erzeugt"[193]. Die Begegnung mit Fernstehenden kann den Seelsorger in einen Loyalitätskonflikt mit der Kirche bringen, für den ZERFASS grundsätzlich drei Lösungsmöglichkeiten sieht:

„– totale Identfikation mit der ‚Amtskirche' ... um den Preis des Gesprächsabbruchs gegenüber den Fernstehenden ...
– totale Identifikation mit den Fernstehenden um den Preis des Konflikts mit der Amtskirche ...
– eine dem Erwartungsdruck beider Seiten Widerstand leistende Mittelposition, die ein überdurchschnittliches Maß an Stehvermögen erfordert, weil natürlich massive Trennungsängste zu bewältigen sind: wer zwischen den Fronten geht, wird von beiden Seiten unter Beschuß genommen, der Inkonsequenz und Standpunktlosigkeit bezichtigt. Und doch ist es genau diese schmerz-

hafte Mittelposition allein, die die Gegensätze zusammenhält und innovatorische Chancen in sich birgt. Diese Mittelposition einnehmen kann freilich nur, wer auf eigenen Füßen zu stehen gelernt hat, d.h. erwachsen ist."[194]

Die von ZERFASS beschriebene Mittelposition erfordert die Fähigkeit zur Rollendistanz und Ichdistanz und zugleich ein gläubiges Näheverhältnis zu Christus und seiner Kirche.

(2) Ein zweites Phänomen, das für den Seelsorger zur Belastung seiner Identitätsbalance werden kann, ist die von ihm *als distanziert erlebte kirchliche Behörde.* Dem Erosionsprozeß an der Basis, d.h. in den Gemeinden, steht die Perfektionierung des kirchlichen Apparats gegenüber. Die Organisation floriert und dehnt sich nach den Funktionsgesetzen moderner Bürokratien aus. Dazu kommt, daß manche der kirchenamtlichen Verlautbarungen wenig oder keine Rücksicht auf die tatsächlichen Verhältnisse in den Gemeinden nehmen, so daß der Seelsorger sich im Stich gelassen fühlen muß. Es werden in Gestalt von Weisungen und Arbeitsbehelfen Erwartungen an ihn herangetragen, denen er oft bei bestem Willen nicht gerecht werden kann. Ob es aus dieser schwierigen Situation, die von Franz Xaver KAUFMANN und von Karl GABRIEL soziologisch analysiert worden ist[195], einen Ausweg gibt? Am Anfang muß auch hier das volle Bewußtwerden der Glaubenswahrheit von der gemeinsamen primären Kompetenz aller Christen stehen, ob sie nun „einfache Gläubige" oder Seelsorger sind; ob sie ihr Leben mit kirchlicher Leitungs- und Verwaltungsarbeit verbringen oder ob sie versuchen, wie viele Bischöfe das tun, Leitung und Verwaltung mit Seelsorge zu verbinden. Wenn auf allen Seiten ernst genommen wird, daß Christen in erster Linie nicht Träger einer kirchlichen Rolle, sondern von Gott in den Neuen Bund Berufene sind, dann kann die gemeinsame Veränderungsarbeit beginnen. Das Ziel besteht darin, die Strukturen so zu gestalten, daß die Kirche ihre Funktionen, zu denen der HERR sie verpflichtet hat, optimal erfüllen kann. Dazu muß der Zusammenhang von Struktur und Funktion neu durchdacht werden.

Struktureller Art sind alle Elemente, aus denen die Institution (das System) „Kirche" aufgebaut ist und die ihrer Organisation dienen. Beispiele dafür sind die Verwaltungseinrichtungen, die Leitungsstrukturen in Rom und in den Diözesen, die Verleihung von Zuständigkeitskompetenz (Ernennung von Bischöfen, Wahl von Dekanen, die Bestellung von Pfarrern, Pastoralassistenten/-innen usw.). *Funktioneller Art* sind alle Lebensvollzüge der Kirche, die mit den klassischen Begriffen MARTYRIA, DIAKONIA, KOINONIA und LEITURGIA bezeichnet werden.
Je mehr die Strukturen die Lebensvollzüge ermöglichen und fördern,

um so mehr wird aus einer „distanzierten Behörde" eine partnerschaftliche Hilfe für die Praxis der Kirche. Die Belastung der Identitätsbalance des Seelsorgers durch die Institution nimmt ab; Kräfte werden frei für das „Eigentliche"[196].

Zusammenfassung und Folgerungen (2.1–2.3)

Aus den Überlegungen zur sozialen Balance der Identität ergibt sich die Folgerung, daß nur solche Personen für die Berufe der Kirche geeignet sind, welche die Fähigkeit zur Identitätsbalance haben, d. h. weder dem „ME" noch dem „I" ausgeliefert sind. Näherhin handelt es sich um die *Balance zwischen ihrem „kirchlichen Ich" und ihrem „persönlichen Ich"*. Sie müssen sich im Raum kirchlicher Strukturen relativ frei und schöpferisch bewegen können und sollen wissen, daß sie mit ihrer Kompetenz und Identität Einfluß auf die Strukturen ausüben, in denen sich das Leben der Kirche vollzieht.

Die Betrachtung der Identität als Interaktion regt dazu an, dem Aspekt *Berufung als Interaktion* mehr Aufmerksamkeit zu schenken, als das gewöhnlich geschieht. Wenn Diözesen und Ordensgemeinschaften ihren „Nachwuchsmangel" analysieren, sollten sie dabei nicht nur an den „Zeitgeist" denken, der einer solchen Berufswahl im Wege steht, auch nicht nur an die psychische und spirituelle Verfassung potentieller Kandidaten und Kandidatinnen, sondern ebenso an die Beschaffenheit der eigenen Strukturen samt dem dazugehörigen Organisations- und Lebensklima. Es stellen sich Fragen wie diese: Weckt die derzeitige Verfaßtheit das Interesse an den Berufen der Kirche oder behindert sie das Aufkommen dieses Interesses? Zu denken ist z. B. an die gegenwärtige Struktur der Priesterseminare und die Organisation der Seelsorge angesichts des sog. Priestermangels; zu denken ist ebenso an die Struktur einzelner Klöster und ganzer Ordensprovinzen. Zu fragen ist ferner, welche Charaktere durch das kirchliche Klima angesprochen und welche abgestoßen werden. Es gibt ein Problem der negativen Auslese als Folge innerkirchlicher Strömungen, dem nicht ausgewichen werden darf.

Die Eignungsfrage im unmittelbaren Sinn des Wortes ist also nicht die einzige, die zu stellen ist, wenn es um die „Berufe der Kirche" geht. Der *kirchliche und gesellschaftliche Kontext* sind für die Eignungsberatung von erheblicher Bedeutung. Dies sollte auch vom Leser dieses Buches mitbedacht werden, wenn er sich nun der Lektüre der Beiträge von Karl BERKEL und Klemens SCHAUPP zuwendet.

Anmerkungen

[1] Einschlägig sind folgende Texte: Die Deutschen Bischöfe, Nr. 0.3, Nr. 11 und Nr. 22. – Das „Informationszentrum Berufe der Kirche" (Schoferstr. 1, D-7800 Freiburg i. Br.) zählt in seinem Informationsmaterial folgende „Berufe der Kirche" auf: Apostolatshelferin – Diakon – Diözesanpriester – Gemeindereferent/in – Kirchenmusiker/in – Kirchl. Jugendpfleger – Mesner/in – Missionsberufe – Ordensbruder – Ordensfrau – Ordenspriester – Pastoralreferent/in – Pfarrhaushälterin – Religionslehrer/in – Religionsphilologe/in – Säkularinstitute.
[2] Gemeinsame Synode ..., 602.
[3] Diesem Lebensgefühl, ungefragt leben und sterben zu müssen, entsprechen Sätze aus den „Sprüchen der Väter" (rabbinische Weisheit): „Ohne deinen Willen bist du geschaffen – ohne deinen Willen geboren – ohne deinen Willen lebst du – ohne deinen Willen stirbst du – und ohne deinen Willen wirst du einst Rechenschaft und Rechnung ablegen vor dem König der Könige, dem Heiligen, gepriesen sei ER". (K. MARTI / G. BEER, in: G. BEER / O. HOLTZMANN (Hg.), 115).
[4] Dem „allgemeinen Heilswillen Gottes" in der Pastoraltheologie mehr Beachtung zu verschaffen, ist das Anliegen von P. M. ZULEHNER, „Denn du kommst unserem Tun mit deiner Gnade zuvor ...".
[5] Vgl. u. a. N. BROX, Der erste Petrusbrief, bes. 94–110.
[6] Vgl. W. PANNENBERG, Die Bestimmung des Menschen, bes. 42–46.
[7] Vgl. den gleichnamigen Artikel des Verfassers mit dem Untertitel „Transparenz als pastoraltheologische Leitidee".
[8] Vgl. R. ZERFASS, Die Kompetenz des Predigers ..., 4–7; DERS., Menschliche Seelsorge, 113–117.
[9] J. B. HIRSCHER, Ueber Pastoral-Gemeinschaft, 447 f.
[10] Vgl. I. ILLICH, Das Zeitalter der Expertenherrschaft, 171–197.
[11] Vgl. P. M. ZULEHNER u. a., „Sie werden mein Volk sein", Abschnitt „Indirekte Volksförderung über die Experten", 68–70.
[12] Vgl. T. PARSONS, Zur Theorie sozialer Systeme.
[13] Der Begriff „Glaubensästhetik" stammt von Aloys GOERGEN, emer. Professor für Philosophie der Ästhetik und symbolischen Formen an der Akademie der Bildenden Künste in München. Vgl. H. KERN u. a., Zeit und Stunde. – Verschiedene Beiträge der Festschrift zeigen direkt oder indirekt, was A. GOERGEN unter „Glaubensästhetik" versteht.
[14] Es könnte sich um eine Symbolik des „puer aeternus" handeln, die von C. G. JUNG und seiner Schule verschiedentlich beschrieben wird. Vgl. dazu H. BARZ u. a. (Hg.), Grundwerk C. G. JUNG, Bd. 2, vor allem das Kapitel „Zur Psychologie des Kindarchetypus", 176–205; ferner den Artikel „puer aeternus" in: A. SAMUELS u. a., A Critical Dictionary of Jungian Analysis, 125 f.; dort ist weitere Literatur angegeben. Dieses Lexikon erscheint demnächst in deutscher Übersetzung bei Kösel.
[15] Diese Mentalität wird von P. M. ZULEHNER u. a. eingehend dargestellt in: „Sie werden mein Volk sein", bes. 1. Teil, 17–47.
[16] Vgl. Anm. 1.
[17] Der Begriff „Identitätsbalance" wird im II. Hauptteil über „Die Architektur der personalen Identität" näher erklärt.
[18] Vgl. u. a. den Text Nr. 0.3 (siehe Anm. 1); G. GRESHAKE, Priestersein; K. HEMMERLE, Gerufen und verschenkt.
[19] Vgl. R. ZERFASS, Die menschliche Situation des Priesters heute.
[20] Vgl. K. FORSTER, in: Text Nr. 11 (siehe Anm. 1), Abschnitt „Zum ständigen Diakonat", 49–52. – Zur Situation der Diakone in Österreich vgl. W. KUNZENMANN, Der Ständige Diakonat in Österreich. – Vgl. auch: Diaconia Christi 21 (1986), H. 4.
[21] Vgl. P. M. ZULEHNER u. a., „Sie werden mein Volk sein", 21.
[22] Vgl. L. BERTSCH u. a., Die Zukunft der Laientheologen/innen in Kirche und Gesellschaft. – Vgl. auch Diakonia 10 (1979), H. 4., 217–288; H. 5, 323–353; ferner L. KARRER, Werden die Laientheologen zu einer Chance für die Kirche?
[23] Als Beispiel nenne ich die Bischöfliche Fachakademie für Gemeindepastoral im Katho-

123

lischen Studienseminar Neuburg a. d. Donau, Wolfgang-Wilhelm-Platz B 90, D-8858 Neuburg a. D., Telefon 08431/1077.
[24] Vgl. den Abschnitt „,Kompetenz' in den Sozialwissenschaften", in: R. ZERFASS, Menschliche Seelsorge; Abschnitt „Wer ist kompetent zur Verkündigung?", bes. 117–124; ebenso den „Dimensionierungsvorschlag", in: DERS./F. KAMPHAUS, 11–15.
[25] Vgl. Die Deutschen Bischöfe, Nr. 15, 11–15.
[26] Vgl. M. SCHELER, Bildung und Wissen, bes. 26; ferner: DERS., Die Wissensformen und die Gesellschaft. – In meiner Untersuchung „Wissenschaft und Zeugnis" bin ich an verschiedenen Stellen auf die Wissensformen SCHELERS eingegangen, besonders in dem Abschnitt „Der strukturelle Zusammenhang der Denkfunktionen", 203–215.
[27] Vgl. E. FROMM, Haben oder Sein.
[28] Zitiert nach H. STENGER, Wissenschaft und Zeugnis (Leitmotiv vor dem Vorwort). Französischer Originaltext in: P. COSTE, 128.
[29] W. BECK, Grundzüge der Sozialpsychologie, 87.
[30] H. RAHNER, Eine Theologie der Verkündigung, 10.
[31] G. R. HEYER, Umgang mit dem Symbol, 140.
[32] Zitiert nach der deutschen Übersetzung von J. NEUNER, in: Lexikon für Theologie und Kirche, Das Zweite Vatikanische Konzil, Bd. II, 349–353.
[33] Studium Katholische Theologie, 32f.
[34] Diese Ausdrucksweise wurde von Paul WESS übernommen – (mündliche Mitteilung). WESS bezeichnet den Menschen als „relatio subsistens finita", analog zur Bezeichnung der Personen des Dreifaltigen Gottes als „relationes subsistentes infinitae"; zur Thematik vgl. P. WESS, Liebe in Gott und in der Welt; in einer im Entstehen begriffenen Veröffentlichung wird WESS auf den Begriff „relatio subsistens finita" näher eingehen.
[35] R. ZERFASS, Menschliche Seelsorge, 124.
[36] Ebd. 22.
[37] Vgl. P. WATZLAWICK u. a., Menschliche Kommunikation, 50–53.
[38] Vgl. R. ZERFASS, Herrschaftsfreie Kommunikation – eine Forderung an die kirchliche Verkündigung?
[39] Ebd. 342.
[40] Ebd. 346.
[41] Vgl. J. WERBICK, Glaube im Kontext, bes. 125–127.
[42] Vgl. dazu das unübertroffene Essay von R. GUARDINI, Die Annahme seiner selbst; M. BUBER, Der Weg des Menschen nach der chassidischen Lehre, bes. das Kapitel IV: „Bei sich beginnen", 29–35.
[43] Vgl. W. SCHMIDTBAUER, Die hilflosen Helfer.
[44] C. G. JUNG, Über die Beziehung der Psychotherapie zur Seelsorge, 367f.
[45] Von den Werken von C. R. ROGERS seien hier nur genannt: „Die klientenzentrierte Gesprächspsychotherapie" und „Die nicht-direktive Beratung".
[46] DERS., Rückblick auf die Entwicklung meines therapeutischen und philosophischen Denkens, 27.
[47] Vgl. z.B. die Autobiographie von Ruth PFAU, die als Lepra-Ärztin nach Pakistan ging: „Wenn du deine große Liebe triffst". Der Bericht ist von S. 42 an ein beeindruckendes Dokument des Einfühlungsvermögens. Demselben Ethos der Empathie bin ich in Brasilien bei Missionsschwestern und Missionaren begegnet. Unter der spirituellen Devise des „Insercao" teilen sie ihr Leben mit der armen Bevölkerung.
[48] C. R. ROGERS, Rückblick ..., 29.
[49] Die Formulierung stammt von S. M. JOURARD; zitiert in: H. STICH, Kernstrukturen menschlicher Begegnung, 92. Sie dient als Überschrift für den Abschnitt 2.3, 92–99.
[50] Vgl. H. STENGER, Pluralitätstoleranz – ein psychologischer Aspekt pastoraler Kompetenz.
[51] Vgl. L. SZONDI, Schicksalsanalytische Therapie, 391; W. HUTH, Glaube, Ideologie und Wahn, 165f. und 340.
[52] Vgl. W. HUTH, Glaube, Ideologie und Wahn, vor allem den Abschnitt „Ideologien als Störung der Glaubensfähigkeit des Ich" (166–171), sowie das Stichwort „Glaubensfähigkeit" im Sachregister!
[53] Vgl. ebd. 231–241.

[54] W. Huth, Die Bedeutung gläubiger und ideologischer Haltungen für die Wahl des Priesterberufes, 71.
[55] Ebd. 70. [56] Ebd. 72.
[57] E. Cassirer, Was ist der Mensch?, 40.
[58] Vgl. J. Scharfenberg / H. Kämpfer, Mit Symbolen leben, 22–44.
[59] A. Lorenzer, Das Konzil der Buchhalter, 23.
[60] Vgl. H. Stenger, Verwirklichung ..., Artikel „Symbole und Diabole", 105–129.
[61] Vgl. K. Gabriel, Zur Sozialform des neuzeitlichen Katholizismus, 153–157.
[62] Vgl. H. Stenger, Verwirklichung ..., Artikel „Botschaft und Symbol", 94–104; „Symbole und Diabole", 105–129.
[63] Vgl. O. Marquard, Abschied vom Prinzipiellen, 23.
[64] Vgl. J. Werbick, Glaube im Kontext, 124–143.
[65] L. Krappmann, Soziologische Dimensionen der Identität, 8.
[66] Vgl. J. Werbick, Glaube im Kontext, 56–59.
[67] J. Werbick, Glaube im Kontext, 83.
[68] P. L. Berger/Th. Luckmann, Die gesellschaftliche Konstruktion der Wirklichkeit, 185.
[69] Vgl. I.,2.2.2; ferner Anm. 51.
[70] Vgl. E. H. Erikson, Identität und Lebenszyklus, 107; Ders., Kindheit und Gesellschaft, 256; Ders., Jugend und Krise, 131–138.
[71] J. Werbick, Glaube im Kontext, 20.
[72] Einen Überblick über die verschiedenen erfahrungswissenschaftlichen Identitätstheorien gibt J. Werbick, Glaube im Kontext, 83–143; vgl. auch D. J. de Levita, Der Begriff der Identität.
[73] Ich hoffe, daß das Risiko der didaktischen Vereinfachung dadurch verringert wird, daß viele Leser Erikson bereits kennen und daß es ohne Schwierigkeiten möglich ist nachzulesen, was er über das Werden der Identität geschrieben hat. Seine wichtigsten Veröffentlichungen sind im Literaturverzeichnis angegeben.
[74] Nicht zur Sprache kommt hier die spezifische Erschwerung der Ichbildung bei den verschiedenen Arten körperlicher und geistiger Behinderung.
[75] Diese Zusammenstellung wurde durch verschiedene Diagramme angeregt, die in den Publikationen von Erikson zu finden sind.
[76] E. H. Erikson, Einsicht und Verantwortung, 97. [77] Ebd. 99.
[78] Zur Anthropologie der Glaubensfähigkeit vgl. W. Huth, Glaube, Ideologie und Wahn; Ders., Die Bedeutung gläubiger und ideologischer Haltungen ...
[79] E. H. Erikson, Kindheit und Gesellschaft, 241.
[80] E. H. Erikson, Identität und Lebenszyklus, 62. [81] Ebd. 63.
[82] H. E. Richter, Der Gotteskomplex, 254. [83] Ebd. 254f.
[84] Vgl. E. Schillebeeckx, Jesus, 237.
[85] E. H. Erikson, Einsicht und Verantwortung, 102.
[86] J. Werbick; Glaube im Kontext, 220; das in diese Sätze eingeflochtene Zitat ist entnommen aus: E. H. Erikson, Der junge Mann Luther, 283.
[87] Vgl. J. Werbick, Glaube im Kontext 297–302.
[88] N. Mette nennt z. B. in seinem Buch „Kirche auf dem Weg ins Jahr 2000" die Gemeinden der Zukunft „Räume der Subjektwerdung und solidarischen Praxis" (189-198); vgl. den Abschnitt „Subjektwerdung in der Kirche", in: F. X. Kaufmann/J. B. Metz, Zukunftsfähigkeit, 148–154; J. B. Metz, Glaube in Geschichte und Gesellschaft, §4.
[89] J. Werbick, Glaube im Kontext, 220.
[90] E. H. Erikson, Einsicht und Verantwortung, 103. [91] Ebd. 106.
[92] Vgl. J. Werbick, Glaube im Kontext, 308–356. [93] Ebd. 342.
[94] B. Häring, Das Gesetz Christi, Bd. I, 306.
[95] E. H. Erikson, Einsicht und Verantwortung, 108.
[96] J. Werbick, Glaube im Kontext, 379.
[97] Vgl. H. Stenger, Verwirklichung ..., Artikel „Glossen über Charismen", 142–151, bes. 143 f.
[98] J. Werbick, Glaube im Kontext, 382.
[99] A. H. J. Gunneweg/W. Schmithals, Leistung, 38.

[100] Vgl. P. M. ZULEHNER u.a., „Sie werden mein Volk sein", 68–70.
[101] E. H. ERIKSON, Einsicht und Verantwortung, 108.
[102] Vgl. H. STENGER, Konsens und Kontinuität. Verbindlichkeit als pastoraltheologische Leitidee.
[103] E. H. ERIKSON, Identität und Lebenszyklus, 112.
[104] Vgl. J. WERBICK, Glaube im Kontext, 84f.
[105] Vgl. E. H. ERIKSON, Jugend und Krise, 131–138.
[106] Vgl. Kongregation für das katholische Bildungswesen, 22–27. Ferner die Dissertation von C. MAAS, Affektivität und Zölibat.
[107] Eine anschauliche, mit Bildern ausgestattete Darstellung der archetypischen Symbole „animus" und „anima" ist z.B. zu finden in: C. G. JUNG, Der Mensch und seine Symbole, 158–229 (M.-L. von FRANZ, Der Individuationsprozeß). – Aus der Schule von C. G. JUNG stammt auch eine Studie von H. WOLFF, in der sie zu zeigen versucht, wie Jesus die weibliche Seite in sein Leben integriert hat: Jesus der Mann.
[108] Zu denken ist hier an die in der heutigen Gesellschaft üblich gewordenen eheähnlichen Lebensgefährtenschaften; ferner an die Lebensformen von Menschen vor oder nach einer Ehe.
[109] Vgl. C. MAAS, Affektivität und Zölibat, bes. 149.
[110] W. J. SCHRAML, Einführung in die Tiefenpsychologie für Pädagogen und Sozialpädagogen, 67f.
[111] Ebd. 68.   [112] Ebd. 67.
[113] Vgl. St. ANDREAE, Pastoraltheologische Aspekte der Lehre Sigmund Freuds von der Sublimierung der Sexualität, 199.
[114] Vgl. ebd. 199–207.
[115] Es ist in jüngster Zeit versucht worden, den therapeutischen Aspekt gottesdienstlicher Vorgänge herauszuarbeiten, z.B. von H.-J. THILO, „Die therapeutische Funktion des Gottesdienstes", und von E. DREWERMANN, „Das Sakrament der Eucharistie und seine psychischen Möglichkeiten". – DREWERMANNS Ausführungen enthalten interessantes psychoanalytisches Gedankengut; es fehlt jedoch der geduldige Dialog mit den theologischen Disziplinen, vor allem mit der Dogmatik, so daß mehr Widerstand hervorgerufen als Verständigung ermöglicht wird. – Bei aller Zurückhaltung solchen Versuchen gegenüber ist die „sublimierende" Wirkung des Gottesdienstes anzuerkennen.
[116] R. GUARDINI, Die Annahme seiner selbst.
[117] Vgl. R. ZERFASS, Menschliche Seelsorge, 33–72. – Ferner: P. M. ZULEHNER, Leibhaftig glauben. Lebenskultur nach dem Evangelium.
[118] Vgl. H. van de SPIJKER, Homo.
[119] Ebd. 13.
[120] Vgl. A. KINSEY u.a., Das sexuelle Verhalten des Mannes.
[121] Das Zitat ist dem Zwischenbericht der vom Landeskirchenrat eingesetzten Arbeitsgruppe zum Problem der „Homosexualität bei Pfarrern und kirchlichen Mitarbeitern" entnommen. (München, 06.09.1978, Referat B 5/2).
[122] Vgl. W. BRÄUTIGAM, Formen der Homosexualität.
[123] Sie kommt z.B. in Gefangenschaft, unter Matrosen auf langen Schiffsfahrten, aber auch in Klöstern vor.
[124] Vgl. den Abschnitt über „Die soziale Balance der Identität".
[125] Zum Thema „Homotropie" weise ich hin auf die Veröffentlichungen der kath. Theologen H. van de SPIJKER und W. MÜLLER; ferner auf die amerikanische Veröffentlichung von R. CURB/N. MANAHAN, Die ungehorsamen Bräute Christi.
[126] A. BIESINGER/G. VIRT, Religionsgewinn durch religiöse Erziehung, 47.
[127] Die Problematik wird u.a. dokumentiert in: F. LEIST, Zum Thema Zölibat, und in: U. GOLDMANN-POSCH, Unheilige Ehen.
[128] J. WERBICK, Glaube im Kontext, 395.
[129] Ebd. 395.   [130] Ebd. 395f.   [131] Ebd. 395.
[132] Zitiert nach: O. BETZ, Das Leben meditieren, 61. – Vgl. auch: E. BISER, Die glaubensgeschichtliche Wende, 111–118.
[133] Vgl. Th. C. ODEN, Wer sagt: Du bist okay?, Abschnitt „Dauerhaftigkeit und Ekstase", 21–23.

[134] Vgl. P. M. ZULEHNER u. a., „Sie werden mein Volk sein", bes. 30 f.; DERS., Von der Versorgung zur Mystagogie; ferner: P. WESS, Ihr alle seid Geschwister, 62–77.
[135] Kathpress Nr. 113 vom 16.6.1987, 7.
[136] Vgl. E. BERNE, Spiele der Erwachsenen; DERS., Was sagen Sie, nachdem Sie guten Tag gesagt haben? – R. ROGOLL, Nimm dich, wie du bist. – W. RAUTENBERG/R. ROGOLL, Werde, der du werden kannst. – M. JAMES/L. M. SAVARY, Befreites Leben.
[137] Vgl. A. LORENZER, Das Konzil der Buchhalter.
[138] Vgl. H. STENGER, Verwirklichung..., Artikel „Glaube als intime Zustimmung des Herzens", 170–176.
[139] R. GUARDINI hat die Gefahr einer Vereinnahmung durch „Gemeinschaft" deutlich gesehen. Vgl. R. GUARDINI, Vom Sinn der Gemeinschaft. – Der Beachtung wert ist die Untersuchung von A. GODIN über charismatische Gruppierungen. Es zeigte sich, daß diese teils identitätsfördernd, teils durch allzu regressive Tendenzen identitätsbehindernd sind. Vgl. A. GODIN, Psychologie des expériences religieuses; ferner auch: K. G. REY, Gotteserleben im Schnellverfahren.
[140] Vgl. D. BONHOEFFER, Gemeinsames Leben, bes. 17 f.
[141] Vgl. G. GRESHAKE, Priestersein; E. SCHILLEBEECKX, Das kirchliche Amt; DERS., Christliche Identität und kirchliches Amt.
[142] Vgl. Chr. SCHÖNBORN, Auf die Zeichen der Zeit hören, bes. 11–16 und 21–24.
[143] Eine Fundgrube archetypischer Symbole stellt das Werk von E. DREWERMANN dar: Tiefenpsychologie und Exegese, Bd. 1, Traum, Mythos, Märchen, Sage und Legende (z. B. 286 ff. über den König als „Korporativperson"; 426 ff. über den „Priesterkönig"). – Vgl. auch die einschlägigen Stichwörter in: A. SAMUELS u. a., A Critical Dictionary of Jungian Analysis, siehe Anm. 14.
[144] Vgl. R. OTTO, Das Heilige; J. SPLETT, Die Rede vom Heiligen.
[145] Vgl. J. GOLDBRUNNER, Seelsorge, eine vergessene Aufgabe, 66–71.
[146] Beispiele zu dieser Problematik sind zu finden in: H. STENGER, Identität und pastorale Kompetenz.
[147] Vgl. K. D. HOPPE, Gewissen, Gott und Leidenschaft.
[148] J. WERBICK, Glaube im Kontext, 396; WERBICK bezieht sich auf den Artikel von J. SCHARFENBERG, Menschliche Reifung und christliche Symbole.
[149] J. WERBICK, Glaube im Kontext, 396.
[150] Vgl. E. H. ERIKSON, Einsicht und Verantwortung, 113.
[151] Th. C. ODEN, Wer sagt: Du bist okay?, 11.
[152] E. H. ERIKSON, Einsicht und Verantwortung, 111. [153] Ebd. 111.
[154] Vgl. Th. C. ODEN, Wer sagt: Du bist okay?, 9–55.
[155] Vgl. Anmerkung 133.
[156] G. ROMBOLD, Identität und Entfremdung, 340.
[157] Vgl. J. M. SAILER, Pastoraltheologie Bd. 1, 15–28. [158] Ebd. 19.
[159] R. ZERFASS, Pastorale Kompetenz, 123.
[160] Vgl. P. M. ZULEHNER, Von der Versorgung zur Mystagogie.
[161] J. M. SAILER, Pastoraltheologie Bd. 1, 72.
[162] Ebd. 75 f. [163] Ebd. 75. [164] Ebd. 360 f.
[165] E. H. ERIKSON, Einsicht und Verantwortung, 114.
[166] Ebd. 114.
[167] E. H. ERIKSON, Identität und Lebenszyklus, 117.
[168] E. H. ERIKSON, Kindheit und Gesellschaft, 260.
[169] Vgl. J. WERBICK, Glaube im Kontext, 198–200.
[170] Vgl. z. B. P. MATUSSEK, Kreativität als Chance.
[171] E. H. ERIKSON, Einsicht und Verantwortung, 117.
[172] E. H. ERIKSON, Identität und Lebenszyklus, 118 f. – Das in der deutschen Übersetzung verwendete Wort „Kameradschaft" wurde durch „Gefährtenschaft" ersetzt, weil dieser Begriff dem vom Autor beabsichtigten Sinn besser entspricht.
[173] E. H. ERIKSON, Kindheit und Gesellschaft, 264.
[174] Vgl. R. GUARDINI, Die Annahme seiner selbst.
[175] Vgl. den Abschnitt „Ekklesialer Atheismus" in P. M. ZULEHNER, Das Gottesgerücht, 45–57.

[176] Vgl. J. M. REUSS, In der Sorge um die Priester und das ganze Gottesvolk; dazu H. STENGER, In der Sorge um die Priester.
[177] Vgl. G. H. MEAD, Geist, Identität und Gesellschaft, bes. 236–244; ferner: L. KRAPPMANN, Soziologische Dimensionen der Identität.
[178] Vgl. E. GOFFMAN, Stigma.
[179] Vgl. C. G. JUNG, Die Beziehung zwischen dem Ich und dem Unbewußten, bes. 171–178; 311–316. [180] Ebd. 158f.
[181] E. FROMM, Anatomie der menschlichen Destruktivität, 180. – Nach psychoanalytischer Auffassung ist der „primäre Narzißmus" ein normales Phänomen der frühen Kindheit, während der „sekundäre Narzißmus" das Resultat einer Störung des Ichbildungsprozesses ist.
[182] J. WERBICK, Glaube im Kontext, 416f. – Mögliche positive Aspekte menschlicher Herrschaft, wie Schutz und Sicherheit der Untergebenen, werden in diesem Zusammenhang nicht erwähnt. [183] Ebd. 417.
[184] S. KIERKEGAARD, Die Tagebücher 1834–1855, 216.
[185] J. BLANK, Jesus von Nazareth, 61f.
[186] J. WERBICK, Glaube im Kontext, 416.
[187] Über die Eignung der Massenmedien als Medien der Verkündigung wird gegenwärtig kaum reflektiert. Die bedenkenswerten Überlegungen über das Verhältnis von „Apparatur und Glaube", die 1955 von Romano GUARDINI u. a. geschrieben wurden, sind leider völlig in Vergessenheit geraten.
[188] Dogmatische Konstitution über die Kirche „Lumen gentium", Artikel 1.
[189] Vgl. Anm. 7.
[190] Vgl. T. PARSONS, Der Stellenwert des Identitätsbegriffs in der allgemeinen Handlungstheorie.
[191] J. B. METZ, Zur Theologie der Welt, 106.
[192] Leitbegriff der Gemeindetheologie von G. LOHFINK (vgl. Literaturverzeichnis).
[193] R. ZERFASS, Pastorale Kompetenz, 110f. [194] Ebd. 111.
[195] Vgl. F. X. KAUFMANN, Kirche begreifen; K. GABRIEL, Zur Sozialform des neuzeitlichen Katholizismus.
[196] Vgl. P. KÖHLDORFNER, Dingliches Werkzeug oder lebendiges Zeichen?

Literatur

Die mit * versehene Literatur ist nicht zitiert.

ANDREAE, St., Pastoraltheologische Aspekte der Lehre Sigmund Freuds von der Sublimierung der Sexualität, Kevelaer 1974 (Diss.).
* ARENS, A. (Hg.), Pastorale Bildung, Trier 1976.
BARZ, H. u. a. (Hg.), Grundwerk C. G. JUNG, Bd. 2, Olten – Freiburg/Br. 1984.
BECK, W., Grundzüge der Sozialpsychologie, München 1953.
BERGER, P. L. / LUCKMANN, Th., Die gesellschaftliche Konstruktion der Wirklichkeit. Eine Theorie der Wissenssoziologie, Stuttgart ³1972.
BERNE, E., Spiele der Erwachsenen. Psychologie der menschlichen Beziehungen. Reinbek bei Hamburg ⁶1968.
DERS., Was sagen Sie, nachdem Sie guten Tag gesagt haben? Psychologie des menschlichen Verhaltens, München 1975.
BERTSCH, L. u. a., Die Zukunft der Laientheologen/innen in Kirche und Gesellschaft. Dokumentation des Symposions vom 1.–3. November 1985, Philosophisch-theologische Hochschule St. Georgen, Offenbacher Landstraße 224, D-6000 Frankfurt/M. 70.
BETZ, O., Das Leben meditieren. Ein Lesebuch, München 1970.
BIESINGER, A. / VIRT, G., Religionsgewinn durch religiöse Erziehung. Antwort an Erwin Ringel und Alfred Kirchmayr, Salzburg 1986.
BISER, E., Die glaubensgeschichtliche Wende. Eine theologische Positionsbestimmung, Graz – Wien – Köln 1986.
BLANK, J., Jesus von Nazareth. Geschichte und Relevanz, Freiburg/Br. 1972.

BONHOEFFER, D., Gemeinsames Leben, München 1966.
BRÄUTIGAM, W., Formen der Homosexualität. Erscheinungsweisen, Ursachen, Behandlungen, Rechtssprechung, Stuttgart 1967.
BROX, N., Der erste Petrusbrief. Evangelisch-katholischer Kommentar zum Neuen Testament, Zürich – Neukirchen – Vluyn 1979.
BUBER, M., Der Weg des Menschen nach der chassidischen Lehre, Heidelberg [6]1972.
CASSIRER, E., Was ist der Mensch? Versuch einer Philosophie der menschlichen Kultur, Stuttgart 1960.
COSTE, P., Saint Vincent de Paul. Correspondance, Entretiens, Documents, Bd. 11, Paris 1923.
CURB, R. / MANAHAN, N., Die ungehorsamen Bräute Christi. Lesbische Nonnen brechen das Schweigen, München 1986.
DIACONIA CHRISTI 21 (1986), H. 4 – Themenheft: „Diakonie und Diakonat – Wurzeln und Optionen".
DIAKONIA 10 (1979), H. 4 (217–288), z.T. H. 5 (323–353) – Themenheft: „Laien im pastoralen Dienst".
Die pastoralen Dienste in der Gemeinde, in: Gemeinsame Synode der Bistümer in der Bundesrepublik Deutschland. Beschlüsse der Vollversammlung. Offizielle Gesamtausgabe I, Freiburg/Br. 1976, 581–636.
Die Theologische Ausbildung der künftigen Priester, hrsg. v. d. Kongregation für das katholische Bildungswesen, Rom 1976.
DREWERMANN, E., Das Sakrament der Eucharistie und seine psychischen Möglichkeiten, (Titel des Buches: Der Krieg und das Christentum), Regensburg 1982, 284–337.
DERS., Tiefenpsychologie und Exegese, Bd. 1, Traum, Mythos, Märchen, Sage und Legende, Olten – Freiburg/Br. 1984.
ERIKSON, E. H., Kindheit und Gesellschaft, Stuttgart 1957.
DERS., Einsicht und Verantwortung. Die Rolle des Ethischen in der Psychoanalyse, Stuttgart 1964.
DERS., Identität und Lebenszyklus. 3 Aufsätze, Frankfurt/M. 1966.
DERS., Jugend und Krise. Die Psychodynamik im sozialen Wandel, Stuttgart [2]1974.
DERS., Dimensionen einer neuen Identität, Frankfurt/M. 1975.
DERS., Der junge Mann Luther. Eine psychoanalytische und historische Studie, Frankfurt/M. 1975.
* FORSTER, K. (Hg.), Priester zwischen Anpassung und Unterscheidung. Auswertungen und Kommentare zu den im Auftrag der Deutschen Bischofskonferenz durchgeführten Umfragen unter allen Welt- und Ordenspriestern in der Bundesrepublik Deutschland, Freiburg/Br. 1974.
FROMM, E., Anatomie der menschlichen Destruktivität, Stuttgart 1974.
DERS., Haben oder Sein. Die seelischen Grundlagen einer neuen Gesellschaft, Stuttgart 1976.
GABRIEL, K., Zur Sozialform des neuzeitlichen Katholizismus, in: Orientierung 50 (1986), 153–157.
* Gemeinsame Synode der Bistümer in der Bundesrepublik Deutschland. Beschlüsse der Vollversammlung. Offizielle Gesamtausgabe I, Freiburg/Br. – Basel – Wien 1976, Die pastoralen Dienste in der Gemeinde, 581–636, Beschluß Nachwuchsförderung, Ausbildung, neue Zugangswege, 625–629.
GODIN, A., Psychologie des expériences religieuses. Le désir et la réalité, Paris [2]1986.
GOFFMAN, E., Stigma. Über Techniken der Bewältigung beschädigter Identität, Frankfurt/M. 1967.
GOLDBRUNNER, J., Seelsorge, eine vergessene Aufgabe. Über die Erwartungen der Gläubigen und die Arbeit des Priesters heute, Freiburg/Br. 1971.
GOLDMANN-POSCH, U., Unheilige Ehen. Gespräche mit Priesterfrauen, München 1985.
GRESHAKE, G., Priestersein. Zur Theologie und Spiritualität des priesterlichen Amtes, Freiburg/Br. 1982.
GUARDINI, R. u.a., Apparatur und Glaube. Überlegungen zur Fernübertragung der Hl. Messe, Würzburg 1955.
DERS., Die Annahme seiner selbst. Würzburg [3]1962.

Ders., Vom Sinn der Gemeinschaft, neue Auflage, Zürich 1967.
Gunneweg, A. H. J. / Schmithals, W., Leistung, Stuttgart – Berlin – Köln – Mainz 1978.
Häring, B., Das Gesetz Christi. Moraltheologie, München – Freiburg/Br. [8]1967, Bd. I, 306. Vgl. das Stichwort „Epikie" am Schluß des dritten Bandes!
Hemmerle, K., Gerufen und verschenkt. Theologischer Versuch einer geistlichen Ortsbestimmung des Priesters, München (Neue Stadt) 1987.
Heyer, G. R., Umgang mit dem Symbol, in: Speer, E., Kritische Psychotherapie, München 1959.
Hirscher, J. B., Über Pastoral-Gemeinschaft, in: Theologische Quartalschrift 3 (1821), 447–462.
Hoppe, K. D., Gewissen, Gott und Leidenschaft. Theorie und Praxis psychoanalytisch orientierter Psychotherapie von katholischen Klerikern, Stuttgart 1985.
* Hostie, R., Kriterien geistlicher Berufung, Salzburg 1964.
Huth, W., Die Bedeutung gläubiger und ideologischer Haltungen für die Wahl des Priesterberufes, in: Theologie der Gegenwart 23 (1980), H. 3, 66–72.
Ders., Glaube, Ideologie und Wahn. Das Ich zwischen Realität und Illusion, München 1984.
Illich, I., Das Zeitalter der Expertenherrschaft, in: Christliche Markierungen, hrsg. v. Dotter, F. u. a., Wien 1979, 171–197.
James, M. / Savary, L. M., Befreites Leben. Transaktionsanalyse und religiöse Erfahrung. Mit einem Leitfaden für die Gruppenarbeit, München 1977.
Jung, C. G., Über die Beziehung der Psychotherapie zur Seelsorge, in: Ders., Zur Psychologie westlicher und östlicher Religionen, Ges. Werke, Bd. 11, Zürich – Stuttgart 1963, 355–376.
Ders., Die Beziehung zwischen dem Ich und dem Unbewußten, Ges. Werke, Bd. 7, Olten – Freiburg/Br. [3]1981.
Ders. u. a., Der Mensch und seine Symbole, Olten – Freiburg/Br. [13]1981.
Karrer, L., Werden die Laientheologen zu einer Chance für die Kirche?, in: Theologisch-praktische Quartalschrift 128 (1980), H. 2, 147–156.
Kathpress (Katholische Presse-Agentur, Singerstr. 7, A-1010 Wien).
Kaufmann, F. X., Kirche begreifen. Analysen und Thesen zur gesellschaftlichen Verfassung des Christentums, Freiburg/Br. – Basel – Wien 1979.
Ders. / Metz, J. B., Zukunftsfähigkeit. Suchbewegungen im Christentum, Freiburg/Br. – Basel – Wien 1987.
Kern, H. u. a., Zeit und Stunde. Festschrift Aloys Goergen, München (Mäander-Verlag) 1985.
Kierkegaard, S., Die Tagebücher 1834–1855, München 1949.
Kinsey, A. u. a., Das sexuelle Verhalten des Mannes, Berlin – Frankfurt/M. 1955, Kap. 21: Homosexuelle Triebbefriedigung, 564–616.
Köhldorfner, P., Dingliches Werkzeug oder lebendiges Zeichen? Zur Entwicklung kirchlicher Identität, in: Theologie der Gegenwart 30 (1987), 11–19.
Krappmann, L., Soziologische Dimensionen der Identität. Strukturelle Bedingungen für die Teilnahme an Interaktionsprozessen, Stuttgart [2]1972.
Kunzenmann, W., Der Ständige Diakonat in Österreich, Innsbruck 1984.
Leist, F., Zum Thema Zölibat. Bekenntnisse von Betroffenen, München 1973.
Levita, D. J. de, Der Begriff der Identität, Frankfurt/M. 1971.
Lohfink, G., Wie hat Jesus Gemeinde gewollt? Zur gesellschaftlichen Dimension des christlichen Glaubens, Freiburg/Br. – Basel – Wien 1982.
Lorenzer, A., Das Konzil der Buchhalter. Die Zerstörung der Sinnlichkeit. Eine Religionskritik, Frankfurt/M. 1981.
Maas, C., Affektivität und Zölibat. Dargestellt aufgrund einer Untersuchung der holländischen Literatur 1960–1978, Veröffentlichungen des Missionspriesterseminars St. Augustin bei Bonn, Nr. 31, St. Augustin 1978 (Diss.).
Marquard, O., Abschied vom Prinzipiellen. Philosophische Studien, Stuttgart 1981.
Marti, K. / Beer, G., Abot (Väter). Text, Übersetzung und Erklärung, in: Beer, G. / Holtzmann, O. (Hg.), Die Mischna, Gießen 1927, 115.

MATUSSEK, P., Kreativität als Chance. Der schöpferische Mensch in psychodynamischer Sicht, München 1974.
MEAD, G. H., Geist, Identität und Gesellschaft aus der Sicht des Sozialbehaviorismus. Frankfurt/M. ⁴1980.
METTE, N. / BLASBERG-KUHNKE, M., Kirche auf dem Weg ins Jahr 2000. Zur Situation und Zukunft der Pastoral, Düsseldorf 1986.
METZ, J. B., Zur Theologie der Welt, Mainz – München 1968.
DERS., Glaube in Geschichte und Gesellschaft, Mainz 1984.
MÜLLER, W., Seelsorge und Homosexualität. Pastoralpsychologische Grundlagen, Freiburg/Br. 1984.
* NIDETZKY, W., Mensch werden im Glauben. Dimensionen einer christlich geformten Selbstverwirklichung als kritische Perspektive seelsorglicher Begleitung, 2 Bde., Würzburg 1985 (Diss.).
ODEN, Th. C., Wer sagt: Du bist okay? Eine theologische Anfrage an die Transaktionale Analyse, Gelnhausen – Freiburg/Br. – Stein/Mfr. 1977.
OTTO, R., Das Heilige. Über das Irrationale in der Idee des Göttlichen und sein Verhältnis zum Rationalen. Gotha ¹⁵1926.
PANNENBERG, W., Die Bestimmung des Menschen, Göttingen 1978.
PARSONS, T., Zur Theorie sozialer Systeme, hrsg. v. JENSEN, St. (Studienbücher zur Sozialwissenschaft, 14) Opladen 1976.
DERS., Der Stellenwert des Identitätsbegriffs in der allgemeinen Handlungstheorie, in: DÖBERT, R. u. a. (Hg.), Entwicklung des Ich, Köln 1977, 68–88.
PFAU, R., Wenn du deine große Liebe triffst. Das Geheimnis meines Lebens, Freiburg/Br. ²1985.
POTTMEYER, H. J., Der eine Geist als Prinzip der Einheit in Vielfalt. Auswege aus einer christomonistischen Ekklesiologie, in: Pastoraltheologische Informationen, hrsg. v. Beirat d. Konferenz d. deutschsprachigen Pastoraltheologen, 5 (1985), H. 2, 253–284.
Rahmenordnung für die Priesterbildung, hrsg. v. Sekretariat der Deutschen Bischofskonferenz (Die Deutschen Bischöfe, 15), Bonn 1978.
Rahmenstatuten und -ordnungen für Diakone und Laien im pastoralen Dienst, hrsg. v. Sekretariat der Deutschen Bischofskonferenz (Die Deutschen Bischöfe, 22), Bonn 1978/79.
RAHNER, H., Eine Theologie der Verkündigung, Freiburg/Br. ²1939.
RAUTENBERG, W. / ROGOLL, R., Werde, der du werden kannst. Anstöße zur Persönlichkeitsentfaltung mit Hilfe der Transaktionsanalyse, Freiburg/Br. – Basel – Wien 1980.
REUSS, J. M., In der Sorge um die Priester und das ganze Gottesvolk. Überlegungen zum Zölibatsproblem, Mainz 1982.
REY, K. G., Gotteserlebnisse im Schnellverfahren. Suggestion als Gefahr und Charisma, München 1985.
RICHTER, H. E., Der Gotteskomplex. Die Geburt und die Krise des Glaubens an die Allmacht des Menschen, Reinbek bei Hamburg ³1979.
ROGERS, C. R., Die klientenzentrierte Gesprächspsychotherapie (Client-Centered Therapy, Boston 1942), München ²1972.
DERS., Die nicht-direktive Beratung (Counseling and Psychotherapy, Boston 1942), München ²1972.
DERS., Rückblick auf die Entwicklung meines therapeutischen und philosophischen Denkens, in: JANKOWSKY, P. u. a. (Hg.), Klientenzentrierte Psychotherapie heute, Göttingen 1976, 26–33.
ROGOLL, R., Nimm dich, wie du bist, Freiburg/Br. – Basel – Wien 1976.
ROMBOLD, G., Identität und Entfremdung, in: Theologisch-praktische Quartalschrift 126 (1978), 335–340.
SAILER, J. M., Vorlesungen aus der Pastoraltheologie. Bd. 1, München ⁴1820.
SAMUELS, A. u. a., A Critical Dictionary of Jungian Analysis, London – New York 1986.
SCHARFENBERG, J., Menschliche Reifung und christliche Symbole, in: Concilium 14 (1978), 86–92.
DERS. / KÄMPFER, H., Mit Symbolen leben. Soziologische, psychologische und religiöse Konfliktbearbeitung, Olten – Freiburg/Br. 1980.

SCHELER, M., Die Wissensformen und die Gesellschaft, Leipzig 1926.
DERS., Bildung und Wissen, Frankfurt/M. ³1947.
SCHILLEBEECKX, E., Jesus. Die Geschichte von einem Lebenden, Freiburg/Br. 1976.
DERS., Das kirchliche Amt, Düsseldorf 1981.
DERS., Christliche Identität und kirchliches Amt. Plädoyer für den Menschen in der Kirche, Düsseldorf 1985.
SCHMIDBAUER, W., Die hilflosen Helfer. Über die seelische Problematik der helfenden Berufe, Reinbek bei Hamburg 1977.
* SCHMIDTCHEN, G., Priester in Deutschland. Forschungsberichte über die im Auftrag der Deutschen Bischofskonferenz durchgeführte Umfrage unter allen Welt- und Ordenspriestern in der Bundesrepublik Deutschland, Freiburg/Br. 1973.
SCHÖNBORN, Chr., Auf die Zeichen der Zeit hören. Das Konzil über Kirche und Priester, in: Leben und Dienst der Priester. Studientagung der Österreichischen Bischofskonferenz 1985. Eine Dokumentation des kirchlichen Instituts Canisiuswerk (Selbstverlag, Stephansplatz 6, A-1010 Wien).
SCHRAML, W. J., Einführung in die Tiefenpsychologie für Pädagogen und Sozialpädagogen, Stuttgart ⁴1971.
Schreiben der Bischöfe des deutschsprachigen Raumes über das Priesterliche Amt. Eine biblisch-dogmatische Handreichung, hrsg. v. den Sekretariaten der Deutschen, Österreichischen und Schweizerischen Bischofskonferenz (Die Deutschen Bischöfe, 0.3), Bonn 1970, unveränderter Nachdruck 1971.
* SILBERBERG, H. J., Emanzipation, Identität, Erlösung. Schulpolitische, tiefenpsychologische und theologische Aspekte eines religionspädagogischen Grundkonzepts unter besonderer Berücksichtigung der Zen-Meditation, Düsseldorf 1979.
* DERS., Von Beruf Religionslehrer oder: Die Herausforderung von Identität, Spiritualität und Sachkompetenz, Düsseldorf 1982.
SPIJKER, A. M. J. M. H. van de, Die gleichgeschlechtliche Zuneigung. Homotropie: Homosexualität, Homoerotik, Homophilie – und die katholische Moraltheologie, Olten 1968.
DERS., Homo (Homotropie), Menschlichkeit als Rechtfertigung. Überlegungen zur gleichgeschlechtlichen Zuneigung, München 1972.
SPLETT, J., Die Rede vom Heiligen. Über ein religions-philosophisches Grundwort, Freiburg/Br. – München 1971.
STENGER, H., Wissenschaft und Zeugnis. Die Ausbildung des katholischen Seelsorgeklerus in psychologischer Sicht, Salzburg 1961 (Diss.).
DERS., In der Sorge um die Priester. Neuere Überlegungen zum Zölibatsproblem, in: Theologie der Gegenwart 25 (1982), 287–291.
DERS., Identität und pastorale Kompetenz. Ein Beitrag zur Lehre von den Charismen, in: Lebendige Seelsorge 35 (1984), 293–300.
DERS., Pluralitätstoleranz – ein psychologischer Aspekt pastoraler Kompetenz, in: Pastoraltheologische Informationen, hrsg. v. Beirat d. Konferenz d. deutschsprachigen Pastoraltheologen, 5 (1985), H.2, 294–303.
DERS., Verwirklichung unter den Augen Gottes. Psyche und Gnade, Salzburg 1985.
DERS., Für eine Kirche, die sich sehen lassen kann. Transparenz als pastoraltheologische Leitidee, in: SCHULZ, E. u. a. (Hg.), Den Menschen nachgehen. Offene Seelsorge als Diakonie in der Gesellschaft (Hans SCHILLING zum 60. Geburtstag), St. Ottilien 1987, 65–78.
DERS., Konsens und Kontinuität. Verbindlichkeit als pastoraltheologische Leitidee, in: Theologie der Gegenwart 3 (1987), 1–10.
STICH, H., Kernstrukturen menschlicher Begegnung. Ethische Implikationen der Kommunikationspsychologie, München 1977.
Studium Katholische Theologie. Berichte, Analysen, Vorschläge, hrsg. v. d. Kommission „Curricula in Theologie" des Westdeutschen Fakultätentages durch FEIFEL, E., Bd. 5: Rahmenordnung, Zürich – Einsiedeln – Köln 1975.
SZONDI, L., Schicksalsanalytische Therapie, Bern – Stuttgart 1963.
THILO, H.-J., Die therapeutische Funktion des Gottesdienstes, Kassel 1985.
* VEELKEN, L., Versuch zur Grundlegung einer Identitätstheorie und ihrer soziologischen Aspekte sowie ihrer Bedeutung für die außerschulische Jugendarbeit, Dortmund 1976 (Diss./Erziehungswissenschaften).

* DERS., Einführung in die Identitätstherapie. Vorschläge für die Praxis identitätsentfaltender Jugendarbeit, Stuttgart 1978.
WATZLAWICK, P. u.a., Menschliche Kommunikation, Formen, Störungen, Paradoxien, Bern – Stuttgart – Wien ⁴1974.
WERBICK, J., Glaube im Kontext. Prolegomena und Skizzen zu einer elementaren Theologie (Studien zur Praktischen Theologie, 26), Zürich – Einsiedeln – Köln 1983.
WESS, P., Ihr alle seid Geschwister. Gemeinde und Priester, Mainz 1983.
DERS., Liebe in Gott und in der Welt. Überlegungen zur Dreifaltigkeitslehre und ihren sozialen Implikationen, in: ZkTh 107 (1985), 385–398.
WOLFF, H., Jesus der Mann. Die Gestalt Jesu in tiefenpsychologischer Sicht, Stuttgart ²1976.
ZERFASS, R., Herrschaftsfreie Kommunikation – eine Forderung an die kirchliche Verkündigung?, in: Diakonia 4 (1973), 339–350.
DERS., Pastorale Kompetenz. Konsequenzen für den Ausbildungssektor, in: BERTSCH, L. / SCHLÖSSER, F. (Hg.), Kirchliche und nichtkirchliche Religiosität. Pastoraltheologische Perspektiven zum Phänomen der Distanzierung von der Kirche, Freiburg/Br. – Basel – Wien 1978, 107–124.
DERS., Die Kompetenz des Predigers als Thema der Überlieferung, in: DERS. / KAMPHAUS, F. (Hg.), Die Kompetenz des Predigers im Spannungsfeld zwischen Rolle und Person, Münster 1979, 4–40.
DERS., Die menschliche Situation des Priesters heute, in: Diakonia 16 (1985), 25–40.
DERS., Menschliche Seelsorge. Für eine Spiritualität von Priestern und Laien im Gemeindedienst, Freiburg/Br. 1985.
DERS. / KAMPHAUS, F. (Hg.), Die Kompetenz des Predigers im Spannungsfeld zwischen Rolle und Person, Münster 1979.
* ZIRKER, L., Leben im Dialog. Perspektiven für ein zeitgemäßes Priesterbild, Mainz 1976.
* ZULEHNER, P. M., Kirche und Priester zwischen dem Auftrag Jesu und den Erwartungen der Menschen. Ergebnisse der Umfrage des Instituts für kirchliche Sozialforschung Wien über „Religion und Kirche" in Österreich und „Priester in Österreich", Wien 1974.
* ZULEHNER, P. M., Einführung in den pastoralen Beruf. Ein Arbeitsbuch, München 1977.
DERS., Von der Versorgung zur Mystagogie. Theologische Implikationen seelsorglicher Praxis, in: Lebendige Seelsorge 33 (1982), 177–182.
* DERS., Zur pastoralen Identität, in: BRUNERS, W. / SCHMITZ, J. (Hg.), Das Lernen des Seelsorgers. Identität – Zielsetzung – Handeln im pastoralen Dienst, Mainz 1982, 61–68.
DERS., Leibhaftig glauben. Lebenskultur nach dem Evangelium, Freiburg/Br. – Basel – Wien 1983.
DERS., „Denn du kommst unserem Tun mit deiner Gnade zuvor ..." Zur Theologie der Seelsorge heute. Paul M. ZULEHNER im Gespräch mit Karl RAHNER, Düsseldorf 1984.
DERS. u.a., „Sie werden mein Volk sein". Grundkurs gemeindlichen Glaubens, Düsseldorf 1985.
DERS., Das Gottesgerücht. Bausteine für eine Kirche der Zukunft, Düsseldorf 1987.
Zur Ordnung der pastoralen Dienste, hrsg. v. Sekretariat der Deutschen Bischofskonferenz (Die Deutschen Bischöfe, 11), Bonn 1977.

Eignungsdiagnostik

Grundlagen beratender Begleitung

Von Karl Berkel

1. Fragestellung

Das II. Vatikanische Konzil hat Aufgaben und Dienste des Christen in und an der Welt von heute in verschiedenen Dokumenten ausführlich beschrieben.[1] Die Konzilsväter haben damals wohl kaum beabsichtigt, mit ihren grundlegenden theologischen und pastoralen Überlegungen die Voraussetzungen für eine umfassende Erweiterung des kirchlichen „Dienstleistungsangebotes" zu schaffen. Genau dies ist aber in den deutschsprachigen Ländern, besonders auffällig in der Bundesrepublik Deutschland – deren Situation den folgenden Ausführungen zugrundeliegt – eingetreten. Die Katholische Kirche hat hier im Verlauf der letzten 20 Jahre eine Reihe von Diensten und Ämtern wiederentdeckt bzw. neu geschaffen, für die sie zusätzliche Mitarbeiter benötigte. Dadurch ist die Zahl der im kirchlichen Dienst hauptamtlich Beschäftigten in den letzten Jahrzehnten erheblich gestiegen. Aber nicht nur die Zahl hat sich verändert, sondern auch die innere Zusammensetzung des pastoral tätigen Personals.

Früher standen den Priestern (und Ordensleuten) als „eigentlichen" Amtsträgern in der Seelsorge nur wenige ehrenamtlich tätige Laien, z. B. Mesner, Organist, Pfarrhelferin, gegenüber. Heute dagegen erstrecken sich die pastoralen „Dienstleistungen" auf eine Vielzahl von Aufgabenfeldern, die nicht nur eine eigene qualifizierte Ausbildung erfordern, sondern auch das traditionelle „Angebot" des Priesters beträchtlich erweitern und ergänzen. Die Folgen dieser Entwicklung sind vielfältig: Innerkirchlich führte sie z. B. zu einer intensiven theologischen Diskussion um das Amt und das Amtsverständnis.[2] Gesellschaftspolitisch wurde die Kirche zu einem wichtigen Arbeitgeber und übernahm damit eine für sie neue Rolle, wie sie ganz allgemein für größere Organisationen und Institutionen in dieser Gesellschaft gilt.

Dies betrifft vor allem und in erster Linie ihre Personalpolitik. Damit sind nicht nur die besonderen Überlegungen beim Besetzen vakanter Stellen angesprochen, sondern der gesamte Komplex von Maßnahmen und Vorhaben, die sich im weitesten Sinn auf das Personal beziehen.

Jeder größeren Organisation stellt sich die Aufgabe, die Mitarbeiter sorgfältig auszuwählen, sie ihren Fähigkeiten und Neigungen entsprechend einzusetzen, ihnen Arbeitsbereiche zuzuweisen, durch die sie angemessen gefordert, aber nicht überfordert werden, ihnen Hilfen anzubieten, um sich fachlich und menschlich weiterentwickeln zu können und sie dadurch zu befähigen, neue Aufgabenfelder zu erschließen oder veränderten Anforderungen gewachsen zu sein, sowie schließlich – ihre Identitätsentwicklung begleitend – ihnen behilflich zu sein, sich allmählich aus dem aktiven Berufsleben zurückzuziehen und auf den Ruhestand vorzubereiten.

Man kann die gesamte Thematik am besten mit dem Begriff „Personalentwicklung"[3] umschreiben. Dahinter steht eine klar angebbare Idee, die aber schwer zu verwirklichen ist: Einerseits „leben" Organisationen und Institutionen von der Kompetenz und Loyalität ihrer Mitglieder, andererseits brauchen diese Mitglieder für ihre eigene Identitätsbildung Aufgaben, durch die sie herausgefordert werden und die dazu beitragen, elementare menschliche Bedürfnisse zu erfüllen. Ziel jeder Personalentwicklung muß es daher sein, unter den sich ständig verändernden Bedingungen immer wieder neu und auf andere Weise die Integration von Organisation/Institution und Person anzustreben.[4] Nur in dem Maße, wie diese gelingt, können Organisationen für die Gesellschaft, den einzelnen Menschen sowie ihre eigenen Mitglieder nützlich und produktiv sein.

Diese Situation trifft auch auf die Kirche als Organisation/Institution zu. Sie bietet ihr die Chance, ein eigenes Modell zu entwickeln und beispielhaft vorzuleben, wie Organisationen/Instutitionen dem Menschen angemessen gestaltet werden können, so daß jeder einzelne darin seine Identität finden kann.

Der folgende Beitrag greift aus dieser komplexen Thematik einen Aspekt heraus, nämlich die Frage, was die Psychologie – insbesondere die Organisationspsychologie – an Erkenntnissen, Methoden und Erfahrungen beisteuern kann, damit Kirche (als Organisation) und Menschen (als Mitarbeiter) den ersten Schritt der Personalentwicklung miteinander und zu beiderseitigem Nutzen gehen können.

Traditionell wird dieser Sachverhalt unter dem Begriff Eignung abgehandelt. Im folgenden sollen zunächst Prinzip und Struktur der Eignungsdiagnostik kurz erläutert (2.), anschließend die Frage nach der Eignung für kirchliche Berufe aus diagnostischer Sicht diskutiert (3.), sodann die einzelnen Schritte einer Eignungsdiagnostik pastoraler Berufe beschrieben (4.) und abschließend eine Möglichkeit sinnvollen Einsatzes von Eignungsdiagnostik erörtert werden (5.).

2. Prinzip und Struktur der Eignungsdiagnostik

Die berufliche Eignungsdiagnostik ist einer der ältesten Zweige der angewandten Psychologie. Schon in den Anfängen der Wirtschaftspsychologie[5] ist die Frage nach den Funktionen und der Legitimität eignungsdiagnostischer Untersuchungen aufgeworfen worden. Die Antwort war damals ziemlich eindeutig: eine qualifizierte Eignungsdiagnostik sei nicht nur legitim, sondern auch notwendig.[6] Die Auswahl der Besten sichere einen dreifachen Nutzen: Der Betrieb profitiere durch hohe Produktivität, der Mitarbeiter fühle sich, weil seinen Fähigkeiten entsprechend eingesetzt, persönlich wohl, und der Gesellschaft stünde ein steigendes Angebot an Konsumgütern zur Verfügung. Im großen ganzen gelten diese drei Zielvorstellungen bis auf den heutigen Tag.[7]

Die nun folgenden Ausführungen beschäftigen sich zunächst mit der klassischen Eignungsdiagnostik (2.1), daran anschließend werden neuere Entwicklungen beschrieben (2.2).

2.1 Die klassische Eignungsdiagnostik

Die klassische Eignungsdiagnostik bietet eine Entscheidungshilfe für jene Situationen an, in denen Personen Aufgaben oder Berufen *zugeordnet* werden sollen. Diese Zuordnung soll durch den Einsatz der verschiedenen diagnostischen Verfahren *optimiert* werden.[8] *Optimal* ist eine Zuordnung dann, wenn sie sowohl der Organisation als auch der Person zum Nutzen gereicht (worin dieser auch immer liegen mag). Dieses Selbstverständnis der klassischen Eignungsdiagnostik beruht auf einigen Annahmen oder Postulaten (2.1.1) und konkretisiert sich im eignungsdiagnostischen Prozeß (2.1.2).

2.1.1 Annahmen

(1) *Die Entscheidung trifft der Auftraggeber,* der Diagnostiker beschränkt sich darauf, dessen Entscheidung vorzubereiten und zu optimieren. Der Auftraggeber, sei er nun Arbeitgeber oder individueller Ratsuchender, kann natürlich das Ergebnis einer Eignungsuntersuchung ignorieren.

(2) *Die Ziele personeller Entscheidungen können sich widersprechen, müssen es aber nicht.* Dem *Arbeitgeber* liegt in der Regel daran, die Besten auszuwählen, um einen effizienten Einsatz der Mitarbeiter sicherzustellen. Effizienz ist aber selten das alleinige Kriterium, andere Gesichtspunkte können ebenso entscheidend oder noch wichtiger sein, z.B. wenn absichtlich ein leistungsschwächerer Bewerber vorgezogen wird, um zu verhindern, daß die Karriere wichtiger Personen gefährdet

wird, oder wenn nur jene Bewerber ausgewählt werden, die die gleichen Wertvorstellungen und (gesellschaftspolitischen oder ideologischen) Überzeugungen wie die leitenden Personen haben. Der letzte Gesichtspunkt dürfte bei der Auswahl pastoraler Bewerber von großer Bedeutung sein.

Auch die Ziele des *Arbeitnehmers* können verschiedenartig sein. So mag er den dringenden Wunsch haben, überhaupt einen Arbeitsplatz zu bekommen; oder bestrebt sein, sich einen möglichst bequemen Job zu sichern; oder auch von Ehrgeiz nach einer erfolgreichen Karriere erfüllt sein.

Sind die Ziele gegensätzlich, dann wird sich der Diagnostiker in aller Regel an den Zielvorstellungen des Arbeitgebers orientieren, schon allein deshalb, weil dieser letztlich die personelle Entscheidung trifft. Die Zielvorstellungen des Arbeitnehmers wird er meist nur dann und insoweit berücksichtigen können, als ein gewisser Minimalkonsens mit den Zielen des Arbeitgebers besteht.[9]

(3) Von Zuordnung läßt sich nur sprechen, wenn die *Person* einerseits, *Aufgabe/Beruf* andererseits als ziemlich *statische,* d. h. zumindest in absehbarer Zeit *kaum veränderliche Gegebenheiten* angesehen werden. Der Begriff „Eignung" ist im Grunde ebenfalls statischer Art. Er fixiert eine feste Beziehung zwischen den Fähigkeiten und Persönlichkeitsmerkmalen einer Person und den Anforderungen einer Aufgabe bzw. eines Berufes. Ohne die Annahme, daß diese Beziehung fest und kaum veränderlich ist, wäre es nicht möglich, regelhafte Zusammenhänge zwischen beiden in Form statistischer Gesetzmäßigkeiten zu formulieren.

(4) Um die Zuordnung zwischen Person einerseits und Aufgabe/Beruf andererseits herstellen zu können ist es erforderlich, auf beiden Seiten Informationen zu erheben, die miteinander verglichen und zueinander in Bezug gesetzt werden können. Die *Anforderungen* entsprechen diesen Bedingungen. Sie sind in psychologischen Begriffen formuliert und beschreiben Fähigkeiten und persönliche Merkmale, die eine Person mitbringen muß, um einen Arbeitsplatz ausfüllen oder einen Beruf ausüben zu können. Die Zuordnung erfolgt durch einen Vergleich der Merkmale der Person mit den Merkmalen des Arbeitsplatzes oder Berufs. Es leuchtet ein, daß die Eignungsaussage an Zuverlässigkeit gewinnt, je genauer die Merkmale auf beiden Seiten beschrieben sind.

(5) *Die Zuordnung der Merkmale von Person zu Arbeitsplatz/Beruf kann niemals perfekt, sondern immer nur nach Wahrscheinlichkeitsaussagen erfolgen.* Denn einerseits besitzt jede Person eine Fülle persönlicher Eigenschaften und Qualitäten, die an einem Arbeitsplatz oder in

einem Beruf nicht verlangt werden, sich aber gleichwohl auf die geforderten Verhaltensweisen auswirken; und andererseits stellt ein Arbeitsplatz/Beruf auch Anforderungen, denen ein Bewerber (noch) nicht vollständig genügt, für die er erst noch ausgebildet werden oder in die er sich noch hinein entwickeln muß. Deshalb sind immer nur *statistische*, d.h. empirisch bedingte Wahrscheinlichkeitsaussagen möglich. Die Eignungsaussage enthält daher, wie jede statistische Prognose, eine bestimmte *Fehlerquote*. Das Risiko, eine personelle oder berufliche Fehlentscheidung zu treffen, ist prinzipiell nicht auszuschalten, aber zu mindern. Empirisch läßt sich eindeutig belegen, daß für eine ganze Reihe von Fragestellungen das Risiko einer Fehlentscheidung ohne eignungsdiagnostische Informationen deutlich höher ist.[10]

2.1.2 Der eignungsdiagnostische Prozeß

Aussagen über die Eignung einer Person sind das Ergebnis eines diagnostischen Prozesses, der sechs Phasen umfaßt[11]:

(1) Er beginnt mit dem *Auftrag an den Diagnostiker*. Die Ziele des Auftraggebers steuern die Fragestellung. Sind sie klar und eindeutig, so ist dem diagnostischen Prozeß ein fest umrissener Rahmen vorgegeben. Nicht selten sind aber die Vorstellungen des Auftraggebers vage oder mehrdeutig.[12] In diesem Fall muß der Diagnostiker zunächst die Fragestellung präzisieren, weil er sonst Gefahr läuft, Antworten zu suchen, die keiner haben will.

(2) Darauf folgt die *Analyse der Anforderungen* des Arbeitsplatzes, der Tätigkeit, des Berufes. So gewinnt der Diagnostiker den Hintergrund, gleichsam die Schablone, in die die Person hineinpassen muß bzw. von der sie nur in bestimmten Toleranzbereichen abweichen darf. Die Anforderungen beziehen sich auf die Aufgabenstellungen im engeren Sinn, aber auch darüber hinaus auf die Wertvorstellungen[13] und Erwartungen[14] wichtiger Bezugspersonen. In Organisationen mit gut ausgebautem Personalwesen liegen die Anforderungen für die einzelnen Positionen meist in Form von Stellenbeschreibungen oder Anforderungsprofilen vor. Für pastorale und kirchliche Berufe existieren diese in detaillierter Form bisher nicht.

(3) Spiegelbildlich zu den Anforderungen auf der Arbeitsseite erfolgt die *Bestimmung der Merkmale* auf seiten der Person, die diese möglichst vollständig, zumindest jedoch in Ansätzen mitbringen bzw. erfüllen muß, damit sie den Anforderungen der künftigen Tätigkeit gewachsen ist. Die Zusammenstellung der Merkmale kann ganz pragmatisch und eklektisch erfolgen, sie kann sich aber auch an einer bestimmten psychologischen Persönlichkeitstheorie ausrichten.[15]

(4) Der Katalog der Anforderungen einerseits und der persönlichen

Merkmale andererseits gibt die Gesichtspunkte vor, nach denen die *Auswahl der Untersuchungsmethoden* erfolgt. In der Praxis haben sich für bestimmte Fragestellungen [16] feststehende Untersuchungseinheiten – sog. Testbatterien – herausgebildet. Ihre Einheitlichkeit bietet den Vorteil zeitsparender Anwendung und objektiver Auswertung.

(5) Die Informationen, die der Diagnostiker im Verlauf der Untersuchung gewonnen hat, muß er nun zu einem differenzierten *Eignungsurteil* verarbeiten. In der klassischen Eignungsdiagnostik haben sich hierzu zwei Wege oder „Strategien" entwickelt: die statistische und die klinische Urteilsbildung. Die statistische gründet auf der zahlenmäßigen Auswertung der Testbefunde, neuerdings zunehmend unterstützt durch EDV-Programme; die klinische beruht auf der psychologischen Kompetenz und Berufserfahrung des Diagnostikers. Die statistische Vorgehensweise ist bei eng umgrenzten und präzisen Fragestellungen überlegen, die klinische bei komplexen und umfassenden. In der Praxis werden die beiden Strategien häufig kombiniert.

(6) Nunmehr erfolgt die *Mitteilung an den Auftraggeber*. Dazu ist es erforderlich, daß der Diagnostiker die Befunde und Erkenntnisse in den Verständnishorizont und die sprachliche Welt des Empfängers transponiert. In vielen Fällen ist der Auftraggeber zwar mit einer lapidaren Auskunft zufrieden, weil er nur wissen möchte, ob und inwieweit der Bewerber geeignet ist. In zunehmendem Maße nehmen Organisationen die beabsichtigte Einstellung qualifizierter Fachleute oder künftiger Führungskräfte jedoch zum Anlaß, den Bewerbern, die sich der Untersuchung unterzogen haben, eine ausführliche und differenzierte Rückmeldung zu geben, unabhängig davon, ob sie sich für oder gegen deren Anstellung entschieden haben.

Damit ist der diagnostische Prozeß abgeschlossen. Die *Entscheidung* selbst ist nicht mehr Sache des Diagnostikers, sondern des Auftraggebers. Für letzteren geht der eignungsdiagnostische Untersuchungsbefund nur als eine Information neben anderen, z. B. den personalpolitischen Leitlinien oder, im Fall des individuellen Ratsuchenden, den Optionen des eigenen Lebensentwurfs, in seine Entscheidung ein.

2.1.3 Kritik an der klassischen Eignungsdiagnostik

In den letzten Jahren ist verstärkt Kritik an der klassischen Eignungsdiagnostik laut geworden. [17] Diese richtet sich im wesentlichen auf drei Bereiche: die gesellschaftliche Funktion (1), die methodischen Annahmen und Vorgehensweisen (2) sowie die ethische Verantwortbarkeit (3).

(1) Die schon von LEWIN vertretene Auffassung, Eignungsdiagnostik sei als reine Sozialtechnologie auch für gegensätzliche Zielsetzun-

gen offen, führt unter den gegebenen gesellschaftlichen Machtverhältnissen – so SCHARDT [18] – zwangsläufig zu einer Orientierung an den Interessen des Kapitals und der Arbeitgeber:
- Letztlich legen die Arbeitgeber die Anforderungen als Meßlatte für die Auswahl der Bewerber fest. Diese Meßlatte können sie beliebig variieren, mit zusätzlichen Forderungen anreichern oder ganz auf sie verzichten. In jedem Fall ist der Diagnostiker von der Vorgabe der Anforderungen abhängig. Eignungsdiagnostik verkommt so zu einem Instrumentarium der Steuerung des Arbeitsmarkts in der Hand der Arbeitgeber.
- Die Annahme, die Anforderungen blieben relativ konstant, hat in der Bewerbungspraxis zur Folge, daß nur diejenigen Personen als geeignet gelten, deren Persönlichkeit schon in hohem Maße für die Arbeitsweise in unserer Gesellschaft taugt. Eignungsdiagnostik wird benutzt, um das Anpassungspotential unter den Bewerbern festzustellen. Personen mit klar umrissenen eigenen Wertvorstellungen werden von Organisationen als potentiell bedrohlich empfunden und mit Hilfe eignungsdiagnostischer Verfahren frühzeitig ausgeschieden.
- Die Lern- und Entwicklungsmöglichkeiten des einzelnen, seine lebenslange Veränderung aufgrund alltäglicher Arbeitserfahrungen, bleiben weitgehend unberücksichtigt. Eignungsdiagnostik verhilft so zur Stabilisierung des gesellschaftlichen Zustandes.

Aus diesen und anderen Gründen fordert SCHARDT, der „kapitalorientierten" eine „arbeitsorientierte" Eignungsdiagnostik entgegenzustellen. Sie soll sich ganz in den Dienst der Interessen der Arbeitnehmer stellen.

(2) Die der Eignungsdiagnostik zugrundeliegenden wissenschaftlichen Prinzipien sind revisionsbedürftig:
- Psychologische Tests messen nicht bei allen Personen die gleichen Merkmale, sondern, abhängig von ihrem Entwicklungsstand, jeweils andere. So scheinen Tests, die die Belastbarkeit durch eine Reihe von Rechenaufgaben erfassen wollen, bei weniger belastbaren Personen tatsächlich auch das Merkmal Belastbarkeit zu erfassen, bei belastbaren dagegen bloß ihre Rechenfertigkeit. Dies wird bei der Interpretation von Testbefunden selten berücksichtigt.
- Die in der Eignungsdiagnostik übliche Unterscheidung zwischen Fähigkeiten und Fertigkeiten wird neuerdings in Frage gestellt. Herkömmlich werden Fähigkeiten als eine Art „Begabungspotential" des Menschen aufgefaßt, die er, je nach Gelegenheit und Übung, in Fertigkeiten umsetzen und so konkretisieren kann. Fertigkeiten sind also ausgeübte Fähigkeiten. Manche empirische Befunde lassen sich

mit dieser Auffassung aber nicht vereinbaren. Neuere Überlegungen gehen deshalb davon aus, daß auch Fähigkeiten sich durch Lernen entwickeln. Fehlende oder gemiedene Lerngelegenheiten lassen Fähigkeiten gar nicht erst entstehen.[19]

Die methodischen und theoretischen Einwände zielen in die gleiche Richtung: Die klassische Eignungsdiagnostik geht davon aus, daß der Mensch ein relativ stabiles, d. h. nur begrenzt veränderliches Potential an Fähigkeiten und Fertigkeiten besitzt. Sie mißt mittels Tests dieses Potential, setzt es in Beziehung zu den beruflichen Anforderungen und leitet aus diesem Vergleich das Eignungsurteil ab. Die Motivation des einzelnen, aktiv Lernchancen zu suchen und zu nutzen oder sie passiv einfach auf sich zukommen zu lassen, wird für die Erklärung des vorhandenen Potentials ebensowenig herangezogen wie die Gunst der Umstände, die dem einen mehr, dem anderen weniger Gelegenheiten boten, seine Fähigkeiten auszubilden.

(3) Aus ethischer Sicht wird von LANG ein ganz gravierender Einwand vorgebracht: „Professionell betriebene psychologische Diagnostik und Autonomie der Person sind antagonistisch."[20] LANG begründet das u. a. folgendermaßen:
- Der Diagnostiker sammelt häufig Daten, die er zwar für wichtig hält, der Proband aber nicht. Dennoch muß letzterer sie ihm zur Verfügung stellen: er ist dem Diagnostiker ausgeliefert.
- Die Entscheidung ist aufgrund eignungsdiagnostischer Informationen zwischen Zufall und Willkür angesiedelt: Wird Diagnostik intuitiv und nicht empirisch abgesichert betrieben, so sind die Urteile stark persönlich gefärbt und folglich zufällig; wird sie dagegen immer mehr perfektioniert, so bleibt im Extremfall den Entscheidungsträgern überhaupt kein Handlungsspielraum mehr: die Eignungsaussage wird zur Fortschreibung der Willkür des Schicksals. In beiden Fällen ist die Autonomie der Person eingeschränkt, wenn nicht gar aufgehoben.

2.2 Neuere Entwicklungen

Aus der Kritik an der klassischen Eignungsdiagnostik ist bislang noch keine „alternative" Eignungsdiagnostik hervorgegangen. Trotz aller Kritik bleibt nämlich eine Tatsache nach wie vor als Aufgabe zu bewältigen:

Jede personelle Maßnahme – Einstellung, Weiterbildung, Versetzung, Beförderung usw. – setzt notwendigerweise einen Urteilsprozeß der Verantwortlichen voraus.[21] Der evt. Verzicht, sich eignungsdiagnostischer Informationen zu bedienen, ändert an der Tatsache, daß auch weiterhin personelle Maßnahmen getroffen werden müssen, nicht das mindeste. Wohl aber könnte ein solcher Verzicht bewirken, daß der Entscheidende die Aufgabe, vor der er steht, subjektiv und willkürlich ausübt und seine Entscheidung dem Betroffenen nur fadenscheinig begründet. Personelle Entscheidungen, die tief in das Leben des einzelnen eingreifen können, wären für diesen undurchsichtig, er könnte auch in keiner Weise auf sie einwirken. Ist eine Personalentscheidung ohne eignungsdiagnostische Information wirklich „besser"? Wem wäre tatsächlich damit gedient, wenn man auf die sorgfältig erarbeiteten Ergebnisse der empirisch forschenden Psychologie, die mittlerweile in großem Umfang vorliegen, verzichten würde? Ist es nicht für alle Beteiligten besser, wenn das psychodiagnostische Grundwissen in institutionelle und individuelle Entscheidungen mit einfließt? Kein Zweifel: Eignungsdiagnostik ist weder einfach noch unumstritten, sie deswegen aber außer acht lassen zu wollen, wäre kurzschlüssig, schlimmer noch: ein Verzicht auf mehr Rationalität bei Lebensentscheidungen.[22] Eines allerdings ist auch klar: Die Form, in der sich Eignungsdiagnostik bislang überwiegend vollzieht und sich den Betroffenen präsentiert, weckt nur begrenzt die Einsicht in ihre Nützlichkeit. Einige neuere Entwicklungen bringen erfolgversprechende Korrekturen.

2.2.1 Orientierung an Veränderungs- und Entwicklungsmöglichkeiten

Anstelle von Stabilität und (relativer) Unveränderlichkeit werden heute – und künftig wird das noch stärker der Fall sein – die Veränderungs- und Entwicklungsmöglichkeiten des Menschen hervorgehoben und ernst genommen. Damit wird nicht behauptet, daß die Annahme relativ konstanter Persönlichkeitsmerkmale als irrig aufgegeben würde, sondern, daß eine andere Akzentsetzung erfolgt.[23] Ein Persönlichkeitsmerkmal, z. B. Extraversion, kann für einen bestimmten Menschen sehr charakteristisch sein. Die diagnostische Fragestellung beschränkt sich nun jedoch nicht darauf, dies festzustellen, sondern darüberhinaus herauszufinden, was ihm dieser Zug seiner Persönlichkeit bedeutet und wie er mit ihm umgeht. Schlägt seine „gesellige Ader" überall durch oder bringt er seine Neigung zur Extraversion nur dort zur Geltung, wo sich die Situation dafür eignet? – Ein anderes Beispiel: Eine Person verfügt zum Zeitpunkt der Diagnose nur über durchschnittliche sprachliche Fähigkeiten. Ist sie bereit, systematisch daran so zu arbeiten, daß sie nach einiger Zeit imstande ist, in einem bestimmten Aufgabengebiet auch höheren Anforderungen zu genügen? – Ziel von Testuntersuchungen ist nicht allein festzustellen, ob eine bestimmte Leistungsfähigkeit oder ein bestimmtes Persönlichkeitsmerkmal vorhanden ist und wenn ja, wie stark ausgeprägt, sondern herauszufinden, wieweit eine Person bereit ist, in wichtigen, auf sie zukommenden Anforderungen dazuzulernen, sich weiterzuentwickeln und wo gegebenenfalls erschwerende persönliche Bedingungen oder die grundsätzlichen Grenzen ihrer Veränderungskapazität liegen. Die prinzipielle Bereitschaft, zu lernen und sich weiterzuentwickeln, ist sicherlich eine wichtige, wenn nicht überhaupt die wichtigste Voraussetzung reifender Identitätsfindung. Aufgabe der Diagnostik muß es daher sein, dieses Veränderungspotential einer Person sowohl hinsichtlich seines Umfangs als auch seiner Grenzen [24] zu bestimmen, den individuellen Stil des einzelnen, sich mit neuen Herausforderungen auseinanderzusetzen, daraufhin zu überprüfen, ob er für den angestrebten Beruf oder die gewünschte Tätigkeit förderlich oder hinderlich ist und schließlich auch herausarbeiten, wie groß die Bandbreite der individuellen Problemlösungsfähigkeit ist.

2.2.2 Beachtung von Beweggründen, Einstellungen und Werthaltungen
Die Fähigkeiten und spezifischen Leistungsmöglichkeiten einer Person sind nicht in gleichem Maße veränderbar wie ihre Beweggründe, Einstellungen und Werthaltungen. Natürlich sind Fähigkeiten und Fertigkeiten darum nicht weniger wichtig, besonders in den Berufen, die eine hohe und umfassende Qualifikation voraussetzen. Wenn gleichwohl Beweggründe, Einstellungen und Werthaltungen verstärkt Beachtung finden, so deshalb, weil sie für das Zusammenspiel Person-Organisation schlechthin entscheidend sind: Man kann sie als „geistige Konstruktionen" auffassen, in denen sich die bisherigen Erfahrungen einer Person verdichten und die den Maßstab für die Intensität und Ausrichtung ihres künftigen Verhaltens liefern. Sie verkörpern daher wesentlich prägnanter und umfassender als die eher formal wirkenden Fähigkeiten und Fertigkeiten das Ausmaß an Übereinstimmung mit und an Loyalität zu einer Organisation und den sie tragenden Wertmustern. Die „Qualität" von Organisationen und Institutionen hängt ganz wesentlich davon ab, inwieweit ihre Mitglieder – und zwar alle, nicht nur die Führungsspitze! – den „Geist", die „Ethik" ihrer Organisation sich persönlich zu eigen machen und repräsentieren. [25]

Die Beachtung von Beweggründen, Einstellungen und Werthaltungen gilt besonders für jene Berufsfelder, in denen es in erster Linie um den Menschen (und nicht um Apparate oder Formulare) geht. Was „soziale Kompetenz" genannt wird – und bisher nicht befriedigend definiert werden konnte –, baut auf diesem inneren Verhältnis zu sich selbst und den Mitmenschen auf. Einzelne Fertigkeiten – etwa: ein Gespräch führen, jemanden beraten, eine Besprechung leiten können – gewinnen erst auf dem Hintergrund ausgeprägter Wertausrichtung ihre volle Wirksamkeit; ohne diese verblassen sie zu reinen Sozialtechniken.

2.2.3 Einbeziehung konkreter Situationen

Die klassische Formel von LEWIN, menschliches Verhalten sei eine Funktion von Person *und* Umwelt – V = f(P,U) – ist erst allmählich zum orientierenden Forschungsrahmen in der Psychologie geworden. Für die Eignungsdiagnostik ist daran bedeutsam, daß Persönlichkeitsmerkmale nicht unabhängig von entsprechenden Lebenssituationen identifiziert werden können. Persönlichkeitszüge entwickeln und äußern sich nur in bestimmten Situationen, in anderen dagegen nicht. Die diagnostische Untersuchung ist selbst eine Situation besonderer Art, die sich von den üblichen Alltagserfahrungen eines Probanden kraß abhebt. Es ist daher einleuchtend anzunehmen, daß dieser darin ein Verhalten zeigt, das nicht unbedingt repräsentativ für ihn ist. Umgekehrt gilt aber auch, daß wichtige soziale Situationen, denen er später ausgesetzt sein wird, während der diagnostischen Untersuchung nicht gegeben sind, daß er folglich auch bestimmte Verhaltensweisen nicht zeigen kann, deren Vorhanden- bzw. Nichtvorhandensein für die Beurteilung seiner Eignung äußerst wichtig und aufschlußreich wäre. Mit anderen Worten: Die Tatsache, daß ein Proband ein bestimmtes Verhalten nicht zeigt, läßt keineswegs den Schluß zu, daß er es nicht ändern kann oder will, sondern es kann schlicht daran liegen, daß er dazu keine Gelegenheit hat.

Reale Berufssituationen werden in die diagnostische Untersuchung seit langem dort einbezogen, wo es um den Nachweis handwerklicher, technischer oder kaufmännischer Fertigkeiten geht. Es sind dies die sog. *Arbeitsproben*. Bei der Auslese von Führungskräften im Rahmen eines „Assessment-Center"[26] nehmen die „situativ" genannten Übungen einen wichtigen Platz ein. Dazu zählen z. B. Gruppendiskussionen (mit und ohne vorher bestimmten Leiter), Entscheidungen unter Zeitdruck und Planungsaktivitäten. Schließlich sind Probezeit und Praktikum (oder ein Praxisjahr) im Grunde auch nichts anderes als verlängerte „Testsituationen": Der Bewerber erhält die Gelegenheit, die Anforderungen eines Berufsfeldes kennenzulernen, und die Organisation gewinnt detailliert Aufschluß darüber, wie er sich in der Praxis „anstellt". Eignungsdiagnostische Aussagen sind fundierter und damit zuverlässiger, wenn sie Informationen aus simulierten und realen Berufssituationen mit aufnehmen. Letzteres setzt voraus, daß die Urteile von Personen, die den Kandidaten während der Probezeit begleitet haben bzw. ihn beobachten konnten, in die Eignungsbeurteilung einbezogen werden.

2.2.4 Ermöglichung von Beratung

Solange Diagnostik so betrieben wird, daß die an einem bestimmten Tag erhobenen Befunde weitgehend über die Zukunft eines Menschen entscheiden, ähnelt sie in wesentlichen Merkmalen einer Prüfungssituation.[27] Diese ist ja so angelegt, daß sie gelerntes und geübtes, also von der Person beherrschbares Wissen und Verhalten, abruft. Wenn es aber wichtig ist auszuloten, welche Entwicklungskapazität eine Person hat, dann muß diese einmalige Prüfungssituation durch eine zeitlich offene Beratungssituation ersetzt werden. Diagnostik als Beratung bedeutet, daß während der Untersuchung, die sich über einen längeren Zeitraum erstrecken kann, der Diagnostiker fortgesetzt in Kommunikation mit dem Probanden steht. Entscheidend ist dabei, daß er ihm Aufgabenstellungen transparent macht, Ergebnisse und Beobachtungen rückmeldet und mit ihm bespricht, welche Folgerungen sich aus all dem ergeben. Erst das Resultat des gesamten Prozesses, der sich unter Umständen auch über mehrere Jahre erstrecken kann, bietet eine verläßliche Grundlage für das Eignungsurteil.

2.2.5 Zusammenfassung

Die Weiterentwicklung der klassischen Eignungsdiagnostik setzt also an verschiedenen Punkten an: an den Annahmen (Veränderung statt Stabilität), an den Inhalten (Werte statt Fähigkeiten), an den Methoden (Realaufgaben statt Tests) und an der diagnostischen Situation selbst (Beratung statt Prüfung). Damit soll nicht nur die Grundlage für eine zuverlässigere Prognose gelegt, sondern gleichzeitig auch die „soziale Validität"[28], also die Akzeptanz durch alle Beteiligten, erhöht werden. Soll Eignungsdiagnostik von Nutzen sein, dann muß sie gleichermaßen zweckmäßig und annehmbar sein.

3. Eignung für Berufe der Kirche

Die eignungsdiagnostische Fragestellung richtet sich prinzipiell zwar auf alle Berufe, jedoch ist der derzeitige Erkenntnis- und Methodenstand nicht auf alle in gleicher Weise anwendbar. Bevor der Beitrag der Eignungsdiagnostik zur Beratung für Berufe der Kirche erörtert werden kann, ist es daher erforderlich zu klären, was Eignung für den Dienst in der Kirche bedeutet bzw. bedeuten kann.

3.1 Eignung nach den kirchenamtlichen Dokumenten

Die Frage nach der Eignung eines Bewerbers für den Dienst in der Kirche ist nicht neu; die Formulierung einschlägiger Anforderungen hat eine lange Tradition.[29]
- Schon in den Pastoralbriefen stellt Paulus Forderungen auf, die ein Bewerber um das Amt des Vorstehers oder Diakons zu erfüllen hatte (1 Tim 3,1-13; Tit 1,6-9).
- Im Codex Juris Canonici sind die „persönlichen Qualitäten" beschrieben, die ein Kandidat für das Amt des Priesters oder Diakons besitzen muß.[30]
- Das II. Vatikanische Konzil und die von ihm inspirierten Dokumente beschreiben in verschiedener Weise die Eignungskriterien, die für die Ausbildung und Zulassung zum Priesteramt zu fordern sind.[31]
- Die Deutschen Bischöfe haben in den „Rahmenstatuten und -ordnungen für Diakone und Laien im pastoralen Dienst" (1978/79) und in diözesanspezifischen „Mitarbeitervertretungsordnungen" (MAVO)[32] die Voraussetzungen und Bedingungen für eine Tätigkeit im kirchlichen Dienst angegeben.

Die in den kirchenamtlichen Dokumenten aufgelisteten Merkmale sind keine Eignungskriterien im diagnostisch verwertbaren Sinn. Zwei Punkte mögen diese Feststellung verständlich machen.
- Die Anforderungen lesen sich wie ein Tugendkatalog (und als solcher sind sie wohl auch gedacht). Da fehlt kaum eines jener Merkmale, die das „christliche Menschenbild" insgesamt charakterisieren. Auf solche Tugendkataloge stößt man immer, wenn man Menschen auffordert anzugeben, was eine zu respektierende Autorität – einen guten Lehrer, Vorgesetzten oder Staatsmann – auszeichnen soll. So konnte der amerikanische Sozialpsychologe Ralph Stogdill[33] schon vor rund 40 Jahren nachweisen, daß die von einem Führer geforderten Eigenschaften in typischer Weise die tragenden Wertvorstellungen einer Gruppe widerspiegeln. Offensichtlich fordern Menschen von den führenden Mitgliedern jene Werte und Ideale ein, die in ihrer Gruppe oder Gemeinschaft gelten. Es verwundert daher nicht, daß die neutestamentlichen und verschiedenen kirchenamtlichen „Eignungskriterien" den Idealtypus des Jüngers in der Nachfolge Christi beschreiben. Was als Anforderungen für eine bestimmte Tätigkeit im Dienst der Kirche ausgegeben wird, ist, näher besehen, identisch mit den Anforderungen an ein christliches Leben im Geiste Jesu schlechthin, gilt also für alle Mitglieder der Kirche.
- Wenn man sich die Merkmale ansieht, die im engeren Sinn für das

Führen von Gruppen und organisierten Gemeinschaften – eine wichtige Aufgabe aller pastoralen Dienste – zu fordern sind, so offenbaren die kirchenamtlichen Dienste ein ernstes Defizit. Führen ist, wie STOGDILL ebenfalls bereits zeigen konnte, keine moralische Kategorie, sondern eine Funktion oder Aufgabe innerhalb einer Gruppe, wozu ganz bestimmte Fähigkeiten („soziale Kompetenz") gehören, die weder mit der persönlichen Reife einer Person noch mit ihrem gelebten christlichen Zeugnis schon gegeben oder identisch sind. Der Führende nimmt eine Aufgabe, einen „Dienst" für die Gemeinschaft wahr, indem er die anderen auf ein gemeinsames Ziel hin beeinflußt. Führen ist eine Aktivität, die in soziale Beziehungen steuernd, richtungweisend, anspornend eingreift zu dem Zweck, der Gruppe zur Erreichung des Ziels zu verhelfen und die Mitglieder zu einer Einheit zu integrieren.[34] Führen ist nur dann erfolgreich, wenn diese Aufgabe gelingt. Um sie wahrzunehmen und zu erfüllen, sind aber Verhaltensweisen und innere Haltungen erforderlich, die eine spezifische Kompetenz darstellen. Vereinfacht ausgedrückt: jemand kann ein guter und überzeugender Christ sein, ohne daß er deshalb schon geeignet ist, eine Gruppe zu führen.

Die in theologischer Sprache abgefaßten Anforderungen beschreiben notwendige, aber keineswegs hinreichende Voraussetzungen für eine qualifizierte pastorale Tätigkeit: notwendig sind sie deshalb, weil sie wiedergeben, was alle Mitglieder der Kirche auszeichnen soll, nicht hinreichend deshalb, weil sie die spezifischen Bedingungen einer beruflichen Tätigkeit in der Kirche außer acht lassen. Als Eignungskriterien im eigentlichen Sinn können nur jene Merkmale gelten, die den fundamentalen Bezug zu Tätigkeiten, Aufgaben und Berufsfeldern, also den Anforderungen einer beruflichen Rolle, herstellen. Eignung ist immer Eignung für oder zu etwas. Es würde nicht nur dem psychologischen, sondern auch dem alltagssprachlichen Verständnis zuwiderlaufen, wollte man von einer „Eignung zum menschlichen Leben", „Eignung zur persönlichen Identität" oder „Eignung zum Christen" sprechen. Der spezifische Beitrag der Eignungsdiagnostik – mit ihren Möglichkeiten und Grenzen – ist nur dann klar zu umreißen, wenn die berufsbezogene Verankerung des Eignungsbegriffs nicht außer acht gelassen wird.

In den deutschsprachigen Ländern hat sich nach dem II. Vatikanischen Konzil das pastorale Tätigkeitsfeld, in dem früher fast ausschließlich Priester- und Ordensleute tätig gewesen sind, in verschiedene Berufsbilder aufgegliedert. In der Bundesrepublik Deutschland werden fünf Berufsbilder unterschieden: Priester, Diakon, Pastoralreferent, Gemeindereferent und Gemeindehelfer.[35] Die Deutschen Bischöfe weisen ihnen jeweils eigene Aufgaben und Funktionen zu. Der Alltag sieht freilich, wie die bisherige Praxis zeigt, ganz anders aus. Unabhängig von dogmatischen und rechtlichen „Revierabgrenzungen" überschneiden sich in der Gemeindearbeit die Aufgabenbereiche der verschiedenen pastoralen Dienste. Daher ist es sinnvoll und berechtigt, für alle pastoralen Berufsfelder eine *gemeinsame Eignung* zu fordern; sie wird am besten mit „pastoraler Kompetenz" umschrieben. Pastorale Kompetenz kann, wie JOSUTTIS und ZERFASS [36] vorschlagen, in eine inhaltliche, methodische, personale und institutionelle Dimension untergliedert werden. [37] Diese Aspekte pastoraler Kompetenz sollen im folgenden statt der unzureichenden kirchenamtlichen Aussagen für die eignungsdiagnostischen Überlegungen herangezogen werden.

3.2 Pastorale Kompetenz als Inhalt und Ziel von Eignungsdiagnostik und beratender Begleitung

Die vier Grunddimensionen geben sowohl die Wurzeln an, aus denen pastorale Kompetenz erwächst, als auch die Richtung, in die sie sich entfalten kann und soll. Die Dimensionen verweisen auf wichtige einzelne Bereiche, aber erst zusammen machen sie das aus, was pastorale Kompetenz darstellt. Damit wird dem Mißverständnis vorgebeugt, pastorale Kompetenz sei durch einen ganz bestimmten Zug gekennzeichnet, etwa, daß jemand theologisch gebildet und auf dem neuesten Stand sei (thematisch-inhaltlich) oder mit Menschen und Gruppen umgehen könne (methodisch) oder sich der Autorität der Kirche unterordne (institutionell) oder einfach eine tiefe Gläubigkeit besitze (personal). Das Modell pastoraler Kompetenz kann, weil es vielschichtig genug ist, einer psychologisch ausgerichteten Eignungsberatung nützliche Dienste erweisen. Dies ist prinzipiell auf zweierlei Weise möglich: Einerseits im Sinne der klassischen Eignungsdiagnostik (a), andererseits in ihrer Fortentwicklung zur kontinuierlichen Eignungsberatung (b), die die gemeinsame Entwicklung von Personen und Organisationen anstrebt.

(a) Wenn man das Modell pastoraler Kompetenz dem klassisch ausgerichteten eignungsdiagnostischen Ansatz zugrundelegt, dann kann man die vier Grunddimensionen als jene Bereiche betrachten, aus denen die wesentlichen Anforderungen des pastoralen Berufes abzuleiten sind. Mit Hilfe einer arbeitspsychologischen Methode, der sog. Anforderungsanalyse, können die Anforderungen jedes Bereichs so konkret beschrieben werden, daß sie empirisch erhebbar sind. Die Anforderungen aller vier Bereiche zusammen fächern das gesamte Spektrum jener Merkmale auf, die ein Bewerber in bestimmtem Umfang entweder schon aufweisen oder sich aneignen können muß, wenn er als geeignet gelten soll.

Die Vor- und Nachteile eines solchen Vorgehens hängen mit der Eigenart des eignungsdiagnostischen Ansatzes zusammen.

Die *Vorteile* liegen zweifellos darin, daß damit eine Liste detaillierter Anforderungen vorläge, die in ihrer Vielschichtigkeit die Komplexität des pastoralen Berufs wiedergeben würde und zu verschiedenen Zwekken eingesetzt werden könnte: Bewerber und kirchliche Entscheidungsträger würden damit über klare und transparente Kriterien verfügen; der einzelne könnte sich im Rahmen seiner Ausbildung an diesen Kriterien orientieren; spätere berufsbegleitende Maßnahmen ließen sich gezielt auf sie abstimmen; schließlich würden sie das Charakteristische des pastoralen Berufs gegenüber anderen Berufen ins Bewußtsein des einzelnen und der Gemeinden heben.

Die *Nachteile* ergeben sich aus der Verengung der diagnostischen Vorgehensweise selber. Je angestrengter man es unternimmt, die einzelnen Komponenten pastoraler Kompetenz zu bestimmen und von einer Person, deren Eignung überprüft werden soll, einzufordern, desto stärker wird zwangsläufig die Neigung sein, die Person nur mit diesem vorgegebenen Raster zu vergleichen und sie auf die dabei ermittelten zutreffenden bzw. nicht zutreffenden Merkmale zu fixieren. Dadurch wird aber genau das Gegenteil dessen erfaßt, was Kompetenz im umfassenden und ursprünglichen Sinne meint.[38] Kompetenz läßt sich nicht am Besitz einzelner Fertigkeiten oder Persönlichkeitsmerkmale festmachen, sondern erweist sich im aktuellen Handeln in und im Umgang mit verschiedenen und verschiedenartigen Situationen.[39] Das Vorhandensein oder Fehlen eines einzelnen Merkmals gibt ebenso wie die Summe aller Merkmale lediglich Aufschluß über das Kompetenz*potential* einer Person, nicht aber ihren kompetenten Umgang mit sich und anderen, mit institutionellen Situationen und individuellen Lebenslagen.

Die klassische Eignungsdiagnostik liefert gleichsam das „Rohmaterial", einzelne Gesichtspunkte also, die erfahrungsgemäß als bedeutsam gelten oder institutionell gefordert sind. Es verbleibt beim additiven Nebeneinanderstellen einzelner Anforderungen. Die Eignungsdiagnostik kann deshalb im wesentlichen nur klären helfen, ob einzelne Voraussetzungen pastoraler Kompetenz gegeben sind und, wenn das nicht der Fall ist, wie gravierend diese Defizite sind.

(b) Will man die gesamte pastorale Kompetenz erfassen, so sind die neueren Entwicklungen der *Eignungsberatung* einzubeziehen. Wenn pastorale Kompetenz in der Fähigkeit besteht, auf wechselnde Situationen und Lebenslagen immer wieder neue, vom Geist Jesu inspirierte und ihn bezeugende Antworten zu finden, dann kann Kompetenz nur im Umgang mit und im Handeln in konkreten Situationen erkannt und beurteilt werden. Das, was es zu erkennen und zu beurteilen gilt, die Essenz von Kompetenz also, wird von verschiedenen Autoren unterschiedlich benannt und zeugt dennoch von einer einheitlichen Idee: „Denken in Systemen" (VESTER 1985), „Vernetztes Denken" (DÖRNER 1983), „Fähigkeit zur Konfliktbewältigung" (nicht „-lösung", BERKEL 1984), „double loop learning" (ARGYRIS 1982) u.a.m.[40] Was gemeint ist, ist zwar nicht identisch, zielt aber in die gleiche Richtung: die Fähigkeit, nach übergeordneten Gesichtspunkten und Zielsetzungen zu handeln und dabei variabel und flexibel die verschiedenen Gegebenheiten einer Situation zu berücksichtigen. Kompetenz dazu setzt nach ARGYRIS[41] folgendes voraus:

(1) *verläßliche Information:* Vorstellungen, Meinungen, Auffassungen über uns und andere gehen von konkreten Erfahrungen und Beobachtungen aus. Sind diese einseitig, verzerrt, manipuliert, so können die daraufhin gefaßten Entschlüsse nicht realitätsgerecht sein. Kompetenz zeigt sich zunächst einmal darin, daß es gelingt, mit sich selbst und anderen so umzugehen, daß zutreffende und verläßliche Informationen zustandekommen.

(2) *freie Entscheidung:* Aufgezwungene Entscheidungen veranlassen Menschen zu Täuschungen, Widerstand und rationalisierter Lebensbegründung. Realistische, mit den eigenen Bedürfnissen übereinstimmende Ziele, für die sich ein Mensch ohne Druck und Zwang entscheiden kann, machen erst wahrhaft frei. Kompetenz offenbart sich dort, wo Menschen ermöglicht wird, sich frei zu entscheiden.

(3) *innere Verpflichtung:* Nur dann, wenn die Entscheidung aufgrund verläßlicher Information und in Freiheit gefällt worden ist, kann die Person hinter ihr stehen und sich ihr innerlich verpflichtet fühlen. Kompetenz kommt da zur Vollendung, wo sie dazu beiträgt, daß Menschen ihr Handeln an ihrer inneren Überzeugung verbindlich ausrichten.

Überträgt man die Überlegungen von ARGYRIS auf pastorale Kompetenz, so läßt sich diese etwa durch folgende Fragestellungen aufdecken:
- Was tut jemand, um zu wirklich authentischen Informationen über sich zu gelangen? In welcher Weise verhilft er anderen, über sich verläßliche Informationen zu gewinnen? Wie verhält er sich in zwischenmenschlichen Beziehungen, damit alle Beteiligten zu überprüfbaren Informationen gelangen? Inwieweit sucht er sich und andere vor bestimmten Informationen zu schützen?
- Wie ermöglicht er es sich und anderen, frei zu entscheiden? Wie han-

delt er, um die Entscheidungen anderer zu beeinflussen? Inwieweit bezieht er alle, die von Entscheidungen betroffen sind, in den Entscheidungsprozeß mit ein?
– Was unternimmt er, damit er und andere sich innerlich der Entscheidung verpflichtet fühlen? Welche Ziele verfolgt er und von welchen Wertmaßstäben läßt er sich dabei leiten? Wie geht er vor, um andere zu gemeinsamen verpflichtenden Handlungen zu gewinnen?

Diese knapp skizzierten Fragen machen deutlich, daß pastorale Kompetenz nicht in einzelnen Fähigkeiten, Fertigkeiten oder Persönlichkeitsmerkmalen liegt, deren Vorhandensein über Eignung oder Nichteignung befindet, sondern in einem *Verhaltensstil* oder *Verhaltensmuster,* mit sich und anderen umzugehen. Um pastorale Kompetenz in diesem Sinne erkennen und einschätzen zu können, sind längere Zeitspannen und verschiedene Situationen erforderlich; sie kann nicht im Zuge einer nur wenige Stunden dauernden Testsituation diagnostiziert werden. Gleichwohl tragen die eignungsdiagnostisch gewonnenen Informationen wesentlich zur Beurteilung des Bewerbers bei.

In den folgenden zwei Kapiteln werden die beiden unterschiedlichen Ansätze ausführlicher dargestellt. Es handelt sich bei der *Eignungsdiagnostik* (4.) und der *Eignungsberatung* (5.) jedoch nicht um einander ausschließende Vorgänge; denn Diagnostik ohne Beratung ist ebensowenig zu vertreten wie Beratung ohne Diagnostik.

4. Eignungsdiagnostik für pastorale Berufe

Der eignungsdiagnostische Prozeß umfaßt: die Analyse der Anforderungen (4.1), die Bestimmung der persönlichen Merkmale (4.2), die Auswahl der Verfahren (4.3) und das Eignungsurteil (4.4).

4.1 Analyse der Anforderungen

Zunächst müssen Art und Umfang der Anforderungen herausgearbeitet werden, die die Ausübung eines pastoralen Berufes mit sich bringt. Die Analyse kann auf verschiedenen Ebenen erfolgen; zu unterscheiden ist zwischen den Anforderungen pastoraler Aufgaben (4.1.1), pastoraler Berufsbilder (4.1.2) und Führungspositionen (4.1.3).

4.1.1 Anforderungen pastoraler Aufgaben

Die einzelnen Aufgaben bzw. Tätigkeiten stellen gleichsam die Bausteine eines Berufes dar. In jedem Beruf gibt es eine mehr oder minder große Anzahl von Aufgaben zu erfüllen. Je umfangreicher und verschiedenartiger sie sind, desto *komplexer* ist der Beruf. Unter einer Aufgabe versteht man nach HACKMAN[42] eine (meist von der Institution kommende) Anweisung, in welcher *Weise* und zu welchem *Zweck* eine Person mit einem *Inhalt* umgehen soll. So läßt sich beispielsweise die Aufgabe „Gottesdienst feiern" untergliedern in konkrete Anweisungen über die Durchführung („wie"), Angaben über das Ziel („wozu") und Auflagen über die zu verwendenden Inhalte („was"). Die Aufgabe stellt die objektive, meist institutionell geforderte Seite dar.[43] Ihr korrespondiert auf seiten der Person die Tätigkeit, die sie zur Erledigung der Aufgabe ausführt. Menschliche Arbeits- und Berufstätigkeit wird vom Aufgabenziel her bestimmt und gesteuert.[44] Was ist nun das Ziel der oben genannten Aufgabe „Gottesdienst feiern"? Theologisch läßt sich eine ganze Reihe von Zielen angeben, die nicht völlig deckungsgleich sind. Wenn aber das Ziel einer Aufgabe mehrschichtig oder unklar ist, dann ist es dem einzelnen überlassen, welchen Zielen er Vorrang einräumt. An diesem Beispiel werden die Grenzen einer arbeitspsychologischen Analyse pastoraler Aufgaben bereits deutlich. Gerade für die zentralen pastoralen Aufgaben (Liturgie, Bruderdienst, Gemeindebildung, Verkündigung) gilt, daß keine präzisen, eindeutigen Ziele vorgegeben sind. Es ist daher auch nicht möglich, objektiv zu überprüfen, ob und in welcher Weise sie erreicht worden sind. Aus dem Umstand, daß auf der objektiven Aufgabenseite keine eindeutigen und klaren Ziele vorliegen, die Person aber zwangsläufig Ziele braucht, um ihre Tätigkeit sinnvoll und mit angemessenen Mitteln durchführen zu können, ergeben sich einige wichtige Konsequenzen:

– Der einzelne pastoral Tätige muß innerhalb des Spektrums kirchlich legitimer Ziele seinen eigenen Schwerpunkt setzen. Die kirchliche Institution beschränkt sich in der Regel darauf, die Bedingungen für die Durchführung pastoraler Aufgaben sicherzustellen. Sie schreibt nicht vor, welche Ziele im einzelnen ein Seelsorger in einer Gemeinde verfolgen soll. Dies hat er, in Absprache mit den Gemeindemitgliedern, selbst festzulegen.
– Wenn keine äußeren, objektiven Kriterien vorhanden sind, an denen der einzelne überprüfen kann, ob und inwieweit er sein Ziel erreicht hat, dann fordert das ein hohes Maß an Belastbarkeit, um diese offene und nie endgültig abschließbare Situation ertragen und durchstehen zu können. In der Psychologie nennt man die Fähigkeit, mehrdeutige Situationen aushalten zu können, Ambiguitätstoleranz.
– Der pastoral Tätige steht nicht allein, sondern ist in eine Gemeinschaft eingebunden. Hier kann es nun geschehen, ja, es ist sogar zu erwarten, daß Mitbrüder und Mitarbeiter andere Zielvorstellungen verfolgen als er selbst. Damit aber Gemeinschaft wird und Gemeinde

sich gestaltet, ist es zwingend erforderlich, über Ziele zu kommunizieren und eine tragfähige kooperative Basis zu finden.

Schon diese wenigen Feststellungen legen die Folgerung nahe, daß die Anforderungen der pastoralen Dienste weniger in spezifischen, eng umgrenzten Fähigkeiten zur Durchführung einzelner pastoraler Aufgaben liegen als vielmehr in der Kompetenz, umfassend und übergreifend die gesamte seelsorgliche Situation erkennen und auf sie hin handeln zu können. Die Offenheit und die Flexibilität der Ziele fordern vom einzelnen, daß er in der Lage ist,
- für seine pastoralen Aufgaben konkrete Ziele zu formulieren, die für die ganz konkrete Situation, in der er steht, nur einen Teilbereich aus dem Spektrum kirchlich legitimer Ziele abdecken. Ihm ist aufgetragen, sein individuelles Profil in und durch Aufgaben zu entwickeln, eine Identität, die nicht mit egozentrischer Selbstdarstellung verwechselt werden darf;
- auf eine letzte Bestätigung, ob und inwiefern er Erfolg gehabt hat, zu verzichten und diese Offenheit in persönlicher Gläubigkeit vertrauend und hoffend zu gestalten. Gefordert ist, keine oberflächlichen Zielsetzungen zu verfolgen und aufkommender Resignation zu widerstehen;
- mit anderen über wirklichkeitsnahe pastorale Zielsetzungen zu kommunizieren und Kooperationsformen zu entwickeln, die diese Ziele bezeugen und sie nicht verdeckt unterlaufen.

Klärung persönlicher Zielvorstellungen[45], *Ambiguitätstoleranz* sowie *Kommunikations- und Kooperationsfähigkeit* scheinen die herausragenden Anforderungen pastoraler Aufgaben zu sein.

4.1.2 Anforderungen pastoraler Berufsbilder
Der pastorale Beruf kann als ganzer und in seinen einzelnen Berufsbildern ebenfalls einer Anforderungsanalyse unterzogen werden. Was ein Beruf fordert, ist teilweise in einschlägigen Ausbildungsrichtlinien und organisationsinternen Vorschriften niedergelegt. Von ihnen wird im folgenden abgesehen. Diagnostisch relevant sind jene Anforderungen, die in den Vorstellungen, Meinungen und Erwartungen wichtiger Bezugspersonen eine „gute" von einer „schlechten" Berufsausübung unterscheiden. Da Berufe immer in ein konkretes historisch-gesellschaftliches Umfeld eingebettet sind, lassen sich die beruflichen Anforderungen von diesen sozialen Vorstellungen grundsätzlich nicht trennen.[46]
Als wichtige Bezugspersonen, die ein kompetentes Urteil über die Anforderungen eines pastoralen Berufs abgeben können, kommen kirchliche Autoritätsträger (Bischöfe, Regenten, theologische Ausbilder), Kollegen und Mitarbeiter sowie Gemeindemitglieder in Frage. Es ist

davon auszugehen, daß sowohl zwischen diesen drei Gruppen als auch innerhalb jeder einzelnen unterschiedliche Vorstellungen und Erwartungen hinsichtlich des pastoralen Berufs existieren. Da in der katholischen Kirche letztlich der Bischof über den Zugang zu kirchlichen Ämtern und Diensten entscheidet, kommt seinen Vorstellungen faktisch eine Priorität zu.[47] In anderen kirchlichen Gemeinschaften mit stärker demokratischer Verfassung fließen die Erwartungen der Gemeindemitglieder zwangsläufig stärker in das pastorale Berufsbild ein.

Nach dem II. Vatikanischen Konzil sind in verschiedenen Untersuchungen auch die Erwartungen kirchlicher Bezugsgruppen an pastorale Berufe erhoben worden.[48] Sie enthalten eine Fülle von Hinweisen und Ansatzpunkten, die aber zu diagnostischen Zwecken erst noch aufbereitet werden müßten. Die „Phänomenologie der pastoralen Kompetenz" von I. BAUMGARTNER[49] geht schon einen entscheidenden Schritt weiter. Sie enthält in thesenhafter Form grundlegende Anforderungen des pastoralen Berufs, die durchaus diagnostisch verwertbar sind. BAUMGARTNER geht darauf allerdings nur beiläufig ein, sein Hauptaugenmerk richtet sich auf Möglichkeiten, pastorale Kompetenz in eine fortlaufende pastoralpsychologische Aus- und Weiterbildung einzubetten. Meines Wissens gibt es derzeit nur ein Projekt, das umfassend und zugleich detailliert eine diagnostisch verwertbare Anforderungsanalyse pastoraler Berufe erarbeitet hat. Es handelt sich um die Veröffentlichungen, die als Ergebnis eines 6jährigen Forschungsprojekts mit dem Titel „Readiness for Ministry" unter der Leitung des lutherischen Pastors D. S. SCHULLER erschienen sind.[50] Hierauf soll nun etwas ausführlicher eingegangen werden.

SCHULLER und seine Mitarbeiter wollten in den wichtigsten christlichen Kirchen und kirchlichen Gemeinschaften („Denominationen") Nordamerikas „die Qualitäten, Fähigkeiten und Kenntnisse des (pastoralen) Dienstanfängers identifizieren, die ihn oder sie befähigen, den pastoralen Dienst angemessen auszuüben, beruflich zu reifen und sich weiterzuentwickeln".[51] Ihr Ziel war es, Kriterien der Eignung für pastorale Berufe ausfindig zu machen. Die Eignungskriterien, so nahmen sie an, existieren in den Vorstellungen der Kirchenmitglieder, seien sie nun Amtsträger oder nicht.

Das Projekt lief zwischen 1973 und 1979 in folgenden Phasen ab:
1. 1200 Mitglieder verschiedener Kirchen wurden gebeten, spezifische Vorkommnisse zu benennen, in denen sie einen pastoral Berufstätigen als „effektiv" oder „ineffektiv" erlebt hatten.[52] Es kamen einige tausend Beschreibungen zustande.
2. Aus diesen Beschreibungen wurde in mehreren methodischen Zwischenschritten, auf die hier nicht näher eingegangen werden soll[53],

ein Fragebogen mit 444 Feststellungen („Items") zusammengestellt, die die wichtigsten Forderungen an pastorale Berufe wiedergaben.

5169 nach statistischen Verfahren ausgewählten Personen aus den verschiedenen Kirchen wurde dieser Fragebogen vorgelegt mit der Bitte, jede Aussage entsprechend ihrer Wichtigkeit als Anforderung für pastorale Berufe auf einer Skala mit 7 Stufen, die von +3 (=äußerst wichtig) bis zu −3 (=höchst abträglich) reichte, anzukreuzen.
3. Die Antworten wurden einem bestimmten statistischen Verfahren, der sog. Cluster-Analyse, unterworfen. Mit ihrer Hilfe ist es möglich, in den Antworten Strukturen aufzufinden, die durch gleiche Beantwortung der Fragen zustandekommen. Auf diese Weise konnten 64 Gruppen oder Dimensionen („Clusters") herausgefiltert werden, die als die entscheidenden Anforderungen pastoraler Berufe anzusehen sind.
4. In einer weiteren Analyse gelang es, in diesen 64 Dimensionen 11 grundlegende Aspekte des pastoralen Dienstes ausfindig zu machen. Sie spiegeln das (nordamerikanische) Bild der pastoralen Berufe wider.

In den folgenden Tabellen wird ein Teil der Ergebnisse wiedergegeben:
Tab. 1 greift aus den 64 Dimensionen die 10 am höchsten eingestuften *Anforderungen* (Nr. 1–10) heraus. Ihnen sind die am stärksten abgelehnten Verhaltensweisen (Nr. 62–64) beigefügt, die gleichsam als Kontraindikation der Eignung für den pastoralen Dienst aufzufassen sind.
Tab. 2 enthält die 11 Hauptaspekte pastoraler Anforderungen.

Tab. 1: Rangreihe der Anforderungen an pastorale Berufe[54]

Nr. 1: Tut seinen Dienst voll und ganz, um des Dienstes willen, ohne auf Anerkennung aus zu sein; kennt und akzeptiert seine persönlichen Grenzen.

Nr. 2: Persönlich integer, bleibt seinen Verpflichtungen treu auch angesichts der Notwendigkeit, Kompromisse eingehen zu müssen.

Nr. 3: Gibt ein Beispiel christlichen Lebens, das andere respektieren; handelt nach dem Evangelium, das er verkündet.

Nr. 4: Akzeptiert Begrenzungen und Fehler, strebt aber danach, im Glauben zu wachsen, sich weiterzuentwickeln und dazuzulernen.

Nr. 5: Nimmt Führung zum Aufbau der Gemeinde wahr, nimmt sich Zeit für pfarrliche Angelegenheiten, trägt zur Entwicklung von Vertrauen innerhalb der Gemeinde bei.

Nr. 6: Erweist sich kompetent und verantwortlich, indem er seine Aufgaben sachgemäß erfüllt, Konflikte konstruktiv bewältigt und sich persönlich weiterbildet.

Nr. 7: Kann auf Menschen in schwierigen Lebenslagen zugehen und wirkt durch sein Gespür und seine Wärme befreiend und unterstützend.

Nr. 8: Verkörpert eine positive Lebenseinstellung, bleibt auch in schwierigen Situationen besonnen, bestärkt andere.
Nr. 9: Verkündet kompetent GottesWort in Predigt, Unterricht und Liturgie.
Nr. 10: Kann einfühlsam und psychologisch geschult Beratungsgespräche führen.
Nr. 62: Verhält sich unreif und unsicher, wenn er unter Streß steht; benimmt sich anderen gegenüber rücksichtslos.
Nr. 63: Zeigt ein Verhalten, das dem eigenen Selbstschutz dient: meidet persönliche Beziehungen, setzt Menschen vor anderen herab, (miß)braucht sein Amt, um sich ein Gefühl persönlicher Überlegenheit zu verschaffen, ist rasch bei der Hand, andere zu verurteilen, hat kein Verständnis für Menschen, die sich gegen Neuerungen wehren usw.
Nr. 64: Führt ein undiszipliniertes Leben, geht unverantwortliche sexuelle Beziehungen ein, zeigt ein Verhalten, das andere irritiert, schockiert, verletzt.

Tab. 2: Die 11 Hauptaspekte pastoraler Anforderungen[55]

Bedeutung der Angaben:
„Mittelwert": Mittelwert der Antworten aller Befragten auf der Skala, die von +3 bis −3 reicht.
„Rangplatz a": Rangplatz des Aspektes in der Gesamtstichprobe.
„Rangplatz b": Rangplatz des Aspektes bei den befragten Katholiken.

Aspekt	Mittelwert	Rangplatz a	Rangplatz b
Offener, positiver Verhaltensstil Offen, positiv, flexibel, Personen und Sachen gegenüber verantwortlich	2,18	1	1
Sorge für Menschen unter Streß Psychologisch kompetente Beratungsfähigkeit, Einfühlsamkeit gegenüber Menschen in belastenden Lebenssituationen	1,98	2	4
Kirchliche Führung Ein Führungsstil, der gemeinsame Verantwortung, kooperative Zusammenarbeit und wirkungsvollen Umgang mit Konflikten betont	1,97	3	6
Theologe in Theorie und Praxis Solide theologische Kenntnisse, sorgfältiges Denken und Reflektieren, bewußte Lebensführung	1,88	4	5

Aspekt	Mittelwert	Rangplatz a	Rangplatz b
Dienst aus persönlicher Glaubensverpflichtung Eine Haltung zum Dienst, die tiefe Bindung an den Glauben, Treue zum Evangelium und missionarische Ausrichtung widerspiegelt	1,82	5	7
Förderung von Gemeinde und Liturgie Entwicklung eines Zusammengehörigkeitsgefühls in der Gemeinde, kompetentes Predigen, ästhetisches Gespür für liturgische Vorgänge	1,79	6	3
Bewußtheit der eigenen Kirchenzugehörigkeit Identifikation mit der eigenen Kirche, Offenheit zu und Zusammenarbeit mit den Mitbrüdern	1,65	7	2
Dienst für die Welt Einsatz für Unterdrückte und die Lösung sozialer Probleme; Engagement für unpopuläre Angelegenheiten	1,32	8	8
Priesterlich-sakramentaler Dienst Ein Berufsstil, der priesterliche Züge in den Vordergrund stellt: sakramentale und liturgische Aspekte des Glaubens, zölibatäre Lebensform	0,24	9	9
Privatistischer, legalistischer Lebensstil Hält sich aus den Angelegenheiten der Gemeinde heraus, legalistische Einstellung zu ethischen Fragen, fällt Entscheidungen von oben herab	−1,25	10	10
Disqualifizierende persönliche Verhaltensweisen Undiszipliniertes Leben, mangelnde Verantwortlichkeit, berufliche Unreife, Jagd nach persönlichem Vorteil	−1,80	11	11

Welche Schlußfolgerungen lassen sich aus dieser Anforderungsanalyse ziehen?

(1) Tab. 1 zeigt, daß die am höchsten eingestuften Anforderungen (1–3) sowie die am entschiedensten abgelehnten Verhaltensweisen (62–64) sich an die *Person* des pastoral Tätigen richten: das persönlich überzeugende Leben aus dem Evangelium und der Wille, im Glauben zu wachsen und sich weiterzuentwickeln, stehen kontrapunktisch zu der Forderung, ganz bestimmte Verhaltensweisen *nicht* zu zeigen, nämlich egozentrisches, unreifes, selbst-verantwortungsloses Verhalten.

Persönliche Identität scheint die herausragende Anforderung an pastorale Berufe zu sein.

(2) Auf die personalen Qualitäten folgt die Erwartung spezifischer Kompetenzen (4–10): Führung und Leitung in kooperativem Sinne wahrnehmen, Menschen kompetent beraten, sich und seine Arbeit ohne Streß organisieren, das Wort Gottes authentisch verkünden können. Neben theologisch-methodischen sind hier in erster Linie soziale und organisatorische Fähigkeiten gefordert; nämlich: kooperativ und Vertrauen stiftend *führen*, psychologisch geschult in Gesprächen *beraten* und pastorale Aufgaben ruhig und gekonnt *organisieren* können.

(3) In Tab. 2 zeigt der Vergleich der katholischen Stichprobe mit der Gesamtstichprobe einige Eigentümlichkeiten.

Am meisten fällt die starke Erwartung auf, der pastoral Tätige solle die eigene kirchliche Identität gebührend hervorheben. Dies ist aus der (Konkurrenz-)Situation heraus zu verstehen, in der sich die katholische Kirche gegenüber anderen Kirchen in den USA befindet. Davon abgesehen scheinen aber die Übereinstimmungen im Berufsbild des pastoral Tätigen in allen christlichen Kirchen bemerkenswert hoch zu sein. Sie lassen sich an drei Punkten festmachen:
- Die personale Identität sowie der kompetente Umgang mit Menschen und Gruppen haben übereinstimmend die höchste Priorität.
- Sowohl sozial-politische Aktivitäten als auch ein traditionell priesterlicher Lebensstil erfahren eine nur durchschnittliche Wertschätzung. Das sehr moderne und das traditionell alte Rollenverständnis stoßen gleichermaßen auf wenig Akzeptanz.[56]
- Es herrscht eine klare Vorstellung bzgl. der wesentlichen Grundzüge pastoraler Nicht-Eignung. Sie besteht *nicht* im Fehlen einschlägiger spezifischer Fertigkeiten, sondern in der unzureichenden persönlichen Identitätsentwicklung.

Auf einen kurzen Nenner gebracht, kann man das Ergebnis so zusammenfassen: Die Anforderungen an pastorale Berufe lassen die Konturen eines ziemlich einheitlichen Rollenbildes erkennen; es fordert *persönliche Identität aus dem Glauben und soziale Kompetenz im Umgang mit Menschen, Gruppen und Institutionen.*

4.1.3 Anforderungen an Personen in einer Führungsposition

Pastorale Berufe haben es immer auch mit der Leitung und Führung von Gruppen zu tun, gleichgültig, welche Position innerhalb des hierarchischen Gefüges der Kirche der einzelne pastoral Tätige einnimmt. Die Gruppen können ganz verschieden sein, sich nach Größe, Intensität der persönlichen Beziehungen, Grad der Organisiertheit usw. unterscheiden. Sie reichen von kleinen, nur wenige Mitglieder umfassenden

Gruppen mit starker persönlicher Bindung bis zu großen Organisationen mit überwiegend formellen Arbeitsbeziehungen.

Welche Führungsvollmacht – und das heißt hier auch: Entscheidungsbefugnis – dem einzelnen pastoral Tätigen faktisch eingeräumt wird, hängt von (kirchen)rechtlichen Bestimmungen, Verwaltungsvorschriften und örtlichen Gepflogenheiten ab.[57] Die Tatsache, daß pastorale Berufe prinzipiell Führungsaufgaben zu erfüllen haben, rechtfertigt es, die speziellen Anforderungen, die sich aus einer Führungsposition heraus ergeben, hier gesondert darzustellen.

In der Führungsliteratur[58] und der Praxis großer Organisationen ist die Auswahl geeigneter Führungskräfte ein zentrales Thema. Moderne Organisationen haben schon längst die überragende Bedeutung erkannt, die jenen Mitgliedern zukommt, die Führungsverantwortung wahrzunehmen haben. Ihr Können, ihre Überzeugungen, letztlich ihre „Identifikation mit dem Unternehmen"[59] sind Garant für die wirtschaftliche Existenz der Organisation und beeinflussen ganz wesentlich das menschliche Klima in ihr. Ohne dies organisationssoziologisch und -psychologisch hier genauer zu begründen, wird im folgenden davon ausgegangen, daß *alle* hauptamtlich pastoral Tätigen in der Kirche, sofern man letztere als Organisation betrachtet, eine Position innehaben, die derjenigen von Führungskräften auf den verschiedenen hierarchischen Ebenen in anderen Organisationen entspricht. Somit liegt es nahe, sozialwissenschaftliche Erkenntnisse der Führungsforschung zur Analyse der Führungsanforderungen im pastoralen Dienst heranzuziehen. JESERICH hat verschiedene Anforderungsprofile deutscher Großunternehmen zusammengefaßt und die Kernmerkmale von Führung herausgearbeitet. Er ist zu *4 Anforderungsdimensionen* gelangt, die sich wiederum in verschiedene *einzelne Anforderungen* untergliedern. Jede Anforderung ist durch eine konkrete Verhaltensbeschreibung so gefaßt, daß sie empirisch erhoben werden kann.

Tab. 3: Anforderungsdimensionen und Anforderungen von Führung[60]

1. Steuerung sozialer Prozesse
Sensibilität
Kontakte
Kooperation
Integration
Information
Selbstkontrolle

2. Systematisches Denken und Handeln
Abstraktes und analytisches Denken
Kombinatorisches Denken

Persönliche Arbeitsorganisation
Entscheidung
Planung/Kontrolle

3. *Aktivität*
Führungsantrieb/-motivation
Arbeitsantrieb/-motivation
Selbständigkeit
Durchsetzung
Selbstvertrauen

4. *Ausdruck*
Mündliche und schriftliche Formulierung
Flexibilität
Überzeugung

Erläuterungen:
Zu 1. *Steuerung sozialer Prozesse*
Das hervorragendste Kennzeichen von Führung ist, Menschen und Gruppen auf ein Ziel hin zu beeinflussen. Dazu ist es erforderlich, Gespür für andere zu entwickeln, auf Menschen zuzugehen, ihre Arbeit zu integrieren, für einen offenen Informationsaustausch zu sorgen und durch das eigene Verhalten keinen Anlaß für Spannungen und Aggressionen zu liefern.

Zu 2. *Systematisches Denken und Handeln*
Führen in komplexen zwischenmenschlichen Situationen setzt die Fähigkeit voraus, Probleme erkennen und analysieren zu können. Dazu bedarf es eines gewissen Maßes an logisch-abstraktem Denkvermögen, der Fähigkeit, neue Alternativen zu entwickeln, ökonomisch und rational zu arbeiten, Entscheidungen vorzubereiten und auch zu fällen (statt sie vor sich herzuschieben), Arbeitsziele zu setzen, zu planen und sie kontinuierlich zu überprüfen.

Zu 3. *Aktivität*
Andere führen bedeutet immer auch, zur Übernahme der Führungsrolle zu stehen und sie wahrzunehmen, Anstöße zu geben, andere zu motivieren, eine innere arbeitsbezogene Einstellung zu haben, selbständig zu urteilen und zu handeln, Ziele nicht aus den Augen zu verlieren, sich nicht durch Rückschläge entmutigen zu lassen.

Zu 4. *Ausdruck*
Führen ist in hohem Maße ein sprachschöpferischer Vorgang.[61] Führende sind darauf angewiesen, ihre Vorstellungen, Ideen, Ziele, Wertgehalte verständlich mitzuteilen und andere dafür gewinnen zu können.

Es stellt sich natürlich die Frage, ob und inwieweit die Führungsanforderungen wirtschaftlich und bürokratisch ausgerichteter Organisationen als Maßstab für ganz anders orientierte Organisationen – z.B. Krankenhäuser, Schulen, Wohlfahrtseinrichtungen, Museen, Forschungsinstitute, Gewerkschaften und eben auch die Kirche bzw. kirchliche Gemeinschaften – gelten können. Zumindest in drei wesentlichen Punkten heben sich die nicht-wirtschaftlich ausgerichteten Organisationen ab[62]:

- ihr „Produkt", ihre „Dienstleistung" ist nur schwer, wenn überhaupt, meßbar,
- die Mitglieder sind meist überdurchschnittlich qualifiziert und fühlen sich eher ihrem Beruf als der Organisation verpflichtet,
- „charismatische" Führer[63] prägen entscheidend die Führungsrolle und üben in der Organisation einen beherrschenden Einfluß aus.

NEWMAN und WALLENDER schließen daraus, daß solche Organisationen drei klassische Managementtechniken – das Planen, Motivieren und Kontrollieren – anders handhaben müssen[64]:
- Die Planungsaktivitäten richten sich darauf, möglichst viele personelle und sachliche Mittel zu beschaffen. Da die fehlende Zieleindeutigkeit keinen Maßstab für eine angemessene Auswahl liefert, sind Anzahl der Mitarbeiter und Höhe des Budgets wichtige „Erfolgs"kriterien.
- Die Mitarbeiter sind aufgrund ihrer berufsintensiven Orientierung meist nicht an der Übernahme funktionaler Aufgaben interessiert. Nicht Karriere, sondern berufliche Weiterentwicklung motiviert sie.
- Weil das Produkt oder Ergebnis kaum meßbar ist, ist auch eine Endkontrolle nicht möglich. Stattdessen verlagert sich die Kontrolle darauf, die Eingangsqualifikation der Mitarbeiter möglichst exakt festzustellen und die Erledigung ihrer Aufgaben zu überwachen. Im übrigen müssen sich solche Organisationen darauf beschränken, durch Appelle an Ideale und Wertüberzeugungen die innere Verpflichtung ihrer Mitglieder sicherzustellen.

Was ergibt sich aus diesen wenigen Andeutungen hinsichtlich der Führungsanforderungen speziell in der Kirche? Leicht beobachtbare Folgen sind u. a.:

(1) Viele pastoral Tätige nehmen nur zögernd und mit sichtlichem inneren Widerstreben Führungsverantwortung wahr. Auch in einschlägigen pastoraltheologischen und pastoralpsychologischen Beiträgen[65] zur pastoralen Kompetenz wird dieser Aspekt entweder ausgeklammert oder sehr verbrämt und wenig handfest angepackt. Führung und Leitung, so scheint es, werden häufig mit Herrschaft und Macht über andere Menschen gleichgesetzt und folglich abgelehnt. Dies führt zu einer paradoxen Situation: Diejenigen, die bewußt Führungspositionen in der Kirche anstreben, verschleiern ihre Absicht; andere, die durchaus das Zeug zum Führen hätten, gehen dieser Aufgabe aus dem Wege und überlassen das Feld weniger fähigen Kräften – nicht selten mit dem Effekt, daß die aufkommenden Machtkämpfe (in der Gemeinde, in der Diözese, im Orden, in Verbänden usw.) sie anwidern und in ihrer ursprünglichen Auffassung bestärken, daß Macht übel und verwerflich sei.

(2) Das Zögern vieler pastoral Tätiger, Führungsaufgaben bewußt und entschieden wahrzunehmen, hängt auch mit der mehrschichtigen Zielausrichtung der pastoralen Aufgabenstellung selbst zusammen. Weil die pastorale Praxis verschiedene, teilweise erheblich voneinander abweichende Ziele zuläßt, hat es der einzelne Seelsorger schwer, gerade seine Zielvorstellungen zu begründen und gegen andere abzugrenzen. Dies kann sehr schnell dazu führen, daß er darauf verzichtet, andere im Sinne seiner Zielvorstellungen zu beeinflussen und dies noch damit legitimiert, daß es seine Aufgabe sei, „allen alles" zu sein. Resignativer Verzicht auf Führung hat aber Ohnmacht zur Folge, nicht kraftvolles Dasein für andere. Auf der Ebene überpfarrlicher Strukturen potenziert sich dieses Problem und erzeugt paradoxe Folgen, die in der deutschen Kirche mit Händen zu greifen sind, nämlich eine immer stärkere Einengung durch Vorschriften, Regelungen, Formalismen. Damit bestätigt sich eine soziologische Erkenntnis: Ängstlichkeit gebiert bürokratische Strukturen, personale Führung und Autorität werden ersetzt durch defensive Verwaltungsvorschriften. Erstarrung und Lähmung sind dann nicht mehr weit.

Demnach ist die Schlußfolgerung eindeutig: Es gehört zu den Aufgaben pastoraler Berufe, Führung bewußt und überlegt wahrzunehmen und auszuüben. Weigerung, fehlende Bereitschaft oder fehlende Fähigkeit, diese Aufgabe zu übernehmen, sind klare *Kontraindikationen* gegen die Eignung für einen pastoralen Beruf.

Zusammenfassung
Die bisherige Analyse hat ergeben, daß die Anforderungen an pastorale Dienste vorwiegend aus den drei Feldern Aufgabe, Berufsbild und Führungsrolle stammen. Sie sollen noch einmal schlagwortartig zusammengefaßt werden:

Aufgabe
Zielstrebigkeit
Belastbarkeit
Ambiguitätstoleranz
Kommunikationsfähigkeit
Kooperationsfähigkeit

Berufsbild
persönliche Identität
persönliche Spiritualität
Beratungskompetenz
Gesprächskompetenz

Arbeitsorganisation
Arbeitskoordination
Führungsrolle
Steuerung sozialer Prozesse
analytisches und kreatives Denken
Aktivität
Ausdruck
Positive Einstellung

4.2 Bestimmung der persönlichen Merkmale

Die Anforderungsanalyse hat eine Reihe in sich recht komplexer Gesichtspunkte erbracht, die es in psychologisch bedeutsame Merkmale zu übersetzen gilt. Z.T. ist dies geschehen – vgl. 4.1.2 Anforderungen pastoraler Berufsbilder – z.T. muß dies aber erst noch geleistet werden. In der Psychodiagnostik gibt es zwei Ansätze für diesen Transformationsprozeß: den analytischen und den synthetischen Ansatz. [66] *Im analytischen Ansatz* wird eine *Persönlichkeitstheorie* gesucht, die die wichtigsten Anforderungen im Sinne eines Zielmodells zum Inhalt hat. Dadurch können die psychologischen Dimensionen, die für die Eignung maßgeblich sind, eindeutig verankert und mit darauf abgestimmten Methoden erfaßt werden. *Im synthetischen Ansatz* erfolgt die *Auswahl* der entscheidenden psychologischen Dimensionen *nach pragmatischen Gesichtspunkten*, also eklektisch und nicht an einem einzigen Modell orientiert.

*4.2.1 Exkurs: Persönlichkeitsmodelle für die pastorale
       Eignungsdiagnostik*

In der Psychologie existiert eine Reihe theoretischer Modelle der menschlichen Persönlichkeit, die bislang noch wenig für eine pastorale Diagnostik nutzbar gemacht worden sind. Im folgenden werden sechs persönlichkeitspsychologische Konzeptionen wiedergegeben und daraufhin befragt, welchen Beitrag sie für eine Diagnostik pastoraler Berufe zu leisten vermögen. [67]

(1) Das auf S. FREUD [68] zurückgehende *psychoanalytische* Persönlichkeitsmodell ist unter jenen Diagnostikern weit verbreitet, die sich vorwiegend mit seelischen Störungen und Fehlverhalten befassen („klinische" Psychologen). Diagnostik im Sinne der Psychoanalyse ist keine „Diagnostik für" (einen Beruf), sondern „Diagnostik von" (der Person). Ziel der Diagnostik ist es nämlich festzustellen, ob die Person psychisch „funktioniert" oder durch bestimmte traumatische Erfahrungen und Entwicklungsstörungen „blockiert" ist. Das „volle Funktionieren" erschließt der Diagnostiker, indem er das Erleben und Verhalten der

Person unter verschiedenen Gesichtspunkten erfaßt und überprüft, die von der psychoanalytischen Theorie vorgegeben werden[69]: unter *dynamischen* Gesichtspunkten die Triebkräfte, ihre Richtung und Mischung; unter *ökonomischen* die Verteilung der Triebenergie und die Flexibilität von Lust- und Realitätsprinzip; unter *strukturellen* den Aufbau der inneren Instanzen von Über-Ich, Ich und Es und die Abwehrmechanismen; unter *genetischen* die Entwicklungsreife und Identitätsstufe; unter *adaptiven* schließlich die Anpassungsfähigkeit der Person an die Realität. Zu den Untersuchungsmethoden zählen strukturierte Tests (HAWIE), halbstrukturierte Verfahren (TAT, biographische Interviews) und unstrukturierte Methoden (RORSCHACH, Phantasie- und Traumerzählungen).

Das psychoanalytische Modell leistet einen wichtigen Beitrag, um die persönliche Identität und Reifestufe festzustellen. Weniger geeignet ist es für die Diagnose spezieller Kompetenzen.

(2) H. S. SULLIVAN[70] gilt als Schöpfer des *interpersonalen* Persönlichkeitsmodells. Dieses betrachtet Persönlichkeitszüge als charakteristische Energiemuster, die sich als Reaktionen auf interpersonale Beziehungen ausgebildet haben. In diesen Energiemustern (oder zwischenmenschlichen Dispositionen) verbinden sich auf komplexe Weise einzelne Elemente. Zur Diagnose zwischenmenschlicher Reaktionsweisen ist es erforderlich, die spezifische Konfiguration dieser Elemente genauer zu kennen. Wenn wir beispielsweise jemanden als „kooperativ" bezeichnen, dann setzt sich dies aus einer spezifischen Kombination einzelner Aspekte zusammen wie Zutrauen, Zuneigung, Ichstärke und Einordnung. Welcher Zug hervorsticht, ist genauer herauszuarbeiten. In der interpersonalen Theorie liegt ein Konzept zur Analyse wichtiger sozialer Verhaltensweisen vor (z.B. dominierend, aggressiv, skeptisch, bescheiden, belehrend, kooperativ, verantwortungsbewußt), die mit Hilfe verschiedener Fragebogen[71] erfaßt werden können.

Für die Eignungsdiagnostik pastoraler Berufe ist die differenzierte Analyse sozialer Verhaltensweisen außerordentlich wichtig. Bisher wurden diese Sichtweise und Methodik jedoch noch kaum genutzt.

(3) Das *transaktionale* Modell geht auf H. A. MURRAY[72] zurück. Der Beitrag dieses Ansatzes für die Diagnostik pastoraler Eignung ist ausführlich in dem Artikel von Klemens SCHAUPP in diesem Buch beschrieben. MURRAYS Theorie ist aber noch in einer anderen Richtung weiterentwickelt worden. Die Motivklassifikation kann nämlich nicht nur dazu verwendet werden, persönliche Präferenzen und ggf. innere Widersprüche aufzudecken, sondern auch, um die Strukturen einer Organisation daraufhin zu untersuchen, welche zentralen Motive sie fördern und fordern, welche sie behindern und unbefriedigt lassen. Dieser

Denkansatz ist unter dem Stichwort „Organisationsklima" bekannt und in dieser Form von G.C. STERN[73] ausgearbeitet worden.

Der von STERN vorgelegte Ansatz ist nützlich, um die Frage zu beantworten, ob ein Bewerber in eine bestimmte Institution (einen Orden, ein Seminar, ein Jugendamt, einen Verband, eine Personalgemeinde usw.) „paßt". Manchmal entscheidet genau dies über Eignung oder Nichteignung.

(4) Dem *kognitiven* Persönlichkeitsmodell liegt die „personal construct theory" von G. A. KELLY[74] zugrunde. Menschen bilden in sich ihre Umwelt ab und antizipieren aus diesem Bild das Eintreten von Ereignissen. Menschliches Verhalten kann in dem Maße verstanden werden, wie es gelingt, die innere Welt zu erfassen, die eine Person aus ihren Beobachtungen und Erfahrungen „konstruiert" hat. „Konstrukte" sind gedankliche Dimensionen, die Menschen an Dinge und Ereignisse herantragen, die ihnen aber nicht notwendigerweise voll und klar bewußt sind. Ein wesentliches Merkmal dieser Konstrukte liegt darin, daß sie nach Ähnlichkeit und Gegensatz aufgebaut sind. Urteile einer Person und ihr auf diesen Urteilen basierendes Verhalten lassen sich leichter verstehen und vorhersagen, wenn die Aspekte erhoben werden können, unter denen sie Menschen, Situationen und Ereignisse als ähnlich oder gegensätzlich einstuft. Das System persönlicher Konstrukte, das eine Person im Laufe ihres Lebens aufbaut, ist hierarchisch geordnet. Übergeordnete Konstrukte wie „gut–schlecht" verkörpern fundamentale Werte und Überzeugungen dieser Person; sie sind nur schwer veränderbar. KELLY hat zur Aufdeckung der persönlichen Konstruktwelt eines Menschen einen Test konzipiert: den „Role Construct Repertory Test", abgekürzt „Rep-Test". In diesem Test werden einem Probanden eine Reihe von Personen namentlich vorgegeben. Jeweils drei hat er daraufhin zu vergleichen, in welcher Hinsicht zwei davon sich ähneln und von der dritten unterscheiden. Damit gelingt es, die wesentlichen Dimensionen herauszuarbeiten, in denen diese Person sich und ihre Umwelt wahrnimmt und bewertet. Ursprünglich für klinische Zwecke gedacht, hat der Test inzwischen mannigfache Abwandlungen für eine ganze Reihe anderer Anwendungsbereiche erfahren.

Für die Eignungsdiagnostik pastoraler Berufe könnte der „Rep-Test" in seinen unterschiedlichen Formen helfen, folgende Fragestellungen zu beantworten: Wie einfach oder vielschichtig sieht jemand sich und seine Welt? Was sind seine fundamentalen Werte und Glaubenssätze? Welche Auffassung hat er von sich selbst, d. h. nach welchen Aspekten gliedert er sein Selbstbild? – Der „Rep-Test" kann auch dazu eingesetzt werden, die Bilder, die in den Köpfen einer Gemeinschaft über ein „gutes" und ein „schlechtes" Mitglied, über Autorität, Ziele der Gruppe usw. existieren, offenkundig und damit einem rationalen Diskurs zugänglich zu machen.

(5) Das *Eigenschaftsmodell* ist in der Persönlichkeitsdiagnostik am weitesten verbreitet, u. a. deshalb, weil der mit Abstand am häufigsten verwendete Persönlichkeitstest darauf aufbaut: es ist der „16-Persönlichkeitsfaktoren-Test" (16 PF) von R. B. CATTELL[75]. Nach CATTELL sind Eigenschaften die zentralen Bausteine der menschlichen Persönlichkeit. Um sie zu indentifizieren, hat CATTELL in einer über 30jährigen umfangreichen Forschung Daten aus verschiedenen Quellen (Lebenslauf, Fragebogen, objektive Tests) zusammengetragen und zueinander in Beziehung gesetzt. Er ist so zu dem Katalog von 16 Eigenschaften gekommen. In ihnen erblickt er die zentralen Dimensionen, nach denen sich die menschliche Persönlichkeit umfassend und differenziert zugleich beschreiben läßt. Es ist müßig, darüber zu reflektieren, ob CATTELLS Annahmen zutreffen. Da seine eigene Forschung einen enormen Umfang angenommen hat, muß realistischerweise davon ausgegangen werden, daß zumindest in absehbarer Zeit keine Widerlegung seiner Theorie erfolgen, der Test also noch auf lange Sicht eine weite Verbreitung finden wird. Zur Eignungsdiagnostik pastoraler Berufe kann der 16 PF mit großem Nutzen dann eingesetzt werden, wenn der Proband darin eine konstruktive Möglichkeit sieht, in der Selbsterkenntnis und Selbstgestaltung einen Schritt weiterzukommen. Dies gilt im übrigen für jeden Persönlichkeitsfragebogen.

(6) Das Persönlichkeitsmodell der *sozialen Lerntheorie*[76] geht davon aus, daß Menschen im Laufe ihres Lebens jene Gewohnheiten und Neigungen entwickeln, für die sie von ihrer Umwelt verstärkt und belohnt worden sind. Sinnvoller, als feststehende Eigenschaften anzunehmen, ist es demnach, das Verhalten einer Person als Produkt ihrer Interaktionen mit der Umwelt aufzufassen. Ziel einer daran orientierten Diagnostik kann es sein, Kompetenz bzw. fehlende Kompetenz im Umgang mit Alltagssituationen abzuschätzen. Als Beispiel sei auf M. R. GOLDFRIED und T. J. D'ZURILLA[77] verwiesen, die aus den Tagebuchaufzeichnungen von Studenten problematische Situationen identifizieren und effektive Problemlösungen entwerfen ließen. In der Eignungsdiagnostik pastoraler Berufe kann eine solche Verhaltensanalyse hilfreich sein, wenn sie in eine langfristige Begleitung eingebettet ist. Mit ihr können problematische Beziehungen des einzelnen zu seiner Umwelt detailliert herausgearbeitet und geeignete Verhaltensweisen entwickelt und eingeübt werden. Persönlichkeitsdiagnostik wird so Teil eines umfassenden Lernprozesses.

4.2.2 Pragmatische Zusammenstellung von Eignungsmerkmalen

Psychische Vorgänge und Strukturen lassen sich in verschiedener Weise klassifizieren. So untergliedert J. P. GUILFORD[78] die menschliche Persönlichkeit in Fähigkeiten (Wahrnehmung, Psychomotorik, Intelligenz), Temperamente (im generellen, emotionalen und Verhaltensbereich) und Motive (Bedürfnisse, Interessen, Einstellungen). CATTELL[79] verwendet die gleiche Einteilung, füllt sie aber mit anderen Inhalten. K. PAWLIK[80] unterscheidet Sinnesfunktionen, Psychomotorik, Gedächtnis, Lernen, Intelligenz und Persönlichkeitsfaktoren. In der Psychodiagnostik existieren darüber hinaus Klassifikationen, die sich aus der konkreten Erfahrung des einzelnen Diagnostikers entwickelt haben. So gibt der Überblick über die Merkmale, die zur Eignungsfeststellung von Bewerbern für den öffentlichen Dienst in der Bundesrepublik Deutschland herangezogen werden[81], ein weit verbreitetes System eignungsdiagnostisch verwendeter Merkmale wieder. Der folgende von mir benutzte Merkmalskatalog wurde aus verschiedenen Klassifikationen sowie aus eigenen Erfahrungen mit eignungsdiagnostischen Untersuchungen im Rahmen eines Beratungsdienstes für kirchliche Berufe[82] entwickelt.

Tab. 4: Eignungsmerkmale für pastorale Berufe

1. *Leistungsfähigkeit*
   1.1 Allgemeine Leistungsfähigkeit: Konzentration, Belastbarkeit
   1.2 Intelligenz: Allgemeines Niveau, spezielle Fähigkeiten: Sprachliche Fähigkeiten, logisches Denken, Flexibilität und Kreativität

2. *Persönlichkeitsmerkmale*
   2.1 Motivation: Bedürfnisse, Ziele, Ambivalenzen
   2.2 Interessen: Bandbreite und Spezifität
   2.3 Einstellungen und Haltungen
   2.4 Affektivität und Emotionalität
   2.5 Selbstgefühl
   2.6 Steuerung und Kontrolle
   2.7 Lernbereitschaft

3. *Soziale Verhaltensweisen*
   3.1 Kontaktfähigkeit
   3.2 Kommunikationsfähigkeit
   3.3 Kooperationsfähigkeit
   3.4 Führungsfähigkeit

4. *Integration*
   4.1 Identitätsentwicklung
   4.2 Persönliche Spiritualität

Erläuterungen:
Zu 1. *Leistungsfähigkeit*

Allgemeine Leistungsfähigkeit
Der oftmals von einer Vielzahl von Aufgaben und Aktivitäten zerrissene pastorale Alltag fordert zwingend, sich auf das Wesentliche des Dienstes konzentrieren, sich sammeln und zur eigenen Mitte finden zu können. Die Glaubwürdigkeit pastoralen Handelns, z. B. in Liturgie, Verkündigung, seelsorglichen Gesprächen, hängt sehr davon ab, daß der Seelsorger „ganz", d. h. mit seiner ganzen Person, bei der Sache ist. Die Begegnung mit Menschen in schwierigen, manchmal verzweifelten Lebenslagen; der Umgang mit Kranken und Sterbenden; die Überwindung von Widerständen gegen Neuerungen und Veränderungen; der Kampf gegen lähmende Resignation – all dies setzt ein gehöriges Maß an *Belastbarkeit und innerer Stabilität* voraus.

Intellektuelle Fähigkeiten
Die für pastorale Berufe obligatorische Ausbildung erfolgt an einer Fachhochschule[83] oder Universität. Wie die Erfahrung unmißverständlich lehrt, ist für ein erfolgreiches Studium an Hochschulen ein Intelligenzniveau zu fordern, das als mindestens *leicht überdurchschnittlich* einzustufen ist. Mit der Zulassung zum Studium kann daher in der Regel ein solches Intelligenzniveau pauschal unterstellt werden. Sollte jedoch der Verdacht aufkommen, daß ein Bewerber den intellektuellen Mindestanforderungen nicht entspricht, dann muß dies ernsthaft geprüft werden. Falls sich tatsächlich eine nur mittelmäßige oder gar unterdurchschnittliche Begabung herausstellt, kann daraus auf eine eindeutige Nicht-Eignung geschlossen werden. Das geforderte Gesamtniveau vorausgesetzt, sind besonders drei geistige Fähigkeiten in überdurchschnittlicher Ausprägung zu fordern:
Sprachliche Fähigkeiten – Sprach- und Sinnverständnis, flüssiger und gewandter Ausdruck, Einfallsreichtum, differenzierte und verständliche Mitteilungsfähigkeit – sind für pastorale Berufe grundlegend; denn pastorales Handeln ist prinzipiell kommunikatives Handeln. Die verschiedenen pastoralen Kompetenzen einschließlich der Leitungskompetenz können sich bei lediglich durchschnittlichen sprachlichen Fähigkeiten nur unzureichend entwickeln.
Logisches, nicht anschauungsgebundenes Denken ist nicht nur Voraussetzung für theologische Reflexion und ein breites Allgemeinwissen, es ist auch für eine ganze Reihe spezifischer Leitungsaufgaben – wie planen, verwalten, organisieren, koordinieren, konzeptionell denken und zielorientiert handeln – unerläßlich.
Flexibilität und *Kreativität* treten ergänzend hinzu: Probleme rechtzeitig erkennen, sich in einzelne Personen hineinversetzen, Situationen unter verschiedenen Gesichtspunkten sehen und durchdenken, unkonventionelle Lösungen finden, einfallsreich handeln, sich rasch auf wechselnde Situationen einstellen können – dies alles sind wichtige Bedingungen, um das Wort Gottes den heutigen Menschen nahebringen und sie in ihrer individuellen Vielfalt zu einer Gemeinde integrieren zu können.

Zu 2. *Persönlichkeitsmerkmale*

Motivation
Den Beweggründen für die Wahl eines pastoralen Berufes kommt naturgemäß eine große Bedeutung zu. Es ist wichtig abzuklären, was der Bewerber will bzw. anstrebt, wovon er sich angezogen und wohin er sich getrieben fühlt, Wider-

sprüche, Ambivalenzen, Konflikte offenzulegen, Alternativen durchzuspielen. Die Intensität des Antriebs, die Klarheit der eigenen Beweggründe und die Bewußtheit der Lebensziele sind besonders zu beachten.

Interessen
Interesse *an* jemandem oder etwas haben wir, wenn dieses für unsere Ziele nützlich erscheint. Interesse *für* jemanden oder etwas offenbart dagegen die Bereitschaft, sich Menschen und Sachverhalten zuzuwenden, Wissen und Einsicht zu erweitern, sich offen für neue Erfahrungen zu halten. Die Weite, Vielfalt und Offenheit der Interessen ermöglichen es, die Wirklichkeit in ihren verschiedenen Bezügen als eigenständig wahr- und ernstzunehmen und damit dem Wunsch des II. Vatikanischen Konzils nachzukommen, „die Welt, in der wir leben, ihre Erwartungen, Bestrebungen und ihren oft dramatischen Charakter zu erfassen und zu verstehen"[84].

Einstellungen und Haltungen
Einstellungen und Haltungen sind verdichtete Erfahrungen eines Menschen. In Einstellungen verbinden sich Gefühl und Verstand, Wissen und Emotion. Die enge Verflechtung beider Aspekte macht aus Einstellungen nahezu geschlossene Wertsysteme, die Orientierung ermöglichen und Handlungen leiten. Die Einstellung zu sich selbst, zu Mitmenschen, zur Kirche als Institution, zu Besitz und Ansehen, zur gesellschaftlichen und geistigen Umwelt können funktional oder dysfunktional sein, d. h. Offenheit für Andersartigkeit, Stehen zur eigenen Verantwortung, Überwinden von Fehlschlägen und Mißerfolgen ermöglichen oder all dies verhindern. Die Menschen spüren sehr genau, welche Einstellungen den Alltag eines Seelsorgers beherrschen.

Affektivität und Emotionalität
Affekte und Gefühle sind leib-seelische Zustände, die persönliche Betroffenheit widerspiegeln, aber auch dem Wissen und den Kenntnissen eines Menschen ihre je eigene Tönung und Färbung verleihen. „Wissen ohne emotionale Qualifizierung ist keine Erkenntnis."[85] Tiefe und Breite des Gefühlslebens sind ein wichtiges Kriterium für Reife und Entwicklung. Emotionen sichern eher als Wissen und Kenntnisse individuelle Kontinuität, gefährden aber auch durch affektiven Überschwang und bedrückende Schwere. Eine identitäts- und kompetenzstiftende Emotionalität ist zugleich Bedingung dafür und Folge davon, wie jemand mit Erfolg und Mißerfolg umgeht, welcher Art sein Selbstwertgefühl ist, welche Grundstimmungen ihn durchziehen, wie empfindlich (reizbar, störbar, irritierbar) er ist, inwieweit er sich selbst zutraut, seine Affekte zu kontrollieren.

Selbstgefühl
Das Selbstgefühl gibt auf komplexe Weise wieder, wie ein Mensch sich sieht, erlebt und bewertet. Die auf die eigene Person gerichteten Wahrnehmungen, Gedanken, Phantasien, Bewertungen und Gefühle verweben sich zu einer ganzheitlichen Erlebnisgröße. Von ihr hängt ab, was sich die Person zutraut, wie deutlich sie sich ihrer selbst, ihrer Stärken und Schwächen bewußt ist, welche Ansprüche sie an sich und andere stellt, wie eigenständig und unabhängig sie denkt, urteilt und handelt. Wie kann jemand glaubhaft die erlösende und befrei-

ende Macht des Evangeliums verkünden, der selber voller Minderwertigkeitsgefühl, Skrupel und Verzagtheit steckt? Wie soll das Zeugnis von der liebenden Annahme Gottes auf Glauben stoßen, wenn der Verkünder sich selbst ablehnt?

Steuerung und Kontrolle
Sie sind ein spezifischer Aspekt des Selbstgefühls und bezeichnen die Fähigkeit, sich selbst als aktives, bewußtes und steuerndes Handlungszentrum aufzufassen. Verschiedene andere Begriffe bezeichnen denselben Sachverhalt: Ichstärke, Willenskontrolle, Überlegenheit (im Gegensatz zu Impulsivität), Realitätsanpassung, „internale Kontrolle"[86]. Alle suchen zu erfassen, inwieweit eine Person bewußt und willentlich lebt, sich selbst als verantwortlich für das betrachtet, was sie mit und aus ihrem Leben macht. Seit alters gilt dies als Zeichen von Reife und menschlichem Erwachsensein. Es ist Voraussetzung für verläßliche Zusammenarbeit, Übernahme von Verantwortung und die ein Leben lang zu verwirklichende Absicht, eigene Stärken weiterzuentwickeln und Schwächen abzubauen.

Lernbereitschaft
Damit ist nicht nur das Bestreben gemeint, sich weiterzubilden. Viel umfassender ist damit die Offenheit und innere Bereitschaft angesprochen, sich dem Leben selbst in seinen vielfältigen Bezügen zu öffnen (statt sich zurückzuziehen), sich menschlich weiterzuentwickeln (statt abzukapseln), sich herausfordern zu lassen (statt Risiken zu meiden). Diese Lernbereitschaft grenzt sich gegen ein rigides und stures Festklammern an einen Zustand ebenso ab wie gegen labile Anfälligkeit, jedem Neuen hinterherzuhetzen und Prinzipien über Bord zu werfen, sobald sie in Frage gestellt werden. Lernbereitschaft symbolisiert die stete Veränderung des eigenen Lebens selbst, das In-Frage-stellen der eigenen Identität, um sie in einer größeren und umfassenderen wiederzufinden. Lernfähigkeit meint auch, Vorläufigkeiten und Disharmonien auf sich zu nehmen und, wenn sie unlösbar sind, in das eigene Lebensgeschick einzubinden.

Zu 3. *Soziale Verhaltensweisen*

Kontaktfähigkeit
Sie beschreibt die Fähigkeit, von sich aus aktiv auf andere zuzugehen und sie aufzusuchen, durch freundliches, einfühlsames Verhalten Zugang auch zu fremden Lebenswelten zu gewinnen, sich aktiv um das Wohlergehen anderer zu kümmern, durch das gesamte Auftreten die Zuwendung zu anderen erkennbar werden zu lassen.

Kommunikationsfähigkeit
Pastorales Handeln ist überwiegend kommunikatives Handeln. Kommunikation mit sich und anderen klärt Sachverhalte, stiftet Beziehungen, bringt Anliegen zum Ausdruck und fordert auf, etwas zu bedenken oder zu tun. Damit erweist sich Kommunikation als ein entscheidender zwischenmenschlicher Vorgang, in dem Bedeutung geschaffen und Sinn hergestellt wird. Die Symbolkraft und realitätsstiftende Macht zentraler theologischer Begriffe, wie Botschaft, Communio, Gemeinde usw., hängen unmittelbar und aufs engste mit der sie vermittelnden Kompetenz zusammen. Kommunikationsfähigkeit setzt sprachli-

che Fähigkeiten voraus, erschöpft sich aber nicht in ihnen. Vielmehr gehören zu ihr auch das Können und die Bereitschaft, sich selbst und die eigenen Anliegen anderen transparent zu machen und umgekehrt, sich die anderen und ihre Welt verständnisvoll zu erschließen.

Kooperationsfähigkeit
Wo immer Menschen zusammen leben und arbeiten, muß jeder dazu beitragen, daß gemeinschaftliches Handeln möglich wird. Neben spezifischen Fertigkeiten, wie, sich auf Ziele einigen, Aktivitäten aufeinander abstimmen, Probleme meistern und Konflikte bewältigen ist vor allem die innere Haltung ausschlaggebend, das eigene Verhalten gemeinschaftsdienlich auszurichten.

Führungsfähigkeit
Pastorale Berufe stehen immer auch in der Situation, Führungsaufgaben wahrzunehmen. Diese Aufgabe erkennen und übernehmen, ist eine wichtige Voraussetzung für die Führungsrolle. Führen beinhaltet, sachliche Ziele und zwischenmenschliche Belange innerhalb eines vorgegebenen institutionellen Gefüges mit seiner eigenen Tradition aufeinander abstimmen zu können. Führen setzt auch voraus, den eigenen Arbeitsalltag und die Zusammenarbeit mit Mitarbeitern zielbewußt und rational organisieren zu können. Schließlich wird Führen nur soweit akzeptiert, wie der Führende das vorlebt, woraufhin er die Geführten zu beeinflussen sucht.

Zu 4. *Integration*

Identitätsentwicklung
Sie ist kein neues, zusätzliches Merkmal, sondern faßt die bisher genannten zusammen und bezieht sie in einer für die Person typischen Weise aufeinander. Die Identität zeigt den Reife- oder Entwicklungsstand, aber auch die Einmaligkeit, das „Charisma" der Person. Bewerber für pastorale Berufe sollten Entwicklungsmöglichkeiten in Richtung einer ganzheitlichen Identität aufweisen. Zahlreiche kleine oder wenige gravierende Neurotizismen lassen bezüglich der Identitätsbildung ernste Bedenken aufkommen. Um der Glaubwürdigkeit, Reinheit und Symbolkraft der Frohen Botschaft willen ist es unabdingbar, daß ihre hauptamtlichen Verkünder sich auf dem Weg befinden, ganz zu werden und mit sich in Übereinstimmung zu leben.

Persönliche Spiritualität
Die Quelle der Integration liegt in einer ganz persönlichen Spiritualität. Leben in und aus der Nachfolge Jesu erwächst aus einem immer tieferen Versenken in das, was den ganz einmaligen und unverwechselbaren Beitrag des einzelnen in der Gemeinschaft der Gläubigen darstellt („Charisma"). Welche konkrete Form dieses geistliche Leben und Verhalten annimmt, kann zeit- und mentalitätsbedingt variieren. Entscheidend ist, daß der einzelne erkennt, wo die Wurzel und wo das Ziel seines Lebens sind und daß er dieses Wissen immer bewußter in die eigene Persönlichkeit integriert.

4.3 Auswahl der Verfahren

Im Rahmen einer pastoralen Eignungsuntersuchung lassen sich verschiedene Verfahren sinnvoll einsetzen.[87]

(1) *Biographische Erhebungen*
Die Lebensgeschichte eines Menschen galt schon immer als zentrale Informationsquelle und zwar nicht nur für psychologische Fragestellungen, sondern auch für die Würdigung der Person in der Öffentlichkeit.[88] In der klinisch-therapeutischen Praxis ist die Erhellung des biographischen Hintergrunds ein unverzichtbarer Bestandteil der Diagnose. Dahinter steht die empirisch begründete Annahme, daß Erkrankungen, Pathologien und Störungen nicht zufällig einen Menschen befallen, sondern sich in der Lebensgeschichte des einzelnen vorbereiten und entwickeln. Während sich der Zusammenhang zwischen Biographie und derzeitigem Lebenszustand nachweisen läßt, ist theoretisch nicht klar, welchen Einfluß die Lebensgeschichte auf Berufswahl und -eignung hat. Zwar bestehen kaum Zweifel, *daß* ein solcher Zusammenhang besteht, aber es läßt sich derzeit nicht präzise angeben, *wie* er aussieht. In der Praxis hat dies zur Folge, daß die subjektive Theorie des jeweiligen Diagnostikers bestimmt, welche Bedeutung er bestimmten lebensgeschichtlichen Ereignissen für die Diagnose zumißt.[89] Zu eignungsdiagnostischen Zwecken kann die Lebensgeschichte in zwei verschiedenen Verfahren erhoben werden:
- durch die *Anamnese*, die – vorwiegend aus psychoanalytischer Sicht – die psychogenetische (Identitäts-) Entwicklung nachvollzieht und den Einfluß traumatischer Ereignisse und unbewältigter Konflikte auf die derzeitige Lebenssituation abklärt;
- durch den *biographischen Fragebogen*, der in systematisch vorgegebener Form jene Lebensbereiche und -vorkommnisse abfragt, die nach den bisherigen Erfahrungen einen Zusammenhang mit der beruflichen Eignung vermuten lassen.

Die Anamnese erfolgt meist in halbstrukturierter Form, d.h. der Diagnostiker hat zwar einen Leitfaden im Kopf, nach dem er das Gespräch lenkt, läßt es aber vom Einzelfall abhängen, welche Ereignisse und Lebensphasen er detailliert oder auch gar nicht exploriert. Die Gefahr liegt darin, daß der Diagnostiker sich von seinen Vorannahmen leiten läßt und in der Lebensgeschichte gerade das besonders hervorhebt, was seine Annahmen stützt. Demgegenüber bietet der biographische Fragebogen[90] den Vorteil, daß er als standardisiertes Instrument die subjektiven Einflüsse des Diagnostikers weitgehend ausschaltet.[91] Für die Eignungsdiagnostik pastoraler Berufe ist eine Kombination beider Vorgehensweisen anzuraten. Sie kann konkret so aussehen, daß in ei-

ner ersten Phase der Beratung der biographische Fragebogen eingesetzt wird, aus dessen Ergebnissen dann zu einem späteren Zeitpunkt der Diagnostiker jene Themenbereiche näher exploriert, die für die Frage der pastoralen Eignung bedeutsam erscheinen.
Der biographische Fragebogen soll darüber informieren
- welche Lebensdaten (Familienkonstellation, Schullaufbahn, geographische Veränderungen) gleichsam die fixen Eckpfeiler der Biographie ausmachen;
- welche Lebensbereiche besonders intensiv gestaltet oder bewußt/ unbewußt ausgeblendet und gemieden worden sind;
- welche Einstellungen und Werthaltungen die Person zu sich, zu den prägenden Gestalten ihres persönlichen Umfeldes sowie zu ihrer eigenen weiteren Entwicklung hat;
- auf welch typische und charakteristische Weise die Person bestimmte Lebensereignisse verarbeitet hat;
- wie sie ihre gegenwärtige Existenz auf dem Hintergrund ihrer Biographie deutet, v. a. wie sie selbst den Weg zur Entscheidung, in den pastoralen Dienst zu treten, nachzeichnet und begründet.

(2) *Intelligenztests*
Die Überprüfung des Intelligenz*niveaus* ist dort angebracht, wo Zweifel an der intellektuellen Leistungsfähigkeit bestehen. Schul- und Ausbildungsnoten, traditionell die stärksten Kriterien intellektueller Begabung, verlieren in den letzten Jahren an Aussagekraft.[92] Neben dem Gesamtniveau kommt es entscheidend auf spezifische *Fähigkeiten* an. Die im deutschen Sprachraum gebräuchlichen Intelligenztests[93] haben unterschiedliche Vorzüge und Schwachstellen. Für eine gezielte Fragestellung ist eine Kombination ganzer Tests oder einschlägiger Teile angebracht.[94] Die Daten aus den Intelligenztests erlauben zusammen mit Informationen über den schulischen Werdegang und mit einer evtl. abgeschlossenen Ausbildung eine recht brauchbare Beurteilung der intellektuellen Fähigkeiten.

(3) *Leistungstests*
Belastbarkeit, Konzentration, aufmerksames Arbeiten, bei einer Sache bleiben können usw. sind Kennzeichen allgemeiner Leistungsfähigkeit. Tests, die sie messen sollen, sind nach einem ganz bestimmten Muster aufgebaut: Sie bestehen aus einer Reihe ähnlicher Aufgaben, die unter Zeitdruck zu lösen sind.[95] Damit allein kann aber die für pastorale Tätigkeiten typische Art von Belastbarkeit nicht erfaßt werden. Die psychische Stabilität, die z. B. der Umgang mit Kranken und Sterbenden

erfordert, kann nur in der betreffenden Situation selbst einer Beobachtung zugänglich sein.

(4) *Interessentests*
Weite und Tiefe der Interessen sind wichtige Indikatoren des Entwicklungsstandes, spiegeln sich in ihnen doch wesentliche Motive und Umweltbezüge einer Person. In der Regel genügen die Informationen aus den biographischen Erhebungen, um die Interessenlage einer Person zu erkennen. Ist eine gezielte und genaue Diagnose – etwa zu Beginn einer Ausbildung – erforderlich, so stehen dazu einschlägige Tests zur Verfügung.[96]

(5) *Persönlichkeitstests*
Ein Persönlichkeitstest kann nicht die Person als ganze erfassen; denn jeder (Persönlichkeits-) Test oder Fragebogen wurzelt in einer bestimmten Theorie der menschlichen Persönlichkeit. Die jeweilige Konzeption legt fest, welche Persönlichkeitszüge als wichtig gelten und deshalb im Test Beachtung finden. *Die* psychologische Persönlichkeitstheorie gibt es nicht, folglich existiert auch nicht *der* aussagefähige Persönlichkeitstest schlechthin.

Im deutschen Sprachraum sind zwei Persönlichkeitstests weit verbreitet: das „Freiburger-Persönlichkeits-Inventar" (FPI) und der „16-Persönlichkeits-Faktoren Test" (16 PF).[97] Beide werden nun kurz beschrieben.

Das FPI mißt 12 Persönlichkeitszüge:
Nervosität
spontane Aggressivität
Depressivität
Erregbarkeit
Geselligkeit
Gelassenheit
reaktive Aggressivität oder Dominanzstreben
Gehemmtheit
Offenheit
Extraversion
Emotionale Labilität
Maskulinität

Die Benennung der einzelnen Persönlichkeitsdimensionen läßt schon erkennen, daß das FPI vorwiegend klinischen Fragestellungen dient. Es ist gut geeignet, neurotische Verhaltensmuster zu identifizieren und ermöglicht damit, vermutliche Nichteignung frühzeitig zu erkennen. Hohe Werte bei Depressivität, Erregbarkeit, reaktiver Aggressivität,

Gehemmtheit und emotionaler Labilität sollten Anlaß sein, die Eignung eines Bewerbers für einen pastoralen Beruf ganz besonders sorgfältig zu prüfen, andererseits kann aber aus niedrigen Werten bei diesen Persönlichkeitszügen noch keineswegs der Schluß auf eine volle Eignung gezogen werden.

Tab. 5: Persönlichkeitsdimensionen des 16 PF

a) Persönlichkeitsdimension	b) Englische Skalenbezeichnung	c) Deutsche Übersetzung der Skalenbezeichnung	d) Skalenbezeichnung der deutschen Version des 16 PF
A	Sizothymia vs Affektothymia	Schizothymie vs Zyklothymie	Sachorientierung vs Kontaktorientierung
B	Low intelligence vs high intelligence	Intelligenzmangel vs allgemeine Intelligenz	Konkretes Denken vs abstraktes Denken
C	Lower ego strength vs higher ego strength	Niedrige Ichstärke vs hohe Ichstärke	Emotionale Störbarkeit vs emotionale Widerstandsfähigkeit
E	Submissiveness vs Dominance	Unterwürfigkeit vs Dominanz	Soziale Anpassung vs Selbstbehauptung
F	Desurgency vs Surgency	Ausdrucksarmut vs Ausdrucksfreude	Besonnenheit vs Begeisterungsfähigkeit
G	Weaker super ego strength vs stronger super ego strength	Niedrige Überich-Stärke vs hohe Überich-Stärke	Flexibilität vs Pflichtbewußtsein
H	Threctia vs Parmia	Soziale Scheu vs soziale Initiative	Zurückhaltung vs Selbstsicherheit
I	Harria vs Premsia	Grobschlächtigkeit vs Feinfühligkeit	Robustheit vs Sensibilität
L	Alaxia vs Protension	Empfindsame Vertrauensseligkeit vs paranoider Argwohn	Vertrauensbereitschaft vs skeptische Haltung
M	Praxernia vs Autia	Konventionelle Nüchternheit vs bohemienhafte Unbekümmertheit	Pragmatismus vs Unkonventionalität
N	Artlessness vs Shrewdness	Ungeniertheit vs Scharfsinn	Unbefangenheit vs Überlegtheit
O	Untroubled adequacy vs Guilt-proneness	Zuversicht vs Schuldneigung	Selbstvertrauen vs esorgtheit
Q_1	Conservatism of temperament vs Radicalism	Konservatismus vs Radikalismus	Sicherheitsinteresse vs Veränderungsbereitschaft
Q_2	Group adherence vs Self-sufficiency	Gruppenabhängigkeit vs Eigenständigkeit	Gruppenverbundenheit vs Eigenständigkeit
Q_3	Low self-sentiment integration vs high strength of self-sentiment	Mangel an Willenskontrolle vs Willenskontrolle	Spontaneität vs Selbstkontrolle
Q_4	Low ergic tension vs high ergic tension	Niedrige ergische Spannung vs ergische Spannung	Innere Ruhe vs innere Gespanntheit

Der 16 PF ist der wohl umfassendste und weltweit gebräuchlichste Persönlichkeitstest. Die 16 Persönlichkeitsdimensionen sind als Skalen mit jeweils zwei einander gegenüberliegenden Polen konstruiert. Jede Skala wird durch zwei entgegengesetzte Begriffe bezeichnet, die z. T. Wortneuschöpfungen von Cattell sind. Auch die Kennzeichnung jeder Skala durch einen bestimmten Buchstaben geht auf Cattell zurück.[98] Die folgende Zusammenstellung enthält der besseren Übersicht wegen a) die Buchstabenkennzeichnungen, b) die englische Originalbezeichnung der Skalen, c) die in vielen deutschen Darstellungen übliche Übersetzung der Skalen und schließlich d) jene Bezeichnungen, die Schneewind der autorisierten deutschen Version des 16 PF in der Absicht gegeben hat, „leicht verständliche Begriffe des psychologischen Sprachgebrauchs"[99] zugrundezulegen.

Die Auswertung des Tests wird in einem „Profil" festgehalten, das einen Überblick über die Ausprägung der einzelnen Persönlichkeitszüge gestattet. Welche Persönlichkeitszüge die Prognose besserer pastoraler Eignung ermöglichen, ist letztlich eine nur empirisch zu beantwortende Frage, weil die Auffassungen, welche Persönlichkeitszüge für den pastoralen Dienst erwünschter sind, von theologischen und pastoralen Grundvorstellungen abhängen. Ein Beispiel mag diese Frage verdeutlichen. Zwei Bewerber – nennen wir sie A und B – unterscheiden sich im 16 PF ganz wesentlich in den folgenden Persönlichkeitsdimensionen[100]:

Tab. 6 (Interpretation im Text)

Bewerber A		Bewerber B	
E+	Soziale Anpassung	E–	Selbstbehauptung
F+	Besonnenheit	F–	Begeisterungsfähigkeit
G–	Pflichtbewußtsein	G+	Flexibilität
H+	Zurückhaltung	H–	Selbstsicherheit
I+	Robustheit	I–	Sensibilität
L–	Skeptische Haltung	L+	Vertrauensbereitschaft
M+	Pragmatismus	M–	Unbekümmertheit

Beide können durchaus als geeignet eingeschätzt werden, doch repräsentieren sie zwei ganz unterschiedliche „Typen" von Seelsorgern. Von Bewerber A ist zu erwarten, daß er konventionell denkt, pragmatisch handelt und loyal zur Institution Kirche steht, Bewerber B dagegen wird dazu neigen, spontan zu handeln und sich auf seinen Einfallsreichtum zu verlassen, was ihn mit der Institution Kirche in Konflikt

bringen kann. Von anderen Gegebenheiten einmal abgesehen ist dem 16 PF nach zu erwarten, daß Bewerber B eher in ein spannungsreiches Verhältnis zur Kirche als Institution gerät als Bewerber A.
Der 16 PF kann in zweifacher Weise genutzt werden:
– einmal dazu, förmlich festzulegen, welche Persönlichkeitszüge bzw. „Profile" für bestimmte pastorale Dienste erwünscht sind und deshalb gefordert werden. Dazu ist es notwendig, genauer über die Toleranzgrenzen für gewisse persönliche Merkmale nachzudenken;
– zum anderen dazu, das Ergebnis in bezug zum künftigen Arbeitsfeld des Bewerbers zu setzen und die daraus sich ergebenden Folgen anzusprechen. So kann erwartet werden, daß Bewerber B in einer traditionell und konservativ geleiteten Diözese mit gewissen Problemen zu rechnen hat, während Bewerber A sich wahrscheinlich in einer aktiven und initiative-freundlichen Gemeinde schwer tun wird.

(6) *Problemlösefähigkeit*
Die pastorale Praxis stellt den einzelnen häufig vor Situationen, die einem Dilemma ähneln. Ein Dilemma ist bekanntlich dadurch gekennzeichnet, daß zu seiner Lösung verschiedene, einander widerstreitende Prinzipien ausbalanciert werden müssen. Solche Prinzipien können sein: Rücksichtnahme auf örtliche Gebräuche und Erwartungen, eigene Zielvorstellungen des Seelsorgers, theologisch und ethisch begründete Normen, Intensität zwischenmenschlicher Beziehungen, Vorstellungen über die eigene Rolle in dieser Gemeinde usw. Da der Alltag eines Seelsorgers sich aus einem höchst komplexen Gemenge von Normen und Erwartungen, Rechtsvorschriften und Verwaltungsregeln, theologischen Prinzipien und pastoralen Konzeptionen, Bindung an einzelne und Verfügbarkeit für alle – die Liste ließe sich leicht fortführen – zusammensetzt, sind viele Situationen schon allein deshalb problemgeladen, weil sie zunächst einmal in ihrer Vielschichtigkeit erkannt werden müssen, bevor eine akzeptable Lösung gesucht werden kann. Die „Lösung" ist häufig nur eine vorläufige, die in sich möglicherweise neue Probleme schafft. Wie geht nun ein pastoral Tätiger an diese vielschichtige Praxis heran? Wie findig ist er, sich unkonventionelle Lösungen auszudenken? Von welcher „Theorie" läßt er sich dabei leiten? Welche Prinzipien sind für ihn maßgebend? Wie begründet er sein Vorgehen, und weshalb schließt er bestimmte Alternativen aus? Auf diese und ähnliche Fragen können gezielt aufbereitete pastorale „Fälle" Antwortmöglichkeiten aufdecken. Als Beispiel für ein solches Diagnoseinstrument sei auf das „Casebook" von SCHULLER et al.[101]

verwiesen. Es enthält 35 Fälle aus der pastoralen Praxis, an die sich immer wieder die gleichen drei Kernfragen anschließen. Dazu ein Beispiel:

Der Fall „Jugendzentrum"[102]
Sie haben zwei Jahre lang viel Zeit, Energie und Geld (eigenes wie kirchliches) in den Aufbau eines Jugendzentrums Ihrer Pfarrei gesteckt. Eines Tages erfahren Sie, daß einige der Jugendlichen, die Sie kennen und denen Sie vertraut haben, in Drogenhandel verstrickt sind. Die örtliche Presse hat diesen Fall hochgespielt und auch auf Ihren Kontakt zu diesen Jugendlichen hingewiesen. In der Pfarrei wird lautstark gefordert, das Jugendzentrum zu schließen. Eine Reihe von Jugendlichen bedrängen Sie, das nicht zu tun.

A) Was würden Sie jetzt tun?
B) Was ist das Ziel Ihres Vorgehens?
C) Mit welcher Theorie begründen Sie Ihr Handeln?

SCHULLER gibt zu jeder Frage mehrere Antwortmöglichkeiten vor, aus denen der Bewerber die ihm passenden ankreuzen soll. Als Begründung gibt er an, daß dadurch die Auswertung der Antworten zuverlässiger erfolgen kann als wenn die Antworten frei formuliert werden können. Es ist jedoch nicht zu übersehen, daß ein solches Vorgehen zu einer undifferenzierten Problemlösung zwingt. Daher ist es wohl zweckmäßiger, auf eine derartige Auswertung zu verzichten und stattdessen solche pastoralen Fälle zu nutzen, um herauszufinden, wie groß die Bandbreite der Verhaltensalternativen ist, wie durchdacht das eigene Vorgehen dargestellt wird und welche Wertvorstellungen das Handeln des Bewerbers leiten.

(7) *Soziales Verhalten*
Soziale Verhaltensweisen sind ein wichtiger Indikator für pastorale Eignung. Die Art des Umgangs mit anderen in Einzelgesprächen, Gruppensituationen und in der Öffentlichkeit bestimmt in hohem Maße, ob z.B. der Seelsorger Vertrauen herstellen und Respekt und Anerkennung gewinnen kann und damit bei den Leuten „ankommt". Soziales Verhalten läßt sich nicht aus der Beantwortung von Fragebogen rekonstruieren, sondern nur in realen Situationen beobachten. Da es in Interaktionen auftritt, ist die Eigenart der jeweiligen Interaktionspartner mitbestimmend. Um die Bandbreite und typischen Reaktionsweisen eines Probanden festzustellen, ist es daher erforderlich, sie von verschiedenen Personen beobachten und beurteilen zu lassen. Die Diagnose ist fundierter, wenn neben den Beobachtungen des Diagnostikers auch die Urteile wichtiger Bezugspersonen (Ausbilder, Kollegen,

evtl. auch einzelne Gemeindemitglieder) herangezogen werden. Um die Aussagen untereinander vergleichbar zu machen, können bestimmte Situationen vorgegeben und kann daraufhin gefragt werden, wie der Bewerber sich in ihnen verhalten hat: z. B. bei Krankenbesuchen, im Umgang mit Jugendlichen, in seelsorglichen Gesprächen, bei Sitzungen verschiedener Gremien usw. Der Vergleich der Aussagen erlaubt ein ziemlich sicheres Urteil über die soziale Seite eines Bewerbers.

Die kurze Beschreibung der verschiedenen Untersuchungsmethoden sollte beispielhaft aufzeigen, daß die Psychodiagnostik über ein breites Spektrum von Methoden verfügt, die durchaus geeignet sind, nützliche Informationen für die Gewinnung eines Eignungsurteils zu erheben. Es gibt noch eine Reihe anderer Verfahren, die ergänzend oder stellvertretend eingesetzt werden können.[103] Letztlich entscheidet die Kompetenz des Diagnostikers, welche Verfahren er heranzieht. Sein Entscheidungsspielraum muß in dieser Frage deshalb groß bleiben, weil noch keine empirisch erarbeitete Testreihe – dem Projekt von SCHULLER et al. vergleichbar – für den speziellen Zweck der Überprüfung pastoraler Eignung existiert. In begrenztem Umfang wäre eine solche Standardisierung wünschenswert.

4.4 Eignungsurteil

Bei der Erstellung des Eignungsurteils sind mehrere Schritte zu berücksichtigen. Diese lassen sich in Form eines Gutachtenschemas zusammenfassen, das für das Vorgehen eine Hilfe bietet (4.4.1). – Die Arbeitsweise der klassischen Eignungsdiagnostik kann jedoch nicht kritiklos hingenommen werden. Es gilt, ihre Vor- und Nachteile abzuwägen (4.4.2).

4.4.1 Ablauf der Urteilsfindung

Zur Gewinnung des Eignungsurteils kann der Diagnostiker sich an FISSENI orientieren:

Tab. 7: Grundschema des Gutachtens[104]

Teil		Funktion
I	Übersicht	benennt: – Fragestellung, – Fragesteller – Untersucher – Adressaten – Untersuchungstermine – Untersuchungsverfahren
II	Vorgeschichte (VG)	stellt die Einzelinformationen zusammen, die der Untersucher zu Beginn der Untersuchung vorfindet
III	Untersuchungsbericht (UB)	stellt die Einzelinformationen zusammen, die der Untersucher beim Probanden erhebt
IV	Befund (Bf)	integriert die Einzelinformationen aus Vorgeschichte und Untersuchungsbericht
V	Stellungnahme	beantwortet aufgrund von VG, UB, Bf die Fragestellung in Form von Diagnose und/oder Prognose und/oder Entscheidungsvorschlag

Konkret sieht das so aus, daß die Informationen aus der Testsituation mit den Anforderungen daraufhin verglichen werden, ob und wenn ja, in welchem Ausmaß die erhobenen Befunde den gestellten Anforderungen genügen. Die Stellungnahme wird je nach der Zielvorgabe andere Schwerpunkte setzen. Sie wird am ausführlichsten ausfallen, wenn der Auftrag *Diagnose* lautet, weniger ausführlich, wenn es um eine *Prognose* geht und kann knapp gehalten werden, wenn der Diagnostiker lediglich einen *Entscheidungsvorschlag* abgeben soll. Soweit die formale Beschreibung. Sie wirft die Frage auf, worin der Schwerpunkt und Nutzen einer Eignungsdiagnostik für pastorale Berufe liegen kann. Diese muß daher nochmals aufgegriffen werden.

4.4.2 Zusammenfassende Bewertung der eignungsdiagnostischen Urteilsfindung

Die Frage nach der Eignung kann aus verschiedener Richtung angegangen werden. Eine Antwort bietet der eignungsdiagnostische Ansatz, dessen Verwirklichung es erfordert, daß eine Reihe von Bedingungen erfüllt wird:

- die Analyse der Anforderungen pastoraler Berufe,
- die Festlegung der persönlichen Merkmale der Bewerber,
- die Auswahl geeigneter Untersuchungsinstrumente,
- die Verarbeitung der erhaltenen Informationen im Eignungsurteil.

Wie jeder empirische Ansatz eröffnet auch die Eignungsdiagnostik Möglichkeiten und Chancen, zugleich aber weist sie deutliche Grenzen und Engführungen auf. Positiv ist anzuführen:

(1) Alle Beteiligten sind gezwungen, die Fragestellung und damit den Zweck der Untersuchung genau anzugeben und einzugrenzen.

(2) Die Analyse der Anforderungen und die Benennung der persönlichen Merkmale schaffen einen eindeutigen begrifflichen Rahmen, in dem sich alle Beteiligten orientieren und verständigen können. Ohne dieses empirisch begründete Fundament besteht die Gefahr, daß Differenzen und unterschiedliche Sichtweisen unter vagen Formulierungen verdeckt bleiben: Dem Bewerber ist nicht recht klar, was von ihm erwartet wird; der Diagnostiker muß auf Erfahrungen zurückgreifen, die er aus anderen Lebenszusammenhängen gewonnen hat; die kirchlichen Amtsträger, die letztlich die Entscheidung zu fällen haben, können diese oft nicht eindeutig begründen.

(3) Die Präzisierung der Anforderungen und Merkmale kann sich auf eine Reihe von Maßnahmen, die der Förderung und Entwicklung des kirchlichen Personals dienen sollen, nutzbringend auswirken: z.B. auf die Thematisierung von Fortbildungsangeboten, die Reflexion der Praxisbegleitung, die Beurteilung organisatorischer Strukturen daraufhin, ob sie entwicklungsfördernd oder entwicklungshemmend sind u.a.m. Eignungsdiagnostik kann so die empirisch begründete Ausgangsbasis für einen Prozeß darstellen, in dem sich Personal- und Organisationsentwicklung aufs engste verbinden und durchdringen.

Die Grenzen und möglichen Nachteile der Eignungsdiagnostik sind aber auch zu sehen:

(1) Die eignungsdiagnostische Vorgehensweise hat Entscheidungscharakter. Die Entscheidung kann absoluter Art sein, indem über Eignung oder Nichteignung grundsätzlich befunden werden soll, sie kann aber auch relativer Art sein, indem festgestellt werden soll, für welches pastorale Tätigkeitsfeld sich ein Bewerber am ehesten eignet. Da aber der Kern der pastoralen Eignung sich auf die Identität und persönliche Kompetenz eines Bewerbers bezieht, kann das fixierende Feststellen von Eignung zu einem lebensgeschichtlich frühen Zeitpunkt aus anthropologischer Sicht durchaus als problematisch empfunden werden. Kommen bei diesem kurzfristigen Anlaß jene Entwicklungs- und Kompensationsmöglichkeiten genügend in den Blick, die sich ja erst in der Meisterung und Bewältigung ernsthafter Lebenslagen herausstellen?

Vielleicht bietet die Eignungsdiagnostik den Beteiligten ein willkommenes Alibi: den kirchlichen Amtsträgern, indem sie ihre personellen Entscheidungen damit legitimieren, daß sie auf die Befunde verweisen, weil sie das Risiko, ob und inwiefern ein Bewerber sein Entwicklungspotential künftig nutzt, nicht eingehen wollen und den Bewerbern, indem sie sich, ebenfalls auf die Befunde verweisend, weigern, sich bietende berufliche Chancen aufzugreifen und eigenständig auszuformen, weil sie ja doch dafür nicht die nötige Eignung besäßen.

(2) Die für die Untersuchung erforderlichen Instrumente (Fragebogen, Tests u.a.m.) müssen für die spezifische Fragestellung umgearbeitet oder neu geschaffen werden. Die bisher eingesetzten Verfahren sind entweder zu allgemein oder zu spezifisch auf andere Berufe zugeschnitten; sie liefern daher nicht die präzise Information, die für eine klare und eindeutige Entscheidung wünschenswert ist. Hier wäre eine erhebliche methodische Arbeit erforderlich. Derzeit ist aber nicht zu erkennen, daß für ein solches Projekt kirchliche Stellen die nötige Aufgeschlossenheit und Bereitschaft besitzen.

(3) Der einmalige Charakter der Untersuchung bringt es mit sich, daß der Diagnostiker in relativ kurzer Zeit eine Fülle von Informationen erhält, die er mit dem Bewerber jedoch nicht durcharbeiten kann. Die Chance, in weiteren Gesprächen diese Informationen kontinuierlich aufzuarbeiten, wird häufig deshalb nicht genutzt, weil durch die Personalentscheidung dieser Prozeß scheinbar abgeschlossen ist. So trägt der eignungsdiagnostische Ansatz von sich aus dazu bei, die Feststellung der Eignung als einmaligen Akt und nicht als fortlaufenden Entwicklungs- und Gestaltungsprozeß aufzufassen.

5. Beratende Begleitung

Der eignungsdiagnostische Ansatz kann erst dann voll genutzt werden, wenn er *Teil eines umfassenden Beratungskonzepts* zur Feststellung und Entwicklung pastoraler Kompetenz wird. In einem solchen Rahmen bestände die Möglichkeit, die aufgezeigten Nachteile zu relativieren. Wie könnte eine solche Konzeption aussehen? Die dazu angestellten Überlegungen greifen zunächst die Bedeutung der Eignungsdiagnostik als Grundlage für Beratung auf (5.1). Sie stellen dann heraus, inwiefern Eignungsdiagnostik der Identitätsbalance dient (5.2) und betonen die Notwendigkeit der Einbeziehung realer pastoraler Situationen (5.3). Abschließend wird die Bedeutung der Eignungsberatung kurz zusammengefaßt (5.4).

5.1 Eignungsdiagnostik als Grundlage von Beratung

Die zu diagnostischen Zwecken eingesetzten Verfahren (Tests, Fragebogen, Beobachtungen, Gespräche, Leistungsproben u.a.m.) erhellen einen momentanen Zustand. Statt den einzelnen nun darauf zu fixieren, können die Resultate auch dazu verwendet werden, einen unter bestimmten Bedingungen manifestierten Entwicklungsstand zu kennzeichnen, also gleichsam das Potential und seine im bisherigen Lebenslauf erreichte Verwirklichung zu umschreiben. Das Ergebnis einer Intelligenzprüfung gibt Auskunft über das grundsätzliche Potential sowie einzelne spezifische Fähigkeiten, aber auch über die Grenzen, die trotz erheblichen Einsatzes nicht wesentlich verrückt werden können; die Ergebnisse von Tests über Belastbarkeit und Ausdauer erbringen wichtige Aufschlüsse darüber, welche Bedingungen gegeben sein oder vom einzelnen erst hergestellt werden müssen, damit er konzentriert und ausdauernd an einer Arbeit zu bleiben vermag; die Informationen aus Persönlichkeitstests heben charakteristische Züge der Person zum ersten Mal oder verschärft ins Bewußtsein, fordern aber auch zur Stellungnahme heraus. Kurzum: Alle diagnostisch gewonnenen Daten können, an den einzelnen in geeigneter Weise zurückgemeldet, grundsätzlich folgendes bewirken:

(1) Die Informationen über die eigenen Stärken und Schwächen schaffen die Voraussetzung, sich seiner selbst besser bewußt zu werden.

(2) Die Verarbeitung der diagnostischen Informationen befähigt zu einer differenzierten Stellungnahme zu sich selbst. Bewußt und offen zu sich Stellung nehmen ist ein wichtiger Aspekt des Selbstbildes und der persönlichen Identität.

(3) Ergebnisse können einfach hingenommen werden, aber auch konstruktive Unzufriedenheit wecken. Diese kann zur Planung eines zielorientierten Veränderungs- und Entwicklungsprozesses führen.

Dieser dreifache Zweck – Erhöhung (1) der Selbsterkenntnis, (2) der Selbstannahme und (3) der Selbstentfaltung – kann dadurch erreicht werden, daß die eignungsdiagnostische Untersuchung zu verschiedenen Zeitpunkten der persönlichen und beruflichen Entwicklung institutionell verbindlich vorgesehen oder als Angebot nahegelegt wird. Günstige Zeitpunkte wären: Beginn und Ende der Ausbildung, Zwischenbilanz nach 5jähriger Tätigkeit, größere persönliche oder berufliche Veränderungen (z. B. Übernahme eines neuen Arbeitsgebietes).

Die praktische Auswertung und Nutzung eignungsdiagnostischer Informationen setzt eine enge und vertrauensvolle Zusammenarbeit zwischen dem Bewerber bzw. Mitarbeiter und den für ihn zuständigen Personen voraus. Welche Form diese Zusammenarbeit annimmt, muß von den Beteiligten ausgehandelt werden. Die fortschrittliche Personalpolitik moderner Großorganisationen bietet hier einige Beispiele: jährliche Förderungs- und Entwicklungsgespräche, in denen Mitarbeiter, Vorgesetzte und für die Personalentwicklung Zuständige den Entwicklungsprozeß des Mitarbeiters kontinuierlich begleiten, indem sie helfen, daß er seine Stärken ausbauen und seine Schwächen abbauen kann; transparente Entwicklungspläne, in denen die Voraussetzungen für fachliche Qualifizierung, menschliche Weiterentwicklung und Übernahme von Führungsverantwortung festgehalten sind; gezielte Beurteilungsrunden[105], in denen Verantwortliche mit Hilfe diagnostischer Experten einen Kreis qualifizierter Nachwuchskräfte daraufhin begutachten, inwieweit die einzelnen geeignet sind, führende Positionen einzunehmen u.a.m. Es wäre sehr merkwürdig und im echten Sinne frag-würdig, wenn ausgerechnet innerhalb der Kirche jenes Maß an Vertrauen zwischen den hierarchischen Ebenen fehlen würde, das bei profanen Organisationen eine selbstverständliche Voraussetzung für die volle Förderung der fachlichen Qualifikation und menschlichen Identität der Mitarbeiter ist.

5.2 Eignungsdiagnostik im Dienst der Identitätsbalance

Klima, Geist, Struktur einer Institution werden in hohem Maß von den in ihr herrschenden Einstellungen und Wertvorstellungen geprägt. Eignungsdiagnostische Verfahren sind wertvoll, um den einzelnen mit seinen Einstellungen zu konfrontieren und ihn fragen zu lassen, inwieweit sie ihm in seiner Beziehung zur Institution hinderlich oder förderlich sind; auf welchen Wertvorstellungen und Leitbildern sein Lebensentwurf aufbaut; wo Reibungen und Konflikte mit der Institution zu erwarten sind. Ziel all dessen ist nicht nur der Gewinn von Einsicht, sondern eine aktive Auseinandersetzung der Person mit sich selbst und mit der Institution (bzw. deren maßgeblichen Repräsentanten), eine Besinnung darauf, daß Werte und Ideale bewußt geschaffen und auch verändert werden können, ein Arbeiten daran, wie das zum gegenwärtigen Zeitpunkt am besten erreicht werden kann.

Es leuchtet ein, daß dies ein langer Prozeß ist, in dem Spannungen, Konflikte und auch Rückschläge auftreten (müssen). Wenn der einzelne und die Gemeinschaft sich in wiederkehrenden Abständen Zeit und Gelegenheit nehmen, sich – vielleicht unter Mithilfe eines Begleiters – auf die tragenden Werte ihres Daseins und die vorherrschenden Einstellungen zu besinnen, dann wird das Anliegen geistlicher Übungen – Einkehrtage, Exerzitien u.ä. – in einen periodisch wiederkehrenden Prozeß eingebracht, der sich zukunftweisend gestaltet, weil er sich nicht allein im stillen Kämmerlein vollzieht. Es kann sich dann herausstellen, daß die Kriterien für pastorale Kompetenz und personale Identität, die aus einer konstruktiven Auseinandersetzung mit Institutionen hervorgegangen ist, wechselseitig voneinander abhängen; denn der einzelne braucht Institutionen, mit deren Werten er sich identifizieren kann, um so Kompetenz zu erlangen, umgekehrt sind Institutionen auf Menschen angewiesen, die in ihrem Leben diese Werte so verkörpern und verwirklichen, daß darin die Institution ihre Identität gewinnt.[106]

5.3 Eignungsberatung als Reflexion von Praxis

Nicht Fragebogen oder Prüfungsaufgaben, sondern das reale Leben sollte die eigentliche Testsituation abgeben. Die diagnostische Testsituation kann in vielerlei Hinsicht als komprimierter Ausschnitt zentraler beruflicher Anforderungen gelten. Dies erkennt und akzeptiert ein Proband aber nur in dem Maße, wie er den Nutzen einer solchen Untersuchung für seine Zukunft einsieht. Wenn die diagnostischen Informationen aus verschiedenen Bezugsquellen, vor allem aus dem Verhalten in alltäglichen pastoralen Situationen stammen, ist ihm dies eher verständlich.

Damit stellt sich natürlich sofort die Frage, wer solche Informationen liefern kann und soll. Bevor daran zu denken ist, die gesamte Umwelt eines Seminaristen oder Studenten zu permanenten Prüfern und Beobachtern zu ernennen, ist vielmehr bewußt zu machen, daß offene Rückmeldung (= Feedback) der Eindrücke wichtiger Interaktionspartner grundlegende Voraussetzung für eine sich dynamisch verändernde und nach vorne weisende Gemeinschaft ist. Das ängstliche Zurückhalten von Einsichten und Eindrücken kann positive Entwicklungsmöglichkeiten verhindern und Mißerfolge heraufbeschwören.

Damit dieser Prozeß der offenen Rückmeldung zugleich systematisch und kompetent gehandhabt werden kann, ist es erforderlich, daß alle Beteiligten über eine gemeinsame Sprache und Begrifflichkeit verfügen, denn nur so werden Einsicht und Veränderung ermöglicht. Die Formulierung von KANT – Begriffe ohne Anschauung sind leer, Anschauung ohne Begriffe blind – sei hier variiert: unmittelbar betroffen machende, spontane und tiefe Erlebnisse einzelner oder ganzer Gruppen bleiben blind, ziellos und chaotisch, wenn es nicht gelingt, sie „auf den Begriff zu bringen"; d.h. sie zu reflektieren. Erst durch die Reflexion werden Erlebnisse zu Erfahrungen. Umgekehrt sind Begriffe und Formulierungen, ob sie nun aus der Theologie oder der Psychologie stammen – dazu zählen auch „Kompetenz" und „Identität" – solange ohne empirischen Gehalt und lebensnahe Anschaulichkeit, wie ihnen die Verknüpfung mit erlebter Wirklichkeit abgeht. Die kontinuierliche Beratung ist nur denkbar auf der Basis einer Sprache, die präzis und gehaltvoll genug ist, um als Orientierung für eine individuelle und institutionelle Reflexion und Handlungsweise zu fungieren.

5.4 Bedeutung beratender Begleitung

Aus den vorangegangenen Überlegungen ist der Schluß zu ziehen, daß Eignungsdiagnostik und Eignungsberatung ihren vollen Sinn und Nutzen nur innerhalb eines langfristig angelegten Beratungsprozesses entfalten. Zu Beginn wird dem Experten eine wichtige Rolle zukommen, im weiteren Verlauf kann sich sein Beitrag auf Begleitmaßnahmen beschränken, zum Schluß sich dann gänzlich erübrigen, weil einzelne und Gruppen selber imstande sind, sich zu steuern und zu erneuern. Beratung wird hier aufgefaßt als ein Vorgang, der die Selbststeuerung und Selbstverantwortung von Personen und Institutionen anstoßen und zum Ziel bringen will. Welche Phasen, Strategien und konkreten Schritte im einzelnen zu unternehmen sind, hängt von der jeweiligen Situation ab. Personale und institutionelle Entwicklung kann nur zustandekommen, wenn sich die davon Betroffenen zuvor in bezug auf die grundlegenden Merkmale geeinigt haben, die, sichtbar gelebt und damit empirisch erfaßbar, die entscheidenden kompetenz- und identitätsstiftenden Gehalte verkörpern.

Anmerkungen

Im folgenden wird häufig auf englischsprachige Literatur verwiesen. Zum einen spiegelt sich darin die Tatsache wider, daß in der Psychologie, insbesondere zu dem hier behandelten Themenkreis, nach wie vor die wichtigsten Anstöße aus dem anglo-amerikanischen Sprachkreis kommen. Zum anderen werden immer weniger Bücher übersetzt, weil Englischkenntnisse in den Sozialwissenschaften allgemein vorausgesetzt werden.

[1] Vgl. Die Dogmatische Konstitution über die Kirche „Lumen gentium"; das Dekret über das Apostolat der Laien „Apostolicam actuositatem"; die pastorale Konstitution über die Kirche in der Welt von heute „Gaudium et spes".

[2] Vgl. KÜNG 1971; KLOSTERMANN 1977; ERHARTER u. a. 1977.

[3] Der Begriff „Personalentwicklung" hat sich erst in den letzten Jahren im deutschsprachigen Raum eingebürgert. Im allgemeinen versteht man darunter alle Maßnahmen, die zur Entwicklung von Umfang und Qualifikation des Personals einer Organisation beitragen (vgl. KOSSBIEL 1982; CONRADI 1983).

[4] Damit wird ersichtlich, daß „Personalentwicklung" und „Organisationsentwicklung" innerlich aufeinander bezogen sind. Sie sind zwei Seiten eines Ansatzes, der in der Integration von „Person" und „Organisation" eine entscheidende Voraussetzung persönlicher Identitätsfindung sieht (vgl. SCHEIN 1978, 81 ff.)

[5] Die Bezeichnung der einzelnen psychologischen Disziplinen hat sich im Laufe der Zeit geändert. Die Wirtschaftspsychologie hat sich in den 20er Jahren in die Arbeits- und Betriebspsychologie untergliedert. Daneben hat sich die Berufspsychologie als eigenständige Disziplin etabliert. Heute ist es üblich, die Wirtschaftspsychologie in Arbeits-, Organisations- und Marktpsychologie aufzugliedern.

[6] Schon Kurt LEWIN hat in einem frühen Aufsatz (1926) „das Prinzip der Eignungsverteilung" als „das vernünftige Gestaltungsprinzip für das Verhältnis Mensch – Beruf" bezeichnet (zit. bei TRIEBE u. ULICH 1977, 246). Der Nutzen eignungsdiagnostisch begründeter Auswahl sei nachweislich, weil „in den weitaus meisten Fällen ... eine Verteilung der Individuen gemäß ihrer Eignung zugleich zu einer höheren Befriedigung und auch zu einer wirtschaftlichen Besserstellung des einzelnen" beitrage (a.a.O., 247).

[7] Nach LEWIN fordere gerade eine sozialistische Wirtschaftsform zwangsläufig eine eignungsdiagnostisch fundierte Zuteilung. Andernfalls drohe die Gefahr, individuelle Begabungen als eine Art „Privatbesitz" auf Kosten der Gemeinschaft zu monopolisieren oder, falls entsprechende Fähigkeiten ungenutzt blieben, dadurch die Gemeinschaft zu schädigen (vgl. a.a.O., 246f.).

[8] Vgl. MAUKISCH 1978, 166 passim., 1980, 260 passim; ferner: „Zuständigkeitskompetenz" in dem Beitrag von H. STENGER in diesem Buch.

[9] Vgl. BRANDSTÄTTER 1982, 24ff.

[10] Vgl. JESERICH 1981; REILLY u. CHAO 1982; KOMPA 1984, 35ff.; SCHULER u. STEHLE 1985, 123ff.

[11] Vgl. A. JÄGER 1970, 571 passim; MAUKISCH 1978, 118ff. u. 1980, 264ff., R. JÄGER 1983, 14ff.

[12] So mag es z.B. heißen: Wir suchen jemanden, der „zupacken" kann oder der zu uns „paßt". Im kirchlichen Bereich lautet ein Auftrag nicht selten: Abklären, ob der Bewerber für das Priesteramt geeignet ist. Offen oder unausgesprochen bleibt, worauf sich eventuelle Zweifel beziehen.

[13] Besonders von Führungskräften wird gefordert, daß sie hinter den Leitlinien – der „Philosophie" – einer Organisation stehen und sich in das Einstellungs- und Motivationsmuster – die Organisations„kultur" – integrieren.

[14] Gute Verkäufer zeichnen sich dadurch aus, daß sie sich auf die Denkweise und Gewohnheiten ihrer Klienten sensibel einstellen und sich ihnen angleichen können. Gilt Ähnliches – die Lebenslage und Bedürfnisse von Mitmenschen erkennen und auf sie eingehen können – nicht auch für pastorale Berufe?

[15] Die psychologischen Persönlichkeitstheorien unterscheiden sich erheblich in ihrer Brauchbarkeit für die Arbeits- und Berufswelt. Psychoanalytische und humanistische Theorien berücksichtigen den persönlichkeitsprägenden Einfluß menschlicher Arbeit fast gar nicht, materialistische dagegen lassen autonome innere Entwicklungs- und Reifungsprozesse außer acht. Es fehlt eine Theorie der Wechselwirkung zwischen eigengesetzlicher interner Entwicklung und der bleibenden, gestaltenden Kraft lebenslanger Arbeits- und Berufserfahrungen. Das Fehlen einer solchen Theorie erschwert insbesondere im pastoralen Bereich das herkömmliche eignungsdiagnostische Vorgehen.

[16] Die Eignungsfeststellung einer ganzen Reihe klassischer Berufe erfolgt mit Hilfe gleicher Verfahren, die stets in derselben Zusammenstellung und Reihenfolge angewandt werden. Die möglichst weitgehende Vereinheitlichung – „Standardisierung" genannt – der eingesetzten Untersuchungsmethoden ist ein Ziel der klassischen Eignungsdiagnostik.

[17] Vgl. PACZENSKY 1976; SCHARDT 1977; GRUBITZSCH u. REXILIUS 1978; PULVER, LANG u. SCHMIDT 1978.

[18] Vgl. SCHARDT 1977.

[19] Vgl. TRIEBE u. ULICH 1977, 257ff.

[20] PULVER, LANG u. SCHMIDT 1978, 20.

[21] Dies gilt noch viel grundsätzlicher. Wo immer Menschen zusammenleben, findet eine unaufhörliche gegenseitige Beurteilung statt. Berufliche Beurteilung als solche abschaffen zu wollen, geht an der Wirklichkeit menschlichen Zusammenlebens vollständig vorbei. Die Folge wäre ganz klar; beurteilt würde weiterhin und muß es auch werden, jedoch ohne daß die Betroffenen die Chance genutzt hätten, bei der Festlegung der Beurteilungskriterien mitzuwirken. Deshalb kann nie die Frage sein: Soll beurteilt werden oder nicht, sondern immer nur: wie soll und kann beurteilt werden?

[22] Gerade unter Theologen ist des öfteren die seltsame Auffassung anzutreffen, als ob eignungsdiagnostisch begründete Entscheidungen die Souveränität göttlicher Berufung beschneiden würden. Viele ziehen deshalb den für sie möglicherweise gänzlich undurch-

schaubaren Entschluß kirchlicher Amtsträger einer sorgfältigen Diagnostik vor. Abgesehen von dem merkwürdigen Gottesbild, das dahinter steht, ist die phantastische Vorstellung, psychologische Erkenntnisse könnten dazu herhalten, Gottes Heilsplan kräftig zu durchkreuzen, ein Schlag ins Gesicht christlich orientierter und kirchlich engagierter Psychologen.

²³ Schon LERSCH hat darauf hingewiesen, daß die Logik der Psychologie „akzentuierend, nicht determinierend" verfährt (1966, 39).

²⁴ Grenzen können auch in der Biographie des einzelnen entstandene Störungen und Defizite sein, die ein Weiterwachsen aller Wahrscheinlichkeit nach verhindern. – Es sei nicht verschwiegen, daß es auch skeptische Stimmen gibt, die vor einer allzu optimistischen Auffassung hinsichtlich der Veränderungsfähigkeit und -bereitschaft der menschlichen Persönlichkeit warnen (z.B. BLOOM 1971).

²⁵ Dieser Sachverhalt findet neuerdings unter dem Stichwort „Organisationskultur" in den Organisationswissenschaften hohes Interesse. NEUBERGER sieht darin sogar „eine neue Metapher für die Organisationspsychologie" (Unternehmenskultur: Eine neue Metapher für die Organisationspsychologie, 1986; vgl. auch 1985 b).

²⁶ Unter „Assessment-Center" versteht man eine diagnostische Untersuchungssituation zur Auswahl oder Beurteilung künftiger Führungskräfte. Sie ist in den USA entwickelt worden und wird zunehmend mehr auch von deutschen Großunternehmen eingesetzt. Gegenüber der herkömmlichen diagnostischen Untersuchung unterscheidet sich das AC in den folgenden Punkten: a) Es dauert mehrere Tage. b) Es wird eine Gruppe von 5–6 Bewerbern gleichzeitig untersucht. c) Neben traditionellen Testverfahren und Interviews werden hauptsächlich Übungen eingesetzt, um das Verhalten eines Kandidaten in simulierten Führungssituationen beobachten zu können. d) Neben dem Diagnostiker nehmen mehrere höhere Führungskräfte als Beobachter und Beurteiler teil. Ihr gemeinsam erarbeitetes Urteil ist praktisch identisch mit der personellen Entscheidung. e) Jedem Teilnehmer wird in einem ausführlichen Gespräch eine sorgfältige Rückmeldung gegeben. – Nach den bisherigen Erfahrungen ist das AC den herkömmlichen Auswahlsituationen deutlich überlegen. Vgl. JESERICH 1981.

²⁷ Vgl. SPITZNAGEL 1982.
²⁸ Vgl. SCHULER u. STEHLE 1985.
²⁹ Vgl. den Beitrag von F. WULF in diesem Buch.
³⁰ CIC can 1026–1032.
³¹ Vgl. die Zusammenfassung von ARENS 1976, 41 ff.
³² Seit 1.4.1984 gibt es darüber hinaus für den Bereich der bayerischen (Erz-)Diözesen eine „*K*ommission zur *O*rdnung des *D*iözesanen *A*rbeitsvertragsrechtes" (Regional-KODA).
³³ Vgl. R. STOGDILL 1948.
³⁴ Vgl. NEUBERGER 1977, 11 ff.; 1985 a, 6ff.
³⁵ Vgl. „Zur Ordnung der pastoralen Dienste" 1977.
³⁶ Vgl. den Artikel von ZERFASS und den Artikel von JOSUTTIS, beide in: ZERFASS u. KAMPHAUS (Hg.) 1979.
³⁷ Vgl. den Beitrag von H. STENGER in diesem Buch.
³⁸ Um ein Wortspiel von H. STENGER aufzugreifen, könnte man sagen: das eignungsdiagnostische Vorgehen kann in kompetenter Weise Inkompetenz erfassen.
³⁹ Seit WHITE (1959) „competence" als eigenständiges Motiv der erwachsenen Menschen postuliert hat, wird Kompetenz ganz allgemein aufgefaßt als die Fähigkeit, verschiedene Lebenssituationen erfolgreich zu meistern. „Erfolgreich" ist eine Person dann, wenn sie ihre psychische Gesundheit erhält und Identität bewahrt.
⁴⁰ Vgl. VESTER 1985; DÖRNER 1983; BERKEL 1984; ARGYRIS 1982.
⁴¹ Stellvertretend für andere Autoren wird nur auf den amerikanischen Organisationspsychologen Chris ARGYRIS (1982) eingegangen, dessen theoretische und empirische Arbeiten schon seit Jahrzehnten um die Integration von Person und Organisation kreisen.
⁴² Vgl. HACKMAN 1970.
⁴³ Der Mensch kann sich auch selbst eine Aufgabe stellen. Indem er das tut, „vergegenständlicht" er gleichsam die Anweisung und entzieht sie seiner Willkür. Insofern kann man grundsätzlich davon ausgehen, daß eine Aufgabe eine objektive, d.h. nicht dem völligen Belieben des Subjekts anheimgestellte Qualität besitzt.

⁴⁴ Vgl. HACKER 1978.
⁴⁵ Diese Zielvorstellungen hängen eng mit der *persönlichen Spiritualität* zusammen.
⁴⁶ Die Meinung von Eltern, was einen „guten" Lehrer auszeichne, mag aus der Sicht einer bestimmten pädagogischen Theorie irrig, ja geradezu schädlich sein. Sie ist gleichwohl ein Faktum, mit dem sich der Lehrer in der konkreten Berufstätigkeit auseinandersetzen muß.
⁴⁷ Damit soll nicht dem Bischof oder dem Kollegium der Bischöfe exklusiv das Recht zur Bestimmung pastoraler Berufsanforderungen zugeschrieben, sondern einfach ein Tatbestand festgehalten werden, den zu übersehen oder zu vernachlässigen heißen würde, an der kirchlichen Realität vorbeizugehen.
⁴⁸ Vgl. SCHMIDTCHEN 1972; 1973; 1975.
⁴⁹ Vgl. BAUMGARTNER 1982, 121.
⁵⁰ Vgl. SCHULLER et al. 1975; 1976; 1980.
⁵¹ SCHULLER et al. 1980, 9.
⁵² Man nennt dieses Verfahren „Methode der kritischen Ereignisse" („critical incident technique"). Sie dient in der Arbeits- und Organisationspsychologie dazu, jene Vorkommnisse und Verhaltensweisen ausfindig zu machen. die für beruflichen Erfolg oder Mißerfolg „kritisch", d.h. ausschlaggebend sind.
⁵³ Vgl. SCHULLER et al. 1980, 525 ff.
⁵⁴ Ebd. 19–20.
⁵⁵ Ebd. 25–26, teilweise frei übersetzt.
⁵⁶ Methodisch kommen solche in der Mitte der Skala liegenden Durchschnittswerte häufig dadurch zustande, daß jeweils kleine Gruppen extremer Befürworter und Ablehner sich gegenseitig ausbalancieren. Dies dürfte hier der Fall sein.
⁵⁷ Auf die Diskussion, in welcher Weise Laien im pastoralen Dienst am Amt partizipieren, wird hier nicht eingegangen.
⁵⁸ Vgl. NEUBERGER 1976; 1977; 1985 a; 1985 b; LATTMANN 1982.
⁵⁹ Vgl. WOLLERT 1985.
⁶⁰ JESERICH 1981, 74. – Die Struktur der Tabelle ähnelt den Ergebnissen von SCHULLER et al. (vgl. Anm. 54 u. 55). Die 4 Anforderungsdimensionen sind mit den 11 Hauptbereichen, die 24 Anforderungen mit den 64 Clusters zu vergleichen.
⁶¹ Neuere Ansätze in der Führungsforschung sehen den ausschlaggebenden Beitrag des Führenden darin, Ereignisse, Vorkommnisse, Entscheidungen den Geführten so zu vermitteln, daß diese darin Sinn und Bedeutung erkennen (vgl. Pfeffer 1981).
⁶² Vgl. NEWMAN u. WALLENDER 1978, 26.
⁶³ „Charisma" bezeichnet nach Max WEBER die „außeralltäglich ... geltende Qualität einer Persönlichkeit", die dadurch als Führer anerkannt wird (vgl. WEBER 1972, 140). Charismatische Führung ist personale Führung, weil die Autorität des Führenden nicht in erster Linie auf seiner formalen Führungsrolle, sondern auf der Anziehung seiner Person beruht. Charismatische Führung spielt in allen Organisationen eine Rolle, am stärksten aber in jenen, in denen die Führenden durch wirtschaftliche und bürokratische Zwänge relativ wenig eingeengt sind.
⁶⁴ Vgl. NEWMAN u. WALLENDER 1978.
⁶⁵ Zur Pastoraltheologie vgl. z. B. ZERFASS 1985 a; 1985 b; zur Pastoralpsychologie vgl. z. B. BAUMGARTNER 1982.
⁶⁶ Vgl. WIGGINS 1973, 456 ff.
⁶⁷ Ebd. 470 ff.
⁶⁸ Vgl. FREUD 1941, 63–121.
⁶⁹ Vgl. RAPAPORT 1970.
⁷⁰ Vgl. SULLIVAN 1953.
⁷¹ Vgl. SCHUTZ 1967; LORR u. SUZIEDELIS 1969.
⁷² Vgl. MURRAY 1938.
⁷³ Vgl. STERN 1970.
⁷⁴ Vgl. KELLY 1955.
⁷⁵ Vgl. CATTELL 1973; SCHNEEWIND, SCHRÖDER u. CATTELL 1983.
⁷⁶ Vgl. z. B. BANDURA 1979.
⁷⁷ Vgl. GOLDFRIED u. D'ZURILLA 1969.
⁷⁸ Vgl. GUILDFORD 1965.

[79] Vgl. CATTELL 1973.
[80] Vgl. PAWLIK 1968.
[81] Vgl. NEUBAUER, HÖFNER u. WALDSCHÜTZ 1978, 146 ff.
[82] Beratungsdienst für kirchliche Berufe, Sankt-Anna-Straße 19, D-8000 München 22. – Vgl. H. STENGER / L. ZIRKER 1973.
[83] Eine Ausnahme bildet die bischöfliche Fachakademie für Gemeindepastoral in Neuburg an der Donau (Diözese Augsburg). Sie ist keine Fachhochschule und begnügt sich mit einem „mittleren Schulabschluß" – also kein Abitur! – als Vorbildung für das Studium, welches sechs Semester umfaßt.
[84] Pastoralkonstitution „Gaudium et spes", Art. 4.
[85] D. ULICH 1982, 36.
[86] ROTTER (1966) betrachtet „internale" und „externale" Kontrolle als zwei einander gegenüberstehende Persönlichkeitszüge. Menschen, die sich durch „internale Kontrolle" auszeichnen, neigen dazu, sich selbst für ihr Leben verantwortlich zu machen, während Menschen mit „externaler Kontrolle" in den Umständen, dem Geschick, den Zeitläufen die Einflüsse sehen, die ihr Leben maßgeblich prägen.
[87] Eine ausführliche Darstellung der einzelnen Tests und Fragebogen ist nicht beabsichtigt. Sie kann in der einschlägigen Fachliteratur nachgelesen werden (z. B. REBER 1979; WEHNER u. DURCHHOLZ 1980; GROFFMANN u. MICHEL 1983).
[88] Kein Mensch käme auf die Idee, den Nachruf auf einen Verstorbenen anhand psychologischer Testdaten statt seines Lebenslaufes zu erstellen.
[89] So mag aus der Tatsache, daß ein Bewerber einige Semester länger als andere studiert hat, für den einen Personalchef ganz klar ein Mangel an zielbezogenem Handeln hervorgehen, für den anderen dagegen ein Stück Gelassenheit und Optimismus sich abheben, für einen dritten möglicherweise das schiere Gegenteil, nämlich Angst vor der (beruflichen) Realität des Lebens.
[90] Vgl. den biographischen Fragebogen von BAEHR, BURNS u. McMURRY (1965) und dessen verschiedentlich weiterentwickelte Formen (STEHLE 1984; SCHULER u. STEHLE 1986).
[91] Das Einstellungsgespräch ist kein verläßliches Diagnoseinstrument. Untersuchungen zeigen, daß nach einem un- oder halbstrukturierten Gespräch die Urteile über die Eignung eines Bewerbers erheblich schwanken können. Die Urteile werden eindeutiger, wenn ein einheitlich standardisiertes Verfahren Einsatz findet.
[92] Das hat vielerlei Gründe: die überproportionale Zunahme qualifizierter Schulabschlüsse; die drastische Verringerung der Notenstreuung; Aversionen mancher Pädagogen gegen „Leistung" u.a.m.
[93] Der „Intelligenz-Struktur-Test" (IST 70), das „Leistungsprüfsystem" (LPS), der „Hamburg-Wechsler-Intelligenz-Test für Erwachsene" (HAWIE), der „Denksporttest" (DST) und neuerdings der „Wilde Intelligenztest" (WIT). Informationen über deutschsprachige Tests und ihre Bezugsmöglichkeiten sind über die Testzentrale, Daimlerstr. 40, D-7000 Stuttgart 50, erhältlich.
[94] Eine fallbezogene Zusammenstellung einzelner Untertests aus verschiedenen Testreihen sollte nur von einem geschulten Diagnostiker vorgenommen werden, sonst besteht die Gefahr der Verabsolutierung einzelner Ergebnisse.
[95] Im deutschen Sprachraum sind sehr gebräuchlich: der „Konzentrationsleistungstest" (KLT) und der „Aufmerksamkeits-Belastungs-Test" (Test d 2). Obwohl jeder Test eine etwas andere Facette von Konzentration mißt, genügt es, einen von ihnen einzusetzen, da beide sich vorwiegend auf die Fähigkeit zu konzentriertem und genauem Arbeiten beziehen.
[96] Der „Berufs-Interessen-Test" (BIT) oder der „Differentielle Interessen-Test" (DIT).
[97] Das „Freiburger-Persönlichkeits-Inventar" (FPI) erhebt 9 einzelne und 3 übergreifende (Extraversion, emotionale Labilität, Maskulinität) Persönlichkeitsmerkmale. Der 16-Persönlichkeits-Faktoren Test (16 PF) erfaßt 16 Persönlichkeitszüge, die nach CATTELL ein universales Beschreibungssystem repräsentieren.
[98] Zur Begründung vgl. CATTELL 1973.
[99] Vgl. SCHNEEWIND, SCHRÖDER u. CATTELL 1983, 29.
[100] Die Symbole „+" und „–" geben an, ob das betreffende Merkmal den ersten oder den zweiten Begriff in der Tab. 5 darstellt. „+" und „–" sind nicht wertend zu interpretieren,

sondern beziehen sich auf das eine oder andere Ende der Skala, die als ganze mit ihren polaren Enden *eine* Persönlichkeitsdimension mißt.

[101] Vgl. SCHULLER et al. 1976.
[102] A.a.O. Case 21, 40 f.
[103] Vgl. GROFFMANN u. MICHEL 1982.
[104] FISSENI 1982, 53.
[105] Sog. Assessment-Center-Verfahren; vgl. Anm. 26.
[106] Vgl. den Abschnitt „Identitätsbalance" in dem Beitrag von H. STENGER in diesem Buch.

Literatur

ARENS, A., Kriterien der Eignung für den pastoralen Dienst, in: ders. (Hg.), Pastorale Bildung. Erfahrungen und Impulse zur Ausbildung und Fortbildung für den kirchlichen Dienst, Trier 1976, 36–68.
ARGYRIS, Ch., Reasoning, learning and action, San Francisco 1982.
BAEHR, M. E. u. a., Personal history index, Industrial Relations Center, University of Chicago, Chicago 1965.
BANDURA, A., Sozial-kognitive Lerntheorie, Stuttgart 1979.
BAUMGARTNER, I., Seelsorgliche Kompetenz als pastoralpsychologisches Bildungsziel. Ein theoretischer und empirischer Beitrag zur pastoralpsychologischen Ausbildung von Seelsorgern, Passau 1982.
BERKEL, K., Konfliktforschung und Konfliktbewältigung. Ein organisationspsychologischer Ansatz, Berlin 1984.
BLOOM, B. S., Stabilität und Veränderung menschlicher Merkmale, Weinheim 1971.
BRANDSTÄTTER, H., Psychologische Grundlagen personeller Entscheidungen, in: SCHULER, H. / STEHLE, W. (Hg.), Psychologie in Wirtschaft und Verwaltung, Stuttgart 1982, 19–47.
CATTELL, R. B., Die empirische Erforschung der Persönlichkeit, Weinheim 1973.
CONRADI, W., Personalentwicklung, Stuttgart 1983.
DÖRNER, D. u. a. (Hg.), Lohhausen. Vom Umgang mit Unbestimmtheit und Komplexität, Bern 1983.
ERHARTER, H. u. a. (Hg.), Prophetische Diakonie. Impulse und Modelle für eine zukunftsorientierte Pastoral, Festschrift für F. KLOSTERMANN, Wien 1977.
FISSENI, H.-J., Persönlichkeitsbeurteilung. Zur Theorie und Praxis des psychologischen Gutachtens, Göttingen 1982.
FREUD, S., Abriß des Psychoanalyse, Gesammelte Werke 17, Frankfurt 1941, 63-121.
GOLDFRIED, M. R. / D'ZURILLA, T.J., A behavioral-analytical model for assessing competence, in: SPIELBERGER, C. D. (Hg.), Current topics in clinical and community psychology, Bd. 1, Academic Press, New York 1969.
GROFFMANN, K. J. / MICHEL, L. (Hg.), Grundlagen psychologischer Diagnostik, Enzyklopädie der Psychologie, Band II/1, Göttingen 1982.
GRUBITZSCH, S. / REXILIUS, G., Testtheorie – Testpraxis. Voraussetzungen, Verfahren, Formen und Anwendungsmöglichkeiten psychologischer Tests im kritischen Überblick, Reinbek 1978.
GUILFORD, J. P., Persönlichkeit. Logik, Methodik und Ergebnisse ihrer quantitativen Erforschung, Weinheim $^{2/3}$1965.
HACKER, W., Allgemeine Arbeits- und Ingenieurspsychologie. Psychische Struktur und Regulation von Arbeitstätigkeiten, Bern ^{2}1978.
HACKMAN, J. R., Tasks and task performance in research on stress, in: MCGRATH, J. E. (Hg.), Social and psychological factors in stress, New York 1970, 202–237.
JÄGER, A. O., Personalauslese, in: MAYER, A. / HERWIG, B. (Hg.), Handbuch der Psychologie, Bd. 9: Betriebspsychologie, Göttingen 1970, 613–667.
JÄGER, R. S., Der diagnostische Prozeß. Eine Diskussion psychologischer und methodischer Randbedingungen, Göttingen 1983.
JESERICH, W., Mitarbeiter auswählen und fördern. Assessment-Center-Verfahren, München 1981.
JOSUTTIS, M., Dimensionen homiletischer Kompetenz, in: ZERFASS, R. / KAMPHAUS, F.

(Hg.), Die Kompetenz des Predigers im Spannungsfeld zwischen Rolle und Person, Comenius-Institut Münster 1979, 42–72.
KELLY, G. A., The psychology of personal constructs, 2 Bde., New York 1955.
KLOSTERMANN, F. (Hg.), Der Priestermangel und seine Konsequenzen, Düsseldorf 1977.
KOMPA, A., Personalbeschaffung und Personalauswahl, Stuttgart 1984.
KOSSBIEL, H. (Hg.), Personalentwicklung. Schmalenbachs Zeitschrift für betriebswirtschaftliche Forschung. Sonderheft 14, 1982.
KÜNG, H., Wozu Priester?, Zürich 1971.
LATTMANN, Ch., Die verhaltenswissenschaftlichen Grundlagen der Führung des Mitarbeiters, Bern 1982.
LERSCH, Ph., Aufbau der Person, München [10]1966.
LORR, M. / SUZIEDELIS, A., Modes of interpersonal behavior, in: British Journal of Social and Clinical Psychology, 8 (1969), 124–132.
MAUKISCH, H., Einführung in die Eignungsdiagnostik, in: MAYER, A. (Hg.), Organisationspsychologie, Stuttgart 1978, 105–136.
MAUKISCH, H., Eignungsdiagnostik, in: HOYOS, C. u. a. (Hg.), Handbuch wirtschaftspsychologischer Grundbegriffe, München 1980, 258–269.
MURRAY, H. A., Explorations in personality, New York 1938.
NEUBAUER, R. u. a., Kompendium über Eignungsfeststellungsverfahren für den öffentlichen Dienst, Baden-Baden 1978.
NEUBERGER, O., Führungsverhalten und Führungserfolg, Berlin 1976.
DERS., Organisation und Führung, Stuttgart 1977.
DERS., Führung, Stuttgart [2]1985 a.
DERS., Unternehmenskultur und Führung, unveröffentl. Manuskr., Universität Augsburg 1985 b.
DERS., Unternehmenskultur: Eine neue Metapher für die Organisations-Psychologie? Vortrag auf dem Kongreß des Berufsverbandes Deutscher Psychologen (BDP), Frankfurt 1986, unveröffentl. Manuskr.
NEWMAN, W. H. / WALLENDER, H. W., Managing not-for-profit enterprises, in: Academy of Management Review (1978), 24–31.
PACZENSKY, S. V., Der Testknacker. Wie man Karriere-Tests erfolgreich besteht, Reinbek 1976.
PAWLIK, K., Dimensionen des Verhaltens, Bern 1968.
PFEFFER, J., Management as symbolic action. The creation and maintenance of organizational paradigms, in: CUMMINGS, L. L. / STAW, B. M. (Hg.), Research in organizational behavior. Annual series of analytical essays and critical reviews, Bd. 3, Greenwich (Connecticut) 1981, 1–52.
PULVER, U. u. a. (Hg.), Ist Psychodiagnostik verantwortbar? Wissenschaftler und Praktiker diskutieren Anspruch, Möglichkeiten und Grenzen psychologischer Erfassungsmittel, Bern 1978.
RAPAPORT, D., Die Struktur der psychoanalytischen Theorie, Stuttgart 1970.
REILLY, R. R. / CHAO, G. T., Validity and fairness of some alternative employee selection procedures, in: Personnel Psychology 35 (1982), 1–62.
ROTTER, J. B., Generalized expectancies for internal versus external control of reinforcement, Psychol. Monographs 80, 1966.
SCHARDT, L. P., Ansätze zu einer arbeitsorientierten Eignungsdiagnostik, in: TRIEBE, K. J. / ULICH, E. (Hg.), Beiträge zur Eignungsdiagnostik, Bern 1977, 214–240.
SCHEIN, E. H., Career dynamics. Matching individual and organizational needs. Reading (Mass.) 1978.
SCHMIDTCHEN, G., Zwischen Kirche und Gesellschaft. Forschungsbericht über die Umfragen zur Gemeinsamen Synode der Bistümer in der Bundesrepublik Deutschland, Freiburg 1972.
DERS., Priester in Deutschland. Forschungsbericht über die im Auftrag der Deutschen Bischofskonferenz durchgeführte Umfrage unter allen Welt- und Ordenspriestern in der Bundesrepublik Deutschland, Freiburg 1973.
DERS., Umfrage unter Priesteramtskandidaten. Forschungsbericht des Instituts für Demo-

skopie Allensbach über eine im Auftrag der Deutschen Bischofskonferenz in der Bundesrepublik Deutschland durchgeführte Erhebung, Freiburg 1975.
SCHNEEWIND, K. A. u. a., Der 16-Persönlichkeitsfaktoren-Test, Bern 1983.
SCHULER, H. / STEHLE, W. (Hg.), Organisationspsychologie und Unternehmenspraxis. Perspektiven der Kooperation. Angewandte Psychologie, Stuttgart 1985.
DIES., Biographische Fragebogen als Methode der Personalauswahl. Angewandte Psychologie, Stuttgart 1986.
SCHULLER, D. S. u. a., Readiness for ministry. Bd. 1 – Criteria, Association of Theological Schools, Vandalia (Ohio) 1975.
DIES., Readiness for ministry. Bd. 2 – Assessment, Association of Theological Schools, Vandalia (Ohio) 1976.
DIES., (Hg.), Ministry in America. A report and analysis, San Francisco 1980.
SCHUTZ, W. C., FIRO-B. Consulting Psychologists Press, Palo Alto (Cal.) 1967.
SPITZNAGEL, A., Die diagnostische Situation, in: GROFFMANN, K. J. / MICHEL, L. (Hg.), Grundlagen psychologischer Diagnostik, Enzyklopädie der Psychologie, Bd. II/1, Göttingen 1982, 1–129.
STEHLE, W., Zur Konzeption eines Personalauswahlverfahrens auf der Basis biographischer Daten, unveröffentl. Dissertation, Universität Hohenheim 1984.
STENGER, H. / ZIRKER, L., Beratung für kirchliche Berufe – Notizen zur Arbeit einer katholischen Beratungsstelle, in: Diakonia. Internationale Zeitschrift für die Praxis der Kirche 4 (1973), 403–409; ebenso in: RIESS, R. (Hg.), Perspektiven der Pastoralpsychologie, Göttingen 1974, 188–201.
STERN, G. C., People in context. Measurement personenvironment congruence in education and industry, New York 1970.
STOGDILL, M. R., Personal factors associated with leadership. A survey of the literature, in: Journal of Psychology 25 (1948), 35–71.
SULLIVAN, H. S., The interpersonal theory of psychiatry, New York 1953.
TRIEBE, K. J. / ULICH, E. (Hg.), Beiträge zur Eignungsdiagnostik, Bern 1977, 241–273.
ULICH, D., Das Gefühl. Eine Einführung in die Emotionspsychologie, München 1982.
VESTER, F., Neuland des Denkens. Vom technokratischen zum kybernetischen Zeitalter, München ³1985.
WEBER, M., Wirtschaft und Gesellschaft, Tübingen ⁵1972.
WEHNER, E. G. / DURCHHOLZ, E., Persönlichkeits- und Einstellungstests, Stuttgart 1980.
WHITE, R., Motivation reconsidered: The concept of competence, in: Psychological Review 66 (1959), 297–333.
WIGGINS, J. S., Personality and prediction: Principles of personality assessment, Reading (Mass.) 1973.
WOLLERT, A., Die Rollenidentifikation oberer Führungskräfte, in: SCHULER, H. / STEHLE, W. (Hg.), Organisationspsychologie und Unternehmenspraxis. Perspektiven der Kooperation. Angewandte Psychologie, Stuttgart 1985, 83–88.
ZERFASS, R., Die Kompetenz des Predigers als Thema der Überlieferung, in: DERS. / KAMPHAUS, F. (Hg.), Die Kompetenz des Predigers im Spannungsfeld zwischen Rolle und Person, Comenius-Institut Münster 1979, 4–40.
DERS., Menschliche Seelsorge. Für eine Spiritualität von Priestern und Laien im Gemeindedienst, Freiburg 1985 a.
DERS., Vom Charisma des Leitens (1 Kor 12,28), in: Katechetische Blätter 9 (1985), 705–711 b.

Eignung und Neigung

Hilfen zur Unterscheidung der Beweggründe

Von Klemens Schaupp

1. Die Eignungsfrage

Ein Kandidat, der sich mit dem Gedanken trägt, als Laie in der Kirche einen Beruf zu ergreifen, der in ein Priesterseminar oder eine Ordensgemeinschaft eintreten will, wird sich die Frage stellen: Entspricht mir die Gemeinschaft, in die ich eintreten will? Früher oder später wird auch die Frage auftauchen: Bin ich für den Beruf, für die Aufgabe, zu der ich mich hingezogen fühle, geeignet? Bringe ich die notwendigen Fähigkeiten, das erforderliche Wissen, die entsprechenden menschlichen Voraussetzungen mit, oder bedeutet eine solche Entscheidung eine Überforderung für mich?

Die Frage nach der Eignung stellt sich in ähnlicher Weise auch für diejenigen, die über die Aufnahme in den kirchlichen Dienst, die Zulassung zur Weihe oder zu den Gelübden zu entscheiden haben: Ausbildungsleiter, Novizenmeister, Ordensobere, Regenten von Priesterseminaren, denn ihnen fällt die Aufgabe zu, die Eignung der Kandidaten letztlich zu beurteilen.

1.1 Die Dringlichkeit der Frage

Bei der gegenwärtigen kirchlichen Situation im deutschen Sprachraum ist die Eignungsfrage von besonderer Aktualität: Einerseits interessieren sich zahlreiche Laientheologen für eine Anstellung im kirchlichen Dienst, andererseits ist der Nachwuchs in den Priesterseminaren und Ordensgemeinschaften eher gering. Diese Situation kann dazu führen, dort, wo viele sich bewerben, strengere Maßstäbe anzulegen als dort, wo es nur wenige sind. Sie stellt eine Herausforderung dar, die tatsächlich angewendeten Kriterien auf dem Hintergrund einer christlichen Anthropologie zu überprüfen. Die richtige Auswahl und Ausbildung der Mitarbeiter ist für jede Institution, auch für die Kirche, entscheidend: Von der Art der Mitarbeiter hängt weitgehend ihre Glaubwürdigkeit ab.

Wichtig ist es, in diesem Zusammenhang auch folgendes zu bedenken: Die Frage der Eignung läßt sich nur selten einfach mit „ja" oder „nein" beantworten. Es gibt zahlreiche junge Menschen, die „bedingt geeignet" sind, d. h. die gute Mitarbeiter werden können, wenn ihnen während ihrer Ausbildung die nötige Hilfe angeboten werden kann, um die Unreifen und Störungen in ihrer persönlichen Entwicklung aufzuarbeiten. Das setzt aber voraus, daß diese zu Beginn der Ausbildung klar erkannt werden und daß die Bereitschaft vorhanden ist, daran ernsthaft zu arbeiten.

1.2 Psychologisch-empirische Zugänge zur Eignungsfrage

Die Frage nach der Eignung stellt sich auf verschiedenen Ebenen: z. B. kann aus medizinischer Sicht gefragt werden, ob ein Kandidat die nötige Gesundheit mitbringt; aus psychologischer Sicht, ob er die nötige psychische Reife und Belastbarkeit erkennen läßt für einen kirchlichen Beruf oder ein Ordensleben.

Wird aus theologischer Sicht gefragt, ob jemand berufen ist, so fließen unterschiedliche Sichtweisen zusammen. Die Berufung selbst – soweit es sich dabei um eine dem Menschen grundsätzlich unverfügbare Gnade handelt – kann nicht Gegenstand einer empirisch begründeten Eignungsuntersuchung sein, wohl aber können es die menschlichen Fähigkeiten und Voraussetzungen sein, die der Kandidat mitbringt, um auf diesen Ruf zu antworten, und genau darum geht es im folgenden Beitrag. Fragen, die die gesamtmenschliche Eignung betreffen, stehen dabei im Vordergrund. Mit Fragen der speziellen Eignung befaßt sich der Beitrag von K. BERKEL in diesem Band.

Seit dem Ende des Zweiten Weltkrieges wurden immer wieder Versuche unternommen, mit Hilfe verschiedener Tests bestimmte Persönlichkeitsmerkmale herauszufinden, die für einen „idealen" Priester oder Ordensmann typisch sind. Solche Versuche können als gescheitert angesehen werden. Wie A. GODIN zeigt, haben sie zu keinen klaren Ergebnissen geführt und weisen zudem oft schwere methodische Mängel auf (nicht repräsentative Stichproben, keine Kontrollgruppen, keine klar formulierten und überprüfbaren Hypothesen, Ausklammerung oder Vernachlässigung der Wertfrage, die ja gerade für die geistliche Berufung eine entscheidende Rolle spielt).[1] Diese Mängel stellen die Verläßlichkeit der Ergebnisse in Frage. Im abschließenden Kapitel seiner Literaturübersicht weist GODIN auf die Arbeiten von L. RULLA und seinen Mitarbeitern hin, denen es weitgehend gelungen ist, die Mängel der bisherigen Ansätze und Untersuchungen zu überwinden.[2] Ihr Anliegen war es zunächst, einige der für den Austritt aus kirchlichen Institutionen wesentlichen Persönlichkeitsfaktoren zu erfassen. Das führte sie zur Entwicklung einer Persönlichkeitstheorie, die ein besseres Verständnis der Motive erlaubt, warum jemand einen kirchlichen Beruf ergreift, Priester oder Ordensmann wird. Der folgende Beitrag wird sich daher vor allem auf diesen Ansatz stützen, freilich im Bewußtsein, daß auch diese Theorie das Phänomen der geistlichen Berufung bzw. des kirchlichen Dienstes nur aus einer begrenzten, nämlich einer psychodynamischen Sichtweise erfaßt. Um der besseren Lesbarkeit willen wurde auf häufige und detaillierte Rückverweise verzichtet. Andere Arbeiten zu demselben Thema können im Rahmen dieses Beitrags nur bedingt berücksichtigt werden.

Zunächst wird kurz der theoretische Hintergrund dieses Ansatzes skizziert, anschließend werden einige praktische Konsequenzen aufgezeigt.

Die wichtigsten Punkte werden anhand von Beispielen verdeutlicht; trotzdem kann es sein, daß die vielen – allerdings notwendigen – Unterscheidungen den Leser auf den ersten Blick verwirren. So wird es bei manchen Abschnitten nützlich sein, sich zunächst in einem ersten Lesedurchgang einen allgemeinen Überblick zu verschaffen, um dann in einem zweiten Durchgang Einzelfragen nachgehen zu können. Viele Unterscheidungen und Hinweise werden im Hinblick auf eigene Erfahrungen im Umgang mit den angesprochenen Fragen dann in ihrer vollen Bedeutung erkennbar werden.

2. *Der theoretische Hintergrund von* L. RULLA

RULLA geht von der Annahme aus, daß die Motivation für eine Berufswahl ein sehr komplexes Phänomen ist, weil in einer solchen Entscheidung immer eine Reihe von Motiven zu einem Motivbündel zusammenfließen. Demnach gibt es verschiedene Ebenen oder Schichten der Motivation, solche, die mehr an der „Oberfläche" liegen und solche, die „tiefer" liegen. Die Frage, welche Art von Motiven dieses Motivbündel enthält, verdeutlicht der inhaltliche Ansatz; wie sie zusammenwirken, sich gegenseitig beeinflussen und schließlich zu einer Entscheidung führen, verdeutlicht der strukturelle Ansatz der Theorie.

2.1 Der inhaltliche Ansatz

Etwas vereinfachend können die Motive, die das Verhalten des Menschen und seine Entscheidungen beeinflussen, in drei Gruppen eingeteilt werden: Werte, Bedürfnisse und Einstellungen.

2.1.1 Werte
Werte beziehen sich auf die Lebensziele eines Menschen und können definiert werden als bleibende und allgemeingültige Zielvorstellungen über ideale Verhaltensweisen bzw. einen idealen Endzustand der menschlichen Existenz.[3] In der hier verstandenen Weise richten sie sich auf die Freiheit des Menschen: „Während ich von Trieben getrieben werde, werde ich von Werten gezogen, d. h. ich kann zu einer Wertforderung ja oder nein sagen, ich kann mich also so oder so entscheiden"[4]. Werte beeinflussen den Menschen, indem sie seine Freiheit gleichsam „herausfordern", ihn anziehen, faszinieren, an seine Fähigkeit appellieren, sich für einen bestimmten Wert zu entscheiden oder ihn abzulehnen; sie provozieren eine Stellungnahme. Deshalb können sie immer unter einer doppelten Rücksicht gesehen werden: Einerseits geht es um die Werthaftigkeit von Dingen, Ideen oder Menschen, soweit sie in sich Qualitäten haben, aufgrund deren sie erstrebenswert sind und eine Anziehung auf Menschen ausüben. Dies ist ihr *objektiver Aspekt*. – Andererseits geht es um die Bedeutung, die in sich wertvolle Dinge, Ideen oder Menschen für mich haben. Dies ist ihr *subjektiver Aspekt*. Geht es im folgenden Beitrag um den objektiven Aspekt, so wird einfach von *Wert* gesprochen; geht es dagegen um den subjektiven Aspekt, so wird von *Idealen* gesprochen.

Werte können sehr verschiedener Natur sein: In der Ökonomie z. B. meint „Wert" den der Preisgestaltung zugrundeliegenden Preisbestimmungsgrund.[5] G. W. ALLPORT unterscheidet im Hinblick auf verschiedene Lebensbereiche und ihnen entsprechende Werte z. B. zwischen wissenschaftlichen, religiösen, ethischen, ästhetischen Werten.[6] Es gibt recht unterschiedliche Versuche, die verschiedenen Werte zu klassifizieren. Wenn in diesem Beitrag von „Wert" oder „Werten" gesprochen wird, so sind damit in erster Linie religiöse Werte gemeint, wie sie in der Bibel und christlichen Tradition verankert sind. Diese sind dem einzelnen zunächst vorgegeben, können von ihm angenommen (internalisiert) oder abgelehnt werden. Dabei kann es sich um endgültige, für alle Menschen jederzeit verbindliche Werte handeln (z. B. Nachfolge Christi, Nächstenliebe, Leben in der Verbundenheit mit Gott) oder aber um spezifische, die auf diese endgültigen Werte hingeordnet sind, aber nicht für jeden Menschen und nicht jederzeit Geltung besitzen (z. B. Ehe, Leben nach den evangelischen Räten etc.).

2.1.2 Bedürfnisse
Bedürfnisse stammen entweder aus einem Mangelzustand des Organismus (physiologische Bedürfnisse nach Essen, Trinken, Schlafen …) oder sie sind in der Verfaßtheit des Menschen begründet, auf andere

Menschen angewiesen zu sein, um leben zu können (psycho-soziale Bedürfnisse nach Anerkennung und Freundschaft, Ordnung und Leistung, Hilfe empfangen und Hilfe geben ...) oder sie beruhen auf der Tatsache, daß er, mit Verstand begabt, durch diesen zur Entfaltung gedrängt wird (geistige Bedürfnisse nach Wissen, nach Orientierung ...).

Wenn im folgenden von Bedürfnissen gesprochen wird, so sind in erster Linie die psycho-sozialen Bedürfnisse gemeint. Immer wieder ist der Versuch unternommen worden, diese zu beschreiben, zu klassifizieren und eine möglichst vollständige Liste zu erstellen. Gegen solche Versuche ist vor allem von soziologisch orientierten Forschern der Einwand erhoben worden, daß jedes Bedürfnis durch die konkrete Gesellschaft, in der ein Mensch lebt, vermittelt ist und erst in ihr seine greifbare Gestalt gewinnt; deshalb sei es unmöglich, eine allgemeingültige (transkulturelle) Kategorisierung zu erstellen. Trotz dieser Schwierigkeiten hat A. Etzioni für einige Bedürfnisse überzeugend nachweisen können, daß sie sich in allen von ihm untersuchten Kulturen finden.[7] Er betont dabei, daß ihre Universalität nicht notwendig in der Tatsache begründet sein muß, daß sie angeboren sind, sondern daß ihr transkultureller Charakter auch in Grundstrukturen des menschlichen Zusammenlebens begründet sein kann. Auf diese Weise konnte er sechs Grundbedürfnisse feststellen:
- nach Zuwendung
- nach Anerkennung
- nach einem Kontext (d.h. nach Orientierung, Konsistenz und Synthese verschiedener Erfahrungen und Einsichten)
- nach wiederholter Gratifikation
- nach Stabilität
- nach Vielfalt (innerhalb der jeweiligen gesellschaftlichen Struktur)

Geschieht eine solche Beschreibung und Klassifizierung auch immer auf dem Hintergrund einer bestimmten Fragestellung bzw. einer bestimmten gesellschaftlichen oder weltanschaulichen Position, so macht der Hinweis auf den transkulturellen Charakter bestimmter Grundbedürfnisse doch zwei Dinge deutlich:

Erstens: Menschliche Grundbedürfnisse geben für alle gesellschaftlichen Organisationsformen eine Grenze der Manipulierbarkeit an, die sich aus der Unverwechselbarkeit einzelner Menschen und ihrer Bedürfnisse ergibt.

Zweitens: Die Universalität solcher menschlicher Grundbedürfnisse ist eine (wenn auch nicht die einzige und hinreichende) Bedingung dafür, daß es überhaupt möglich ist, die Motivation eines anderen, mir fremden Menschen zu verstehen.[8]

In Anlehnung an ETZIONI und an andere Versuche einer Einteilung hat H.A. MURRAY in einem eher pragmatischen Vorgehen eine Liste menschlicher Grundbedürfnisse erstellt, die den Vorteil hat, daß sie einen breiten Bereich der menschlichen Motivation abdeckt.[9] Deshalb wird diese Einteilung den weiteren Überlegungen zugrunde gelegt. Im folgenden gebe ich die von ihm beschriebenen Bedürfnisse mit jeweils einer knappen Definition wieder:

Bedürfnis nach Anerkennung:
Beachtung und Lob erhalten, zu Ehren kommen, Prestige gewinnen wollen.

Bedürfnis, Hilfe zu erhalten:
Die mitfühlende Hilfe eines nahestehenden Menschen erwarten, stets vom anderen empfangen wollen.

Bedürfnis, aufzufallen:
Gesehen und gehört werden wollen. Andere durch sein Verhalten beeindrucken, anziehen, aufreizen, in Erstaunen versetzen, begeistern oder unterhalten wollen.

Bedürfnis, klein zu sein:
Sich passiv äußerem Druck zu beugen, den Erwartungen oder Forderungen anderer nachzugeben, schnell bereit zu sein, die eigenen Unzulänglichkeiten, Fehler oder Irrtümer zuzugeben.

Bedürfnis, Kritik und Versagen zu vermeiden:
Sich gegen Kritik, Angriffe oder Tadel verteidigen. Ein Versagen oder eine Demütigung vermeiden wollen. Sich passiv äußerem Druck anpassen, um keine Kritik oder Ablehnung zu erfahren. Nicht initiativ werden aus Furcht vor Versagen.

Bedürfnis nach Besitz:
Geld und Gut für sich selbst erwerben wollen.

Bedürfnis nach destruktiver Aggression:
Einen Widerstand mit Gewalt überwinden, Kränkungen vergelten, andere bestrafen wollen. (Sie kann sich aktiv oder passiv, offen oder versteckt äußern).

Bedürfnis nach Erotik und Sexualität:
Sich von einem Mann / einer Frau angezogen fühlen oder faszinieren lassen wollen. Eine erotische Beziehung aufnehmen oder fördern, zärtliche Berührungen austauschen, Geschlechtsverkehr mit jemandem haben wollen.

Bedürfnis nach Freundschaft:
Jemand anderem nahe sein, eine gegenseitige Beziehung eingehen, einer geliebten Person gefallen und ihre Zuneigung gewinnen wollen.

Bedürfnis nach Gewährung von Hilfe:
Einem hilflosen Menschen Mitgefühl schenken, ihn trösten, ihm helfen, ihn unterstützen wollen.

Bedürfnis nach Leistung:
Verschiedene Dinge organisieren, schwierige Aufgaben zu Ende führen, einen höheren Standard erreichen, andere übertreffen, sein Selbstwertgefühl durch den Einsatz der eigenen Talente stärken wollen.

Bedürfnis nach Ordnung:
Dinge in Ordnung bringen, Reinlichkeit, Ausgeglichenheit, Genauigkeit und Präzision erreichen wollen.

Bedürfnis nach Selbständigkeit:
Zwänge abschütteln und frei werden, ungebunden sein, sich Konventionen und Vorschriften beherrschender Autoritäten widersetzen wollen.

Bedürfnis nach Spannung:
Spannende und aufregende Situationen suchen.

Bedürfnis nach Überlegenheit:
Seine Umwelt unter Kontrolle bringen, das Verhalten anderer durch Vorschläge, Überreden, verlockende Angebote, Befehle oder Warnungen beeinflussen wollen.

Bedürfnis nach Unterordnung:
Jemand Höhergestellten bewundern, andere loben, honorieren oder sich von ihnen beeinflussen lassen wollen. Vorbildern nacheifern, sich an Gewohntes anpassen wollen.

Bedürfnis nach Veränderung:
Seine Umwelt, Beziehungen und Tätigkeiten verändern, neue Dinge in Angriff nehmen wollen.

Bedürfnis, Widerstand zu leisten:
Mit Beharrlichkeit schwierige, enttäuschende oder unbequeme Erfahrungen überwinden wollen.

Bedürfnis nach Wissen:
Den Drang verspüren, neue Informationen oder Kenntnisse zu sammeln. Sich mit vorhandenem Wissen nicht zufrieden geben wollen.

Jeder Mensch hat solche Bedürfnisse, und er darf sie auch haben! Es wäre falsch, sie in „gute" und „schlechte" Bedürfnisse einzuteilen oder zu versuchen, auf sie möglichst keine Rücksicht zu nehmen. Vielmehr ist es so, daß sie unser Verhalten beeinflussen, ob wir es wollen oder nicht. Die Art ihres Einflusses ist jedoch ambivalent, je nachdem, wie der einzelne mit ihnen umgeht, sie lebt.

So kann z. B. das Bedürfnis nach Selbständigkeit von jemandem so gelebt und in seine Persönlichkeit integriert werden, daß er seine beruflichen Aufgaben unabhängig und selbständig wahrnimmt und bewältigt, ohne dadurch zum Einzelgänger zu werden. In diesem Fall wird das Bedürfnis nach Selbständigkeit auf eine positive Weise gelebt.

Umgekehrt kann jemand das gleiche Bedürfnis so leben, daß er dazu neigt, jede Möglichkeit von Zusammenarbeit von vornherein auszuschließen, lieber alles allein zu machen, weder willens noch fähig zu sein, eine Arbeit auch einmal zu delegieren, weil er jede Form der Zusammenarbeit als Bedrohung seiner Selbständigkeit, seines Ungebundenseinwollens, erlebt.

Obwohl grundsätzlich jedes Bedürfnis ambivalent ist, hat sich in den von RULLA durchgeführten Untersuchungen herausgestellt, daß es bestimmte Bedürfnisse gibt, die leichter in die christlichen Werte integriert werden können und solche, wo dies schwieriger ist und es deshalb oft zu unbewältigten Konflikten kommt.[10] Leicht integrierbare Bedürfnisse werden als konsonante Bedürfnisse bezeichnet, schwer integrierbare als dissonante Bedürfnisse.

Konsonante Bedürfnisse sind z. B.: Freundschaft pflegen, Hilfe gewähren, Leistung erbringen, Ordnung halten, Widerstand leisten wollen.

Dissonante Bedürfnisse sind z. B.: auffallen, Hilfe empfangen, Mißerfolg vermeiden, klein sein wollen.

Da jeder Mensch verschiedene, oft auch einander widersprechende Bedürfnisse hat (z. B. das Bedürfnis nach Selbständigkeit und das Bedürfnis, Hilfe zu empfangen), kann es sein, daß diejenigen Bedürfnisse übersehen oder beiseite geschoben (verdrängt) werden, die seinem Selbstbild oder seinen Erwartungen widersprechen. So kann es sein, daß sie ein bloßes „Schattendasein" führen und ihre Kraft nicht genutzt werden kann. Statt zur Entfaltung des Lebens beizutragen, behindern sie es.

2.1.3 *Einstellungen*

Einstellungen sind Wahrnehmungsorientierungen und Tendenzen, auf bestimmte Situationen in einer typischen Weise zu reagieren. Die Person versucht, zwischen den verschiedenen Bedürfnissen und Werten, die in dieser Situation aktiviert werden, durch ein konkretes Verhalten

zu vermitteln. Einstellungen haben folgende Eigenschaften[11]:
- Sie sind relativ dauerhafte Handlungstendenzen.
- Sie variieren je nach Kultur und sozialem Bezugsfeld und werden jeweils nur in bestimmten Situationen aktiviert.
- Sie sind sehr vielfältig, weil sie von Kultur zu Kultur, von Bezugsfeld zu Bezugsfeld variieren.
- Sie sind – im Unterschied zu bloß intellektuellen Überzeugungen – auf Werte oder Gefühle hin orientiert.
- Sie sind – ähnlich wie Bedürfnisse – nie unmittelbar beobachtbar, sondern können nur aus konkretem, beobachtbarem Verhalten erschlossen werden.

Einstellungen sind z. B.: „Es ist wichtig, sich an jedem Morgen durch Zeitunglesen über das aktuelle politische Geschehen zu informieren"; „Regelmäßiges Choralsingen fördert die Gemeinschaft"; „Es ist ein Zeichen guter Erziehung, abends den Schreibtisch aufzuräumen".

Es gibt eine Fülle von empirischen Arbeiten und theoretischen Ansätzen, die zu erklären versuchen, wie Einstellungen entstehen, unter welchen Umständen sie sich ändern, welche Funktionen sie ausüben. D. KATZ hat diese verschiedenen Ansätze auf eine für unsere Fragestellung recht nützliche Weise zusammengefaßt.[12] Dabei geht er von einer ganz einfachen Überlegung aus: Wenn Menschen Einstellungen übernehmen und beibehalten, dann verfolgen sie damit einen bestimmten „Zweck", sie wollen etwas damit erreichen; die Einstellungen haben für den Betreffenden eine bestimmte Funktion. Diese kann im Einzelfall sehr verschieden sein, doch können trotz dieser Vielfalt vier Hauptfunktionen unterschieden werden:

Nützlichkeitsfunktion:
Einstellungen können übernommen oder beibehalten werden, weil sie zu nützlichen Zielen führen (jemand kann z. B. in seinem Verhalten gegenüber Vorgesetzten betont freundlich sein, weil er dadurch bestimmte Vorteile für sich erhofft).

Ich-Verteidigungsfunktion:
Einstellungen können übernommen oder beibehalten werden, weil sie helfen sollen, innere Konflikte durch Verschleierung oder Verdrängung zu bewältigen. (So kann z. B. ein betont freundliches Verhalten gegenüber einem bestimmten Kollegen in dem Versuch begründet sein, starke Gefühle des Neides oder der Ablehnung durch Umkehr ins Gegenteil abzuwehren).

Wissensfunktion:
Einstellungen können übernommen oder beibehalten werden, weil sie helfen, die Umwelt zu erkennen, zu ordnen und zu strukturieren (z. B. die Einstellung, vor einer Reise einen einschlägigen Reiseführer zu studieren).

Funktion, Werte auszudrücken:
Einstellungen können übernommen oder beibehalten werden, weil sie helfen, das Verhalten in Werten zu verankern, die für den einzelnen wichtig sind (z. B. regelmäßige Schriftlesung am Abend).

Lassen sich diese verschiedenen Funktionen auch klar trennen, so ist es im konkreten Leben häufig der Fall, daß eine bestimmte Einstellung nicht nur eine Funktion hat, sondern gleichzeitig mehrere; oder aber: Die offenkundige Funktion ist nicht die wirklich entscheidende. Äußerlich mag eine Einstellung den Eindruck erwecken, Werte auszudrücken, in Wirklichkeit geht es jedoch um den eigenen Vorteil (Nützlichkeitsfunktion) oder darum, einen inneren Konflikt zu verschleiern (Ich-Verteidigungsfunktion). Ein Beispiel:

Peter, Laientheologe im 6. Semester, betont in Gesprächen mit seinen Kollegen immer wieder, wie wichtig für ihn die regelmäßige Teilnahme an einem charismatischen Gebetskreis ist. Eine Analyse dieser Aussage kann die ganz unterschiedliche Funktion der von Peter vertretenen Einstellung deutlich machen:
– Funktion, Werte auszudrücken (Vertiefung und Entfaltung des eigenen Glaubens durch die aktive Teilnahme am Gebetskreis)
– Nützlichkeitsfunktion (im Gebetskreis Kontakt zu anderen Studenten zu finden, die ihm z. B. bei den Prüfungsvorbereitungen helfen können)
– Ich-Verteidigungsfunktion (Abwehr von unterschwellig vorhandenen Gefühlen der Einsamkeit und Angst durch die meist stark emotionsgeladenen Treffen der Gebetsgruppe)

Die Unterscheidung der verschiedenen Funktionen, die konkrete Einstellungen haben können, ist für die Beurteilung eines Kandidaten sehr bedeutsam. Es genügt z. B. nicht, wenn sich ein Ausbildungsleiter damit zufrieden gibt, daß der Kandidat ein intensives Engagement in seiner Heimatgemeinde für sehr wichtig hält. Er muß sich vielmehr ein Urteil darüber bilden, warum dieser es für so wichtig hält; er soll beurteilen können, welche Funktion diese Einstellung für den Kandidaten hat bzw. welche der verschiedenen Funktionen die vorherrschende ist.

2.2 Der strukturelle Ansatz

Der strukturelle Ansatz fragt nach Art und Beziehung der einzelnen Anteile des Ichs. Wer jemand ist, kann in verschiedener Hinsicht ausgesagt werden; in bezug auf das, was er jetzt (zu einem bestimmten Zeitpunkt) ist: REAL-ICH und in bezug auf das, was er sein möchte: IDEAL-ICH [13]. In ähnlicher Weise kann auch die Frage der Eignung gestellt werden im Hinblick auf das, was ein Kandidat zum Zeitpunkt seiner Bewerbung ist, sein Real-Ich und im Hinblick auf das, was er sein will, sein Ideal-Ich. Eine adäquate Beurteilung ist nur unter Berücksichtigung beider Aspekte möglich.

2.2.1 Das Real-Ich

Wie das Real-Ich aussieht, kann an den Bedürfnissen und zum Teil an den Einstellungen einer Person erkannt werden. Dabei lassen sich verschiedene Anteile unterscheiden:

Persönlich bewußte Anteile:
Sie entsprechen der Selbstwahrnehmung eines Menschen und umfassen all jene Eigenschaften, um die er selbst weiß.

Persönlich verborgene Anteile:
Damit sind all jene Eigenschaften eines Menschen gemeint, die ihm selbst verborgen sind, die aber unter Umständen von anderen wahrgenommen werden können.

Soziale Anteile:
Damit sind jene Eigenschaften gemeint, die dem betreffenden Menschen selbst und den anderen Mitgliedern seiner Bezugsgruppe bekannt sind.

2.2.2 Das Ideal-Ich

Wie das Ideal-Ich aussieht, kann an den Werten und ebenfalls zum Teil an den Einstellungen einer Person erkannt werden. Dabei können – ähnlich wie beim Real-Ich – verschiedene Anteile unterschieden werden:

Eigene Anteile:
Damit sind all jene Wert- und Zielvorstellungen gemeint, die für das eigene Leben bedeutsam und verbindlich sind, unabhängig davon, ob die Person einer bestimmten Institution (Kirche, Ordensgemeinschaft ...) angehört oder nicht.

Institutionelle Anteile:
Damit sind alle Erwartungen gemeint, die – so ihre Einschätzung – von der Institution an sie herangetragen werden und die sie übernimmt, weil sie dieser Institution angehört oder angehören möchte.

2.2.3 Beziehungen zwischen den verschiedenen Anteilen

Diese verschiedenen Anteile stehen ständig in einer spannungsreichen Beziehung zueinander:

Erstens: Es besteht eine Spannung zwischen dem, was eine Person ist – ihrem Real-Ich – und dem, was sie sein möchte – ihrem Ideal-Ich. Sie ist im gegenwärtigen Augenblick noch nicht so, wie sie einmal sein möchte; sie hat noch nicht all das verwirklicht, was sie einmal erreichen möchte. In dieser Spannung ist die Möglichkeit der Veränderung und Entwicklung auf ein Ideal hin grundgelegt (jemand kann sich bemühen, ein Ideal zu verwirklichen und wird sich dadurch verändern). Es kann aber auch sein, daß jemand nicht oder nur in sehr geringem Maße fähig ist, mit den Konflikten umzugehen, die sich aus dieser Spannung ergeben. Dies kann der Fall sein, wenn das Ideal-Ich zu strenge, starre, „strafende", den einzelnen überfordernde Anteile enthält oder aber, wenn es zu einer Verwischung zwischen Real-Ich und Ideal-Ich kommt.[14] Verschiedene Möglichkeiten, wie jemand diese Spannung lebt, werden in dem Abschnitt 3.4 dargestellt.

Zweitens: Häufig besteht eine Spannung zwischen den persönlich bewußten und persönlich verborgenen Anteilen des Real-Ichs. Ist diese Spannung besonders stark, so kann der Fall eintreten, daß jemand – ohne es zu merken – so sehr damit „beschäftigt ist", seine verdrängten Bedürfnisse (dabei handelt es sich ja um persönlich verborgene Anteile) zu befriedigen, daß er nur eine geringe Fähigkeit besitzt, andere Menschen in ihrer Eigenart ernst zu nehmen, sie zu verstehen und sein Leben auf endgültige Werte hin auszurichten, ohne die eine reife Identität nicht zustande kommen kann.[15] Mit den Auswirkungen dieser Spannung beschäftigen sich die Abschnitte 3.1, 3.2 und 3.3 dieses Beitrags.

Drittens: Es kann auch eine Spannung bestehen zwischen den eigenen und den institutionellen Anteilen des Ideal-Ichs, weil sich nur in den seltensten Fällen persönliche Zielvorstellungen und Erwartungen der Institution an die betreffende Person vollkommen decken (vgl. dazu den Abschnitt 4.1).

3. Stimmige und unstimmige Motivation

Aus dem eben geschilderten Persönlichkeitsmodell sollen nun einige Kriterien und Hilfestellungen für die Beurteilung der Eignung von Bewerbern für kirchliche Berufe abgeleitet werden.

Es ist damit zu rechnen, daß eine Berufsentscheidung immer von verschiedenen Motiven beeinflußt wird, von Motiven, die sich sowohl gegenseitig verstärken als auch einander widersprechen können. Besteht eine Übereinstimmung zwischen den verschiedenen Motivgruppen der Person (Werte, Bedürfnisse, Einstellungen), so kann von einer einheitlichen oder *stimmigen (konsistenten) Motivation* gesprochen werden; besteht dagegen keine Übereinstimmung, so liegt eine widersprüchliche (gespaltene) oder *unstimmige (inkonsistente) Motivation* vor.[16] Eigenart und Auswirkung einer unstimmigen Motivation werden an dem folgenden ausführlichen Beispiel deutlich:

Seminarist Erich kommt zur Beratung, um „sich selbst besser kennenzulernen". Zunächst werden einige mehr diagnostische Gespräche vereinbart. Dabei stellt sich folgendes heraus: Nach dem Abitur hat Erich zunächst zwei Jahre Mathematik studiert, sich dann aber entschlossen, in einen kontemplativen Orden einzutreten. Dieser Gemeinschaft hat er vier Jahre angehört, davon zwei Jahre teilweise außerhalb des Klosters gelebt aufgrund des Theologiestudiums (1. Studienabschnitt). Jetzt hat er den Orden verlassen.

In seiner Schilderung der Gemeinschaft macht Erich ausschließlich belastende und anschuldigende Aussagen: Die Liturgie wurde nicht sorgfältig vorbereitet, der Gesang klappte nie usw. Da er, Erich, mit der Verwaltung der Sakristei beauftragt war, kam es häufig zum Konflikt mit verschiedenen Mitbrüdern, die für die Liturgiegestaltung zuständig waren. Meist kam es deswegen zu langen Argumentationen. Erich betont, daß seine Anliegen von den anderen nie ernst genommen wurden; er zog sich dann meist zurück und redete einige Tage, manchmal auch eine Woche oder länger nicht mehr mit dem betreffenden Mitbruder, mit dem es zum Streit gekommen war. Über solche und ähnliche Konflikte spricht Erich fast zwei Stunden. Dabei ist er offensichtlich bemüht, seine Entscheidung, aus dieser Gemeinschaft auszutreten, zu legitimieren. Wenig später stellt er selbst die Richtigkeit seines Entschlusses wieder in Frage; er sei am Überlegen, ob er wieder zurückgehen solle.

Gegen Ende des zweiten Gesprächs wird er mit der Frage konfrontiert, ob er sich vorstellen könne, daß möglicherweise auch in seiner Person Wurzeln für den Konflikt mit den ehemaligen Mitbrüdern liegen. Auf diese Frage antwortet er mit einem entschiedenen „Nein". Auch nach einer eingehenden Analyse der Konfliktfälle und ihres Verlaufs ist er nicht imstande, seine Anteile daran zu erkennen. Statt dessen zeigt sich immer deutlicher, wie sehr er sich als „Opfer" dieser ihn ungerecht behandelnden Mitbrüder fühlt.

In einer Reihe von Gesprächen, deren Verlauf hier nicht im einzelnen dargestellt werden kann, zeigte sich, daß Erich in seinem Tun und in seinen Erwartungen von dem starken, ihm selbst aber unbewußten Bedürfnis bestimmt war, aufzufallen und Anerkennung zu bekommen.

Wurde dieses nicht befriedigt, so kam es zu einer vorbewußten Bedürfnisenttäuschung, die zum Gefühl von Unzufriedenheit und Ärger führte, das er zwar nicht direkt und offen ausdrücken konnte, das sich aber allmählich so steigerte, daß es schließlich zu seinem Ordensaustritt führte.

Unabhängig davon, was in der Gemeinschaft nicht in Ordnung war, zeigt sich bei Erich deutlich eine vorwiegend unstimmige Motivation, die sich in unbewußten Bedürfnissen des Auffallenwollens, der Anerkennung und destruktiver, teils nach innen (Rückzug), teils nach außen gerichteter Aggression (lange Vorwürfe gegen die Gemeinschaft im Beratungsgespräch) Luft machte. – Später zeigten sich auch durchaus konsonante Bedürfnisse, wie z. B. das Bedürfnis nach Leistung und nach Ordnung. Diese Bedürfnisse sowie eine überdurchschnittlich gute Intelligenz waren auch der Grund, warum ihm das Studium Freude machte und er gute Abschlüsse erreichte; in bezug auf diese Bedürfnisse war die Motivation stimmig, doch zeigte sich deutlich, daß der Einfluß der dissonanten Bedürfnisse überwog. Da Erich nicht bereit war, die Ergebnisse dieser diagnostischen Gespräche anzunehmen und an seinen Konflikt zu arbeiten, wurde die Beratung abgebrochen.

Bei der vorgelegten kurzen Analyse konnte nur auf einige wichtige Aspekte einer sehr komplexen Situation eingegangen werden, die von einer Vielzahl von Bedürfnissen, Werten und Einstellungen bestimmt wird. Wie kann man sich in einem solchen „Wald" von möglichen Stimmigkeiten und Unstimmigkeiten zurechtfinden? Wie läßt sich herausfiltern, welche wichtig sind?

3.1 Zentrale und periphere Stimmigkeiten oder Unstimmigkeiten

Die Beurteilung einer Stimmigkeit oder Unstimmigkeit kann von einer vertikalen oder von einer horizontalen Perspektive aus geschehen. Diese Bezeichnungen entsprechen dem topographischen Persönlichkeitsmodell von S. Freud, das vom Bild her eine Über- bzw. Unterordnung der einzelnen Bereiche der Person nahelegt. Damit soll nicht gesagt werden, daß es sich dabei um räumliche Größen handelt, vielmehr dienen diese Bilder dazu, eine bestimmte Art der Beziehung deutlich zu machen; es wird angenommen, daß dem einzelnen mehr an der „Oberfläche" liegende Elemente leichter, mehr in der „Tiefe" liegende Elemente schwerer zugänglich sind.

Aus der *vertikalen Perspektive* können folgende Arten von Unstimmigkeiten unterschieden werden:

Unstimmigkeiten auf der bewußten Ebene:
Hier handelt es sich um Widersprüche zwischen verschiedenen Bedürfnissen, Einstellungen und Werten, die einer Person bewußt sind, die sie aber aus bestimmten Gründen zunächst bestehen läßt. Solche Unstimmigkeiten kann sie jedoch beseitigen, wenn sie es will.

Unstimmigkeiten auf der vorbewußten Ebene:
Hier handelt es sich meist um einen Widerspruch zwischen verschiedenen Bedürfnissen, die der einzelne zwar vage ahnt, jedoch nicht genauer fassen kann. Solche Unstimmigkeiten befinden sich gleichsam im „Halbschatten" des Bewußtseins. Da sie dem einzelnen nicht voll bewußt sind, sind sie einer Bearbeitung schwerer zugänglich als solche, die auf der bewußten Ebene liegen.

Unstimmigkeiten auf der unbewußten Ebene:
Hier handelt es sich meist um einen Widerspruch zwischen verschiedenen Bedürfnissen oder daraus resultierenden Konflikten, die stark und für den einzelnen bedrohlich sind, so daß sie beiseite geschoben und verdrängt werden. Einmal verdrängt, sind sie einer Beeinflussung entzogen. Obwohl unbewußt, üben sie jedoch als „blinde Passagiere" einen starken Einfluß aus.

Je weniger bewußt eine Unstimmigkeit ist, desto schwerer ist es, sie zu integrieren. Eine solche Unstimmigkeit wird meist nicht als kreative, sondern als belastende, frustrierende Spannung erlebt. – Je mehr eine Unstimmigkeit dagegen auf der bewußten Ebene liegt, desto eher kann sie wahrgenommen und integriert werden. Sie wird als positive, kreative Spannung erlebt.

Aus der *horizontalen Perspektive* können je zwei Arten von Stimmigkeit bzw. Unstimmigkeit unterschieden werden, je nachdem, welche Elemente der Persönlichkeit (Werte, Bedürfnisse, Einstellungen) miteinander übereinstimmen und welche nicht.[17]

Soziale Stimmigkeit:
Sie liegt bei Personen vor, die selbständig sind und sich zugleich gut in eine Gemeinschaft integrieren. Bei ihnen stimmen sowohl die Bedürfnisse als auch die Einstellungen mit den christlichen (endgültigen) und den von der jeweiligen Gemeinschaft vertretenen (spezifischen) Werten überein. – Diese Art von Stimmigkeit wird „sozial" genannt, weil der einzelne aufgrund seiner Persönlichkeitsstruktur sich gut in eine Gruppe integrieren kann.

Psychologische Stimmigkeit:
Sie liegt bei Personen vor, die zwar selbst überzeugend leben, sich aber in einer Gemeinschaft schwer tun, meinst aufgrund gewisser verfestigter Gewohnheiten, die ihnen und den anderen das Zusammenleben schwer machen. Bei ihnen stimmen zwar die Bedürfnisse, nicht aber die Einstellungen mit den Werten überein. Es handelt sich trotzdem um eine Stimmigkeit, weil Einstellungen eine Zwischenstellung zwischen Bedürfnissen und Werten einnehmen und sich meist anpassen; die für die Motivation entscheidenderen Faktoren (Bedürfnisse und Werte) stimmen miteinander überein. – Diese Stimmigkeit wird „psychologisch" genannt, weil sich die Übereinstimmung auf die verschiedenen Motivgruppen der einzelnen Person bezieht, nicht auf ihre Übereinstimmung mit einer Gruppe.

Psychologische Unstimmigkeit:
Sie liegt bei Personen vor, die, etwas vereinfachend, als „Konformisten" bezeichnet werden können. Sie passen sich zwar äußerlich der Gruppe oder Gemeinschaft an, in der sie leben, sind jedoch innerlich durch starke Unstimmigkeiten zwischen Werten und Bedürfnissen belastet. Da sie ihre Bedürfnisse nicht in die Werte integrieren können, sich aber äußerlich anpassen, befinden sie sich ständig in einem labilen Gleichgewicht. Sie fallen meist nicht auf, fühlen sich aber innerlich einsam und isoliert; sie haben dabei oft starke, wenn auch unterdrückte Neid- und Rachegefühle anderen gegenüber.

Soziale Unstimmigkeit:
Sie liegt bei Personen vor, bei denen spürbar ist, daß es früher oder später zum Bruch mit der Gruppe oder Gemeinschaft kommen wird, in der sie leben. Hier widersprechen sowohl die Bedürfnisse als auch die Einstellungen den Werten. Aufgrund dieser massiven Unstimmigkeiten neigt eine solche Person dazu, ihre bisherigen Werte zugunsten ihrer Bedürfnisse aufzugeben und neue Werte zu suchen, in die sie ihre Bedürfnisse besser integrieren kann.

Zur Beurteilung einer Stimmigkeit oder Unstimmigkeit sind immer beide Perspektiven heranzuziehen. Es wäre weder sinnvoll noch realistisch, eine vollkommene Stimmigkeit oder „Harmonie" anstreben zu wollen. Das Problem, um das es geht, ist nicht eine in einzelnen Bereichen unstimmige, sondern eine überwiegend unstimmige Motivation. Diese kommt zustande, wenn innerhalb der Persönlichkeit zentrale Unstimmigkeiten das Verhalten stärker bestimmen als die vorhandenen Stimmigkeiten. Etwas vereinfachend kann gesagt werden:

Je unbewußter eine Unstimmigkeit ist und je mehr sie die Form einer sozialen Unstimmigkeit hat, desto *zentraler* ist sie, weil sie die weitere Entwicklung der betreffenden Person stark belasten wird.

Zentrale Unstimmigkeiten wurzeln in einem verdrängten dissonanten Bedürfnis, das die Verwirklichung der für einen kirchlichen Dienst entscheidenden Werte beeinträchtigt; damit steht ein solches Bedürfnis der Verwirklichung des Berufszieles entgegen. Dazu kommt, daß die Person ständig – unbewußt – dazu neigt, dieses Bedürfnis „heimlich" zu befriedigen und so nicht imstande ist, in einer konstruktiven Weise mit ihm umzugehen und an ihm zu wachsen. Dadurch bleibt es – wenn auch unbewußt – im Zentrum der Aufmerksamkeit der Person und wird so immer mehr zu einer Quelle ständiger Frustration. – Umgekehrt:

Je bewußter eine Unstimmigkeit ist und je mehr sie sich der Form einer sozialen Stimmigkeit annähert, desto *peripherer* ist sie. Sie wird die weitere Entwicklung kaum oder nur unwesentlich beeinträchtigen.

Eine spezielle Form der Unstimmigkeit soll wegen ihrer besonderen Bedeutung noch eigens erwähnt werden: Die *defensive Stimmigkeit*. Sie liegt dann vor, wenn ein bestimmtes Bedürfnis zwar objektiv einem Wert entspricht, im ganzen der Persönlichkeit aber auf die Befriedigung eines dissonanten Bedürfnisses (vgl. S. 206, *Zweitens*) hingeordnet ist. – Es handelt sich dabei um eine schwer feststellbare Form der Selbsttäuschung.

Dies scheint ein Grundmuster des Umganges mit menschlichen Bedürfnissen zu sein. Es findet sich auch schon in biblischen Texten. In der Bergpredigt weist Jesus auf einige solcher Grundmuster hin, die meist in defensiven Stimmigkeiten wurzeln:

„Hütet euch, eure Gerechtigkeit vor den Menschen zur Schau zu stellen, sonst habt ihr keinen Lohn von eurem Vater im Himmel zu erwarten. Wenn du Almosen gibst, laß es also nicht vor dir herposaunen, wie es die Heuchler in den Synagogen und auf den Gassen tun, um von den Leuten gelobt zu werden. Amen ich sage euch, sie haben ihren Lohn bereits erhalten. Wenn du Almosen gibst, soll deine linke Hand nicht wissen, was deine rechte tut. Dein Almosen soll verborgen bleiben, und dein Vater, der ins Verborgene sieht, wird es dir vergelten" (Mt 6, 1–4).

Was Jesus hier kritisiert, ist, in der Sprache der Motivationsanalyse, die Befriedigung eigener dissonanter Bedürfnisse (z. B. des Bedürfnisses, sich zur Schau zu stellen, des Bedürfnisses nach Anerkennung).

3.2 Erkennbarkeit einer unstimmigen Motivation

Ob im konkreten Fall eine unstimmige Motivation vorliegt oder nicht, ist oft nur schwer zu entscheiden. Es setzt bei dem, der eine solche Entscheidung treffen soll, eine solide Ausbildung voraus. Der Berater muß in zweifacher Weise qualifiziert sein: zum einen durch eine tiefenpsychologische Ausbildung und zum anderen durch ein persönliches Verstehen des kirchlichen Dienstes bzw. der geistlichen Berufung. – Eine tiefenpsychologische Ausbildung ist erforderlich, weil es sich um unbewußte Konflikte handelt, d. h. um Konflikte, die dem einzelnen verborgen sind, über die er deshalb auch nicht direkt sprechen kann und die nur durch spezielle Techniken und eine geschulte Beobachtung zu erfassen sind. – Ein Verstehen des kirchlichen Dienstes bzw. der geistlichen Berufung ist erforderlich, weil Stimmigkeiten und Unstimmigkeiten im Hinblick auf die allgemein christlichen Werte und die spezifischen Werte einer Gemeinschaft (z. B. eines Ordens) oder einer Berufsgruppe (z. B. der Pastoralassistenten) definiert sind.

Für den Nicht-Fachmann auf dem Gebiet der Psychologie gibt es durchaus die Möglichkeit, Anzeichen einer unstimmigen Motivation wahrzunehmen, auch wenn es ihm schwer fallen wird, sie genauer zu erkennen. Die Fähigkeit, äußere Anzeichen überhaupt wahrzunehmen, setzt allerdings ein hohes Maß an Eigenerfahrung voraus, die die Kenntnis der eigenen Unstimmigkeiten einschließt, so daß eigene „blinde Flecken" nicht einfach verdrängt oder auf andere projiziert werden. Bevor diese äußeren Anzeichen nun im einzelnen genannt werden, scheint aber eine zweifache Einschränkung angebracht:

Erstens: Ein abschließendes und endgültiges Urteil ist auch für den Fachmann schwierig. Es setzt voraus, daß der Berater sich lange und eingehend mit dem Ratsuchenden beschäftigt hat. Ein vorschnell ausgesprochenes Urteil kann unter Umständen mehr Schaden anrichten als nützen. Deshalb sei hier ausdrücklich davor gewarnt.

Zweitens: Das soziale Umfeld, in dem der einzelne lebt (die Pfarre, die Kommunität, die Arbeitsstelle) muß bei der Beurteilung mitberücksichtigt werden. Lebt jemand z. B. schon lange in einer Kommunität, wo es nicht möglich ist, Konflikte mit Mitbrüdern direkt und offen anzusprechen, so kann es nicht einseitig dem Betreffenden angelastet werden, wenn sich bei einem Gespräch herausstellt, daß er dazu neigt, Konflikte einfach „hinunterzuschlucken" und sie damit zu verdrängen.

Werden diese beiden Einschränkungen berücksichtigt, so können folgende Verhaltensauffälligkeiten als Anzeichen für das Vorhandensein von Unstimmigkeiten gewertet werden:

Stereotype Verhaltensweisen:
Damit sind jene sich häufig wiederholenden Verhaltensweisen gemeint, die auffällig sind und als nicht situationsgerecht erlebt werden. Oft lassen sie sowohl bei dem Betreffenden als auch bei den anderen ein Gefühl des Unbefriedigtseins zurück.

Überreaktionen:
Damit sind plötzliche, unerwartete, stark emotional gefärbte verbale Äußerungen oder Verhaltensweisen gemeint, die auf andere zu „wuchtig" wirken. Sie erwecken die Frage: „Was ist denn jetzt mit ihm los?"

Unkontrollierte Übertragungen:
Damit ist die Neigung gemeint, wiederholt Beziehungen aufzubauen, in denen sich der Betreffende wie ein Kind zu seiner Mutter oder seinem Vater verhält, d. h., auf andere wird die Rolle des eigenen Vaters oder der Mutter übertragen. Bei diesen Menschen kann der Eindruck entstehen, daß diese Beziehung etwas Unwirkliches an sich hat. Vor allem werden Erwartungen und Gefühle übertragen, die zwar durch konkrete Vorfälle veranlaßt sind, in ihrer Stärke und Art diesen aber nicht entsprechen. Sie erwecken oft den Eindruck von „überdimensionierten" Reaktionen.[18]

„Die Achillesferse":
Damit ist eine Schwachstelle in der im übrigen ausgeglichen und stark wirkenden Persönlichkeit gemeint, die nur unter bestimmten Umständen sichtbar wird. Für den Betroffenen kann sie sich z. B. als plötzliches und ihm selbst unerklärliches Versagen oder in der Form unerwartet aus ihm hervorbrechender Vorwürfe bemerkbar machen. Eine solche „Achillesferse" zeigt sich oft lange Zeit nicht, sie kommt erst unter Umständen besonderer Belastung zum Vorschein.

Verminderte Fähigkeit, sich zu ändern:
Damit ist die partielle Unfähigkeit gemeint, sein Verhalten – trotz besserer Einsicht – zu verändern. Kommen z. B. ein Kandidat und sein geistlicher Begleiter in einem Begleitungsgespräch überein, daß es wünschenswert wäre, sich täglich eine bestimmte Zeit für das Gebet freizuhalten und ist trotz guten Willens von seiten des Kandidaten über eine längere Zeit (ca. 3–6 Monate) keine Veränderung sichtbar, so darf ange-

nommen werden, daß hier unbewußte Bedürfnisse mit im Spiel sind, die ein geistliches Wachstum teilweise blockieren.

3.3 Einige Untersuchungsergebnisse über Art und Häufigkeit unstimmiger Motivation

RULLA hat die Kategorien der Stimmigkeit und Unstimmigkeit in konkrete, empirisch überprüfbare Begriffe übersetzt und in den Vereinigten Staaten langfristige Untersuchungen durchgeführt, die ihren Einfluß auf das Verbleiben in bzw. den Austritt aus einer kirchlichen Institution (Priesterseminar, Ordensgemeinschaft) betreffen.[19] Diese Untersuchungen haben zu folgenden Ergebnissen geführt:

Erstens: Überwiegend unstimmige Motivation ist in allen von ihm untersuchten Gruppen (Seminaristen, Ordensleuten, Laienstudenten) vorhanden, und zwar bei 60–80% der Personen auf eine ihr Leben stark beeinträchtigende Weise. Das bedeutet: Es ist zu erwarten, daß von 10 Personen 6–8 davon betroffen sind. Diese Ergebnisse machen deutlich: Das Vorkommen überwiegend unstimmiger Motivation kann nicht als für den Normalbetrieb kirchlicher Praxis unwichtige Randerscheinung abgetan werden.

Zweitens: Es besteht eine statistisch signifikante Beziehung zwischen einer überwiegend unstimmigen Motivation und einem späteren Austritt.[20] Damit ist gesagt: Wenn eine solche vorhanden ist – und dies ist bei 60–80% zu erwarten – so führt diese mit einer hohen Wahrscheinlichkeit zum Austritt. Mit diesen Ergebnissen ist jedoch nicht die Möglichkeit geleugnet, daß ein Austritt auch andere Ursachen haben kann (z. B. eine falsche Information oder die Erkenntnis, daß der Priester- bzw. Ordensberuf nicht der richtige Weg ist etc.). Diese Ursachen scheinen jedoch der erstgenannten gegenüber wesentlich seltener vorzukommen.

Drittens: Die Untersuchungen haben gezeigt, daß deutliche Anzeichen für das Vorhandensein einer überwiegend unstimmigen Motivation schon beim Eintritt festzustellen waren und sich im Laufe der Ausbildung kaum verändert haben.

Viertens: Die Beziehung zwischen einer überwiegend unstimmigen Motivation und einem eventuellen späteren Austritt läßt sich am besten durch die verminderte Fähigkeit der Betroffenen erklären, sich zu verändern; so kann es sein, daß sie sich selbst oft innerlich als unfrei erleben. Ihre Kräfte sind zu einem größeren oder geringeren Teil durch innerpsychische zentrale Konflikte gebunden, die sie jedoch als solche kaum wahrnehmen, geschweige denn verändern können. Die verminderte Fähigkeit, sich zu ändern, kann durch die Wirksamkeit eines doppelten Teufelskreises verständlich gemacht werden:

Wirkungen des Teufelskreises einer überwiegend unstimmigen Motivation [21]

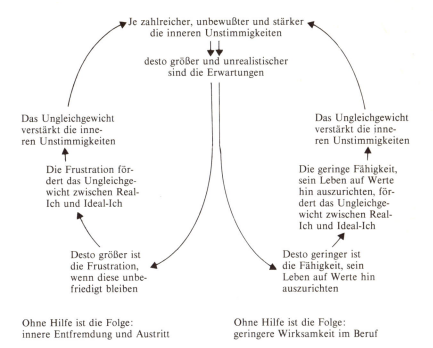

Zur Verdeutlichung ein Beispiel:

Die Ordensschwester Brigitte, Mitte dreißig, seit ungefähr 10 Jahren als Stationsschwester in einem ordenseigenen Krankenhaus tätig, kommt auf Drängen ihrer Oberin zur Beratung. Als Grund gibt sie zunächst nur an, daß sie „geschickt" wurde, meint dann aber, es könne vielleicht doch hilfreich sein, wenn sie „sich selbst ein wenig besser kennenlernen" würde. Schon im ersten Gespräch kommen verschiedene Schwierigkeiten zum Vorschein, die zum Teil bereits seit längerer Zeit bestehen: Zwar fühlt sie sich in ihrer Arbeit im Krankenhaus wohl und wird wegen ihres Einsatzes und ihrer spontanen und freundlichen Art von den Patienten geschätzt. Gelegentliche Konflikte mit dem Stationsarzt belasten sie nicht weiter. In ihrer Kommunität dagegen (sie lebt mit vier, zum Teil älteren Schwestern in einer Wohnung im Bereich des Krankenhauses) kommt es immer wieder zu Schwierigkeiten. Während des Gesprächs sagt sie einige Male, daß sie sich da nicht wohl fühle, weil sie von drei ihrer

Mitschwestern wie ein Kind behandelt würde und sich von ihnen bevormundet fühle. Diese Schwierigkeiten bestehen, seit sie in diesem Krankenhaus tätig ist.

Der unmittelbare Anlaß, warum ihre Oberin ihr nahelegte, zur Beratungsstelle zu gehen, war jedoch ein ganz anderer: Sie hatte sich mit einem um acht Jahre älteren Pfleger angefreundet und in ihn verliebt. Als sie jetzt im Gespräch von ihm erzählt, sagt sie unter anderem, daß er so ruhig, unaufdringlich und geduldig wie ihr Vater sei. Ihre Freizeit verbringt sie oft mit ihm zusammen in einem Aufenthaltsraum des Krankenhauses, oder er kommt gegen Dienstschluß zu ihr auf die Station. Die Mitschwestern wurden erst darauf aufmerksam, als sie immer später nach Hause kam und in der Kommunität immer verschlossener wurde; meist zog sie sich sehr bald auf ihr Zimmer zurück. Innerlich wartete sie darauf, daß ihre Mitschwestern auf sie zukämen, was aber natürlich kaum geschah. Seit ihrem 16. Lebensjahr hatte sie mehrmals kurzzeitige Beziehungen zu etwas älteren Männern, die sie dann aber abbrach; einmal wäre sie beinahe vergewaltigt worden.

Aus den Gesprächen ergibt sich folgende Lebensgeschichte: Beide Eltern sind berufstätig, der Vater als Facharbeiter in einem mittelgroßen Betrieb, die Mutter halbtags als Verkäuferin. Zur Familie gehören außerdem zwei ältere Brüder und eine jüngere Schwester. – Nach Abschluß der Hauptschule half Schwester Brigitte zunächst einige Zeit zu Hause und begann dann eine Lehre als Verkäuferin. Durch eine Freundin, die sie zu Besinnungstagen mitnahm, kam sie auf den Gedanken, ins Kloster zu gehen; sie wählte eine caritativ tätige Gemeinschaft, absolvierte nach Abschluß des Noviziats die Krankenpflegeschule und arbeitete seitdem als Krankenschwester. –

Aus diesem Bericht können Art und Wirksamkeit des „Teufelkreises" verdeutlicht werden:

Als zentrale Unstimmigkeiten stellen sich heraus: das Bedürfnis, von Mitschwestern als erwachsen und gleichberechtigt anerkannt zu werden (wie ein Kind behandelt, bevormundet); das Bedürfnis, Hilfe zu empfangen (ihre Mitschwestern sollen auf sie zukommen); verdrängte sexuelle Bedürfnisse (der Pfleger ist ruhig, unaufdringlich und geduldig „wie mein Vater" – vgl. auch frühere kurzzeitige Beziehungen zu etwas älteren Männern).

Es dauerte mehr als ein halbes Jahr, bis sie allmählich fähig wurde, diese Bedürfnisse und die Diskrepanz zwischen Real-Ich und Ideal-Ich in ihrem Leben überhaupt wahrzunehmen. Gleichzeitig hatte sie ein ausgeprägtes, größtenteils bewußtes Bedürfnis nach Unabhängigkeit. Das verdrängte Bedürfnis, Hilfe zu empfangen (unbewußte, innere Unstimmigkeit) führte wohl dazu, daß sie einerseits von ihren Mitschwestern erwartete, daß diese auf sie zukämen, sie es ihnen andererseits aber schwer machte, da sie sich immer seltener sehen ließ (unrealistische Erwartung, die sich aus dem nicht wahrgenommenen Bedürfnis, Hilfe zu empfangen, ergibt). Dieses Bedürfnis wurde also in ihrer Kommunität weitgehend enttäuscht, doch konnte sie sich dieser Enttäuschung nicht bewußt werden, da sie ihr eigenes, zugrundeliegendes Bedürfnis nicht wahrnehmen konnte (Frustration infolge eines unbefriedigten Bedürfnisses). Diese Enttäuschung führte dazu, daß sie sich innerhalb ihrer Gemeinschaft isoliert fühlte und sich auch immer weniger sehen ließ (innere Entfremdung). Später erzählte sie einmal, sie habe sich in letzter Zeit öfters mit dem Gedanken getragen, auszutreten. Durch die Beziehung zu dem befreundeten Pfleger wurde ihr Bedürfnis, Hilfe zu empfangen, befriedigt. Das aber bewirkte Schuldgefühle, weil sie vage spürte, daß hier etwas nicht in Ordnung war (Anzeichen für das größer gewordene Ungleichgewicht zwischen Real-Ich und Ideal-Ich). Allmählich kürzte sie die morgendliche Gebetszeit immer mehr ab, und oft empfand sie eine innere Abneigung gegen die in ihrer Gemeinschaft üblichen täglichen Gebete; mit diesem „frommen Zeug" wollte sie nichts zu tun haben (die Fähigkeit, ihr Leben auf Werte hin auszurichten, hatte abgenommen). Dies führte zu einer weiteren Entfremdung von ihrer Gemeinschaft. Der einzige Lebensbereich, der von diesem Mechanismus nicht direkt in Mitleidenschaft gezogen wurde, war ihr Beruf; allerdings erzählte sie, daß sie auf der Station öfters gefragt würde, warum sie denn überhaupt Ordensschwester sein wolle, Krankenschwester könne sie doch auch sein, ohne einem Orden anzugehören. Ein befreundeter Stationsarzt sicherte ihr sogar zu, sie zu übernehmen, falls sie austreten würde (die Bemerkung scheint darauf hinzuweisen, daß ihr Leben als Ordensschwester für ihre Mitarbeiter wenig überzeugend war). Durch solche Anfragen und das Angebot des Stationsarztes wurde sie in ihrem Ordensleben weiter verunsichert (Vergrößerung des Ungleichgewichts zwischen Real-Ich und Ideal-Ich, wodurch die ursprüngliche Unstimmigkeit weiter verstärkt wurde).

Diese Hinweise verdeutlichen an einigen Punkten Art und Wirksamkeit eines solchen „Teufelkreises", ohne auf alle wichtigen Aspekte dieser Krise eingehen zu können. Nachdrücklich sei darauf hingewiesen, daß es dabei nicht um Schuldzuweisung geht, denn die beschriebenen Mechanismen wirken unbewußt, der einzelne ist dafür im moralischen Sinne nicht verantwortlich. Außerdem ist im Einzelfall immer auch die Frage zu prüfen, wie weit das soziale Umfeld (hier die Kommunität bzw. der Orden) krisenverschärfend gewirkt hat.

3.4 Drei Umgangsformen mit der menschlichen Grundspannung zwischen Real-Ich und Ideal-Ich

Die Grundspannung zwischen Real-Ich und Ideal-Ich prägt das Leben jedes Menschen, jedoch kann sie auf recht unterschiedliche Weise gelebt werden. Dabei gibt es reifere und weniger reife Formen. Die Form des Umgehens ist umso reifer, je mehr es gelingt:

Erstens: Die verschiedenen Anteile des Real-Ichs und des Ideal-Ichs zu integrieren, ohne bestimmte Anteile abspalten oder einige auf Kosten anderer leben zu müssen.

Zweitens: Die verschiedenen Anteile des Ichs so zu integrieren, daß dabei die persönlichen Ideale mit den christlichen Werten übereinstimmen.

Etwas vereinfacht können drei Formen unterschieden werden, diese Spannung zu leben:

Die reife, voll entfaltete Form:
Verschiedene Bedürfnisse werden wahrgenommen und in das Ganze der Persönlichkeit integriert. Personen, die die Spannung zwischen ihrem Real-Ich und Ideal-Ich vorwiegend auf diese Weise leben, setzen sich realistische und zugleich herausfordernde Ziele und stellen sich Aufgaben, an denen sie wachsen können; so leben sie diese Grundspannung auf eine kreative Weise.

Die eingeschränkt-behinderte Form:
Bedürfnisse können oder dürfen nicht wahrgenommen werden; sie fristen ein „Schattendasein". Infolgedessen können sie weder direkt befriedigt werden noch ist ein freiwilliger und bewußter Verzicht möglich; statt dessen kommt es zu einer vor dem Bewußtsein liegenden Bedürfnisenttäuschung, die sich oft als vage wahrgenommenes Gefühl der inneren Unzufriedenheit oder des „Frustriertseins" äußert. Als „blinde Passagiere" führen diese Bedürfnisse ein Eigenleben, das vom Bewußtsein oft als Bedrohung wahrgenommen oder als Schuldgefühl erlebt wird. Die Angst vor solchen als unangenehm erlebten Gefühlen führt dann zu einer Einengung der Lebensmöglichkeiten; die Grundspannung zwischen Real-Ich und Ideal-Ich kann nur in einer eingeschränkt-behinderten Form gelebt werden.

Die krankhafte Form:
Die innere Struktur der Person ist nur fragmentarisch ausgebildet; es muß von einer leichteren oder schwereren Form der Charakterstörung oder Disorganisation des Ichs [22], im extremen Fall von einer psychotischen Erkrankung gesprochen werden. Die Diagnostizierung und Behandlung solcher Störungen bleibt ausschließlich dem Fachmann vorbehalten.

Die Unterscheidung dieser drei Formen ist wichtig aus verschiedenen Gründen:

Erstens: Weithin wird nur mit der Möglichkeit der ersten und dritten Form gerechnet, nicht aber mit jener der zweiten Form. Dies führt leicht dazu, daß jemand vorschnell als „krank" bezeichnet wird, weil seine Motivation im oben beschriebenen Sinn überwiegend unstimmig ist und Verhaltensauffälligkeiten zur Folge hat, die aber nicht notwendig ein Anzeichen für Krankheit sind.[23] Wird jemand als psychisch krank bezeichnet, ohne daß er es wirklich ist, so kann dies – vor allem im Falle eines geringen Selbstwertgefühls – zu einer nachhaltigen und starken Belastung führen. Ein solches vorschnell getroffenes Urteil kann vor allem dann fatale Folgen haben, wenn es von einer Person getroffen wird, die Entscheidungsbefugnis hat.

Zweitens: Rein statistisch gesprochen lebt der größte Teil der Personen (60–80%) die Grundspannung auf eine eingeschränkt-behinderte Weise. Schon aus diesem Grund verdient sie besondere Aufmerksamkeit.

Drittens: Um Probleme der eingeschränkt-behinderten Form zu bearbeiten, ist eine qualifizierte Hilfe notwendig, da die Schwierigkeiten im unbewußten Bereich liegen; an diesen ist ohne eine entsprechende Schulung nicht heranzukommen. Geistliche Begleiter sind hier deshalb meist überfordert. Psychiater und Psychologen beschränken sich in ihrer Arbeit oft auf den Umgang mit Menschen, die die Grundspannung in der krankhaften Form leben, oder sie haben nur ein unzureichendes Verständnis für das Phänomen der geistlichen Berufung.

4. Verschiedene Auswirkungen stimmiger oder unstimmiger Motivation

Es soll nun auf verschiedene Folgen eingegangen werden, die dann auftreten, wenn Menschen die Grundspannung in der eingeschränkt-behinderten Form leben. Da die Ursache für die Einschränkung in einer überwiegend unstimmigen Motivation begründet liegt, kann die Frage auch so formuliert werden: Wie beeinflußt eine stimmige, wie eine vorwiegend unstimmige Motivation das Verhalten von kirchlichen Mitarbeitern oder Ordensleuten?

4.1 Der Einfluß auf das Ideal-Ich

Das Ideal-Ich einer Person ist keine fixe Größe, sondern einer ständigen Veränderung unterworfen; es besteht eine dauernde wechselseitige Beeinflussung zwischen dem Ideal-Ich und dem Real-Ich. Oft paßt sich das Real-Ich dem Ideal-Ich an; es kann aber auch der umgekehrte Fall eintreten: Das Ideal-Ich kann, ohne daß die Person es merkt, dem Real-Ich angepaßt werden. Dies ist besonders dann der Fall, wenn unbewußte Bedürfnisse mit im Spiel sind.

4.1.1 Darstellung

Es kann sein, daß zu einem bestimmten Zeitpunkt einzelne Motive stark in den Vordergrund treten und andere dadurch in den Hintergrund gedrängt werden. Verschiedene Untersuchungen haben gezeigt, daß dies häufig zum Zeitpunkt der Berufswahl der Fall ist.[24] Jugendliche neigen dazu, ihren Beruf bzw. den Betrieb, in dem sie arbeiten wollen, zu idealisieren. Nach RULLA ist dieser Mechanismus in gleicher Weise bei der Entscheidung für einen kirchlichen Beruf oder für das Leben in einem Orden wirksam.[25] Es ist verständlich, daß ein solchermaßen idealisierter Beruf mehr das Ideal-Ich als das Real-Ich der Kandidaten anspricht: Verspürt nämlich jemand keine Entsprechung zwischen seinen persönlichen Idealen und dem von ihm gewählten Beruf bzw. der Gemeinschaft, in die er eintreten will, würde er diesen Beruf erst gar nicht ergreifen bzw. nicht um Aufnahme in die Gemeinschaft ersuchen. Das aber hat zur Folge, daß das Real-Ich bei einer solchen Entscheidung leicht „ausgeblendet" wird und damit zu kurz kommt. Bei der Berufsentscheidung ist dann nicht die ganze Persönlichkeit, sondern nur das Ideal-Ich der Person zum Zuge gekommen. Das Real-Ich, der „zu kurz gekommene" Teil, wird sich aber im Verlauf der Zeit wieder „zu Wort melden".

Wird die Grundspannung zwischen Real-Ich und Ideal-Ich in der reifen, voll entfalteten Form gelebt, so ergeben sich aus dieser vorübergehenden Ausblendung keine Probleme, da ja alle Anteile in die Persönlichkeit integriert sind. Wird die Grundspannung dagegen in der eingeschränkt-behinderten Form gelebt, so kann diese vorübergehende Ausblendung des Real-Ichs zur Folge haben, daß es zu einer, das Real-Ich nicht genügend berücksichtigenden Entscheidung kommt. Sie ist dann unrealistisch und verwundbar. Wenn die unberücksichtigt gebliebenen Anteile (es handelt sich dabei meistens um persönlich unbewußte Anteile) sich als „ent-täuschte" Bedürfnisse zu Wort melden, gefährden sie die getroffene Entscheidung und stellen sie in Frage; ein Gefühl der inneren Leere und Unzufriedenheit wird die Folge sein. Im weiteren Verlauf führen sie zu unrealistischen Erwartungen und ideali-

sierenden Übertreibungen (vgl. den auf S. 215 dargestellten Teufelskreis), so daß die Wahrscheinlichkeit des Scheiterns wächst.
Insofern die Grundspannung zwischen Real-Ich und Ideal-Ich in der eingeschränkt-behinderten Form gelebt wird, kann von einem *verwundbaren Ideal-Ich* gesprochen werden; insofern sie in der voll-entfalteten Form gelebt wird, kann von einem *entwicklungsfähigen Ideal-Ich* gesprochen werden, denn „ohne innere Stimmigkeit des Ichs können weder schön und ansprechend vertretene Werte noch in sich positiv zu bewertende Einstellungen und Verhaltensweisen als sichere Zeichen für ein genuines, stabiles Wachstum angesehen werden"[26].

Das Abschlußgleichnis der Bergpredigt bringt diesen Gedanken in einem recht anschaulichen Bild zum Ausdruck: Im einen Fall handelt es sich um einen Mann, der sein Haus auf Sand baute, im anderen dagegen um einen Mann, der sein Haus auf Fels baute. In Sturm und Regen hält nur das Haus, das auf den Felsen gebaut ist (vgl. Mt 7,24-27).

4.1.2 Anzeichen für entwicklungsfähige und für verwundbare Anteile des Ideal-Ichs

Konkret zeigt sich vor allem an den Einstellungen eines Kandidaten, welche Ideale (Überzeugungen) für ihn wichtig sind. Diese müssen daraufhin befragt werden, inwieweit sich darin entwicklungsfähige oder verwundbare Anteile des Ideal-Ichs zeigen. Im folgenden gebe ich einige Kriterien an, die für eine solche Unterscheidung hilfreich sein können:

Unabhängigkeit:
Je mehr jemand imstande ist, zu seinen Überzeugungen zu stehen, unabhängig davon, ob er dafür soziale Zustimmung bekommt oder nicht, desto eher ist zu vermuten, daß es sich dabei um entwicklungsfähige Anteile des Ideal-Ichs handelt.
Umgekehrt: Je mehr jemand auf die Unterstützung durch andere angewiesen ist, um zu seinen Überzeugungen stehen zu können, desto eher ist anzunehmen, daß es sich dabei um verwundbare Anteile des Ideal-Ichs handelt.

Offenheit und Flexibilität:
Je mehr jemand fähig und bereit ist, einerseits zu seinen Überzeugungen zu stehen, andererseits jedoch auch neue Informationen zuzulassen und in seine bisherigen Einstellungen und Überzeugungen zu integrieren, diese also zu korrigieren, desto eher ist anzunehmen, daß diese Ideale entwicklungsfähige Anteile des Ideal-Ichs darstellen.
Umgekehrt: Je weniger jemand fähig ist, neue Informationen zuzulassen, weil er dadurch seine bisherigen Einstellungen und Überzeugun-

gen gefährdet sieht, er mithin geneigt ist, an seinen Idealen in einer starren und die Wirklichkeit verzerrenden Weise festzuhalten, desto eher ist anzunehmen, daß es sich um verwundbare Anteile des Ideal-Ichs handelt.

Vielfalt:
Je vielfältiger und breiter gestreut die Ideale eines Kandidaten sind (ohne daß sie miteinander in Widerspruch stehen), desto eher ist anzunehmen, daß es sich dabei um entwicklungsfähige Anteile des Ideal-Ichs handelt.
Umgekehrt: Je mehr jemand nur auf ein einziges Ideal oder einige ganz wenige Ideale fixiert ist, desto eher ist anzunehmen, daß es sich dabei um verwundbare Anteile des Ideal-Ichs handelt.

Dauerhaftigkeit:
Je länger der Zeitraum ist, in dem für einen Kandidaten bestimmte Ideale Geltung besitzen, desto eher ist anzunehmen, daß es sich dabei um entwicklungsfähige Anteile des Ideal-Ichs handelt.
Umgekehrt: Je kürzer der Zeitraum ist und je mehr es von äußeren Umständen abhängt, ob diese Ideale Geltung besitzen, desto eher ist anzunehmen, daß es sich dabei um verwundbare Anteile des Ideal-Ichs handelt.

Konkretheit:
Je stärker bestimmte Ideale im Leben eines Menschen verankert und zum Teil schon verwirklicht sind, desto eher ist anzunehmen, daß es sich dabei um entwicklungsfähige Anteile des Ideal-Ichs handelt.
Umgekehrt: Je vager und unbestimmter diese Ideale sind, je weniger zu sehen ist, wie sie im Leben des Kandidaten konkrete Gestalt gewinnen könnten, desto eher ist anzunehmen, daß es sich dabei um verwundbare Anteile des Ideal-Ichs handelt.

Ein Beispiel aus der Kirchengeschichte kann das Gemeinte verdeutlichen:

> Kurz nach seiner Bekehrung hat Franziskus den Auftrag vernommen: „Franziskus, geh hin und stell mein Haus wieder her, das, wie du siehst, ganz verfallen ist"[27]. Dieser Auftrag, die Kirche zu erneuern, wurde für Franziskus zu einem sein ganzes Leben bestimmenden Ideal (Kriterium der Dauerhaftigkeit). Zunächst war er erstaunt über einen solchen Auftrag, dann aber hat er sich daran gemacht, das vom Einsturz bedrohte Kirchlein San Damiano bei Assisi wieder herzustellen. Er hat Sand, Steine, Kalk und Holz dafür gesammelt (Kriterium der Konkretheit); er hat es getan, obwohl ihn seine früheren Freunde für verrückt hielten (Kriterium der Unabhängigkeit). Erst Schritt für Schritt hat er erkannt, was in diesem Auftrag eigentlich steckte: die durch Reichtum und äußere Macht unglaubwürdig gewordene Kirche von innen heraus zu erneuern, indem er eine Gemeinschaft von Brüdern ins Leben rief, die nichts anderes tun

sollte, als einfach nach dem Evangelium leben (Kriterium der Offenheit und Flexibilität: Das Verständnis des Auftrags bzw. des Ideals hat sich im Laufe seines Lebens ständig gewandelt. – Kriterium der Vielfalt: Es ging ihm immer mehr darum, eine neue Lebensform zu finden, die sich an den verschiedenen im Evangelium grundgelegten Werten orientiert).

Die angeführten Kriterien sind – wie das Beispiel deutlich zeigt – nur brauchbar, wenn sie in ihrer Gesamtheit berücksichtigt werden. Jemand kann z. B. durchaus imstande sein, ein bestimmtes Ideal zu vertreten, auch über längere Zeit hinweg, kann es dabei aber auf eine starre, andere Menschen verletzende Weise tun: Dann handelt es sich um eine Art, die zwar durchaus den Kriterien der Unabhängigkeit und der Dauerhaftigkeit genügt, nicht aber den Kriterien der Offenheit und Flexibilität und der Vielfalt. – Ähnlich kann eine spontane Begeisterung durchaus den Kriterien der Vielfalt und der Offenheit und Flexibilität genügen; es kann sich dabei jedoch um eine „schwärmerische" Begeisterung handeln, die dann nicht den Kriterien der Unabhängigkeit und der Dauerhaftigkeit genügt.

4.2 Der Einfluß auf die Fähigkeit, sich zu ändern

Sowohl bei der Angabe der Untersuchungsergebnisse von RULLA (S. 196–206) als auch bei der Beschreibung der Wirkungen des Teufelskreises (S. 216f.) ist deutlich geworden, daß eine überwiegend unstimmige Motivation die Fähigkeit zur Veränderung entscheidend blockieren kann. Dieser Zusammenhang soll nun herausgearbeitet werden.

4.2.1 Darstellung

Die Fähigkeit, sich zu ändern, d.h. die Lernfähigkeit, ist ein wichtiges Persönlichkeitsmerkmal. Ist diese Fähigkeit in einem hohen Ausmaß vorhanden, so kann der Kandidat von der Ausbildung, die er anstrebt, profitieren, ist sie dagegen nur in einem geringen Maß vorhanden, so wird eine wie immer geartete Ausbildung kaum etwas ausrichten; sie gleitet gleichsam an ihm ab. – Unter den vielen Fragestellungen, die die Lernfähigkeit eines Kandidaten betreffen, möchte ich eine bestimmte herausgreifen, weil sie im Zusammenhang mit der Eignung für kirchliche Berufe besonders wichtig ist. Diese Frage betrifft die Beziehung zwischen Motivation und Lernfähigkeit: Wenn jemand sich ändert, wie tut er das? Warum tut er es? Im folgenden werden einige Grundmuster persönlicher Veränderungsprozesse vorgestellt und deren Zusammenhang mit stimmiger bzw. überwiegend unstimmiger Motivation aufgezeigt.[28]

Veränderung durch äußere Anpassung:
Diese Form der Verhaltensänderung berührt die tieferliegenden Überzeugungen nicht. Der Grund für die Veränderung liegt darin, daß das angenommene Verhalten bestimmte Vorteile bringt oder umgekehrt, daß dadurch Unannehmlichkeiten vermieden werden können. Entwicklungspsychologisch gesehen entspricht dies der Art, wie Kleinkinder ihr Verhalten ändern: Für sie sind Zuwendung und Lob bzw. Abwendung und Strafe Faktoren, nach denen sie ihr Verhalten ausrichten. Eine solche Art der Verhaltensänderung geht gleichsam an der persönlichen Überzeugung vorbei, läßt sie unberührt. Ihre Wirksamkeit ist an eine Person oder Institution gebunden, die wünschenswertes Verhalten belohnt bzw. nicht erwünschtes Verhalten bestraft. Ein großer Teil unseres Verhaltens und unserer Beziehungen ist auf diese Weise geregelt. Ein solcher Mechanismus ist jedoch ambivalent: Der Vorteil besteht darin, daß er im Hinblick auf eine äußere Verhaltensänderung sehr effizient, leicht anzuwenden und seine Beachtung bzw. Nichtbeachtung leicht zu kontrollieren ist. Der Nachteil besteht darin, daß seine Wirksamkeit an die Gegenwart der belohnenden oder bestrafenden Instanz gebunden ist und daß dadurch auf die Überzeugungen eines anderen kaum ein Einfluß ausgeübt werden kann.

Veränderung durch Internalisierung[29]:
Diese Form der Veränderung ergibt sich aus der Einsicht in die Glaubwürdigkeit und Werthaftigkeit eines bestimmten Verhaltens oder einer bestimmten Überzeugung. Es handelt sich hier um eine innengesteuerte Veränderung. Diese setzt eine bereits mehr oder minder deutlich ausgebildete Identität und ein mit ihr gegebenes Wertsystem voraus. Daß ein solches Wertsystem überhaupt zustande kommen kann, wird durch die Identifikation mit Menschen ermöglicht, die als vorbildhaft erlebt werden.

Veränderung durch Identifikation:
Diese Form der Veränderung ergibt sich aus einer als wertvoll und bereichernd erlebten Beziehung zu einem bestimmten Menschen oder zu einer Gruppe. Die Veränderung erfolgt durch ein persönliches Sichangezogen-Fühlen. Entwicklungspsychologisch gesehen entspricht dies der Art, wie Kinder und Jugendliche ihr Verhalten ändern: Zunächst sind es meist die Eltern, nach denen ein Kind sein Verhalten ausrichtet, später treten dann andere Bezugspersonen in seine Lebenswelt: Verwandte, Lehrer, berühmte Sportler, Filmstars, Vereine oder politische Gruppierungen oder auch Menschen wie Mutter Theresa oder Dom Helder Camara. „Als einflußreiche Identifikationsfigur kommt jemand in Frage, der eine von einem bestimmten Menschen begehrte Rolle in-

nehat, einer, der die Persönlichkeitsmerkmale hat, die ihm selbst mangeln, z. B. das Beherrschen einer Situation, in der er sich selbst hilflos fühlt, klare Ausrichtung in einer Situation, in der er verwirrt ist oder das Gefühl der Zugehörigkeit in einer Situation, in der er isoliert ist"[30]. Identifikation führt dann dazu, sich so zu geben, so zu denken, so zu handeln, wie die bewunderte Person oder Gruppe dies tut.

Identifikation, als Prozeß betrachtet, hat einen *ambivalenten Charakter*. Sie gründet entweder mehr in der Glaubwürdigkeit des als vorbildlich erlebten Menschen bzw. der Gruppe – in diesem Fall kann von einer *internalisierenden Identifikation* gesprochen werden – oder aber sie ist mehr in der persönlich erlebten, gefühlsmäßigen Anziehung verankert, so daß man sie als *nicht internalisierende Identifikation* bezeichnen muß. Weil Bewerber für kirchliche Berufe meist in einem Alter stehen, in dem sich ihre Identität noch ausbildet und festigt, kommt diesem Mechanismus der Verhaltensänderung eine besondere Bedeutung zu, und es soll etwas näher auf ihn eingegangen werden. Zwischen den verschiedenen Formen der Verhaltensänderung, insbesondere den verschiedenen Formen der Identifikation und der Art der Motivation, besteht ein enger Zusammenhang: Je stimmiger die Motivation ist, desto mehr wird ein Kandidat imstande sein, sein Verhalten auf ihn herausfordernde (nicht überfordernde) und ihn übersteigende Wert hin auszurichten, d. h. er wird sich weitgehend durch Internalisierung oder internalisierende Identifikation ändern. Je mehr jemand dagegen in seinem Verhalten von einer vorwiegend unstimmigen Motivation bestimmt ist, desto weniger wird er fähig sein, sein Verhalten auf Werte hin auszurichten; sein unterschwellig vorhandenes Gefühl der Frustration wird ihn dazu treiben, Möglichkeiten der Bestätigung, der Anerkennung etc. zu suchen, um damit sein Gefühl der inneren Leere zu kompensieren. Gleichzeitig wird er dazu neigen, solchen Situationen aus dem Weg zu gehen, die mit Ablehnung oder Nicht-Beachtung verbunden sein könnten. Es wird immer wichtiger für ihn, was andere über ihn denken, von ihm halten, wie sie zu ihm stehen. Er wird versuchen, sein Verhalten den Erwartungen der anderen anzupassen und so sein Verhalten durch nicht-internalisierende Identifikation ändern; je mehr er dies tut, desto unfreier wird er jedoch auf die Dauer.

Neben dem individuellen hat das Problem aber auch einen sozialen Aspekt. Wie schon angedeutet wurde, fällt die Fähigkeit zur Internalisierung nicht „vom Himmel", sondern sie läuft über glaubwürdige Vorbilder. Daß es zur Internalisierung christlicher Werte kommen kann, hat also von seiten des einzelnen zur Voraussetzung, daß seine Motivation überwiegend stimmig ist und von seiten der Institution, daß sie die Ideale glaubwürdig lebt und transparent macht, wodurch sie es dem einzelnen ermöglicht, mit Menschen in Berührung zu kommen, die solche „Identifikationsmodelle" darstellen.

4.2.2 Anzeichen für internalisierende und nicht-internalisierende Identifikation

Die Unterscheidung zwischen Internalisierung und äußerer Anpassung dürfte im allgemeinen keine besonderen Schwierigkeiten bereiten. Dagegen sind internalisierende und nicht-internalisierende Identifikation nicht leicht auseinander zu halten. Im folgenden sollen deshalb einige Kriterien aufgeführt werden, die diese Unterscheidung sowohl auf seiten des Kandidaten, der sich in eine Institution eingliedern möchte als auch auf seiten der Institution, die Kandidaten aufnehmen will, erleichtern.

Anzeichen bei den Kandidaten

An verschiedenen Phänomenen kann man sehen, um welche Form der Identifikation es sich handelt:

Art der Motivation:
Die Untersuchungen von RULLA haben gezeigt, daß ein Zusammenhang besteht zwischen überwiegend unstimmiger Motivation und dem Vorherrschen nicht-internalisierender Identifikation. Sind bei einer Person daher Anzeichen für eine überwiegend unstimmige Motivation gegeben, so ist anzunehmen, daß sie ihr Verhalten durch nicht-internalisierende Identifikation verändern wird.
Umgekehrt: Ist eine überwiegend stimmige Motivation gegeben, so ist anzunehmen, daß diese Person ihr Verhalten durch internalisierende Identifikation verändern wird.

Art des Verhaltens:
Wenn ein Kandidat ein von der Institution oder den für die Ausbildung Verantwortlichen erwünschtes Verhalten nur dann zeigt, wenn er dafür Anerkennung, Beachtung oder Zuwendung erfährt, so ist zumindest die Frage zu stellen, ob diese Verhaltensänderung wirklich in einer geänderten Überzeugung gründet und nicht vielmehr in der Neigung, sich an die äußeren Umstände anzupassen, um dadurch seine Bedürfnisse nach Anerkennung und Sicherheit zu befriedigen.
Umgekehrt: Zeigt ein Kandidat ein bestimmtes Verhalten unter verschiedenen Umständen und in verschiedenen sozialen Bezugsfeldern oder läßt er zumindest erkennen, daß er sich darum bemüht, so darf an-

genommen werden, daß sich sein Verhalten in der Weise der internalisierenden Identifikation ändert.

Art der Beziehungen:
Je einseitiger, kurzlebiger und weniger belastbar Beziehungen sind, desto eher ist zu erwarten, daß der vorherrschende Prozeß der Verhaltensänderung nicht-internalisierende Identifikation ist.
Umgekehrt: Je vielfältiger, dauerhafter und belastbarer Beziehungen sind, desto eher ist zu erwarten, daß der vorherrschende Prozeß der Verhaltensänderung internalisierende Identifikation ist.

Anzeichen bei der Institution

Ausbildungseinrichtungen können verschiedene Prozesse der Verhaltensänderung in Gang setzen und fördern. Welche sie konkret favorisieren, kann unter anderem an folgenden Bereichen abgelesen werden:

Art der Kontrolle:
Je mehr eine Institution bestrebt ist, den Lebensraum und die Lebensgewohnheiten zu kontrollieren, desto eher wird eine solche Vorgehensweise dazu führen, daß sich z. B. die Kandidaten eines Priesterseminars äußerlich anpassen; ihre Überzeugungen werden durch eine solche Vorgehensweise jedoch kaum berührt.
Umgekehrt: Je mehr eine Institution eine Vorgehensweise wählt, welche die Kandidaten dazu befähigt, ihr Verhalten selbst zu beurteilen und zu hinterfragen, es damit auf dem Hintergrund ihrer eigenen Lebensziele zu überprüfen, auch wenn von außen keine Kontrolle erfolgt, desto mehr wird internalisierende Identifikation gefördert; es handelt sich in diesem Fall um einen selbstbestimmten (innengesteuerten) Prozeß der Veränderung.

Art der Regeln:
Je mehr eine Institution auf die Reglementierung äußerer Verhaltensweisen bedacht ist, je starrer ihre Regeln sind und je weniger in ihrer Bedeutung transparent, desto eher werden sie äußere Anpassung fördern. Dies gilt in ähnlicher Weise, wenn jemand im Fall der öfteren Verletzung einer Regel immer wieder nur mit dieser Tatsache konfrontiert wird und man nicht den Versuch unternimmt, die persönlichen Motive des Kandidaten, die ihn zu dieser Verletzung führten, zu verstehen und darüber mit ihm ins Gespräch zu kommen.
Umgekehrt: Je mehr konkrete Regeln auf das Charisma einer Gemeinschaft hin transparent sind, je flexibler sie sind und je bewußter versucht wird, im Falle ihrer Verletzung die persönlichen Motive dafür zu

verstehen, desto eher wird ein Prozeß der internalisierenden Identifikation gefördert.

Art der Bindung:
Je mehr eine Institution versucht, die Kandidaten an die Gemeinschaft oder die Diözese zu binden, indem sie auf diese einen moralischen Druck auszuüben versucht, desto eher wird sie nicht-internalisierende Identifikation fördern. Dieser Druck kann sich direkt äußern in einem Umgangsstil, der vorwiegend von Geboten und Verboten bestimmt ist, er kann sich aber auch indirekt äußern in dem Versuch, anderen ein schlechtes Gewissen zu machen[31]. Ein solcher kann sich an Redensarten wie den folgenden zeigen: „Wenn sich jemand wirklich bemüht, dann geht das schon." – „Das kannst du nicht, auch das kannst du nicht, wofür bist du eigentlich zu gebrauchen?" – „Wenn ich mich so benehmen würde wie du, dann würde ich vor Scham in den Boden versinken."
Umgekehrt: Je mehr eine Institution versucht, ihre Ideale überzeugend zu leben und den Kandidaten hilft, diese auch persönlich zu bejahen, so daß dadurch eine innere Bindung entstehen kann, desto eher wird sie internalisierende Identifikation fördern. Eine unter Umständen notwendige Kritik hat dann die Form einer klaren und direkten Konfrontation, die dem Betreffenden hilft, auf Konsequenzen seines Verhaltens aufmerksam zu werden, die er bisher nicht beachtet hat.

Art der Einheit:
Je mehr eine Institution die Einheit zu fördern versucht, indem sie einen möglichst starken Konformismus ihrer Mitglieder anstrebt, je mehr sie in einer undifferenzierten Weise dazu neigt, unauffälliges Verhalten bloß deshalb zu fördern, weil dadurch niemand weh getan wird und auffälliges Verhalten zu unterdrücken, bloß weil es unbequem ist, sich damit auseinanderzusetzen, desto eher wird ein Prozeß der nicht-internalisierenden Identifikation gefördert.
Umgekehrt: Je mehr sie zunächst versucht, die besonderen Fähigkeiten der einzelnen zu entdecken und ernst zu nehmen, sie zu fördern und auf das letzte Ziel hinzuordnen, je mehr sie dem einzelnen hilft, auch seine spezifischen Gefährdungen zu erkennen, desto eher wird sie einen Prozeß der internalisierenden Identifikation fördern.

5. Folgerungen für die Praxis der Eignungsberatung

Eignungsberatung[32] ist zwar eine länger andauernde, aber zeitlich befristete Form der Begleitung, die dem Ratsuchenden zu einer vertieften Selbsterkenntnis im Hinblick auf seine Berufsentscheidung verhelfen will.

Eine solche Form der Beratung hat den Vorteil, daß sie zu einem besseren Kennenlernen des Kandidaten führt, als dies durch ein einziges Gespräch oder einige wenige, zeitlich knapp aufeinanderfolgende Gespräche möglich wäre.

Eine fundierte Kenntnis der Persönlichkeitsmerkmale des Kandidaten, seiner Stärken und Schwächen, ist sowohl für ihn selbst als auch für die Gemeinschaft/Diözese von Vorteil, weil dadurch die Wahrscheinlichkeit erhöht wird, daß eine realistische Entscheidung zustande kommt, die für den Bewerber auch akzeptabel ist. Im folgenden wird auf einige Punkte aufmerksam gemacht, die bei einer solchen Eignungsberatung zu berücksichtigen sind.

5.1 Lernen, wertungsabstinent wahrzunehmen

Ein weitgehend vorurteilsfreies und ungetrübtes Wahrnehmungsvermögen ist eine wesentliche Voraussetzung dafür, einen anderen Menschen begleiten zu können. Konkret ist jedoch diese Fähigkeit immer wieder durch eigene „blinde Flecken" eingeschränkt (als solche bezeichnet man Wahrnehmungshemmungen oder Verzerrungen, die durch unbewußte Konflikte hervorgerufen werden). Ziel dagegen ist es, eine möglichst unbelastete Wahrnehmungsfähigkeit zu entwickeln. Dies erfordert, daß mit den eigenen Wahrnehmungen sehr aufmerksam umgegangen wird.

5.1.1 Wahrnehmungen zulassen und wahr sein lassen
Dazu eine Veranschaulichung:

Ein jüngerer Pater, der für die spirituelle Begleitung einer Gruppe von Theologiestudenten/-innen zuständig war, erzählte im Supervisionsgespräch von seinen Schwierigkeiten mit der Studentin Andrea. Unter anderem fielen folgende Bemerkungen: „Sie wirkte auf mich wie eine Kaffeetante; ... das letzte Mal kam sie mehr als eine halbe Stunde zu spät; ... ihr Studium nimmt sie recht ernst; ... sie sagt, in der Schule käme sie gut zurecht, vom Direktor der Schule habe ich allerdings etwas anderes gehört." Zum nächsten Gesprächstermin kam sie gar nicht. Erst Nachfragen an den Pater machten deutlich, daß er über das Verhalten von Andrea sehr verärgert gewesen war. Zunächst hatte er nur davon gesprochen, daß er sich dieser Studentin gegenüber ganz besonders „zusammennehmen" müsse; am liebsten würde er sich gar nicht mehr um sie kümmern.
– Schließlich fragte er: „Was soll ich nun von ihr halten?"
Im Verlauf der Supervision wurde ihm deutlich, wieviel Ärger über die Stu-

dentin sich bei ihm angestaut hatte; er hatte aber nicht den Mut gehabt, sich dieses Gefühl einzugestehen und so für das Gespräch fruchtbar zu machen.

Die Arbeit in der Supervision bestand über einen längeren Zeitraum hinweg vor allem darin, den jüngeren Pater immer wieder an das heranzuführen, was er selbst beobachtet hatte; es war für ihn erstaunlich zu sehen, wieviel er tatsächlich wahrnehmen konnte, und so entwickelte er allmählich eine größere Sicherheit im Umgang mit den Studenten und Studentinnen, die er begleitete.

Durch die Supervisionsgespräche fühlte er sich allmählich ermächtigt, zu seinen Gefühlen zu stehen, konnte sie mehr an sich heranlassen und so besser mit ihnen umgehen.

5.1.2 Wahrnehmungen ernst nehmen, ohne sie sofort zu beurteilen und einordnen zu wollen

In jeder weltanschaulich gebundenen Gruppe besteht die Neigung, Beobachtungen vorschnell und mit dem Anspruch auf Endgültigkeit zu deuten. In Supervisionsgesprächen ist immer wieder die Erfahrung zu machen, daß es schwer fällt, Beobachtungen, Eindrücke oder Gefühle zuzulassen, ohne sie gleich zu bewerten und einzuordnen. Solche Wertungen tauchen in direkter, häufiger aber noch in verschleierter Form auf, wie z. B. in folgenden Redewendungen: „Wie kann man nur so etwas machen!" – „Das ist mir bisher noch nie untergekommen!" – „Das bringt ohnedies nichts, mit dem darüber zu reden!"

Wertungen sind zwar notwendig, um zu einem Urteil über die Eignung/Nicht-Eignung eines Kandidaten zu kommen; sachlich begründete und differenzierte Bewertungen können jedoch durch vorschnelles Urteilen verhindert werden, da dieses meist nicht dem Versuch entspringt, dem Kandidaten gerecht zu werden, sondern, eine subjektiv als lästig empfundene Frage oder ein unangenehmes Problem aus der Welt zu schaffen. Solche vorschnellen Bewertungen können fatale Folgen haben, vor allem dann, wenn sie mit dem Charakter der Endgültigkeit oder mit moralischen Qualifikationen versehen sind.

Eine hilfreiche Bewertung zeichnet sich dadurch aus, daß sie sich auf zahlreiche Beobachtungen stützt, die während einer längeren Zeit des Umgangs mit dem Kandidaten gesammelt wurden, und daß sie auch einander widersprechende Beobachtungen ernst nimmt. Sie sollte, wenn irgendwie möglich, mit dem Betroffenen selbst besprochen werden. Oft führt jedoch ein „spiritueller Optimismus" dazu, daß mit einer gewissen Unbekümmertheit über bestehende Schwierigkeiten hinweggegangen wird (diese Schwierigkeiten können sehr verschiedener Art sein, z. B. Schwierigkeiten auf der Beziehungsebene, wie Kontaktschwierigkeiten, schwache Konfliktsfähigkeit etc.; oder sie können den Umgang mit sich selbst betreffen, wie ständige innere Unzufriedenheit, starke Minderwertigkeitsgefühle, Konzentrationsschwierigkeiten, häufige und langandauernde Selbstbefriedigung, übermäßiger Alkoholkonsum etc.). So wenig es gerechtfertigt ist und einem Kandidaten helfen könnte, wenn man ihn deshalb aburteilt, so wenig hilfreich ist es auch, solche Schwierigkeiten einfach auf sich beruhen zu lassen oder mit Bemerkungen wie den folgenden abzutun: „Schwierigkeiten hat jeder, jetzt nehmen Sie das mal nicht so tragisch." Oder: „Das gibt sich schon mit der Zeit." Solchen Antworten liegt oft die irrige Auffassung zugrunde, daß sich Schwierigkeiten normalerweise von selbst auflösen oder daß es genügt, einfach zu beten und solche Schwierigkeiten immer wieder in der Beichte zu bekennen. Wie Beobachtungen zeigen, haben starke unbewußte Bedürfnisse oft zur Folge, daß ihre versteckte (oder auch offene) Befriedigung dem Kandidaten allmählich wichtiger wird als die Treue zu geistlichen Übungen; diese helfen dann nicht, die zugrundeliegenden Probleme zu überwinden und werden meist über kurz oder lang aufgegeben.

5.2 Leitfragen für den Prozeß der Eignungsberatung berücksichtigen

Eine Eignungsberatung besteht aus einer Reihe von Gesprächen und hat ein bestimmtes Ziel, nämlich zu klären, ob der Ratsuchende den für ihn richtigen Weg eingeschlagen hat bzw. einschlagen will. Sie kann nur gelingen, wenn über dieses Ziel Klarheit besteht. Für den Ablauf des Prozesses ergeben sich eine Reihe von Forderungen, die nun kurz gekennzeichnet werden.

5.2.1 Am Beginn der Beratung klare Absprachen treffen
Es braucht eine eindeutige Absprache über Sinn und Zweck der Gespräche. Jede Form der Begleitung – und so auch eine auf Klärung der Berufsfrage hin ausgerichtete Eignungsberatung – setzt voraus, daß Berater und Ratsuchender einen Kontrakt schließen: Es muß klar sein, *wie häufig* Treffen stattfinden, *bis zu welchem Zeitpunkt* eine – zumindest vorläufige – Entscheidung fallen soll, was der *Gegenstand der Entscheidung* ist; ebenso ist das Problem der *Vertraulichkeit* auf beiden Seiten eine unabdingbare Voraussetzung für das Gelingen. Mit dieser Absprache wird deutlich gemacht, daß beide Partner eine gegenseitige Verantwortung für das Gelingen der Beratung auf sich nehmen.

5.2.2 Anzeichen unstimmiger Motivation wahrnehmen und ernst nehmen
Auch für den Nicht-Fachmann auf dem Gebiet der Psychologie ist es notwendig, mit der Wirklichkeit des Unbewußten zu rechnen. Wie aus den Ausführungen in Kapitel 3 und 4 dieses Beitrags deutlich geworden sein sollte, beeinflussen unbewußte Bedürfnisse und Konflikte sehr häufig und nachhaltig das geistliche wie das menschliche Wachs-

tum. Auch wenn der Begleiter keine tiefenpsychologische Ausbildung hat, ist es dennoch für ihn hilfreich, damit zu rechnen, daß ein und dieselbe Verhaltensweise sehr viele verschiedene Ursachen und Bedeutungen für den einzelnen haben kann und daß nicht nur wichtig ist, was vordergründig wahrgenommen wird, sondern auch, welche subjektive Bedeutung eine bestimmte Verhaltensweise oder Einstellung für den Kandidaten hat (vgl. die auf S. 203 f. dargestellten vier Funktionen von Einstellungen). Die Beantwortung folgender Fragen kann zur Klärung beitragen:
– „Was geschieht hier *vordergründig*?"
– „Was geschieht hier *hintergründig*?"
– „Welchen Einfluß hat das *soziale Umfeld*?"
Solche Fragen sind Ausdruck des Bemühens um ein vertieftes (nicht nur auf vordergründigen Eindrücken basierendes) Verständnis für den Begleiteten; diese und ähnliche Fragen[33] können helfen, sich die Wachsamkeit für unbewußte Einflüsse zu bewahren.

5.2.3 Auf Anzeichen der Gegenübertragung achten
Gegenübertragung meint die Neigung, auf seinen Gesprächspartner Einstellungen und Gefühle zu übertragen, die nicht direkt mit diesem zusammenhängen, sondern in Erfahrungen der eigenen Lebensgeschichte wurzeln und nun – ausgelöst durch bestimmte Verhaltensweisen des Partners – ihm angelastet werden. Dabei kann es sich um nicht situationsgerechte Gefühle der Zuneigung, der Ablehnung, des Ärgers, der Ohnmacht handeln, oder es können eigene unbewußte Bedürfnisse mit ins Spiel kommen, wie das Bedürfnis, dem anderen Hilfe zu gewähren, ihn zu beherrschen, von ihm Bestätigung und Anerkennung zu bekommen. Solche Gegenübertragungen sind menschlich verständlich, doch gerade bei einem Prozeß der Eignungsberatung ist besonders darauf zu achten, daß sie kein „unkontrolliertes Eigenleben" führen und so den Prozeß störend beeinflussen. E. KENNEDY formulierte eine Reihe von Fragen, die helfen, auf solche Gegenübertragungen aufmerksam zu werden[34]. Sie haben einen bewußt provozierenden Charakter und sind zum Teil Unterstellungen, die darauf abzielen, sich bisher nicht wahrgenommene Bedürfnisse und Gefühle bewußt zu machen.

„– Was steckt hinter meinem mehr als durchschnittlichen Interesse an dieser Person?
– Was versuche ich, um mich aus dieser Beziehung zu befreien, was ich mir nicht gerne eingestehen möchte?
– Bin ich zu schnell bereit, mit dieser Person zu streiten oder immer mit ihr übereinzustimmen?

- Beginne ich, nach und nach immer mehr Sympathie für diese Person zu empfinden?
- Denke ich an sie zwischen den Sitzungen? Träume ich tagsüber von dieser Person, und warum?
- Fühle ich mich gelangweilt, wenn ich mit ihr zusammen bin? Wer bewirkt das, ich oder der andere?
- Reagiere ich übertrieben auf Feststellungen, die die andere Person mir gegenüber macht?
- Gibt es einen Grund, warum entweder ich immer zu spät komme oder die andere Person immer zu spät kommt?
- Gibt es einen Grund dafür, daß entweder ich oder der andere mehr Zeit verlangt, als wir vereinbart haben?
- Warum sage ich, daß diese die beste (schlechteste) Person ist, mit der ich je gearbeitet habe?
- Möchte ich diese Beziehung bald beendet haben, oder möchte ich sie noch länger bestehen lassen, obwohl sie eigentlich beendet werden sollte?"

5.2.4 Mut zur Konfrontation zeigen

Neben der grundsätzlichen Annahme des anderen, die Voraussetzung für jeden Begleitungsprozeß ist, sind die Fähigkeit und der Mut zur Konfrontation notwendig, damit ein Beratungsprozeß gelingen kann. Damit diese Konfrontation für den Betroffenen nicht zu einer Entmutigung führt, sondern sein Wachstum und seine Selbsterkenntnis fördern, muß sie vor allem folgende Bedingungen erfüllen[35]:

- Sie soll getragen sein von einer Beziehung, die den anderen mit seinen Schwächen bejaht. Nur so kann sie der andere annehmen und an ihr wachsen. Drückt sich in einer Konfrontation dagegen die eigene, uneingestandene und nicht integrierte Aggressivität aus, so wird sich der andere als Person abgelehnt fühlen und sich zumindest innerlich, wenn nicht auch äußerlich zurückziehen oder seinerseits mit Ablehnung reagieren.
- Sie soll auf anerkennende Äußerungen folgen. Gehen einer Konfrontation keine anerkennenden, Wohlwollen vermittelnden Aussagen voraus, so ist kaum die für die Annahme der Konfrontation nötige Basis gegeben.
- Sie soll konkret und auf nachprüfbare Beobachtungen gegründet sein. Pauschale und unpräzise Aussagen helfen kaum weiter.
- Sie soll klar, aber unaufdringlich sein. Entsteht der Eindruck, daß jeder, der eine solche Konfrontation nicht sofort annimmt, ein Ignorant oder Dummkopf ist, so ist damit zu rechnen, daß sie abgelehnt wird.

5.2.5 Den Grad der Konfliktfähigkeit und Frustrationstoleranz abschätzen

Konfliktfähigkeit und Frustrationstoleranz sind wesentliche Merkmale der Ich-Stärke[36] und entscheidende Anzeichen für das Entwicklungs- und Wachstumspotential des Kandidaten. Eng verbunden mit diesen beiden Merkmalen ist die Fähigkeit, Angst und Ambiguitäten zu ertragen. Da sich eine Eignungsberatung über einen längeren Zeitraum erstreckt, bietet sie im allgemeinen gute Voraussetzungen dafür, genau beobachten zu können, wo der Kandidat Konflikte, Angst oder Ambiguitäten erlebt, wie weit er sie zuläßt und wie er damit umgeht. Wo Schwierigkeiten auftauchen, kann Hilfestellung angeboten werden. Ist der Kandidat in der Lage, diese entsprechend aufzugreifen, so ist dies ein gutes Anzeichen dafür, daß er über ein genügend großes Entwicklungs- und Wachstumspotential verfügt.

5.2.6 Anzeichen von Verhaltens- und Einstellungsänderungen aufmerksam verfolgen

Der größere Zeitraum, der mit einer Eignungsberatung gegeben ist, hat den Vorteil, daß es unter solchen Bedingungen leichter ist festzustellen, wie weit sich das Verhalten und die Einstellungen eines Kandidaten verändern. Zur Beurteilung einer wahrgenommenen Veränderung sind vor allem die unter 4.2.2 angeführten Kriterien zur Unterscheidung zwischen internalisierender und nicht internalisierender Identifikation zu berücksichtigen. Dabei ist besonderes Augenmerk darauf zu richten, ob die gewünschte Veränderung tatsächlich eintritt oder ob sie nur in den Beratungsgesprächen als solche aufscheint; Täuschungen sind gerade in diesem Punkt leicht möglich. Dieser Schwierigkeit kann zum Teil dadurch entgegengewirkt werden, daß über Ereignisse des Alltags möglichst genau und im Detail gesprochen wird; es ist dann eher feststellbar, ob sich im Leben des Kandidaten wirklich etwas verändert. Dabei ist es wichtig, sich bewußt zu machen, daß einer in längerem Zeitraum erfolgenden tiefgreifenden positiven Veränderung fast immer eine Zeit der vorübergehenden Verschlechterung vorausgeht.

5.3 Das Umfeld des Kandidaten unterstützend beeinflussen

Die Frage der Eignung kann nie abstrakt, sondern immer nur im Hinblick auf die konkrete Situation einer Diözese oder Gemeinschaft hin gestellt und beantwortet werden. Die beiden vorausgehenden Abschnitte (5.1 und 5.2) beschäftigten sich mit der individuellen Perspektive der Eignungsfrage. Jetzt geht es mehr um die Frage, welchen

Einfluß die Gemeinschaft/Institution auf den Kandidaten ausübt; ein positiver, wachstumsfördernder Einfluß kommt beiden Seiten zugute.

5.3.1 *Auf die Bedeutung eines entwicklungsfördernden Klimas in der Gemeinschaft/Institution aufmerksam machen*

Gerade für Kandidaten, deren menschliches und geistliches Wachstum durch die Wirksamkeit innerer Unstimmigkeiten eingeschränkt ist, ist ein wachstumsförderndes menschliches Klima in der Gemeinschaft, in der sie leben oder in der Institution, in der sie arbeiten möchten, von grundlegender Bedeutung. Dieses Klima ist wesentlich durch den *Umgangsstil*[37] der Mitglieder der Gemeinschaft/Institution bestimmt.

Ist der Umgangsstil von Vertrauen und Offenheit, von der Bereitschaft, Konflikte direkt anzusprechen, gekennzeichnet, so ist zu erwarten, daß der Kandidat eher imstande sein wird, eventuell vorhandene Minderwertigkeitsgefühle, Abhängigkeitsbedürfnisse etc. anzunehmen und abzubauen. – Herrscht ein Umgangsstil vor, der durch gegenseitiges Mißtrauen, ständiges Kontrollieren, aggressiv-zynische Gespräche oder aber durch gegenseitige Abhängigkeit und Unselbständigkeit der Mitglieder gekennzeichnet ist, so ist zu erwarten, daß jemand, der z.B. durch starke Minderwertigkeitsgefühle oder Abhängigkeitsbedürfnisse belastet ist, durch das vorherrschende Klima in der Gemeinschaft noch weiter belastet und in seinem Wachstum blockiert werden wird. Dies gilt auch für die Kandidaten mit einer überwiegend stimmigen Motivation; allerdings sind diese eher imstande, sich einer solchen Atmosphäre zu entziehen oder ihr entgegenzuwirken.

Das Klima einer Gemeinschaft/Institution wird auch davon bestimmt, wie ihre *Werthierarchie* konkret aussieht und wie sie in die Praxis umgesetzt wird; werden die für die Gemeinschaft/Institution tragenden Werte glaubhaft gelebt und verkündet, so kommen dadurch auch die Begabungen der Mitglieder mehr zum Tragen. Werden sie dagegen in einer fanatischen Weise gelebt oder hat das Verhalten von Mitgliedern, die diese Wertvorstellung offen und wiederholt verletzten, keine Konsequenzen, so bedeutet dies gerade für Kandidaten, die von unbewußten Unstimmigkeiten belastet sind, eine weitere Einschränkung ihrer Fähigkeit, das Evangelium in freier und lebendiger Weise zu verwirklichen.

Nicht zu unterschätzen ist weiterhin die *Selektionswirkung*, die ein bestimmtes Klima einer Gemeinschaft/Institution auf Interessenten ausübt: Sind das Zusammenleben und die Arbeitsweise von gegenseitiger Offenheit und Transparenz gekennzeichnet, so werden sich Kandidaten angezogen fühlen, die solche Umgangsformen zu schätzen wissen. – Ist das Zusammmenleben dagegen z.B. von starker, gegenseitiger Abhängigkeit, nicht offen ausgedrückter Aggression etc. gekennzeichnet, so werden sich vor allem jene Personen angezogen fühlen, die selbst starke Abhängigkeitsbedürfnisse haben bzw. dazu neigen, ihre Aggressionen nur indirekt zum Ausdruck zu bringen.

5.3.2 Eignungs- und Anstellungsfragen voneinander trennen
In der kirchlichen Tradition hat die Unterscheidung von äußerem, *öffentlichem Bereich* („forum externum") und *innerem Gewissensbereich* („forum internum") eine lange Tradition. Diese Trennung hat sich, vor allem in Konfliktfällen, sehr bewährt. Es erscheint deshalb zweckmäßig, diese beiden Bereiche auch bei Anstellungsfragen auseinanderzuhalten. – Der Bischof und der kirchliche Obere handeln im öffentlichen Bereich; ihnen obliegt die Frage, welcher Kandidat angestellt bzw. zu den Gelübden oder Weihen zugelassen wird. Begleiter, Berater oder Spiritual handeln im inneren Gewissensbereich; ihnen obliegt im Rahmen einer Eignungsberatung die persönliche Abklärung der Frage, ob ein Kandidat für eine bestimmte Aufgabe geeignet ist, wo seine Stärken, wo seine Schwächen liegen, und was er konkret unternehmen kann, um eine bestehende Schwierigkeit zu überwinden. Der Schutz, den das forum internum bietet, ermöglicht im allgemeinen ein freieres und offeneres Gespräch über persönliche Dinge als dies im Rahmen des forum externum möglich ist. Deshalb muß auch die Garantie gegeben sein, daß Informationen vom forum internum nicht ohne Wissen und Zustimmung des Kandidaten ins forum externum gelangen können.

Ebenso ist es im Hinblick auf die Eignungsfeststellung wichtig, daß eine klare Kompetenztrennung zwischen denjenigen Personen besteht, die die Eignung feststellen und die Kandidaten vielleicht über längere Zeit hin begleiten und denjenigen Personen, die über die Anstellung entscheiden; sie gehören getrennten Bereichen an. Eine solche Trennung ist vor allem dann angezeigt, wenn ein starkes Mißverhältnis zwischen den verfügbaren Stellen und der Zahl der Bewerber herrscht. Liegen Eignungsfeststellung und Anstellungsentscheidung bei den gleichen Personen, so ist berechtigter Weise zu befürchten, daß nicht nach objektivierbaren Kriterien geurteilt wird, sondern daß diese der Zahl der verfügbaren Stellen angeglichen werden: Können nur wenige Personen angestellt werden, so besteht die Tendenz, die Anforderungen hinaufzusetzen, können dagegen viele angestellt werden, so besteht die Neigung, die Anforderungen zu senken. Es kann auch vorkommen, daß mit zweierlei Maß gemessen wird: gegenüber Priesteramtskandidaten und Kandidaten für den ständigen Diakonat einerseits und Pastoralreferenten/assistenten andererseits.

Die Notwendigkeit einer Trennung zwischen forum internum und forum externum kann noch durch eine weitere Überlegung verdeutlicht werden: Für das Selbstwertgefühl eines Kandidaten, der keine Stelle bekommt, macht es einen großen Unterschied, ob er abgelehnt wird, weil keine Stelle frei ist – bei einer transparenten Personalpolitik ist eine solche Entscheidung zwar für den Betroffenen sehr schmerzlich, aber grundsätzlich akzeptabel – oder aber, ob er mit der Begründung abgelehnt wird, er sei für eine solche Aufgabe nicht geeignet. Die Trennung von forum internum und forum externum bietet die Chance, mit solchen Schwierigkeiten angemessen umzugehen.

5.3.3 Die eigene Praxis reflektieren
Die Begleitung eines Kandidaten im Hinblick auf seine Entscheidung für einen Dienst in der Kirche ist eine sowohl persönlich als auch fachlich herausfordernde Aufgabe und bringt eine große Verantwortung mit sich. Deshalb ist es notwendig, die eigene Tätigkeit immer wieder zu überdenken.

Hilfen für eine solche Reflexion können z.B. Gespräche mit Personen sein, die eine ähnliche Funktion ausüben, ferner die Teilnahme an einer Balint-Gruppe oder eine regelmäßige Supervision. Letztere hat den entscheidenden Vorteil, daß es hier am ehesten möglich ist, auf die eigenen „blinden Flecken" zu stoßen, die fast immer systematische Verzerrungen oder Einschränkungen der Wahrnehmung zur Folge haben. Es ist sowohl im eigenen Interesse als auch im Hinblick auf die Verantwortung für die betreuten Kandidaten wichtig, auf solche „blinden Flecken" aufmerksam zu werden, und dies läßt sich lernen. Von einem erfahrenen Lehranalytiker hörte ich in einem Supervisionsgespräch die Bemerkung: „Es ist unvermeidlich, Fehler zu machen. Es kommt aber darauf an, schwere Fehler nicht häufig hintereinander zu wiederholen; und das kann man lernen." Genau dafür kann eine Supervision eine entscheidende Hilfe sein. Theoretische Beschäftigung mit einschlägiger Literatur hilft hier kaum weiter. Unbewußte Bedürfnisse können ja auch auf seiten des Beraters wirksam werden, zu einer nur selektiven Wahrnehmung führen und damit den Prozeß der Eignungsberatung ungünstig beeinflussen. Eine regelmäßige Supervision ist aber auch eine entscheidende Hilfe für den Berater, an seiner Aufgabe menschlich und geistlich zu wachsen, statt durch sie „mitgenommen" und „aufgerieben" zu werden.

Anmerkungen

[1] Vgl. A. GODIN, Psychologie de la vocation.
[2] Es handelt sich dabei um eine Gruppe von Priestern und Ordensleuten, die sowohl eine theologische als auch psychologische Ausbildung haben und sich seit mehr als 20 Jahren intensiv mit Fragen des kirchlichen Dienstes und der geistlichen Berufung auseinandersetzen. – Die wichtigsten Veröffentlichungen sind:
L. M. RULLA, Depth Psychology and Vocation, abgekürzt DPV.
L. M. RULLA u. a., Entering and Leaving Vocation, abgekürzt ELV.
L. M. RULLA, Antropologia della Vocazione Cristiana.
Eine deutsche zusammenfassende Darstellung von DPV und ELV findet sich in: K. SCHAUPP, Geistliche Berufung als Gabe und Aufgabe. DPV und ELV wurden am 11. April 1976 von der „International Commission for Scientific Psychology of Religion" mit dem Preis ausgezeichnet, der alle fünf Jahre einmal für wissenschaftliche Untersuchungen auf dem Gebiet der Religionspsychologie verliehen wird. –
Die Untersuchungen von RULLA und seinen Mitarbeitern haben – im technisch-statistischen Sinn – zwar nur Gültigkeit für Seminaristen und Ordensleute in den USA. Die Ergebnisse lassen aber vermuten, daß die in dieser Arbeit zur Diskussion stehenden Persönlichkeitscharakteristika in ähnlicher Weise auch für europäische Länder gelten sowie auch für andere kirchliche Mitarbeiter; im einzelnen bestehende Unterschiede sollen jedoch nicht geleugnet werden.
[3] Vgl. DPV, 40.
[4] V. FRANKL, Ärztliche Seelsorge, 74.
[5] Vgl. W. HOFMANN, Wert und Preis.
[6] Vgl. G. W. ALLPORT, A Study of Values.
[7] Vgl. A. ETZIONI, Basic Human Needs.
[8] Vgl. G. SCHNEIDER, Grundbedürfnisse und Gemeindebildung, 120 f.
[9] Vgl. H. A. MURRAY, Exploration in Personality; ferner: ELV, 352 f.
[10] Die Ergebnisse sind ausführlich dargestellt und diskutiert in ELV sowie zusammengefaßt in K. SCHAUPP (siehe Anm. 2).
[11] Vgl. auch: Lexikon der Psychologie, Bd. I, 447–454.
[12] Vgl. D. KATZ, The Functional Approach to the Study of Attitude Change.
[13] Der vor allem in psychoanalytischen Schulen häufig gebrauchte Ausdruck „Über-Ich" wurde bewußt vermieden wegen seines häufig negativen Beigeschmacks und statt dessen ein neutralerer Ausdruck bevorzugt.
[14] Dies ist besonders dann der Fall, wenn es sich um starke narzißtische Persönlichkeitsstörungen handelt. – Vgl. dazu: O. KERNBERG, Borderline-Störungen und pathologischer Narzißmus, bes. 163–171 und 285–296.
[15] Vgl. E. H. ERIKSON, Identität und Lebenszyklus, bes. 106–114.
[16] Das englische Begriffspaar „consistency/inconsistency" bzw. das Begriffspaar „consistent/inconsistent" wird hier mit „Stimmigkeit/Unstimmigkeit" bzw., wo dies zur Verdeutlichung notwendig ist, mit „stimmiger/unstimmiger Motivation" übersetzt.
[17] Vgl. DPV, 82–85.
[18] Solche Übertragungen sind allerdings nur dann ein Zeichen für das Vorhandensein einer vorwiegend unstimmigen Motivation, wenn der einzelne sich von einem bestimmten Gefühl (Zuneigung, Zorn, Wut, Angst, Abhängigkeit) bestimmen läßt, dabei aber nicht merkt, daß es sich hier um eine Reaktivierung früherer Konflikte handelt. – Die Schwierigkeit, solche Übertragungssituationen zu erkennen und auf eine für den Betroffenen hilfreiche Weise damit umzugehen, besteht vor allem darin, daß der Betroffene oft seine eigene Reaktion als völlig „normal" empfindet, während sie andere als unangebracht erleben.
[19] Der komplizierte Prozeß der Operationalisierung kann hier nicht dargestellt werden. Der interessierte Leser sei auf DPV, 86–128 und auf ELV verwiesen. – Eine detaillierte Beschreibung der Stichprobe findet sich in ELV, 2.
[20] Das Signifikanzniveau schwankt zwischen $p=0,01$ und $p=0,05$. Das bedeutet: Bei 99 bzw. 95 von 100 Kandidaten ist zu erwarten, daß der behauptete Zusammenhang zutrifft.
[21] Nach ELV, 240, etwas geändert.

²² Vgl. O. KERNBERG, 30–40 und 182.
²³ Wie im Text schon angedeutet, vereinfacht die Unterscheidung den Sachverhalt. Ein und derselbe Kandidat kann diese Grundspannung in unterschiedlichen Lebensbereichen in verschiedener Weise leben. Prognostisch lautet die entscheidende Frage dann, welche dieser drei Formen die vorherrschende ist. Therapeutisch ist die Frage zu stellen, in welchen Lebensbereichen (Beziehungen zu Freunden; zu Autoritäten; zur Arbeit ...) der Kandidat am meisten Hilfe nötig hat.
²⁴ Vgl. D. E. SUPER, Career Development: Self-concept theory; ferner: DPV, 412.
²⁵ Vgl. ELV, 114–135.
²⁶ DPV, 192.
²⁷ Thomas von CELANO, Leben und Wunder des heiligen Franziskus von Assisi, 234.
²⁸ Dabei stütze ich mich besonders auf H. C. KELMAN, Three processes of social influence, in: Public Opinion Quarterly 25 (1961), 57–78.
²⁹ Dieser Begriff der Internalisierung ist nicht identisch mit dem vor allem in psychoanalytischen Schulen gebrauchten Begriff der Verinnerlichung: Verinnerlicht werden können z. B. auch krankhafte Vorstellungen; Internalisierung dagegen basiert auf der Glaubwürdigkeit des verinnerlichten Wertes.
³⁰ H. C. KELMAN, 63.
³¹ Vgl. die Studie von J. L. FREEDMAN u. a., Compliance without pressure: The effect of guilt.
³² Begriff und Funktion der Eignungsberatung werden im Beitrag von K. BERKEL in diesem Band eingehend erläutert.
³³ Eine ganze Reihe hilfreicher Fragen für die Auswertung und Reflexion eines Beratungsgespräches, die auch für Nicht-Fachleute verständlich und anwendbar sind, bieten unter anderem: K. DÖRNER / U. PLOG, Irren ist menschlich oder Lehrbuch der Psychiatrie/Psychotherapie. – E. KENNEDY, Handbuch der Lebensberatung.
³⁴ Entnommen aus: E. KENNEDY, 21.
³⁵ Vgl. dazu auch die von E. KENNEDY genannten Kriterien, 149–154.
³⁶ Vgl. O. KERNBERG, 41–43.
³⁷ Vgl. dazu R. ZERFASS, Der Umgangsstil Jesu als Maßstab der Seelsorge.

Literatur

ALLPORT, G. W. u. a., A Study of Values, Boston 1951.
CELANO, Th. v., Leben und Wunder des heiligen Franziskus von Assisi, Werl 1980.
DÖRNER, K. / PLOG, U., Irren ist menschlich oder Lehrbuch der Psychiatrie/Psychotherapie, Rehburg-Loccum 1980.
ERIKSON, E. H., Identität und Lebenszyklus, Frankfurt 1977.
ETZIONI, A., Basic Human Needs. Alienation and Inauthenticity, in: American Sociological Review 34 (1968), 870–885.
FRANKL, V., Ärztliche Seelsorge, München 1975.
FREEDMAN, J. L. u. a., Compliance without pressure: The effect of guilt, in: Journal of Pers. and Soc. Psychology 7 (1967), 117–124.
GODIN, A., Psychologie de la vocation. Un bilan, in: Le Supplement 113 (May 1975), 151–236.
HOFMANN, W., Wert und Preis, in: Die Religion in Geschichte und Gegenwart (RGG). Handwörterbuch für Theologie und Religionswissenschaft, hrsg. v. K. GALLING, Bd. 6, Tübingen ³1962, Sp. 1645f.
KATZ, D., The Functional Approach to the Study of Attitude Change, in: Public Opinion Quarterly 24 (1960), 163–204.
KELMAN, H. C., Three processes of social influence, in: Public Opinion Quarterly 25 (1961), 57–78.
KENNEDY, E., Handbuch der Lebensberatung, Graz 1978.
KERNBERG, O., Borderline-Störungen und pathologischer Narzißmus, Frankfurt 1978.
Lexikon der Psychologie, hrsg. v. W. ARNOLD u. a., Bd. I, Freiburg – Basel – Wien 1971.
MURRAY, H. A., Exploration in Personality, New York 1938.

Rulla, L. M., Depth Psychology and Vocation: A psychosocial perspective, Rome – Chicago 1971.
Ders. u.a., Enterning and Leaving Vocation: Intrapsychic dynamics, Rome – Chicago 1976.
Ders., Antropologia della Vocazione Cristiana, Casale Monteferrato 1985.
Schaupp, K., Geistliche Berufung als Gabe und Aufgabe. Die Bedeutung der Tiefenpsychologie für die Ausbildung von Priestern und Ordensleuten, in: ZkTh 106 (1984), 402–439.
Schneider, G., Grundbedürfnisse und Gemeindebildung, München 1982.
Super, D. E., Career Development: Self-concept theory, New York 1963.
Zerfass, R., Der Umgangsstil Jesu als Maßstab der Seelsorge, in: Diakonia 14 (1983), 230–243.

Kompetenz- und identitätsfördernde Initiativen

Beispiele aus der gegenwärtigen kirchlichen Praxis

Von Hermann Stenger

Unter „Initiativen" werden hier zwei Arten von Vorgängen verstanden, deren Ziel es ist, pastorale Kompetenz und personale Identität zu fördern. Sicher trägt zur Erreichung dieses Zieles, wenigstens indirekt, auch die berufstheoretische Ausbildung bei, aber im vorliegenden Zusammenhang wird nur über berufspraktische, näherhin über pastoralpsychologisch orientierte Bildungsvorgänge berichtet (I.). Zu den kompetenz- und identitätsfördernden Maßnahmen gehören aber auch Initiativen zur Eignungsfeststellung und Eignungsberatung (II.). Durch diese Darstellung soll die Verbindung zwischen den von K. BERKEL, K. SCHAUPP und mir verfaßten Beiträgen dieses Bandes mit der derzeitigen kirchlichen Praxis hergestellt werden.

I. Initiativen zur pastoralen Bildung

Was hier dargeboten wird, ist die Beschreibung verschiedener in der Bundesrepublik Deutschland und in Österreich vorhandener Bildungsinitiativen, welche die *allgemeine pastorale Befähigung* betreffen.[1]

Einige *Vorbemerkungen* über Auswahl, Gestaltung und Gliederung sollen das Verständnis der Dokumentation erleichtern.

Beabsichtigt ist ein *Einblick* in das pastorale bzw. pastoral-psychologische Bildungsgeschehen. Es werden Beispiele vor Augen geführt, von denen Anregungen und Ermutigung ausgehen können. Wegen der Kürze der Mitteilungen werden auch Unklarheiten und offene Fragen entstehen, die in Kauf genommen werden müssen. Nicht beabsichtigt ist eine umfassende wissenschaftliche Bestandsaufnahme und Reflexion, der in absehbarer Zeit eine eigene Untersuchung gewidmet werden soll. Das *Material,* das von den Initiatoren oder von den Institutionen zur Verfügung gestellt wurde, besteht aus nicht veröffentlichten Projektbeschreibungen und aus Kursprogrammen. Mit einbezogen werden einschlägige Publikationen.

Es wird dem Leser auffallen, daß die Begriffe „Supervision" und „Praxisberatung" bzw. „Praxisbegleitung" unscharf und austauschbar gebraucht werden, was mit unterschiedlichen Auffassungen von dieser Tätigkeit zu tun hat.[2] Bei aller Verschiedenheit der psychologischen Konzepte bewirkt das gemeinsame Ziel – Kompetenz und Identität zu fördern – und das Bemühen, eine solide Spiritualität zu vermitteln, eine einheitliche Ausrichtung. Psychologie wird dezidiert als *Pastoral*psychologie aufgefaßt, aus dem Willen, sich als theologische Disziplin zu bewähren.

Die Bildungsinitiativen lassen sich nach drei formalen Gesichtspunkten einteilen:

1) Initiativen in einzelnen Diözesen
2) Initiativen kirchlicher Fortbildungseinrichtungen
3) Initiativen an Theologischen Fakultäten und Kirchlichen Hochschulen

1. Initiativen in einzelnen Diözesen

„Trier" und „Passau" wurden als Beispiele für die Gestaltung der Ersten und Zweiten Bildungsphase ausgewählt. „Rottenburg" ist dagegen ein Paradigma für die Zweite und Dritte Bildungsphase. Die Beispiele „Freiburg" und „Köln" zeigen Initiativen in einem frühen Stadium der institutionellen Stabilisierung, das Voraussetzung für eine weitere Entfaltung ist.

1.1 Pastoralpsychologisches Curriculum in der Diözese Trier

Professor Dr. Alwin J. HAMMERS hat 1971 in Zusammenarbeit mit dem Priesterseminar den Aufbau und Ausbau pastoralpsychologischer Bildungsarbeit in der Diözese Trier begonnen. Inzwischen ist aus diesem Anfang ein Curriculum geworden, das hier vorgestellt werden soll.[3] Es umfaßt den Zeitraum vom Ende des 1. Studiensemesters bis zum Ende des 2. Berufsjahres, entsprechend der ersten und zweiten Ausbildungsphase, wobei das Pastoraljahr der ersten Ausbildungsphase zugerechnet wird.

Ausgehend von dem Postulat[4], daß die Person des Seelsorgers im Ausbildungsgang nicht ignoriert werden darf, hat Dr. HAMMERS zwölf Curriculumselemente entwickelt, die in zwei Zeitabschnitten unter verschiedener institutioneller Trägerschaft durchgeführt werden.

1.1.1 Die ersten sieben Curriculumselemente

Diese Kurselemente werden vom Priesterseminar veranstaltet. Sie beginnen nach dem 1. Semester und enden im 14. Semester, wobei das Pastoraljahr mitgezählt wird.

„1. Element: Reflexionskurs zur persönlichen und spirituellen Identitätsfindung und Lebensplanung

Termin: 5tägig nach dem 1. Semester
Theoretisches Konzept: Transaktionsanalyse (TA)
Lernziele:
- Vermittlung theoretischer Kenntnisse über die Transaktionsanalyse.
- Gewöhnung an die Haltung, sich anderen offen und verantwortungsvoll anzuvertrauen und anderen verständnisvoll zuzuhören.
- Abklärung der Fragen ‚Wer bin ich?', ‚Wer und was hat mich zu dem gemacht, der ich bin?' und ‚Will ich so bleiben, wie ich bin?'
- Integration psychologischer und theologischer Aspekte. Reflexion des Erlebten aus dem Glauben.

2. Element: Kommunikationskurs mit spiritueller Auswertung

Termin: 5tägig vor dem 3. Semester
Theoretisches Konzept: Kommunikationstheorie
Lernziele:
- Vermittlung grundlegender Kenntnisse über die Kommunikation.
- Analyse des Kommunikationsstils der Teilnehmer:
  a) der Kommunikation und des Umgangs mit sich selbst (interne Kommunikation),
  b) der Kommunikation und des Umgangs mit anderen (zwischenmenschliche Kommunikation).
- Einübung einer verständnisvollen, vorwurfsfreien und offenen Kommunikation mit sich und anderen.
- Integration der psychologischen und theologischen Aspekte der Kommunikation.

3. Element: Einführungskurs in die Seelsorgepraxis (KSA)

Termin: 7tägig nach dem 5. Semester
Theoretisches Konzept: Klinische Seelsorgeausbildung (KSA) – Clinical Pastoral Education (CPE)
Lernziele:
- Reflexion der persönlichen und beruflichen Identität im Kontext der seelsorgerlichen Begegnung mit den Kranken. Dabei Abklärung der Fragen:

a) Wer bin ich als Mensch (persönliche Identität)?
b) Wer bin ich als Seelsorger (berufliche Identität, Aspekte der Rolle)?
– Integration von persönlicher und beruflicher Identität zu einer lebensfähigen Einheit.
– Herausarbeitung der psychologischen und christlichen Grunddimensionen einer hilfreichen Begegnung. Daraus Ableitung der Grundzüge einer Seelsorgstheorie und der Kriterien für die Beurteilung einer pastoralen Gesprächsführung.
– Beginn der Einübung von konstruktiven seelsorgerlichen Verhaltensweisen und Antwortmöglichkeiten.

4. Element: Grundkurs in pastoraler Gesprächsführung
Termin: 5tägig nach dem 8. Semester
Theoretisches Konzept: Personzentrierter Ansatz,
                       klientenzentrierte Gesprächsführung.
Lernziele:
– Erarbeitung der psychologischen und anthropologischen Grundlagen der klientenzentrierten Methode.
– Wecken der Bereitschaft und Befähigung zu einer personzentrierten Haltung.
– Einübung des einfühlenden und verständnisvollen Verbalisierens als Gesprächsmethode.
– Bearbeitung von Störungen und Blockaden, die sich während der Kursarbeit bei den Teilnehmern zeigen.

5. Element: Arbeit mit Gruppen und Gremien
Termin: 4tägig im 11. Semester
Theoretisches Konzept: Gruppendynamik,
                       Organisationspsychologie.
Lernziele:
– Gewinnung von Kenntnissen über die verschiedenen Gruppenformen und deren Entwicklungsphasen, über die unterschiedlichen Führungs- und Leitungsstile und deren Auswirkungen, über Planungs-, Zielfindungs- und Aktivierungsstrategien sowie über die Handhabung von Entscheidungen, Konflikten, Autoritäts- und Übertragungsproblemen in Gruppen und Gremien. Konstruktive Anwendung dieser Kenntnisse.
– Abklärung des Rollenverständnisses der Teilnehmer als Gruppenmitglied und als Leiter von Gruppen und Gremien.
– Befähigung der Teilnehmer, als Leiter die Balance zu halten zwi-

schen der Erfüllung des Arbeitsauftrages einer Gruppe und der Pflege der hierfür notwendigen Beziehungen in der Gruppe. Dabei liegt ein Schwerpunkt dieses Kurses auf dem Aspekt, auch eine Gruppe mit schwierigen oder ungeklärten Beziehungen möglichst lange am Arbeitsauftrag zu halten.
- Erlernen eines realistischen und effektiven Umgangs mit der Zeit in der Arbeit mit Gruppen und Gremien.

6. Element: Aufbaukurs in pastoraler Gesprächsführung

Termin: 4tägig im 11. Semester
Theoretisches Konzept: Personzentrierter Ansatz, klientenzentrierte Gesprächsführung.
Lernziele:
- Festigung der im Grundkurs eingeübten personzentrierten Haltung und des Basisverhaltens im Gespräch.
- Erarbeitung und Einübung der über das Basisverhalten hinausgehenden Dimensionen des Beraterverhaltens (vor allem die Selbsteinbringung des Seelsorgers und die Konfrontation des Gesprächspartners).
- Finden eines eigenen und natürlichen Gesprächsstils.
- Bearbeitung von Störungen und Blockaden, die sich während der Kursarbeit bei den Teilnehmern zeigen.
- Einüben der Fähigkeit des Seelsorgers, das Erleben seines Gesprächspartners in einen sinnvollen und hilfreichen Bezug zu religiösen Aspekten zu setzen.

7. Element: Supervisionskurs I

Termin: 5tägig im 14. Semester
Theoretisches Konzept: Personzentrierter Ansatz, Balint – Gruppenarbeit. Bei Bedarf Integration von Elementen der Gestalt-, Verhaltens- und der kognitiven Therapie sowie der Bioenergetik und des Psychodramas.
Lernziele:
- Reflexion der Erfahrungen, welche die Teilnehmer während des einjährigen Gemeindepraktikums gesammelt haben. Diese Erfahrungen beziehen sich in der Regel auf drei Bereiche, in denen Schwierigkeiten zu bearbeiten sind:
  a) Problematische Seelsorgsfälle, mit denen die Teilnehmer nicht gut zurechtgekommen sind.

b) Ungeklärte und unbefriedigende Beziehungen zu den Mitarbeitern und hier besonders zum jeweiligen Mentor.
c) Persönlichkeitsspezifische Probleme der Teilnehmer, die sich in verschiedenen Bereichen zeigen. Oft sind diese den Betreffenden schon aus den vorhergehenden Kursen bekannt (z. B. eine rational-kühle Distanz zum eigenen Erleben und in der Begegnung mit anderen oder eine zu große Identifikation mit Leidenden).
- Auffangen von Fehlentwicklungen, die sich beim Start in die pastorale Praxis andeuten. Hier ist besonders auf eine aktivistische Überforderung der eigenen Möglichkeiten und auf einen resignativen Rückzug zu achten.
- Stabilisierung der in den vorhergehenden Kursen eingeübten pastoralen Grundhaltung und der sich daraus ableitenden Verhaltensweisen."

1.1.2 Die restlichen fünf Curriculumselemente
Diese Kurselemente werden vom Generalvikariat veranstaltet und finden während der ersten beiden Berufsjahre statt. Über sie wird an dieser Stelle kurz referiert, um wenigstens einen Eindruck von Inhalt und Methode dieser Vorgänge zu vermitteln.

„8. Element: Supervisionskurs II

Termin: 5tägig im ersten Berufsjahr
Die Teilnehmer reisen zu diesem Kurs nach Trier an und arbeiten an ihren Praxiserfahrungen wie im Supervisionskurs I.

9. Element: Supervision in der Regionalgruppe I

Termin: Kontinuierlich im ersten Berufsjahr
Sämtliche Berufsanfänger aller pastoralen Dienste eines umschriebenen Gebietes treffen sich im Abstand von 3–4 Wochen regelmäßig 2–3 Stunden, um zusammen mit einem Praxisbegleiter ihre pastorale Arbeit zu besprechen. Dabei geht es vornehmlich um die Reflexion der konkreten, laufenden Arbeit vor Ort. Dagegen werden in den Supervisionskursen eher übergreifende Themen und Problembereiche bearbeitet, die tiefer in der Persönlichkeit des einzelnen wurzeln und damit mehr Zeit am Stück und einen kontinuierlichen Gruppenprozeß voraussetzen.

10. Element: Reflexionskurs zur Identitäts- und Glaubensfindung
Termin: 5tägig im 1. Berufsjahr
Dieser Kurs ist wie Element 1 nach dem Modell der Transaktionsanalyse konzipiert. Er gibt den Teilnehmern die Möglichkeit, ihre spirituelle Identität zu diesem Zeitpunkt ihrer Weiterentwicklung intensiver zu reflektieren und zu begreifen.

11. Element: Supervisionskurs III
Termin: 5tägig im 2. Berufsjahr

12. Element: Supervision in der Regionalgruppe II
Termin: Kontinuierlich im 2. Berufsjahr
Insgesamt dienen die pastoralpsychologischen Ausbildungselemente während der beiden Jahre der Berufseinführungsphase dazu, den Start der Teilnehmer in die Praxis zu begleiten und ihre pastoralen Fertigkeiten zu stabilisieren. Darüber hinaus liegt ein weiterer sehr wichtiger Schwerpunkt der gemeinsamen Arbeit auf dem Aspekt, bei den Teilnehmern eine frühe haltungsmäßige Festlegung auf einen ruinösen Aktivismus oder einen resignierten Rückzug zu verhindern. Die begleitenden Angebote sollen den jungen Seelsorgern dazu verhelfen, körperlich und seelisch gesund und zufrieden zu sein, so daß sie die frohe Botschaft leibhaftig, erlebbar und glaubhaft verkünden können.

Die pastoralpsychologische Ausbildung der Laientheologen liegt von Beginn an in der Trägerschaft des Bischöflichen Generalvikariates. Nach der Ordnung für die Ausbildung der Pastoralreferenten/innen im Bistum Trier vom 23. 8. 1980/1. 9. 1983 beginnt deren Einstieg in das Pastoralpsychologische Curriculum mit dem Einführungskurs in die Seelsorgepraxis (Element 3) nach dem 5. Semester. Dieser und alle weiteren Kurselemente werden gemeinsam für die Priesteramtskandidaten und Laientheologen durchgeführt, damit bereits frühzeitig eine gemeinsame kooperative Basis eingeübt wird.

Die Ordnung für die Berufseinführung und für die Fort- und Weiterbildung der Pastoralreferenten/innen im Bistum Trier vom 15. 12. 1981 macht für diese nach dem theologischen Diplom mit Ausnahme von Element 10 (fakultativ) dieselben pastoralpsychologischen Ausbildungselemente verpflichtend wie für die Diakone bzw. Kapläne. Auch diese Veranstaltungen werden alle für beide Berufsgruppen gemeinsam durchgeführt.

Die Supervision in den Regionalgruppen schließlich ist, wie schon erwähnt, zudem verpflichtendes Ausbildungselement sowohl für die Gemeindereferenten/innen (Ordnung für die Ausbildung, Berufseinführung und Fort- und Weiterbildung von Gemeindereferenten/innen im Bistum Trier vom 15. 1. 1983) wie auch für die ständigen Diakone (Ordnung für die ständigen Diakone im Bistum Trier vom 21. 2. 1984). Damit sind diese Supervisionsgruppen ein gemeinsames Forum der Kooperation und gegenseitigen Hilfe für die Berufsanfänger aller pastoralen Dienste, die in einem Gebiet zusammenarbeiten."

1.1.3 Rahmenbedingungen
Den Abschluß der Information über die Trierer Initiative bilden die in Trier geltenden Rahmenbedingungen. Sie sind beispielhaft für alle ähnlichen Unternehmungen und werden deshalb im Wortlaut wiedergegeben:

„Nach der gegenwärtigen Ausbildungsordnung (Ordnung für die Priesterbildung im Bistum Trier vom 20. 8. 1980) gehen die Studenten mit der Bewerbung um diese Ausbildung die Verpflichtung ein, an den entsprechenden Kursangeboten teilzunehmen. Durch die starken Elemente der Selbsterfahrung in diesen Kursen wird damit zwangsläufig der im Grundgesetz verankerte Schutz der Intimsphäre des einzelnen tangiert. Wir versuchen diesen Schutz in zweifacher Hinsicht zu sichern:

a) Der jeweilige Kursleiter ist gegenüber den einzelnen Kursteilnehmern überall da zum Schweigen verpflichtet, wo diese ihm Mitteilungen aus ihrer persönlichen Sphäre anvertrauen. Entsprechend hat er der Leitung des Priesterseminars gegenüber das Recht, die Aussage zu allen Themen dieser Art zu verweigern. Diese Pflicht und dieses Recht sind vertraglich und damit verbindlich geregelt.

Da auch die einzelnen Kursteilnehmer in der Gruppe dasselbe hören wie der Gruppenleiter, sind sie ebenfalls verpflichtet, keine persönlichen Informationen aus der Gruppe herauszutragen. Das Wissen um diese umfassende Diskretion ist notwendig, damit sich die Teilnehmer sicher fühlen und frei äußern können.

b) Die pastoralpsychologische Ausbildung zielt von ihrem Konzept her auf die Entfaltung der Reife, Freiheit und Eigenverantwortlichkeit der Teilnehmer. Auf diesem Hintergrund widerspricht eine Manipulation der einzelnen durch den Kursleiter völlig dem Grundanliegen dieses Ausbildungsmodells. Aus diesem Grunde haben die Kursleiter die Anweisung, den einzelnen Teilnehmern wohl klare und ehrliche Rückmeldungen zu geben, aber keinen von ihnen zu irgend etwas zu drängen oder zu verführen, was dieser nicht von sich aus will.

Wir vertrauen darauf, daß sich die Kandidaten in der wohlwollenden Atmosphäre der Gruppe so weit auf die gemachten Angebote und Einladungen einlassen, daß sie von sich aus konstruktive Schritte in Richtung auf ihre Weiterentwicklung tun.

Insgesamt sehen wir in diesem Arbeitsstil die Chance, daß sich die Studenten exemplarisch und frühzeitig auf die schwierige Aufgabe eines Seelsorgers vorbereiten, der in der Pfarrei täglich engagiert und verantwortlich mit der Intimsphäre anderer Menschen umgehen muß."[5]

1.2 Pastoralpsychologische Ausbildung in der Diözese Passau

Dr. Isidor BAUMGARTNER hat in Zusammenarbeit mit dem Priesterseminar und der theologischen Fakultät pastoralpsychologische Inhalte und Methoden in die theologische und pastorale Ausbildung integriert, mit dem Ziel der Entfaltung seelsorglicher Kompetenz.[6] Die vorliegende Beschreibung dieses Konzepts wurde von ihm selbst verfaßt.

Das Schema auf der folgenden Doppelseite gibt einen Überblick über das derzeitige Ausbildungsprogramm der Pastoralpsychologie in Passau. Es ist daraus ersichtlich, daß ein Teilnehmer vom 1. Semester an über das gesamte Theologiestudium bis hin zur 2. Dienstprüfung am Ende des 3. Berufsjahres mit Pastoralpsychologie in Kontakt kommt.

1.2.1 Pastoralpsychologie in der 1. Ausbildungsphase (Theologiestudium)

Die Erläuterungen zu den Zielen und Inhalten der einzelnen Kurse sollen deren Beitrag zur Förderung von Kompetenz und Identität andeuten.

(1) Kommunikation in der Gruppe
– Teilnehmer dieses pastoralpsychologischen Wochenendes sind die Priesteramtskandidaten im 1. Studienjahr.
– Ziel ist die Einübung in die Gestaltung förderlicher Beziehungen im Kurs und im Priesterseminar. Dem dient der kommunikative und reflektierende Austausch über die persönliche Lern- und Glaubensgeschichte. Es wird versucht, an Hand der TZI-Regeln[7] sich und andere zu erfahren.

(2) Selbst- und Fremdwahrnehmung
Dieser Kurs ist als Fortsetzung zu ① konzipiert und findet im 2. Studienjahr statt. Im Mittelpunkt stehen Feedbackübungen und das bewußte Erleben von Nähe und Distanz in den persönlichen Beziehungen. Pastoralpsychologische Informationen zur Wahrnehmung und Wahrnehmungsabwehr begleiten die Gruppengespräche.

PASTORALPSYCHOLOGIE IN PASSAU

	In der ersten Ausbildungsphase (Theologiestudium)				
Studienjahr Ausbildungsjahr	1. und 2.	3. (Freisemester)		4.	4. und 5.
Bezeichnung des Kurses oder der Veranstaltung	Kommunikation in der Gruppe (15 Std.)* ① Selbst- und Fremdwahrnehmung (15 Std.)* ② * wird z. Z. in Kursen des Spirituals und Subregens aufgegriffen	Seelsorgliches Gespräch mit alten Menschen. (Basiskurs Gesprächsführung) (30 Std.) ④			Theolog. u. Psychol. beratender Seelsorge 20 Std. Seelsorgliche Basishaltungen Praktische Übungen z. Pastoral Counseling 20 Std Praxis des Heilens – eine pastoralpsych. Einführung in Konzepte der Psychotherapie 20 Std. Seelsorge in Lebenskrisen 20 Std.
	als freiwillige Initiative: ③ Krankenhauspraktikum, das von einem pastoralpsych. ausgebildeten Pfarrer geleitet wird				(2-stündiges Seminar über 4 Semester) ⑤
Begleitende und flankierende Vorgänge	Persönliche Beratung ⑫				
	Praxisreflexion (Supervision) der Leitung des Priesterseminars ⑬				

In der zweiten Ausbildungsphase

Pastoraljahr	1. Dienstjahr	2. Dienstjahr	3. Dienstjahr

Pastoralpsychologie im Rahmen der Berufseinführung für Kapläne und Pastoralassistenten

Pastoralpsychologische Begleitung des Pastoraljahres (30 Std.) ⑥

„Regelmäßige Begleitung" (Kein ausschließlich pastoralpsychologischer Vorgang; Pastoralpsychologie arbeitet im Leitungsteam der Berufseinführung mit) ⑧

Ehe und pastor. Beruf (für Pastoralassistenten mit Partner (30 Std.) ⑦

Pastoralpsychologisch orientierte Intensivkurse

| Pastorale Identität (zus. mit Pastoraltheologen) (20 Std.) ⑨ | Leitung und Kooperation (20 Std.) ⑩ | Seelsorgliche Hilfen in Lebenskrisen (20 Std.) ⑪ |

„Persönlicher Schwerpunkt"

Persönliche Beratung ⑫

Begleitung im „persönlichen Schwerpunkt" ⑭

Gemeindeberatung ⑮

Praxisbegleitung für Mentorenpfarrer ⑯

Dr. I. Baumgartner

(3) Pastoralpsychologisch begleitetes Krankenhauspraktikum
Einzelne Studenten nehmen das Angebot eines in Klinischer Seelsorge ausgebildeten Krankenhauspfarrers wahr, ein mehrwöchiges Praktikum an einem Passauer Krankenhaus zu absolvieren. Konkrete seelsorgliche Gespräche am Krankenbett werden in einer Supervisionsgruppe unter Leitung des Krankenhauspfarrers reflektiert.

(4) Seelsorgliches Gespräch mit alten Menschen
Teilnehmer dieses Basiskurses in seelsorglicher Gesprächsführung sind Priesteramtskandidaten und Theologiestudenten des Bewerberkreises im 4. Studienjahr. Jeder Teilnehmer führt im Rahmen dieser Kurswoche ein Gespräch mit einem Altenheimbewohner. Die dabei gemachten Erfahrungen werden in Einzelarbeit und Gruppengesprächen reflektiert. Der je persönliche Gesprächsstil soll bewußt werden und eine erste Sensibilisierung für die Dimensionen des partnerzentrierten Hörens und Sprechens erfolgen. Es wird Raum gegeben, sich mit der angestrebten beruflichen Identität als Seelsorger auseinanderzusetzen.

(5) Seminarübungen an der Theologischen Fakultät der Universität Passau zum seelsorglichen Gespräch
Die Teilnehmer der Kurswoche ④ sind eingeladen, ihre seelsorgliche Gesprächskompetenz zu vertiefen, sowohl durch theologische und psychologische Informationen als auch durch praktische Übungen. Im einzelnen umfaßt das über 4 Semester konzipierte Seminarprogramm:
– Theologie und Psychologie beratender Seelsorge,
– seelsorgliche Basishaltungen – praktische Übungen zur pastoralen Beratung (Pastoral Counseling),
– Praxis des Heilens – eine pastoralpsychologische Einführung in Konzepte der Psychotherapie,
– Seelsorge in Lebenskrisen.
Es wird Wert darauf gelegt, daß die Teilnehmer sich in einer schriftlichen Seminararbeit mit einem pastoral-psychologischen Thema genauer befassen.

1.2.2 Pastoralpsychologie in der 2. Ausbildungsphase
  (Pastoraljahr und Berufseinführung für Kapläne,
  Pastoralassistenten und -assistentinnen)

(6) Pastoralpsychologische Begleitung des Pastoraljahres
Im Pastoraljahr ist es Aufgabe der Pastoralpsychologie, die im Praktikum gemachten Erfahrungen zu reflektieren. Selbsterfahrungsübungen und Gruppengespräche sollen hierbei die Identität als Seelsorger fördern. Zudem werden die Teilnehmer, entsprechend den reflektierten

Erfahrungen, mit pastoralpsychologischen Erkenntnissen vertraut gemacht, z. B. mit den Themen Schuld und Vergebung, Konflikte und Konfliktlösungen, psychische Anteile körperlicher Erkrankungen, sozial-psychologische Aspekte der Gemeindepastoral etc. ... Teilnehmer sind angehende Kapläne und Pastoralassistenten(-innen).

(7) Ehe und pastoraler Beruf
Zu dieser Werkwoche im Rahmen des Pastoraljahres sind alle angehenden Pastoralassistenten(-innen) und – soweit möglich – deren (Ehe-) Partner eingeladen. Ziele dieser Werkwoche sind u. a.:
– die Förderung einer ehelichen und familiären Glaubenskultur,
– die reflektierende Annäherung an ein persönliches Lebens- und Arbeitskonzept für hauptamtliche Laien in der Kirche,
– die Förderung der jeweiligen Partnerbeziehung durch psychologische Hilfen.

(8) Regelmäßige Begleitung
Seit 1979 gibt es in der Diözese Passau eine „Berufseinführung für Priester und Pastoralassistenten" in den ersten drei Dienstjahren. Sie umfaßt pro Jahr 18 Tage „Regelmäßige Begleitung", 6 Tage „Persönlicher Schwerpunkt" und 2 Intensivkurse von jeweils 3 Tagen Dauer. Die Pastoralpsychologie ist in dieses Konzept in mehrfacher Weise integriert. Der Pastoralpsychologe arbeitet mit im Leitungsteam der Berufseinführung, er berät die einzelnen Gruppen bei der „Regelmäßigen Begleitung" im Hinblick auf den Gruppenprozeß, er gestaltet einzelne Tage der „Regelmäßigen Begleitung" mit durch pastoralpsychologische Themen und er begleitet einzelne Kursteilnehmer in ihrem persönlichen Schwerpunkt, aus dem am Ende der Ausbildung eine Zulassungsarbeit zur 2. Dienstprüfung erwachsen soll. Dazu kommen drei pastoralpsychologisch orientierte Intensivkurse.

Die „Regelmäßige Begleitung" erfolgt in kontinuierlichen Gruppen mit jeweils 8–10 Mitgliedern, wobei jeder Gruppe ein ausgebildeter Leiter zur Verfügung steht. Die Reflexionsthemen umfassen prinzipiell das ganze Feld der beruflichen und persönlichen Identität. Von seiten der Leiter wird Wert darauf gelegt, daß nicht nur über Pastoral gesprochen wird, sondern daß der je persönliche Anteil bei einem Thema zur Sprache kommt.

(9) Intensivkurs „Pastorale Identität"
Dieser Intensivkurs wird von zwei Theologen gestaltet. Im Mittelpunkt steht die biblische Vergewisserung pastoralen Handelns. Aufgabe des Pastoralpsychologen ist es, hierbei Selbsterfahrung an biblischen Texten zu ermöglichen, sowie die persönliche Lebens- und Glaubensge-

schichte in ihrer Bedeutung für das pastorale Handeln bewußtzumachen.

(10) Intensivkurs „Leitung und Kooperation"
Ziel ist die Förderung sozial-kommunikativer Kompetenz der Kursteilnehmer für die Gestaltung pastoraler Gruppenprozesse. Es wird von der Erfahrung ausgegangen, daß sich Leben und Arbeit eines Seelsorgers zu einem großen Teil in Gruppen ereignet, wobei dem Seelsorger die Rollen des Leiters und des „Kooperators" in gleicher Weise zufallen.

(11) Intensivkurs „Seelsorgliche Hilfen in Lebenskrisen"
Bei diesem Intensivkurs sollen konkrete Beratungsgespräche, die der einzelne Teilnehmer im Rahmen seiner pastoralen Tätigkeit geführt hat, im Kollegenkreis besprochen werden. Es handelt sich hierbei um eine weitere Vertiefung der in den Jahren des Theologiestudiums angefangenen Gesprächsausbildung (siehe ④ u. ⑤).

1.2.3 Begleitende Vorgänge
Es hat sich gezeigt, daß das Gelingen pastoralpsychologischer Ausbildung bestimmter begleitender bzw. flankierender Maßnahmen bedarf. In Passau erwiesen sich dabei als förderlich:

(12) Persönliche Beratung
Jedem Teilnehmer an der pastoralpsychologischen Ausbildung steht die Möglichkeit offen, bei pastoral-psychologisch geschulten Beratern persönliche Beratung und gegebenenfalls Psychotherapie in Anspruch zu nehmen.

(13) Praxisreflexion (Supervision) der Leitung des Priesterseminars
Regens, Subregens und Spiritual des Priesterseminars treffen sich während des Semesters regelmäßig mit dem Dozenten für Pastoralpsychologie zur Praxisreflexion.

(14) Begleitung im persönlichen Schwerpunkt
(siehe ⑧)

(15) Praxisbegleitung
Es entspricht den Intentionen der Pastoralpsychologie, wenn Mentorenpfarrer (= Pfarrer, die einen jungen Seelsorger in den ersten drei Dienstjahren in ihrem Team haben) die pastorale Praxisbegleitung der „Theologischen Fortbildung Freising"[8] mitmachen. Jungen Seelsorgern begegnet so ein für pastoralpsychologisches Arbeiten aufgeschlossener Pfarrer am Ort.

(16) Gemeindeberatung
Die Diözese Passau gehört zu den wenigen deutschen Diözesen, in denen es eine institutionalisierte, mit ausgebildeten Beratern besetzte Gemeindeberatung[9] gibt. Die Verknüpfung mit der pastoralpsychologischen Ausbildung ist in mehrfacher Hinsicht gegeben:
- die Gemeindeberater arbeiteten vorher mehrere Jahre mit dem Pastoralpsychologen in Priesterseminar und Berufseinführung zusammen,
- die Supervision der Gemeindeberatung erfolgt beim Dozenten für Pastoralpsychologie,
- Gemeindeberatung und pastoralpsychologische Ausbildung stehen in wechselseitigem Austausch.

Daß Pastoralpsychologie in Passau gedeihen konnte und kann liegt nicht zuletzt daran, daß von der Diözesanleitung her die Notwendigkeit pastoralpsychologischer Ausbildung für Seelsorger in der heutigen kirchlichen und gesellschaftlichen Situation erkannt wurde.

1.3 Pastorale Fort- und Weiterbildung in der Diözese Rottenburg – Stuttgart

Anläßlich des zehnjährigen Bestehens der „Praxisbegleitung" in der Diözese Rottenburg–Stuttgart widmete die Zeitschrift „Lebendige Seelsorge" der Thematik „Praxisbegleitung in der Seelsorge" ein eigenes Heft (Heft 2/1985), auf das ich an dieser Stelle ausdrücklich hinweisen möchte, vor allem auf die Beiträge von Bruno ERNSPERGER M. A., dem Leiter des „Instituts für Fort- und Weiterbildung".[10] ERNSPERGER stellte mir für die vorliegende Veröffentlichung einen Überblick über jene Angebote seines Instituts zur Verfügung, die speziell auf die Förderung von Kompetenz und Identität ausgerichtet sind. Im laufenden Text wird bei der Nennung der einzelnen Aktivitäten meistens auf eine genauere Beschreibung verwiesen, die in dem erwähnten Heft enthalten ist.

1.3.1 Überblick über die verschiedenen Aktivitäten
In der Trägerschaft des „Instituts für Fort- und Weiterbildung" liegen Aktivitäten in der Zweiten und Dritten Bildungsphase, d.h. in der Zeit der Berufseinführung und in der Zeit der eigenständigen pastoralen Berufstätigkeit, die daran anschließt.

A) *In der Zweiten Bildungsphase* (Zeit der Berufseinführung) werden angeboten:
a) Pastorale Supervision für die Zeit des *Diakonats,* in der Regel 14tägig in regionalen Lerngruppen.
(Vgl. Franz EBERHARDINGER, Pastorale Praxisberatung während des Diakonats, 362–365).

b) Pastorale Supervision für *Priester* (Vikare) in den ersten beiden Jahren nach der Priesterweihe, in der Regel 14tägig in regionalen Lerngruppen.
(Vgl. Veronika WINDISCH-SCHOISSWOHL, Praxisbegleitung für Vikare, 356–359).
c) Pastorale Supervision für *Pastoralassistenten* in den ersten eineinhalb Jahren ihrer pastoralpraktischen Ausbildung, in der Regel 14tägig in regionalen Lerngruppen.
(Vgl. Anton DURNER, Praxisbegleitung im Referendariat der Pastoralassistenten, 359–362).
d) Grundlegende Fortbildung von *Prinzipalen* („Lehrpfarrern") für die Praxisbegleitung in der Berufseinführung. Bei der Praxisberatung für Prinzipale handelt es sich um ein abrufbares Fortbildungsangebot, das in der Vorankündigung folgendermaßen beschrieben wird:

Nachfrage
Seit einigen Jahren fragen Prinzipale immer wieder nach der Möglichkeit, ob sie für sich selbst Praxisberatung in Anspruch nehmen dürfen. Als Beweggründe wurden genannt: z. B.
– Was den Vikaren hilft, kann uns auch helfen.
– Durch die Prinzipalen-Rolle entsteht Mehrbelastung ohne Hilfestellung.
– Reflexionspartner über die Praxis der Mitarbeiteranleitung und das eigene Pastoralkonzept fehlen.

Angebot
Das Institut bietet den Prinzipalen, die eine Begleitung/Fortbildung für ihren Dienst suchen, die Möglichkeit einer *Praxisberatung* an. Diese kann entweder als *Einzelberatung* oder als *Gruppenberatung* (3–4 Prinzipale einer Region) durchgeführt werden. Die Einzelberatung umfaßt in der Regel 20 Sitzungen von je 60–90 Minuten Dauer, die Gruppenberatung 20 Sitzungen von je 120–180 Minuten Dauer. Sie finden im Abstand von 14 Tagen statt. Auf Anfrage werden mehrere Praxisberater zur Auswahl angeboten.

B) *In der Dritten Bildungsphase* (Zeit nach der Berufseinführung) werden angeboten:
a) Pastorale *Einzelsupervision* für pastorale Mitarbeiter (Priester, Diakone, Pastoralreferent(inn)en, Gemeindereferent(inn)en, Bildungs- und Jugendreferent(inn)en, in der Regel 20 Sitzungen in 14tägigem Abstand,
– bei Übernahme einer neuen Aufgabe, die veränderte Anforderungen stellt,

- bei der Verarbeitung von persönlichen, beruflichen bzw. pastoralen Krisen,
- bei individuell akzentuierten Lern- bzw. Entwicklungswünschen.

(Vgl. Maria MÜLLER, Beratende Begleitung einzelner Mitarbeiter, 365-367; Herbert DENTLER, Beratung in der Berufseinführung für Jugendreferentinnen und Jugendreferenten, 367-370).

b) *Zweijahreskurs* für pastorale Mitarbeiter, eine Wegbegleitung für den pastoralen Dienst in einer Übergangssituation der Kirche, ein Lernvorgang, der Blockseminare, regionale Supervisionsgruppen und angeleitetes Selbststudium verbindet.

(Vgl. Armin RIEDL, Pastorales Lernen in langfristigen Fortbildungsmaßnahmen, 375-377). Im Abschnitt 1.3.2 wird dieser Kurs eingehender charakterisiert.

c) *Weiterbildungsberatung und Krisenhilfen,* zwei Formen der individuellen Förderung:
- Wer etwas für seine persönliche und berufliche Entwicklung tun möchte, kann mit Hilfe einer *Weiterbildungsberatung* sich über die Möglichkeiten informieren und eine für sein Anliegen angemessene Form finden.
- Wer in *Krisen* um Hilfe nachsucht, dem wird eine für ihn geeignete seelsorgerliche oder therapeutische Begleitung vermittelt.

d) *Team- oder Gemeindeberatung.* Diese Form der Beratung berücksichtigt insbesondere das soziale und strukturelle Umfeld (vgl. „Identitätsbalance"). Sie wird meistens angefragt und ermöglicht, wenn es darum geht
- die pastorale Kooperation zu verbessern,
- Konflikte unter Mitarbeitern oder in der Gemeinde zu bearbeiten,
- Ansätze zur Erneuerung oder Entwicklung von Gemeinde zu finden.

(Vgl. Josef VIRNICH / Richard PSCHIBUL, Pastorale Praxisberatung als Hilfe für Gemeindeentwicklung, 338-347; Franz EBERHARDINGER, Pastorale Praxisberatung mit Mitarbeiterteams, 371-374).

1.3.2 Siebter Zweijahreskurs 1987-1989

Diese Fortbildungsmaßnahme ist der besonderen Beachtung wert. Da jedoch nicht das ganze Kursprogramm und die vollständige Kursbeschreibung in diesen Bericht übernommen werden können, beschränke ich die Information auf einige Bemerkungen über den Teilnehmerkreis und auf die Wiedergabe der Lernziele, die in diesem Kurs angestrebt werden.

Auf die Frage, *wer an diesem Kurs teilnehmen kann,* gibt das Programm folgende Antwort:

„Dieses Fortbildungsangebot ist für alle gedacht, die eine Ausbildung für den kirchlichen Dienst abgeschlossen haben und vorwiegend in der Gemeindepastoral tätig sind: Priester, Diakone, Pastoralreferent(inn)en und Gemeindereferent(inn)en. Ausgenommen sind Personen, die noch in einem verpflichtenden Ausbildungsverhältnis stehen (z. B. Vikare, Pastoralassistenten).

Der Kurs erstreckt sich praxisbegleitend über einen Zeitraum von zwei Jahren. Teilnehmen können nur solche Personen, die bereit sind, alle Veranstaltungen des Kurses im Verlauf der zwei Jahre zu besuchen.

Die Teilnehmerzahl ist auf 15–20 Personen beschränkt. Das Mitarbeiterteam entscheidet in Abstimmung mit der Diözesanleitung über die Teilnahme der angemeldeten Personen.

Die zeitliche Beanspruchung durch die zweijährige Fortbildung erfordert eine Reduzierung des üblichen Zeitaufwandes für die Gemeindepastoral. Das ist für diesen Zweck legitim. Für die Blockseminare wird Dienstbefreiung gewährt. Vertretungen sind im Dekanat, im Pfarrverband bzw. in der Gesamtkirchengemeinde zu regeln. In Ausnahmefällen kann das Personalreferat tätig werden.

Die durch die Fortbildung erreichten Qualifikationen werden durch ein *Zertifikat* bescheinigt."

Auf die Frage nach den *Lernzielen* wird in der Kursbeschreibung für jeden der vier Kursabschnitte eine detaillierte Auskunft gegeben.

1. KURSABSCHNITT
Fragestellung: „Wie kann ich angesichts der derzeitigen gesellschaftlichen und kirchlichen Situation persönlich und beruflich eine sinnvolle Perspektive für die Zukunft finden?"
Lernziele: „In diesem Kursabschnitt können die Teilnehmer:
– sich auf ihre ursprünglichen beruflichen Hoffnungen und Wünsche besinnen;
– sich mit ihren Enttäuschungen und mit den veränderten Bedingungen versöhnen;
– den Versuch machen, anzunehmen, was nicht zu ändern ist und sich für solche Veränderungen zu entscheiden (lernen), wo die Möglichkeit dazu gegeben und sinnvoll erscheint;
– miteinander lohnende Perspektiven für die weitere persönliche und berufliche Entwicklung entdecken und nach geeigneten Wegen/ Schritten zu ihrer Verwirklichung suchen."

2. KURSABSCHNITT
Fragestellung: „Wie kann ich meinen pastoralen Dienst zielorientiert und situationsgerecht gestalten?"

Lernziele: „In diesem Kursabschnitt können die Teilnehmer:
- durch Analyse der persönlichen Arbeitspraxis und der pastoralen ‚Großwetterlage' konkrete Neuansätze für den Umgang mit der Wirklichkeit finden;
- pastoraltheologische Perspektiven gewinnen und damit Entscheidungshilfen für pastorale und persönliche Prioritäten erhalten;
- versuchen, zu einer gezielteren, konzentrierteren und damit effektiveren Arbeitsweise zu finden;
- zu einer konzeptionellen Orientierung finden, die ihnen helfen kann, sich im pastoralen Miteinander verständlicher zu machen und gegen den Druck der Alltagsanforderungen besser zu bestehen."

3. KURSABSCHNITT
Fragestellung: „Wie kann ich dem Geheimnis der Lebens- und Glaubensgeschichte bei mir und anderen auf die Spur kommen?"
Lernziele: „In diesem Kursabschnitt können die Teilnehmer:
- sich in eine partizipierende und solidarisierende Form des Mitseins einüben;
- das Selbst und die Lebensgeschichte als Quellen der Transzendenz und der Gotteserfahrung wahrnehmen;
- ‚Texte des Lebens' und ‚Texte der Bibel' in ihren Zusammenhängen erschließen lernen;
- Bilder, Zeichen und Symbole als Vollzugs- und Ausdrucksformen von religiöser und gläubiger Wirklichkeit neu entdecken."

4. KURSABSCHNITT
Fragestellung: „Wie kann ich die helfende und heilende Kraft des Evangeliums in der seelsorgerlichen Begegnung selbst erfahren und für andere erfahrbar machen?"
Lernziele: „In diesem Kursabschnitt können die Teilnehmer:
- sich auf die anspruchsvoller gewordenen Bedürfnisse nach Einzel- und Gruppenseelsorge einstellen;
- ihr seelsorgerliches Handeln im Blick auf das zunehmende Bedürfnis nach Heiligung und Heilung intensivieren;
- miteinander an einer geistlichen und praktisch erfahrbaren Kultivierung des Leitungsdienstes arbeiten."

1.4 Pastoralpsychologische Bildungsmaßnahmen in den Erzdiözesen Freiburg und Köln

Die drei vorausgehenden Berichte betrafen Diözesen, in denen Initiativen zur Förderung von Kompetenz und Identität weithin bereits systematisch ausgebaut und organisiert sind. In anderen Diözesen befindet sich die pastoralpsychologische Arbeit im Aufbaustadium. Dafür sollen zwei Beispiele angeführt werden.

1.4.1 Die Situation in der Erzdiözese Freiburg

Einer persönlichen Mitteilung von Dr. Wunibald MÜLLER, dem Leiter des Referats „Pastoralpsychologie und Praxisberatung", verdanke ich die Möglichkeit, die Bildungssituation in Freiburg, soweit sie pastoralpsychologische Anteile betrifft, darstellen zu können.

Seit 1985 gibt es am Institut für Pastorale Bildung der Erzdiözese Freiburg das oben genannte Referat.[11] Entsprechend dem Grundauftrag des Instituts sind die Initiativen und Angebote des Referats zunächst auf die Fort- und Weiterbildung der ehrenamtlichen und hauptamtlichen Mitarbeiter und Mitarbeiterinnen im pastoralen Dienst ausgerichtet. Mit dem Angebot für die Priesteramtskandidaten des Theologenkonvikts Collegium Borromäum und für die Diakone des Priesterseminars St. Peter berühren sie aber auch die Erste Bildungsphase.

Die Einbeziehung der Pastoralpsychologie und Praxisberatung in das Institut für Pastorale Bildung schafft die Möglichkeit, in allen Bildungsphasen kontinuierlich Identität und Kompetenz zu fördern.

(1) In der *Ersten Bildungsphase* sind zwei „Ereignisse" zu nennen, die für die Priesteramtskandidaten von besonderer Bedeutung sind:

a) Nach der Rückkehr der Priesteramtskandidaten aus der „großen Externitas", d.h. nach den sog. Freisemestern, findet unter der Leitung von Dr. MÜLLER ein *Besinnungstag* statt. Die Teilnehmer werden veranlaßt, den Verlauf ihrer bisherigen Lebens-, Glaubens- und Berufslinie aufzuzeichnen und darüber zunächst persönlich und dann in kleinen Gruppen zu reflektieren. Den Teilnehmern ist bekannt, daß Dr. MÜLLER am folgenden Tag für Einzelgespräche zur Verfügung steht und auch während des Semesters Beratungsstunden anbietet. Im Einzelfall kann daraus eine Gesprächsreihe von mehreren Stunden oder auch eine über längere Zeit sich erstreckende Therapie werden.

b) Nach dem Abschluß des Studiums kann dem Priesteramtskandidaten ein *Gemeindejahr* ermöglicht werden. Dazu heißt es im Amtsblatt der Erzdiözese Freiburg: „Falls ein Kandidat oder die Vorsteher vor der endgültigen Entscheidung bzw. vor dem Eintritt in das Priesterseminar eine Zeit der praktischen Einübung und Tätigkeit für angebracht halten, kann nach Abschluß des Studiums ein ‚Gemeindejahr' absolviert werden" (1985, S. 224). Die Praxisbegleitung während dieses Jahres will dazu beitragen, daß der Praktikant die Herausforderung, welche diese Zeit mit sich bringt, wahrnehmen und nutzen kann. Sie versteht sich als eine Hilfestellung, berufstheoretische, berufspraktische und ganzheitlich-personale Kompetenz zu integrieren. In dieser Phase soll die Bereitschaft wachsen, sich nochmals gründlich mit sich selbst und mit der Berufsentscheidung auseinanderzusetzen und die eigene Identität zu gestalten.

(2) Für die *Zweite Bildungsphase* hebt W. MÜLLER zwei Elemente hervor:

a) Im Rahmen der Hinführung zur Priesterweihe machen die Diakone ein einjähriges *Gemeindepraktikum*. Die Begleitung findet in ähnlicher Weise statt wie während des vorhin genannten Gemeindejahres für die Priesteramtskandidaten (vor der Diakonatsweihe).

b) Zur beruflichen Vorbereitung gehört für die künftigen Priester, für die Pastoralassistenten und -assistentinnen und für die Gemeindeassistenten und -assistentinnen eine *Einführung in das seelsorgliche Gespräch,* die in verschiedenen Kursen von unterschiedlichem zeitlichem Umfang, für die jeweiligen Berufsgruppen getrennt, angeboten wird.

(3) In der *Dritten Bildungsphase* werden vier Fortbildungsangebote gemacht:

a) *Pastorale Praxisberatung* in der Form von Einzel- und Gruppenberatung, die vor allem der besseren Qualifikation für die beruflichen Aufgaben und der Lösung von pastoralen Problemen dienen soll. Sie kann grundsätzlich von allen hauptamtlichen Mitarbeitern und Mitarbeiterinnen in Anspruch genommen werden.

b) *Ein Grundkurs für seelsorgliche Begleitung und pastorale Kooperation.* Es handelt sich um einen Intensivkurs mit vier Studienwochen und zwanzig regionalen Gruppentreffen zur Praxisbegleitung. Er setzt sich aus etwa zwanzig Teilnehmern zusammen, wobei versucht wird zu gewährleisten, daß Frauen, Laien, Priester (auch solche in leitenden Funktionen) teilnehmen. Der Kurs wird in Kooperation mit dem Theologisch-Pastoralen Institut in Mainz durchgeführt.[12]

c) *Ein Aufbaukurs für pastorale Praxisberatung.* Die Teilnahme an diesem Kurs ermöglicht jenen Teilnehmern des Grundkurses (b) eine spezielle Fortbildung, die geeignet erscheinen, später in eigener Verantwortung als Praxisberater und -beraterinnen tätig zu werden.

d) *Ein Kurs „Pastoral im Alltag".* Dieser Kurs versteht sich als Intervallkurs, der vor allem für kirchliche Mitarbeiter und Mitarbeiterinnen konzipiert wurde, die eine neue, evtl. zusätzliche Tätigkeit übernommen haben.

Auch das weithin bekannt gewordene „Institut für Klinische Seelsorgeausbildung" in Heidelberg ist eine Einrichtung der Erzdiözese Freiburg.[13] Zwar wird in unserem Zusammenhang über Ausbildungsvorgänge für spezielle pastorale Tätigkeiten nicht berichtet, es sei aber erwähnt, daß das Heidelberger Institut auch an der allgemeinen pastoralen Ausbildung in der Erzdiözese Freiburg beteiligt ist.

1.4.2 Die Situation in der Erzdiözese Köln

Msgr. Dr. Paul ADENAUER, der in der Erzdiözese Köln für „Pastorale Beratung" zuständig ist, hat mir einige Notizen über die dortigen pastoralpsychologischen Unternehmungen zur Verfügung gestellt, aus denen ich die folgende Übersicht zusammengestellt habe.[14]

(1) Während der *Ersten Bildungsphase* haben sich mehrere Elemente gut bewährt:

a) Im 3. Semester findet im Collegium Albertinum (Bonn) eine *Einführung in das partnerzentrierte Seelsorgegespräch* (Wochenendkurs) statt. Es wird großer Wert darauf gelegt, die Erfahrung zu vermitteln, daß es sich bei der Gesprächsführung nicht um bloße psychologische Techniken handelt, sondern um ein Verhalten, das aus einer biblisch fundierten pastoralen Grundeinstellung hervorgeht.

b) Im 7. Semester nehmen alle Priesteramtskandidaten an einem einwöchigen Kurs zur *Einübung des Seelsorgegesprächs* in Anlehnung an die Methode der Klinischen Seelsorgeausbildung teil.[15] Die Kandidaten kommen zum ersten Mal mit der Praxis in Berührung: Es werden Krankenbesuche gemacht, Gesprächsaufzeichnungen angefertigt und diese in Kleingruppen unter fachlicher Anleitung besprochen.

c) Nach dem Abschluß des Theologiestudiums (Diplom) praktizieren die Priesteramtskandidaten vier Monate in einer Gemeinde und erleben dort den Ernst der pastoralen Realität. Die dabei gemachten Erfahrungen werden, mit Hilfe pastoralpsychologischer Methoden, an einem Studientag während des Praktikums und in der anschließenden halbjährigen Seminarzeit reflektiert und ausgewertet.

d) Für ihr 8monatiges Praktikum werden die Diakone Pfarrern zugeteilt, welche die Praxisbegleitung übernehmen (vgl. die Rottenburger Prinzipale). Pfarrer und Diakone bilden Kleingruppen, die sich 14tägig zum Erfahrungsaustausch treffen.

e) Die Zeit nach dem Diakonatspraktikum bis zur Priesterweihe verbringen die Kandidaten wieder im Priesterseminar. Zahlreiche Lehr- und Lernveranstaltungen fördern die pastorale Kompetenz vor allem dadurch, daß ein lebendiges Lernen in kleinen Gruppen ermöglicht wird. Themen sind z. B. die Taufpastoral, die Ehe- und Familienpastoral. Das „Leiten und Mitarbeiten in Gruppen und Gremien der Pfarrgemeinde" wird, zusammen mit den Pastoralassistenten, eingeübt. Die

Kurswoche „Einübung von Kommunikation" (etwa 20 Teilnehmer mit zwei Kursleitern) erfreut sich zunehmender Wertschätzung.

(2) In der *Zweiten Bildungsphase,* d.h. während der ersten drei Jahre der beruflichen Tätigkeit, spielt die Praxisbegleitung, die sich seit einigen Jahren entwickelt hat und 1985 in der Erzdiözese Köln institutionalisiert wurde, eine wichtige Rolle.

a) Über die *Praxisbegleitung* schreibt P. ADENAUER: „Da wir pro Jahr außer den freiwilligen Praxisbegleitgruppen ca. 4 verbindliche Praxisbegleitgruppen für Gemeinde- und Pastoralreferenten, mindestens 2 für ständige Diakone und mindestens 5 für Diakone des Seminars und Kapläne haben, benötigen wir eine erhebliche Anzahl von qualifizierten Praxisbegleitern aus allen pastoralen Diensten. Es hat sich gezeigt, daß den Praxisbegleitern die Arbeit, die ja neben dem vollen Beruf zu leisten ist, trotz mancher Mühe viel Freude macht und durch die Praxisbegleitung manche in die Isolierung führende Unsicherheit des beruflichen Anfängers aufgefangen werden kann. Rückmeldungen über die Praxisbegleitung sind überwiegend positiv. Ein langfristiges Ziel ist, daß sich später auch kollegiale Selbsthilfegruppen auf Zeit in den Dekanaten oder Städten bilden können, welchen das Instrumentarium der Pastoralsupervision vertraut ist."

b) Eine gegenwärtig vordringliche Aufgabe ist die *Weiterbildung der Praxisbegleiter* bis zur vollen Befähigung als Pastoralsupervisoren. Diesbezüglich wurden Erkundigungen bei anderen Diözesen (vor allem in Rottenburg-Stuttgart) eingeholt und im derzeitigen Leitungsteam viele Überlegungen angestellt. Mit der Verwirklichung des erarbeiteten Konzepts wurde bereits begonnen.

2. *Initiativen kirchlicher Fortbildungseinrichtungen*

Ergänzend zu den Bildungsbemühungen einzelner Diözesen haben zwei überdiözesane Institute eine wichtige Aufgabe im Rahmen der Fort- und Weiterbildung für den in der Pastoral tätigen Personenkreis übernommen. Schon bevor diese Institute entstanden, hatten die Orden ein solches für die Bedürfnisse der Zweiten und Dritten Bildungsphase geschaffen. Diese drei Einrichtungen sollen nun vorgestellt werden. Es wird nicht über ihr ganzes Bildungsprogramm informiert, sondern nur über einzelne Aktivitäten, die veranschaulichen, auf welche Weise von diesen Instituten die pastorale Kompetenz und die Identität der Kursteilnehmer gefördert werden. Die Reihenfolge der Darstellung richtet sich nach dem Alter der jeweiligen Institution.

2.1 Das Institut der Orden für missionarische Seelsorge und Spiritualität (IMS) in Frankfurt/Main
getragen von der Vereinigung deutscher Ordensobern (VDO) und -oberinnen (VOD) in Verbindung mit den Superiorenkonferenzen Österreichs und der Schweiz

Dieses Institut wurde bereits 1962 gegründet und entfaltete seither eine reiche Bildungstätigkeit.[16] Aus dem vielfältigen Angebot wähle ich zwei Beispiele aus:

2.1.1 Allgemeine Einführung in den pastoralen Dienst
Die beigefügte Übersicht auf der folgenden Seite über die Normalausbildung läßt ahnen, was unter einer ordensspezifischen Ausgestaltung der Zweiten Bildungsphase, zwischen der Priesterweihe und der pastoralen Abschlußprüfung, verstanden wird. Die Themen für 1987 sind hervorgehoben.

2.1.2 Spezielle Einführungskurse
Nach zwei Jahren beruflicher Praxis ist die Teilnahme an speziellen Kursen möglich. Es handelt sich um fraktionierte Kurse, die sich über zwei Jahre erstrecken. Angeboten wird eine Exerzitienleiter- und -leiterinnenausbildung und eine spezielle Ausbildung für Gemeindeaufbau, Gemeindeleitung und missionarische Verkündigung (Einführung und Einübung in die Gemeindemission).

2.2 Die Theologische Fortbildung in Freising
getragen von der Bayerischen Bischofskonferenz

Die „Theologische Fortbildung" auf dem Domberg in Freising wurde 1969 eingerichtet.[17] Zur Erinnerung an diesen Beginn und an ein Jahrzehnt der Bildungsarbeit gaben Dr. Walter FRIEDBERGER, der Leiter dieser Institution, und sein damaliger Mitarbeiter Dr. Franz SCHNIDER die Festschrift „Theologie – Gemeinde – Seelsorger" heraus. Ich habe selbst acht Jahre lang – bis zu meiner Berufung nach Innsbruck – in zahlreichen pastoralpsychologisch konzipierten Kursen mitgearbeitet. Rückblickend habe ich meinen Eindruck von „Freising" in einem Beitrag für die genannte Schrift zusammengefaßt: „Der Beitrag der Theologischen Fortbildung zur Identität der pastoralen Berufe".

Neben den vielen schon zur Tradition gewordenen Lernmöglichkeiten wurde in den vergangenen Jahren von Dr. FRIEDBERGER und Prof. DDr. Paul Michael ZULEHNER, zusammen mit mehreren Mitarbeitern, ein *Intervallkurs für seelsorgliche Praxisbegleitung* entworfen

SPIRITUELLE	PASTORALE
KURSE	
I • Grundvollzüge geistlichen Lebens zum Thema „Weg zum Heil – Umkehr" • Lebensgestaltung auf spiritueller Basis	I Kinder- und Jugendpastoral • Der Glaube von Kindern und Jugendlichen • Auseinandersetzung mit Formen und Methoden • Überprüfung des Stellenwertes von Kinder- und Jugendpastoral in einem pastoralen Gesamtkonzept
	1987
II • BIBLISCHE WOCHE ÜBER DAS MARKUSEVANGELIUM • MEDITATION ALS WEG DES SCHWEIGENS UND ALS ORIENTIERUNG AN DER SCHRIFT	II • GLAUBENSWEITERGABE UNTER ERWACHSENEN • IN IHRER VIELFÄLTIGKEIT • IN UNTERSCHIEDLICHEN LEBENSSITUATIONEN • IN VERSCHIEDENEN GRUPPEN • ALS KOMMUNIKATION
III • Anthropologische und bibeltheologische Dimensionen der Gelübde als Hilfe für ihre Verwirklichung heute • Meditation als Weg zur menschlichen Ganzheit (Aufbaukurs)	III PASTORALE PLANUNG • Kirchen- und Gemeindebilder • ihre Beziehung zum eigenen Kirchen- und Gemeindeverständnis • ihre Bedeutung für die eigene pastorale Planung; • Fragen der Macht und Kooperation • Pastorale Planung und eigene Lebensgestaltung
IV • Grundvollzüge geistlichen Lebens zum Thema „Passion – Tod – Auferstehung"	IV CHRISTLICHER GLAUBE in moderner GESELLSCHAFT • Der Gott, an den wir glauben • Auseinandersetzung mit anderen Wertsystemen Religionen, Konfessionen, Bewegungen etc. • Kirche und politisches Handeln

Alle Kurse betreffend:

KONZEPTIONELLES ARBEITEN
- nach dem thematischen Schwerpunkt des Kurses
- nach einer Zielgruppe aus dem eigenen seelsorglichen Wirkungsbereich

und wiederholt durchgeführt. Einem Einführungstext entnehme ich die folgenden Informationen.

„Die Situation der letzten Jahre kirchlicher Entwicklung hat gezeigt, daß man auf einige Schwerpunkte achten muß:
a) Wie lernen kirchliche Mitarbeiter ihren Beruf?
b) Wie lernen wir, allen anderen auf dem Weg in den Beruf zur Seite zu stehen, sie nicht zu behindern, sondern sie zu fördern?
c) Wie lernen wir alle, miteinander zu arbeiten?
d) Wie können wir Leuten, die arbeiten und miteinander arbeiten wollen, dabei helfen, dies besser zu tun?
Diese Überlegungen führten dazu, daß wir uns sagten: man müßte allen Leuten in der kirchlichen Seelsorge in der Ausübung ihres Berufes weiterhelfen; und: man müßte dabei besonders auf jene Leute achten, die in der Begleitung anderer Mitarbeiter wichtig sind, z. B. die sog. Mentorenpfarrer oder Ausbildungspfarrer. Im Grunde geht es aber darum, daß wir alle lernen, unseren Beruf besser zu verstehen, auszuüben, mit anderen zusammenzuarbeiten und uns gegenseitig zu helfen.

Ziel war also zunächst nicht, Spezialisten der Praxisbegleitung heranzubilden (auch das soll langfristig angestrebt werden), sondern auf breiter Ebene das helfende und beratende Miteinander in der Seelsorge zu fördern.

Anlaß zu diesem Ausbildungsprojekt war auch die Sorge, wie wir, die im kirchlichen Dienst stehen, berufliche Spiritualität gewinnen. Es sollte der Zusammenhang zum beruflichen Verständnis und zur persönlichen Identität aus der Theologie und der Verwurzelung im Glauben ausgeweitet werden."

Aus diesen Überlegungen ergeben sich also drei Ziele, die erreicht werden sollen:
– Vertiefung des theologisch-pastoralen Wissens,
– Befähigung zur Kommunikation und Kooperation,
– Entwicklung der Spiritualität im beruflichen Handeln.
Die Kurszeit erstreckt sich jeweils über die Monate November bis Juli und besteht aus vier Kurseinheiten, von denen drei jeweils eine Woche dauern und eine sich über zehn Tage erstreckt.

2.3 Das Theologisch-Pastorale Institut für berufsbegleitende Bildung (TPI) in Mainz

Anläßlich seines zehnjährigen Bestehens (1981) hat das Theologisch-Pastorale Institut[18], getragen von mehreren westdeutschen Diözesen, ein Symposion unter einem Thema abgehalten, das für diese Bildungseinrichtung charakteristisch ist: „Das Lernen des Seelsorgers. Identität – Zielsetzung – Handeln im pastoralen Dienst". In dem von Wilhelm BRUNERS und Josef SCHMITZ unter diesem Titel herausgegebenen Band finden sich, außer einer kurzen Geschichte dieses Instituts, beachtenswerte grundsätzliche Überlegungen zum Lernen des Seelsorgers und aufschlußreiche Praxisberichte. Ich möchte es nicht bei diesem Literaturhinweis belassen, sondern darüber hinaus einen Einblick in die Arbeit des Instituts und einiger seiner freien Mitarbeiter ermöglichen.

2.3.1 *Zusatzausbildung zum pastoralen Praxisberater*
Das Institut bietet eine Ausbildung zum Praxisberater an. Franz SIEBEN M.A. ließ mir eine sehr informative Beschreibung dieses Bildungsganges zukommen, die ich wörtlich wiedergebe. Von Praxisberatung war ja bereits wiederholt die Rede, ohne genauer zu erklären, was damit gemeint ist.

Bei der Praxisberatung handelt es sich „um eine Beratungsaufgabe, die Priestern und hauptamtlichen pastoralen Mitarbeitern in Pfarrverbänden und Dekanaten, in Pfarrteams und Arbeitsgruppen hilft, gemeinsames Handeln zu planen (arbeits- und zielorientiert), die dabei auftretenden Fragen und Schwierigkeiten wahrzunehmen und zu verstehen (problemorientiert), sowie die theologische und spirituelle Bedeutung dieses Tuns für den einzelnen, die Gruppe oder Gemeinde miteinander auszutauschen und zu reflektieren (pastoralorientiert). Es geht also um Verständigung über Aufgaben und Ziele; um die Art und Weise ihrer Durchführung; um persönliche Vergewisserung, Klärung und Sicherheit in den praktischen Möglichkeiten und Grenzen des eigenen Handelns sowie um die theologischen und spirituellen Dimensionen.

Praxisberatung hat es zu tun mit den konkreten Arbeitserfahrungen der Seelsorger und pastoralen Mitarbeiter. Die Erfahrungen bei der Erfüllung oder Nichterfüllung von Auftrag und Zielen werden in der Praxisberatung zur Sprache gebracht, geklärt und so verarbeitet, daß die jeweilige Person sich mit ihrer Arbeit identifizieren kann und damit besser ihren Auftrag erfüllt und ihre Ziele verwirklicht.

Die Arbeitserfahrungen der Seelsorger sind mitbestimmt durch die veränderten gesellschaftlichen und pastoralen Bedingungen, unter denen sie heute zu arbeiten haben, unter denen heute Gemeindeaufbau und Verkündigung stehen. Sie müssen Fragen bewältigen, die mehrere Dimensionen umgreifen:
– Wie erfahren Seelsorger die sie umgebende persönliche und gesellschaftliche Wirklichkeit angesichts der Verheißungen der biblischen Botschaft? (pastorale Vergewisserung)

- Welches Selbstverständnis ihres Dienstes liegt ihrem Denken, Fühlen und Handeln zugrunde als lebendiger Ausdruck ihres Glaubens? (pastorale Identität)
- Wie kann der Seelsorger unter den gegenwärtigen Bedingungen den Sendungsauftrag der Kirche mit seinen eigenen Möglichkeiten und Grenzen am besten verwirklichen? (pastorale Ziele)
- Wie lernen Seelsorger miteinander in Richtung auf diese Ziele arbeiten? (pastorale Kompetenz)

Die Antworten auf diese Fragen können nicht nur jeweils individuell gefunden werden. Sie betreffen die gemeinsame Praxis aller Beteiligten.

Die einzelnen Diözesen haben durch entsprechende Personal- und Strukturpläne eine intensivere pastorale Kommunikation und Kooperation vorbereitet. Entsprechende Strukturen stellen aber nur den Rahmen für das Lernen von Zusammenarbeit, Verständigung, gegenseitiger Hilfe und gemeinsamer Planung in der Pastoral dar. Für die Auseinandersetzung mit den gestellten Aufgaben bedarf es besonderer Kenntnisse und Fähigkeiten und auch veränderter Einstellungen, um in diesen Strukturen hilfreich für sich selbst und andere arbeiten zu können.

Durch die Initiative des Theologisch-Pastoralen Instituts Mainz, erfahrene Priester und hauptamtliche pastorale Mitarbeiter, Männer und Frauen verschiedener Generationen, als pastorale Praxisberater auszubilden, wird ein Weg beschritten, pastorale Identität und Kompetenz unter veränderten Bedingungen zu entwickeln, neu zu begründen und zu vertiefen.

Für die Ausbildung zum pastoralen Praxisberater ergeben sich aufgrund dieser Fragestellung Folgerungen, die die Themen, die Lernformen und den Zeitaufwand betreffen.

Der Aufbau dieser Ausbildung vollzieht sich thematisch in vier Lernschritten:
- Kommunikations- und Kooperationsstrukturen und ihre Auswirkungen, die einzelne und eine Gruppe in der pastoralen Zusammenarbeit beeinflussen, verstehen lernen,
- die Rolle des Beraters in der eigenen Identität begründen, annehmen und in dieser Rolle authentisch arbeiten lernen,
- Konflikte in ihrer Realität sehen, durchschaubar machen und Wege von Konfliktbewältigung angehen lernen,
- Dimensionen des eigenen Glaubens in der Arbeit und im Lernen erfahren und sich und anderen verfügbar machen.

Der Ausbildung liegt ein integratives Lernkonzept zugrunde: Kognitives und emotionales Lernen, Arbeit und Glaube sind aufeinander verwiesen und beeinflussen sich gegenseitig. Der zukünftige Praxisberater wird selbst in seinem (menschlichen, beruflichen, geistlichen) Lernen seinen Integrationsweg gehen, um authentisch und kompetent Hilfen zur Klärung für das pastorale Lernen anderer anbieten zu können.

Die Ausbildung zum pastoralen Praxisberater umfaßt Studienwochen, Supervisionssitzungen, eigene Beratungstätigkeit unter Kontrollsupervision, zwei schriftliche Hausarbeiten sowie Literaturstudium. Sie dauert ca. 2½ Jahre.

In den bisherigen drei Ausbildungskursen sind 50 Priester und Laien im pastoralen Dienst aus acht Diözesen diesen Lernweg gegangen."

2.3.2 Hinweise auf freie Mitarbeiter des Instituts

Es besteht nicht die Absicht, nun alle Mitarbeiter des Instituts aufzuzählen. Viele von ihnen haben an dem Band „Das Lernen des Seelsorgers" mitgewirkt. Ich nenne hier nur einige, deren intensive Arbeit im Bereich der pastoralen Bildung über das Institut hinaus durch Aktivitäten und Veröffentlichungen bekannt wurde.

(1) Dr. Hermann ANDRIESSEN, wissenschaftlicher Mitarbeiter in der interdisziplinären Studiengruppe für angewandte Religionspsychologie an der Katholischen Universität Nimwegen/Niederlande hat zweifellos großen Einfluß auf die Entwicklung der pastoralen Supervision in der Katholischen Kirche der Bundesrepublik Deutschland. Sein Werk „Pastorale Supervision. Praxisberatung in der Kirche" enthält eine erfahrungsnahe Ortsbestimmung und begriffliche Klärung der Vorgänge, die als „Supervision" bzw. als „Pastorale Supervision" bezeichnet werden.[19]

(2) Dr. Karl FRIELINGSDORF SJ, Professor für Pastoralpsychologie und Religionspädagogik an der Philosophisch-Theologischen Hochschule St. Georgen in Frankfurt/Main hat bereits 1976 zusammen mit Günther STÖCKLIN fünf pastoralpsychologische Kursmodelle unter dem Titel „Seelsorge als Sorge um den Menschen" veröffentlicht.[20] Einer der beschriebenen Kurse stellt die berufliche und persönliche Identitäts- und Glaubensfindung ausdrücklich in den Mittelpunkt. Seither ist K. FRIELINGSDORF in eigener Regie und in Zusammenarbeit mit dem TPI und anderen kirchlichen Institutionen unablässig tätig.

(3) Dr. Heinrich POMPEY, Professor für Pastoralpsychologie an der Universität Würzburg, hat die praxisbegleitende Ausbildung am TPI mit aufgebaut. Seine Lehrtätigkeit wird bei den Initiativen an Hochschulen und Universitäten (3.4 Universität Würzburg) vorgestellt.

(4) Zuletzt füge ich noch eine Bemerkung über die sogenannten *TZI-Kurse* an.[21] Das Institut arbeitet seit mehr als einem Jahrzehnt mit

Kursleitern und -leiterinnen zusammen, die dazu befugt und befähigt sind, die Teilnehmer in die Methode der „Themenzentrierten Interaktion" nach Ruth Cohn einzuführen und sie darin auszubilden. Diese Methode hat sich für die Fortbildung pastoraler Dienste als sehr förderlich erwiesen. Aufgrund des lebendigen Lernansatzes kann mit ihrer Hilfe eine Basisspiritualität aller pastoralen Berufe entwickelt werden.

3. Initiativen an Theologischen Fakultäten und Kirchlichen Hochschulen

In örtlich-alphabetischer Reihenfolge werden einige einschlägige Lehrangebote kurz charakterisiert. Ich halte mich dabei wiederum an das Prinzip einer exemplarischen Auswahl. Auf dem Gebiet der Pastoralpsychologie geschieht vieles, was hier nicht genannt werden kann.

3.1 Theologische Fakultät Fulda – Staatlich anerkannte wissenschaftliche Hochschule

An der Theologischen Fakultät Fulda ist im Rahmen des Schwerpunktstudiums „Pastoraltheologie" ein Spezialstudium „Beratende Seelsorge" – derzeit unter der Leitung von Prof. Dr. Balthasar Gareis – möglich. Dieses Studium erstreckt sich über 300 Ausbildungsstunden und entspricht den Richtlinien der „Deutschen Gesellschaft für Pastoralpsychologie". Die Kurselemente sind auf 12 Semester verteilt:

Grundlegende Informationen (1.–12. Semester, 150 Stunden)
- Grundkenntnisse der Sozial- und Verhaltenswissenschaften (Psychologie, Soziologie, Medizin)
- Psychologische Handlungsansätze
- Theologische Grundlagen und Grundfragen der beratenden Seelsorge
- Praxisbezogenes Alltagswissen

Spezielle Übungseinheiten
1. Semester: Sensibilitätstraining I. Teil (25 Stunden)
3. Semester: Sensibilitätstraining II. Teil (25 Stunden)
7. Semester: Gesprächsführung I. Teil (30 Stunden)
9. Semester: Gesprächsführung II. Teil (20 Stunden)
11.–12. Semester: Gesprächsführung III. Teil (50 Stunden)
               (während des Pastoralkurses)

3.2 Universität Innsbruck

Am Pastoraltheologischen Institut der Theologischen Fakultät besteht eine *Abteilung Pastoralpsychologie*, die z.Zt. von Dipl. Psych. Prof. Dr. Pio SBANDI[22] geleitet wird. Die folgende Kennzeichnung ist einem Merkblatt (1986) entnommen.

Die Abteilung Pastoralpsychologie
- betreut den Pastoralpsychologischen Hochschullehrgang, einen zweijährigen Lehrgang zur psychologischen Fortbildung
- bietet Lehrveranstaltungen psychologischen Inhaltes für Theologie- und Psychologiestudenten sowie für interessierte Hörer anderer Studienrichtungen
- betreibt Forschungen auf dem Gebiet der „Zwischenmenschlichen Kommunikation" und der „Gruppenpsychologie/Gruppenpsychotherapie"

In den Lehrveranstaltungen werden in viersemestrigen Zyklen folgende Inhalte vermittelt:
Sozialpsychologie – Psychopathologie – Tiefenpsychologie – Verhaltensmodifikation – Entwicklungspsychologie.

An zwei Wochenenden jeden Semesters wird ein Sensitivity-Training durchgeführt.

Weitere Lehrveranstaltungen innerhalb von vier Semestern haben folgende Inhalte:
Konfliktlösung in dyadischen Beziehungen – Psychodrama – Sexualmedizin.

3.3 Theologische Fakultät Paderborn

An der Theologischen Fakultät gibt es eine a.o. Professur für *Pastoralpsychologie und Pastoralsoziologie* und am Priesterseminar einen gleichlautenden Lehrauftrag. Beides wird derzeit wahrgenommen von Prof. Dr. Josef SCHWERMER.[23]

Das Ziel der Arbeit an der Theologischen Fakultät ist:
(1) eine *Einführung* in die empirische Anthropologie. In den ersten drei Semestern wird eine jeweils zweistündige Pflichtvorlesung gehalten. Inhaltliche Schwerpunkte sind Persönlichkeitstheorie, Sozialpsychologie, Tiefenpsychologie und Neurosenlehre, Grundbegriffe der Soziologie, Psychologie der Kommunikation und Interaktion (Gesprächspsychologie) und Lernpsychologie. Im Rahmen der Pädagogik findet zusätzlich eine zweistündige Pflichtvorlesung über Entwicklungspsychologie statt.

(2) eine *Vertiefung* der Inhalte und eine Einführung in die Methoden empirischer Forschung. Sie erfolgt im allgemeinen in Seminarform.

(3) eine *Einübung* in Methoden des personzentrierten Einzel- und Gruppengesprächs (unter Berücksichtigung verhaltenstherapeutischer Erkenntnisse). Während des Diplomstudienganges wird für Interessenten eine fortlaufende Ausbildung in einschlägigen Seelsorgemethoden angeboten.

Im Priesterseminar findet statt:

(1) eine zweistündige Pflichtvorlesung zu speziellen Fragen der Pastoralpsychologie (Psychopathologie, Sexualpsychologie, Psychologie der Lebenskrisen, Umgang mit Sterbenden),

(2) ein 40stündiger Trainingskurs in seelsorglichem Einzelgespräch.

Es gibt somit in der Ausbildung zwei Schwerpunkte:
- die Einführung in die empirische Anthropologie zu Beginn des Studiums,
- die Einführung in spezielle Fragen der pastoralen Praxis am Ende des Studiums.

Seminare und Trainingskurse begleiten das Studium. Das gesamte Ausbildungsangebot umfaßt ca. 400 Stunden.

Während der zweiten und dritten Bildungsphase werden Grund- und Aufbaukurse in „personzentrierter Gesprächsseelsorge" durchgeführt.

3.4 Universität Würzburg

Am Institut für Praktische Theologie ermöglicht Prof. Dr. Heinrich Pompey seit 1975 ein pastoralpsychologisches Spezialstudium zum Tätigkeitsfeld „Pastorale Krisenbegleitung".[24] Dieses kann in zwei Formen erfolgen: entweder im Rahmen des regulären Studiums oder als Zusatzstudium für Postgraduierte.

In einem Zyklus von 6 Semestern werden die Studierenden mit *grundlegenden Kenntnissen der Pastoralpsychologie* vertraut gemacht. Folgende *Themenbereiche* werden behandelt:

a) Psychologische Grundlagen der religiös-sittlichen Entwicklung des Menschen
b) Theologisch-psychologische Grundlagen der seelsorglichen Begleitung von Menschen in Lebenskrisen
c) Pastoralpsychologische Nosologie
d) Spezielle Fragestellungen; z. B. „Psychotherapie und Soteriologie" oder „Der seelsorglich-diakonische Dienst der Kirche"

Dazu kommen *theoriebezogene und praxisbezogene Seminare.*

Letztere enthalten Möglichkeiten zur Einübung seelsorglicher Kompetenz und zur Selbsterfahrung. Der kognitive Aspekt des Lernens, der in den theoriebezogenen Seminaren vorherrscht, tritt zurück und macht affektiv-emotionalen und person- sowie verhaltensorientierten Lernvorgängen Platz. Angeboten werden

a) *ein Grundkurs in seelsorglicher Begleitung*
Dieser Kurs dient dem Erlernen der theologischen und psychologischen Grundhaltungen der seelsorglichen Begleitung. Diese werden induktiv – von der Erfahrung der Teilnehmer ausgehend – erarbeitet. In Kleingruppen – „Klient", Seelsorger, Beobachter und assistierend ein Tutor – findet in Übungsgesprächen mit wechselnden Rollen, sowie in Reflexionseinheiten, eine Sensibilisierung für die helfende Kommunikation statt.

b) *ein Selbstwahrnehmungskurs* (Sensory awareness)
Dieser Kurs wird in der Regel von einem Lehrbeauftragten durchgeführt und hilft, die Selbst- und Fremdwahrnehmung in der seelsorglichen Praxis zu verbessern.

c) *ein Tutorium zum Grundkurs*
Für bereits fortgeschrittene Studenten, die im Gesprächseinführungskurs als Tutoren fungieren, wird eine Supervision ihrer Tätigkeit durchgeführt. In ähnlicher Weise konstituiert sich nach Bedarf eine Supervisionsgruppe, in der unter Anleitung eines Mitarbeiters erste Fälle in seelsorglicher Begleitung supervidiert werden. In unregelmäßigen Abständen finden Fortführungskurse in der Gesprächsseelsorge, die einen Schwerpunkt, z. B. das nonverbale Verhalten im seelsorglichen Gespräch, die implizite Seelsorgstheorie o. ä. hervorheben, für diesen Teilnehmerkreis statt.

II. Initiativen zur Eignungsfeststellung und Eignungsberatung

Verantwortliche stehen immer wieder vor der Frage, auf welche Weise die Eignung von Kandidaten und Bewerbern für einen der Berufe der Kirche festgestellt werden kann. Ähnlich wie bei den Bildungsinitiativen bedürfte es einer sorgfältigen wissenschaftlichen Forschung, um zu klären, was diesbezüglich bereits geschieht. Vieles ereignet sich im „forum internum", vieles aber auch in Gesprächen mit Vertretern der zuständigen Institutionen und in anderen Auswahl- und Qualifikationsvorgängen. In dem folgenden Abschnitt wird die Aufmerksamkeit des Lesers auf zwei Arten von „Initiativen" gelenkt:
1. auf zwei spezielle Wege der Beraterausbildung,

2. auf die Vorgehensweise und Erfahrungen zweier „Beratungsdienste für kirchliche Berufe".

1. Beraterausbildungen in Rom und Graz

Die Konzepte der beiden Ausbildungswege sind grundlegend verschieden. „Rom" ist vorwiegend psychoanalytisch orientiert und verlangt von den Studierenden eine Lehranalyse. Spezielle Zielgruppen der Beratungstätigkeit sind Kandidatinnen und Kandidaten für kirchliche Berufe und alle, die bereits dieser Berufsgruppe angehören. „Graz" geht von einem gestalttherapeutischen Konzept aus und ist weniger auf „Berufe der Kirche" spezialisiert. Dennoch wird dieser Ausbildungsgang hier aufgeführt, da er der am weitesten entwickelte im deutschen Sprachraum ist und „Pastoraltherapeuten und -supervisoren" dieser Provenienz für die Mitarbeit bei Eignungsberatungen in Frage kommen.

1.1 Beraterausbildung am Institut für Psychologie, Universität Gregoriana, Rom

Im europäischen Raum gibt es keine vergleichbare Einrichtung. Klemens SCHAUPP, der Autor des Beitrags „Eignung und Neigung. Hilfen zur Unterscheidung der Beweggründe", hat diese Ausbildung absolviert. Das Ausbildungsprogramm wurde von ihm übersichtlich zusammengestellt und ins Deutsche übersetzt.

Ziel des Instituts
Das Institut wurde 1974 gegründet mit dem Ziel, Fachleute auf dem Gebiet der Psychologie auszubilden, die fähig und bereit sind, neuere Erkenntnisse der Psychologie für die Ausbildung, Beratung und Begleitung kirchlicher Mitarbeiter (Priester, Ordensleute, Laien) fruchtbar zu machen.
Schwerpunkte der Ausbildung sind:
– die Aufarbeitung eigener unbewußter Konflikte der Kandidaten durch eine persönliche Therapie (Lehranalyse)
– eine solide theoretische psychologische Ausbildung
– Befähigung für diagnostische Gespräche und Tests im Hinblick auf die Eignungsfeststellung von Kandidaten für den kirchlichen Dienst
– eine therapeutische Ausbildung (analytisch fundierte Psychotherapie)
– Vermittlung der wichtigsten Techniken und Methoden der Krisenintervention

- Befähigung zur geistlichen Begleitung von Kandidaten für kirchliche Berufe

Fakultativ angeboten werden:
- Ausbildung in Familientherapie
- Grundausbildung für Supervision

Methoden und Inhalte der Ausbildung

Die Vermittlung des theoretischen Wissens erfolgt in Form von Seminaren, die jeweils von den Studenten anhand eines vorgegebenen Stoffes mitvorbereitet werden.

Die klinische Ausbildung erfolgt zum Teil an einer psychiatrischen Klinik, zum Teil an der dem Institut angeschlossenen Beratungsstelle. Jeder Student hat die Möglichkeit, sich einer persönlichen Therapie (Lehranalyse) zu unterziehen, bei der nach Möglichkeit die Muttersprache des Kandidaten benützt wird. Die im folgenden genannten Grundkurse bilden die Grundelemente der Ausbildung und werden von 15 verschiedenen Professoren unterschiedlicher wissenschaftlicher Herkunft und Orientierung gehalten.

Erstes Jahr
Die Lehre des hl. Paulus über die christliche Reife
Entwicklungspsychologie
Begriffe und Probleme der Persönlichkeit
Überlegungen zum Amtspriestertum und Ordensleben
Theorie über die Strukturen der christlichen Glaubenserfahrung
Elemente der Statistik
Einführung in die Psychopathologie I

Zweites Jahr
Das Menschenbild nach Paulus
Das Gebet im Alten Testament
Bewertung der Persönlichkeit
Einführung in die Psychopathologie II
Analyse der mystischen Phänomene
Einführung in die Psychotherapie
Psychodynamik und Psychotherapie der Familie
Klinisches Praktikum mit Supervision I

Drittes Jahr
Gruppendynamik
Unterscheidung der Geister und Verhaltenswissenschaft
Klinisches Praktikum mit Supervision II
Elemente der Sozialpsychologie
Psychotherapeutisches Praktikum mit Supervision

Erfahrung der psycho-spirituellen Integration
Spiritualität, Geschichte, Strukturen, Psychologie der Liturgie
Dissertation für das Lizentiat
Schlußexamen für das Lizentiat

Die Länge der einzelnen Seminare ist – je nach Umfang des Stoffes – unterschiedlich und fällt nicht notwendig mit der Semestereinteilung zusammen.

Das Institut verleiht folgende akademische Grade:
(1) Ein Bakkalaureat in Psychologie nach Abschluß der ersten beiden Jahre.
(2) Ein Lizentiat in Psychologie nach Abschluß der ersten drei Jahre.
(3) Ein Doktorat in Psychologie nach einem weiteren Jahr klinischer Praxis („viertes Jahr"), wenn außerdem weitere Spezialkurse absolviert, eine Dissertation angefertigt und dieselbe verteidigt worden ist.

Voraussetzungen für die Ausbildung:
Neben den üblichen Aufnahmebedingungen für ein ordentliches Universitätsstudium werden ein weiteres Studium (wenigstens bis zum Vordiplom) und zumindest Grundkenntnisse in Theologie vorausgesetzt, sowie außerdem gute Englisch- und Italienischkenntnisse. Für das Doktoratsstudium sind zusätzlich Deutsch- oder Französischkenntnisse erforderlich.

Da die Teilnehmerzahl pro Jahr auf derzeit 15 beschränkt ist, behält sich die Leitung des Instituts vor, aufgrund der Bewerbungsunterlagen Kandidaten auszuwählen, die für die Ausbildung am geeignetsten erscheinen.

Bewerbungen sind bis spätestens 15. Januar einzureichen. Die dafür benötigten Unterlagen können beim Institut angefordert werden.[25]

1.2 Beraterausbildung am Pastoraltheologischen Institut der Universität Graz

Das Pastoraltheologische Institut der Theologischen Fakultät (derzeitiger Vorstand Prof. Dr. med. Dr. theol. Karl GASTGEBER) konnte unter entscheidender Mitwirkung von Dr. Karl-Heinz LADENHAUF bereits 1976 einen ersten Kurs für „Beratende Seelsorge und christliche Pädagogik"[26] anbieten. Es geschah dies in Zusammenarbeit mit dem Fritz-PERLS-Institut für Integrative Therapie (FPI) in Düsseldorf (Leiter: Prof. DDr. Hilarion PETZOLD).
Seit 1987 werden zwei Kursformen durchgeführt[27]:
(1) ein pastoralpsychologischer Weiterbildungskurs „Integrative Ge-

Strukturplan: Hochschulkurs für Pastoralpsychologie: Weiterbildung in Integrativer Gestalttherapie für Mitarbeiter(-innen) im pastoralen und schulischen Bereich

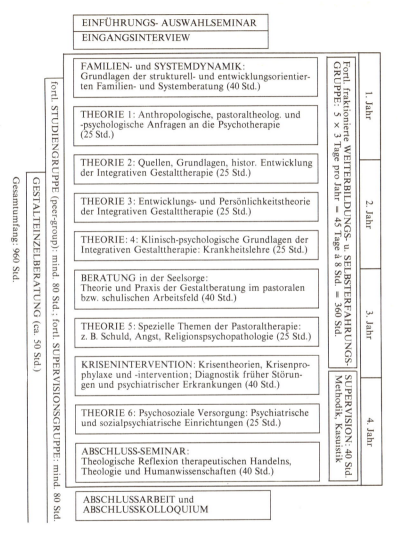

Nach positiver Absolvierung aller Weiterbildungsschritte erfolgt die Befähigung zum Pastoraltherapeuten und -supervisor.
Die Befähigung wird durch ein Zeugnis des Institutes für Pastoraltheologie der Karl-Franzens-Universität Graz bestätigt.

staltberatung in der Seelsorge" (Gesamtumfang des Kurses 440 Stunden, Dauer 2 Jahre)
(2) ein Hochschulkurs zur Befähigung als „Pastoraltherapeut und -supervisor" (Gesamtumfang 960 Stunden, Dauer 4 Jahre, vgl. den Strukturplan auf der vorhergehenden Seite).

2. „Beratungsdienste für kirchliche Berufe" in München und Innsbruck

Da diese Einrichtungen eng mit meiner Person verbunden sind, kann ich den Leser unmittelbar an der Geschichte, an der Arbeitsweise und an den Problemen dieser Initiativen teilnehmen lassen. Ich beschränke mich auf den Aspekt der Eignungsberatung und lasse die Krisenberatung außer acht.

2.1 Aufbau und Tätigkeit der beiden Beratungsdienste

Nachdem ich in den fünfziger Jahren mit der Beratungstätigkeit in einem Spätberufenenseminar bei München begonnen hatte, kam mir die Idee, einen „Beratungsdienst für kirchliche Berufe" in München einzurichten. Unter kollegialer Mithilfe gelang es 1967, ihn zu gründen.[28] Nach meiner Übersiedlung nach Innsbruck entstand dort ab 1978 eine „Filiale".

Der „Beratungsdienst für kirchliche Berufe" in München hat sich in Zielsetzung und Arbeitsweise an französischen Vorbildern orientiert. Es ist keine von den kirchlichen Behörden geschaffene Institution, sondern eine auf private Initiative hin entstandene Einrichtung mit kirchlicher Anerkennung. Dem Leitungskuratorium gehören keine offiziellen Vertreter der Diözesen und der Ordensgemeinschaften an. Dadurch soll die Unabhängigkeit gewährleistet werden, die notwendig ist, um bei Ratsuchenden möglichst wenig Vorurteile zu wecken, die eventuell gegen kirchliche Institutionen bestehen. Die Sorge für den Klienten steht ganz und gar im Mittelpunkt der Beratungstätigkeit. Derzeit sind in München etwa 20, in Innsbruck 7–10 nebenberufliche Mitarbeiter an den Beratungen beteiligt: Priester, Fachpsychologen und psychiatrisch oder psychotherapeutisch ausgebildete Ärzte.[29] Häufig arbeitet ein jeweils von Fall zu Fall gebildetes Dreierteam aus Angehörigen der drei Disziplinen zusammen. Die Beratungen nehmen im allgemeinen etwa 8–15 Stunden in Anspruch und können in drei bis vier Tagen abgeschlossen werden.

Methode und Ablauf der Beratung sind nicht starr festgelegt.[30] Bewährt hat sich folgendes Vorgehen: Der Priester erklärt dem Klienten

Sinn und Ablauf der Untersuchung, versucht Vorurteile abzubauen und ein Klima des Vertrauens zu schaffen. Er macht sich ein Bild über die religiöse Situation, über Berufsmotive und Einstellungen des Kandidaten. Durch Anamnese und Exploration sucht der Arzt zu klären, ob Anzeichen für neurotische oder psychotische Störungen vorliegen und wie die Berufsmotivation gestaltet ist. Der Fachpsychologe interessiert sich ebenfalls für die Motivation und außerdem für Begabung und Fähigkeiten des Ratsuchenden. Es geht dabei nicht darum, ein umfassendes Persönlichkeitsbild des Probanden zu erstellen, sondern ihm Anhaltspunkte für anstehende Entscheidungen zu geben. Nachdem der Proband bei allen drei Beratern war, besprechen diese untereinander das Beratungsergebnis, das mit dem Probanden, soweit dies zweckdienlich ist, in einem Schlußgespräch durchgearbeitet wird. Um der Schweigepflicht nachzukommen und um das Vertrauensverhältnis zwischen dem Klienten und den Beratern nicht zu gefährden, werden kirchliche Stellen und Vorgesetzte nur dann über das Beratungsergebnis informiert, wenn der Proband dies wünscht oder ausdrücklich damit einverstanden ist.

Ziel der Beratung ist es, eine möglichst zuverlässige Diagnose zu erstellen und daraus eine verantwortbare Indikation und eventuelle Prognose abzuleiten. Notwendige therapeutische Hilfe wird, wenn irgendwie möglich, vermittelt und gelegentlich von Mitarbeitern übernommen. Sie erfolgt aber in jedem Fall außerhalb der Organisation und der Verantwortung des Beratungsdienstes.

Der Personenkreis der Ratsuchenden setzte sich fast ausschließlich aus Kandidaten für den Priesterberuf und aus Kandidaten bzw. Kandidatinnen für den Ordensberuf zusammen. Es wird angestrebt, den Beratungsdienst allen Berufen der Kirche in gleicher Weise zugänglich zu machen.

2.2 Fragen und Schwierigkeiten

Zweifellos hat die Teamberatung auch ihre Schattenseiten. Die massive Intervention durch ein dreiköpfiges Team kann von dem Klienten als belastende Prüfungssituation und das konzentrierte, von den ursprünglichen Beratungsgesprächen losgelöste Abschlußgespräch über die Untersuchungsergebnisse als Urteilsspruch erlebt werden. Das könnte sich ungünstig auf die Beratungsatmosphäre und auf die möglicherweise nachfolgende Therapie auswirken. Schwierigkeiten gibt es in dieser Hinsicht vor allem dann, wenn besondere Belastungen hinzukommen, z.B. wenn der Proband sich nur auf ausdrückliches Drängen der Vorgesetzten zur Beratung angemeldet hatte. Anderseits hat in manchen Fällen gerade die starke Belastung und direkte Konfrontation zum Erfolg der Beratungen beigetragen. – Der schwierigste Punkt der Teamberatung bleibt das Schlußgespräch. Es ist nämlich dabei oft nicht einfach, eine echte Synthese aus den vorangegangenen Gesprächen zu finden. Würde man es aber wegfallen lassen, bestünde die Gefahr, daß der Proband die Einzelgespräche mit den drei Beratern nach eigenem Gutdünken interpretiert. Auch können ihn die unterschiedlichen Akzente irritieren.

Die institutionell Verantwortlichen sind gewöhnlich daran interessiert, über das Beratungsergebnis informiert zu werden. Das ist durchaus verständlich. Oft geht ja die Initiative zur Beratung von den Oberen aus, weil sie sich in den anstehenden Entscheidungen überfordert fühlen und von der Beratung Hilfe erhoffen. In den meisten Fällen ist das kein Problem, weil sich die Probanden selbst mit ihren Vorgesetzten über die Beratung besprechen. Man darf das aber keineswegs als selbstverständlich voraussetzen. Manche Klienten legen größten Wert darauf, den Vorgesetzten nicht einmal wissen zu lassen, daß sie den Beratungsdienst konsultiert haben. Die *Verpflichtung zu absoluter Diskretion* einzuhalten gehört zum Ethos der Beratungstätigkeit überhaupt. Ohne strenge Diskretion würde man vor allem die nicht mehr erreichen, die gerade wegen ihrer Schwierigkeiten im Verhältnis zu kirchlichen Vorgesetzten oder zu kirchlichen Institutionen Hilfe suchen. Außerdem ist die Diskretion eine entscheidende Voraussetzung dafür, daß die Klienten freiwillig zur Beratung kommen und bereitwillig dabei mitwirken.

2.3 Erfahrungen mit Eignungsuntersuchungen

Die Berufseignungsuntersuchungen sollen Anwärtern kirchlicher Berufe in einem möglichst frühen Stadium ihrer Berufsvorbereitung mehr Klarheit darüber verschaffen, ob sie für den angestrebten Beruf geeignet sind, und ihnen gegebenenfalls berufliche Alternativen aufzeigen.

Die bisherige Arbeit hat ergeben, daß sich bei den Kandidaten und Kandidatinnen grob gesehen fünf Gruppen unterscheiden lassen:
(1) jene Probanden, bei denen sich keine oder keine ernsthaften Bedenken bezüglich der Berufseignung ergeben,
(2) Ratsuchende, die sich aufgrund schwerer neurotischer oder gar psychotischer Erkrankungen für den angestrebten Beruf mit Sicherheit als nicht geeignet erweisen,
(3) solche, die bedingt geeignet erscheinen, weil gewisse Grundvoraussetzungen nur mangelhaft gegeben sind, und bei denen die Berufs-

frage letztlich davon abhängt, ob der Orden oder die Diözese ihnen eine Stelle zuweisen kann, die ihren Fähigkeiten entspricht,
(4) die Gruppe von Kandidaten, bei denen Reifungsrückstände keine verläßlichen Aussagen über ausreichende Fähigkeiten oder tragfähige Motivation zulassen und bei denen man daher die weitere Entwicklung und gegebenenfalls die Auswirkung entsprechender therapeutischer Hilfen abwarten muß,
(5) die Gruppe von Probanden, die alle Voraussetzungen für einen kirchlichen Beruf mitbringen, bei denen man aber Zweifel haben muß, ob sie „dabei bleiben".

Die relativ hohe Zahl der Probanden, die für eine ausgewogene Berufsentscheidung noch nicht reif sind, unterstreicht die Notwendigkeit reifungsfördernder Begegnungs- und Milieufaktoren und begleitender psychologischer und spiritueller Hilfen.

3. Grundsätzliche Überlegungen zur Eignungsfeststellung

Einige Überlegungen zur Durchführung und Weiterentwicklung der Eignungsfeststellung sollen den Beitrag über „Kompetenz- und identitätsfördernde Initiativen" und zugleich den gesamten Band über die Eignungsfrage abschließen.

3.1 Eignungsfeststellung soll grundsätzlich nicht in einer punktuellen Beratung, sondern im Rahmen eines längeren Prozesses erfolgen

Beratungsdienste, wie sie vorgestellt wurden, sind eine Notlösung; denn es fehlt weitgehend der Zusammenhang mit dem „Hinterland", aus dem der Ratsuchende kommt, z.B. mit dem Priesterseminar oder dem Noviziatshaus. Anzustreben ist eine Dezentralisierung der Beratungsmöglichkeiten. Wo solche Initiativen in der Ersten Bildungsphase vorhanden sind – vgl. z.B. Trier, Passau und Freiburg –, läßt sich eine Beratung leicht in den organischen Prozeß des Bildungsgeschehens einfügen. Die verschiedenen Bildungselemente haben immer zugleich eine diagnostische Funktion. So weiß z.B. der Leiter eines Kommunikationskurses sehr bald um die Stärken und Schwächen der Teilnehmer, und die Teilnehmer lernen sich auch gegenseitig kennen. Sollte bei jemandem eine schwerwiegende Problematik auftauchen, wird es im allgemeinen nicht schwierig sein, den Betreffenden oder die Betreffende für Beratungsgespräche zu motivieren. Optimal ist es, wenn, wie in den genannten Diözesen, innerhalb der Institution selbst qualifizierte Berater zur Verfügung stehen. Es ist mehr als wünschenswert, daß Diözesen und Orden bereit sind, Berater und Beraterinnen ausbilden zu lassen. Man sollte aber auch die schon vorhandenen örtlich nahen Ressourcen ausschöpfen. In Innsbruck bewährt sich z. B. die Zusammenarbeit mit dem „Zentrum für Ehe-, Familien- und Lebensfragen" ausgezeichnet. Seit Beginn unseres kooperativen Beratungsdienstes 1978 haben bereits über 1000 Beratungsstunden – einschließlich der Krisenberatungen – stattgefunden.

3.2 Eignungsfeststellung soll grundsätzlich nicht nur „vertikal" verlaufen, sondern sich auch in „horizontalen" Vorgängen zutragen

Mit „vertikaler" Eignungsfeststellung ist das Gespräch unter vier Augen gemeint, das z. B. zwischen einer Novizenmeisterin und einer Novizin, einem Spiritual und einem Priesteramtskandidaten, einem psychologischen Berater und seinem Klienten stattfindet. Solche Gespräche sind unentbehrlich. Parallel zu ihnen sollte es jedoch mehr und mehr Qualifikationsgespräche horizontaler Art geben. Seit vier Jahren gibt es z. B. in der Erzdiözese Bamberg diesbezüglich ein beachtenswertes Experiment. Dort wurde ein Auswahlverfahren besonderer Art für die Anstellung von Pastoralassistentinnen und -assistenten entwickelt. Frau Anne KURLEMANN, stellvertretende Ausbildungsleiterin im Mentorat für den Bewerberkreis der „Laientheologen", bemüht sich durch lebendige gemeinsame Prozesse um eine intensive Begleitung, so daß die Studienzeit von den Bewerbern als ein persönlicher Wachstums- und Reifungsprozeß erlebt werden kann. Unter dieser Voraussetzung ist es möglich, daß am Ende des Studiums jeder Bewerber und jede Bewerberin ein *Qualifikationsgespräch mit einem Gremium* führt, das sich aus gewählten studentischen Mitgliedern und aus den hauptamtlichen Mitarbeitern zusammensetzt. Ein zweites Qualifikationsgespräch findet gegen Ende des pastoralpraktischen Jahres in der Einsatzgemeinde statt. Daran nehmen der Pfarrer, die stv. Ausbildungsleiterin und sechs Gemeindemitglieder teil, von denen drei der Pfarrer beruft und drei von dem Praktikanten bzw. der Praktikantin eingeladen werden. Dieses ausführliche Gespräch liefert einen ergänzenden Eindruck zur schriftlichen Beurteilung durch den Pfarrer, zum Praktikumsbericht des Bewerbers (der Bewerberin) und zu dem Bild, das in der Zeit der Studienbegleitung entstanden ist. Die Entscheidung über die Anstellung bis zur zweiten Dienstprüfung erfolgt aus der Zusammenschau der verschiedenen Beurteilungselemente. Analog zu diesem Verfahren ließen sich auch für Priesteramtskandidaten und für Ordensangehörige „horizontale" Beurteilungsmöglichkeiten entwickeln. Die Voraussetzung dafür ist jedoch, daß die Koinonia und ihre pneumatische Dimension nicht nur ein Desiderat, sondern bereits Wirklichkeit ist. „Öffentliche" Qualifikationsgespräche und Einzelberatungen können sich gegenseitig gut ergänzen. Die Objektivität der Eignungsfeststellung würde durch diese Kombination zunehmen.

3.3 Eignungsfeststellung hat so zu erfolgen, daß der von ihr Betroffene sich als Subjekt ernstgenommen fühlt und sich nicht als Objekt behandelt erlebt

Jede Art von Eignungsfeststellung ist durch die Versuchung gefährdet, den zu Beurteilenden zum Objekt einer Diagnose zu machen. Auch sollte niemals das Empfinden hervorgerufen werden, als Person moralisch bewertet bzw. verurteilt zu werden. Bei der Eignungsfeststellung geht es um die Eignung *für einen bestimmten Beruf*. Sollte sich herausstellen, daß diese nicht vorhanden ist, besteht auf jeden Fall die Verpflichtung, dem Betreffenden aufzuzeigen, welche anderen beruflichen Möglichkeiten für ihn bestehen und was er unternehmen kann, sein Leben positiv zu gestalten. Um die Beratertätigkeit wirklich im Sinne einer menschlichen Begegnung mit einem Mitmenschen und Mitchristen ausüben zu können, braucht der Berater sowohl ein gesundes Kompetenzbewußtsein für das, was er tut, als auch ein nüchternes Wissen um seine Grenzen. Er selbst braucht ein starkes „Pontifex-Ich", um die Belastungen tragen zu können, die jeder Beratungsvorgang mit sich bringt. Muß er doch die Balance halten zwischen den Bedürfnissen des Klienten und den Erwartungen der jeweiligen kirchlichen Institution. Er sollte nie darauf vergessen, daß sein Charisma dem Aufbau künftiger Kirche dient, die auf eine hohe Übereinstimmung von Zuständigkeitskompetenz und Fähigkeitskompetenz ihrer hauptberuflichen Amtsträger und Mitarbeiter angewiesen ist.

Anmerkungen

[1] So wird z. B. auf die Schilderung der Ausbildung von Krankenhausseelsorgern und der speziellen Fort- und Weiterbildung von Religionslehrern verzichtet. – Vgl. zum ganzen Fragenkomplex das Sonderheft der „Pastoraltheologischen Informationen" (2/1986) über die pastorale Fortbildung.
[2] Zur Begriffsklärung vgl. H. ANDRIESSEN, Pastorale Supervision.
[3] Die ausführliche Beschreibung des Curriculums kann vom Institut für Pastoralpsychologie und Homiletik, Jesuitenstr. 13, D-5500 Trier, angefordert werden.
[4] Vgl. die sieben Postulate pastoraler Ausbildung, in: A. J. HAMMERS, Pastoralpsychologie, 358 f.
[5] A. J. HAMMERS, Pastoralpsychologie, 359.

⁶ Vgl. I. BAUMGARTNER, Seelsorgliche Kompetenz als pastoralpsychologisches Bildungsziel. – Kontaktanschrift: Priesterseminar, Domplatz 5, D-8390 Passau.
⁷ Vgl. R. C. COHN, Von der Psychoanalyse zur themenzentrierten Interaktion. – Ferner: M. KROEGER, Themenzentrierte Seelsorge.
⁸ Vgl. den Abschnitt I, 2.2
⁹ Vgl. I. ADAM / E. R. SCHMIDT, Gemeindeberatung.
¹⁰ Anschrift: Institut für Fort- und Weiterbildung der kirchlichen Dienste in der Diözese Rottenburg-Stuttgart, Karmeliterstr. 5, D-7407 Rottenburg a. N. 1.
¹¹ Anschrift: Institut für Pastorale Bildung der Erzdiözese Freiburg, Referat Pastoralpsychologie und Praxisberatung, Turnseestr. 24, D-7800 Freiburg/Br.
¹² Vgl. den Abschnitt I, 2.3
¹³ Vgl. J. MAYER-SCHEU, Die Heidelberger Kurse in Klinischer Seelsorgeausbildung.
¹⁴ Anschrift: Priesterseminar Köln, Kardinal-Frings-Str. 12, D-5000 Köln 1.
¹⁵ Vgl. z. B. W. BECHER (Hg.), Klinische Seelsorgeausbildung.
¹⁶ Anschrift: Institut der Orden für missionarische Seelsorge und Spiritualität, Waldschmidtstr. 42a, D-6000 Frankfurt/M. 1.
¹⁷ Anschrift: Theologische Fortbildung, Domberg 27, D-8050 Freising.
¹⁸ Anschrift: Theologisch-Pastorales Institut für berufsbegleitende Bildung der Diözesen Freiburg – Fulda – Limburg – Mainz – Rottenburg/Stuttgart – Trier, Dagobertstr. 1a, D-6500 Mainz.
¹⁹ Vgl. Anm. 2 und: Praxisbegleitung und Seelsorge, 308–315.
²⁰ Vgl. auch: K. FRIELINGSDORF / G. SWITEK (Hg.), Entscheidung aus dem Glauben.
²¹ Vgl. Anm. 7.
²² Vgl. P. SBANDI, Gruppenpsychologie; DERS./A. VOGL (Hg.), Lebenselement Gruppe.
²³ Vgl. J. SCHWERMER, Psychologische Hilfen für das Seelsorgegespräch; DERS., Partnerzentrierte Gesprächsführung; ders., Das helfende Gespräch in der Seelsorge.
²⁴ Vgl. H. POMPEY, Fachorientierte Schwerpunktfindung: Pastoralpsychologie; DERS., Tätigkeitsfeldorientierte Schwerpunktbildung: Seelsorgliche Beratung.
²⁵ Anschrift: Institut für Psychologie, Universität Gregoriana, Piazza della Pilotta 4, I-00187 Roma.
²⁶ Vgl. K.-H. LADENHAUF, Curriculum.; DERS., Integrative Gestalttherapie in der Ausbildung von Seelsorgern und Religionspädagogen; DERS., Integrative Gestalttherapie in der pastoralpsychologischen Weiterbildung. – Ferner: K. GASTGEBER, Gestalt-Gruppenarbeit als Hilfe für die Seelsorge.
²⁷ Anschrift: Institut für Pastoraltheologie, Bürgergasse 2, A-8010 Graz.
²⁸ Vgl. H. STENGER / L. ZIRKER, Beratung für kirchliche Berufe; H. STENGER, Erfahrungen einer katholischen Beratungsstelle für kirchliche Berufe.
²⁹ Die vier Autoren dieses Buches sind Mitarbeiter in den genannten Beratungsdiensten.
³⁰ Es kann sein, daß ein Berater oder eine Beraterin allein tätig ist oder daß sich zwei zusammentun.

Literatur

Die mit * versehene Literatur ist nicht zitiert.

ADAM, I. / SCHMIDT, E. R., Gemeindeberatung, Gelnhausen 1977.
ANDRIESSEN, H., Pastorale Supervision. Praxisberatung in der Kirche, München-Mainz 1978.
* ARGELANDER, H. (Hg.), Konkrete Seelsorge. Balintgruppen mit Theologen am Sigmund-Freud-Institut, Frankfurt/M.–Stuttgart 1973.
BAUMGARTNER, I., Seelsorgliche Kompetenz als pastoralpsychologisches Bildungsziel. Ein theoretischer und empirischer Beitrag zur pastoralpsychologischen Ausbildung von Seelsorgern, Passau 1982. (Diss.)
BECHER, W. (Hg.), Klinische Seelsorgeausbildung – Clinical Pastoral Education, Frankfurt/M. 1972.
BRUNERS, W. / SCHMITZ, J. (Hg.), Das Lernen des Seelsorgers. Identität – Zielsetzung – Handeln im pastoralen Dienst, Mainz 1982.

Cohn, R. C., Von der Psychoanalyse zur themenzentrierten Interaktion. Von der Behandlung einzelner zu einer Pädagogik für alle, Stuttgart 1975.
Friedberger, W. / Schnider, F. (Hg.), Theologie – Gemeinde – Seelsorger, München 1979.
Frielingsdorf, K. / Stöcklin, G., Seelsorge als Sorge um Menschen. Pastoralpsychologische Modelle für die Fortbildung von Theologen und Mitarbeitern im kirchlichen Bereich, Mainz 1976.
Frielingsdorf, K. / Switek, G. (Hg.), Entscheidung aus dem Glauben. Modelle für religiöse Entscheidungen und eine christliche Lebensorientierung, Mainz 1978.
Gastgeber, K., Gestalt-Gruppenarbeit als Hilfe für die Seelsorge, in: Scharfenberg, J. (Hg.), Glaube und Gruppe. Probleme der Gruppendynamik in einem religiösen Kontext, Wien–Freiburg/Br.–Basel; Göttingen 1980, 81–94.
* Hammers, A. J., Die Bedeutung der Psychologie in der pastoralen Praxis, in: Seminarium. De scientiis humanis in formatione sacerdotali, XVIII/3 (1978), 460 ff.
Ders., Pastoralpsychologie. Eine kurze Standortbestimmung und Zielbeschreibung, in: Pastoralblatt für die Diözesen Aachen, Berlin, Essen, Hildesheim, Köln, Osnabrück 37 (1985), 354–360.
* Köster, R. / Oelker, H. (Hg.), Lernende Kirche. Ein Leitfaden zur Neuorientierung kirchlicher Ausbildung, München 1975.
Kroeger, M., Themenzentrierte Seelsorge. Über die Kombination Klientzentrierter und Themenzentrierter Arbeit nach Carl R. Rogers und Ruth C. Cohn in der Theologie, Stuttgart – Berlin – Köln – Mainz ²1976.
Ladenhauf, K.-H., Curriculum: Beratende Seelsorge und christliche Pädagogik, in: Diakonia 8 (1977), 324–333.
Ders., Integrative Gestalttherapie in der Ausbildung von Seelsorgern und Religionspädagogen. Das Grazer Modell: „Beratende Seelsorge und christliche Pädagogik", in: Wege zum Menschen 33 (1981), 2–17.
Ders., Integrative Gestalttherapie in der pastoralpsychologischen Weiterbildung. Grundlagen und Konzepte des Grazer Modells: „Hochschulkurs für Pastoralpsychologie", Graz 1985 (Diss.), Paderborn 1987.
Mayer-Scheu, J., Die Heidelberger Kurse in Klinischer Seelsorgeausbildung, in: Bruners, W. / Schmitz, J. (Hg.), Das Lernen des Seelsorgers. Identität – Zielsetzung – Handeln im pastoralen Dienst, Mainz 1982, 120–129.
Pastoraltheologische Informationen, hrsg. v. Beirat der Konferenz der deutschsprachigen Pastoraltheologen, 2/1986, Pastorale Fortbildung, Konsertionen, Praxis.
Pompey, H., Fachorientierte Schwerpunktbildung: Pastoralpsychologie, in: Studium Katholische Theologie, Bd. 6, Einsiedeln 1980, 214–217.
Ders., Tätigkeitsfeldorientierte Schwerpunktbildung: Seelsorgliche Beratung, in: Studium Katholische Theologie, Bd. 6, Einsiedeln 1980, 218–224.
Praxisbegleitung und Seelsorge (Themaheft): Lebendige Seelsorge 35 (1984), 289–377.
Sbandi, P., Gruppenpsychologie. Einführung in die Wirklichkeit der Gruppendynamik aus sozialpsychologischer Sicht, München 1973.
Ders. / Vogl, A. (Hg.), Lebenselement Gruppe. Kommunikation und Gruppe in psychischer Gesundheit und Krankheit, München 1978.
Schwermer, J., Psychologische Hilfen für das Seelsorgegespräch, München 1974.
Ders., Partnerzentrierte Gesprächsführung. Übungsprogramm für kirchliche Berufe, Salzkotten 1977.
Ders., Das helfende Gespräch in der Seelsorge, Paderborn ²1983.
Stenger, H./ Zirker, L., Beratung für kirchliche Berufe – Notizen zur Arbeit einer katholischen Beratungsstelle, in: Diakonia 4 (1973), 403–409.
Stenger, H., Erfahrungen einer katholischen Beratungsstelle für kirchliche Berufe, in: Wege zum Menschen 26 (1974), 424–425. (Thema des Heftes: Berufs- und Lebensberatung von Pfarrern)
* Zulehner, P. M., Berufseinführung: neue Aufgabe für eine Universität, in: Pollok, K.-H. (Hg.), Tradition und Entwicklung, Passau 1981, 103–114.

Herausgeber- und Autorenhinweis

Hermann STENGER CSsR (geboren 1920), Dipl. Psych., Dr. phil., Univ. Prof. für Pastoraltheologie in Innsbruck, Mitbegründer des Beratungsdienstes für kirchliche Berufe in München und Innsbruck.

Karl BERKEL (geboren 1943), verheiratet, zwei Kinder, Dipl. Theol., Dipl. Psych., Dr. phil. habil., Privatdozent an der Universität München, langjähriger Mitarbeiter des Beratungsdienstes für kirchliche Berufe in München.

Klemens SCHAUPP SJ (geboren 1952), Mag. phil. fac. theol., Mag. theol., Lic. psych. (Gregoriana Rom), Mitarbeiter des Beratungsdienstes für kirchliche Berufe in Innsbruck.

Friedrich WULF SJ (geboren 1908), Dr. phil., Lic. theol., Peritus auf dem II. Vatikanischen Konzil, Mitglied der „Gemeinsamen Synode der Bistümer in der Bundesrepublik Deutschland", langjähriger Schriftleiter von „Geist und Leben", langjähriger Mitarbeiter des Beratungsdienstes für kirchliche Berufe in München.